AGIR AU CŒUR DES COMMUNAUTÉS
La psychologie communautaire
et le changement social

AGIR AU CŒUR DES COMMUNAUTÉS
La psychologie communautaire
et le changement social

Sous la direction de
Francine Dufort
et la codirection de Jérôme Guay

Avec la collaboration de Camil Bouchard, Kathleen Boucher,
Lucie Fréchette, Guitté Hartog, Mireille Landry, Réjeanne Laprise, Francine Lavoie,
Yann Le Bossé, Danielle Papineau, Maurice Payette

Les Presses de l'Université Laval

Les Presses de l'Université Laval reçoivent chaque année du Conseil des Arts du Canada et de la Société de développement des entreprises culturelles du Québec une aide financière pour l'ensemble de leur programme de publication.

Nous reconnaissons l'aide financière du gouvernement du Canada par l'entremise de son Programme d'aide au développement de l'industrie de l'édition (PADIÉ) pour nos activités d'édition.

Mise en pages : Francine Brisson

Maquette de couverture : Chantal Santerre

Illustration de la couverture : Benoît A. Côté, *Les militantes*,

huile sur toile, 45 × 45 po, 1999.

Distribution de livres Univers
845, rue Marie-Victorin
Saint-Nicolas (Québec)
Canada G7A 3S8
Tél. (418) 831-7474 ou 1 800 859-7474
Téléc. (418) 831-4021
http://www.ulaval.ca/pul

TABLE DES MATIÈRES

CHAPITRE 4
Le soutien social selon une perspective communautaire

CHAPITRE 5
Les groupes de soutien et les groupes d'entraide
Francine Lavoie 157

CHAPITRE 6
Le choix d'un modèle de consultation selon une perspective communautaire
Réjeanne Laprise et Maurice Payette 187

CHAPITRE 7

La prévention et la promotion de la santé mentale : des incontournables en psychologie communautaire

CHAPITRE 8

L'intervention de réseau et l'approche milieu

CHAPITRE 9
La contribution du psychologue communautaire aux initiatives de développement économique communautaire
Danielle Papineau et Mireille Landry 297

CHAPITRE 10
Les défis de l'intervention dans un contexte multiethnique
Guitté Hartog et Francine Dufort

CHAPITRE 11
Inspirer, soutenir et rénover les politiques sociales
Camil Bouchard

AVANT-PROPOS

CE LIVRE se veut avant tout un outil pédagogique s'adressant aux étudiantes et étudiants en psychologie. En ce sens, il met l'accent sur l'apport de la psychologie à l'approche communautaire. Il est toutefois important de souligner que l'approche communautaire s'est constituée autour d'une « vision » plutôt qu'autour d'une discipline. Dans cette veine, des étudiantes et étudiants suivant des cours dans d'autres disciplines que la psychologie de même que des intervenantes et intervenants de formations variées actifs dans divers lieux de pratique pourront également tirer profit de la lecture de ce livre.

L'équipe de rédaction tient à remercier chaleureusement les auteurs du *Manuel de psychologie communautaire* publié chez Gaëtan Morin qui ont cédé leurs droits d'auteurs afin de faciliter la réalisation du présent ouvrage.

INTRODUCTION

CE livre est une introduction à la psychologie communautaire. Il porte sur les conditions psychosociales ayant une influence sur le bien-être des personnes et des communautés et sur les processus psychosociaux mis en œuvre par ces personnes et communautés pour maintenir ou améliorer leur qualité de vie, leur bien-être et affronter ces conditions que sont notamment la pauvreté, la discrimination et d'autres formes d'inégalité sociale. La psychologie communautaire s'inscrit dans une perspective écologique; l'environnement est donc analysé dans ses composantes aussi bien micro que macrosystémiques. Toutefois, l'accent est mis sur les structures sociales qui font le pont entre les personnes et la société (ex.: le quartier, l'école, les organismes communautaires) et sur les forces que représentent le soutien social et l'entraide. La psychologie communautaire se fonde sur un paradigme de changement social en vue d'une distribution plus équitable des ressources. Ce but ultime conduit à s'intéresser aux relations de pouvoir entre les acteurs engagés dans ce processus de changement. À cet égard, les psychologues communautaires optent pour des actions ayant pour but de favoriser le pouvoir d'agir des personnes et des communautés, en particulier celles dont les voix sont peu entendues et qui sont écartées des processus de prise de décisions ayant pourtant une influence sur leur vie.

Pourquoi, à l'ère de la mondialisation, à l'heure où les décisions ayant un effet certain sur le bien-être des gens sont prises par des institutions de plus en plus éloignées de ces derniers, promouvoir le sens communautaire, le pouvoir d'agir des gens dans leurs communautés? Est-ce encore une autre façon de bercer (lire berner) les gens avec l'utopie de l'entraide, du bien-être individuel reposant sur le bien-être collectif et vice versa? La réponse est non.

Il ne s'agit pas d'une utopie ou, si cela en est une, cette utopie se traduit en une réflexion approfondie et en actions concrètes. Je vous présente ici un ouvrage collectif regroupant des collaborateurs et collaboratrices qui travaillent, pour la plupart, depuis longtemps et, pour certaines, depuis tout récemment dans le champ de la psychologie communautaire ou dans un champ connexe. L'ouvrage présente les fondements, les phénomènes d'intérêt et les modes d'action sur lesquels s'appuie la psychologie communautaire; il reflète également les domaines d'expertise des collaborateurs et collaboratrices. Il me plaît à penser que le contenu présenté forme un tout cohérent tout en respectant l'originalité des contributions de chacun et leur diversité, valeur chère à la psychologie communautaire.

Le premier chapitre aborde l'histoire et les phénomènes d'intérêt de la psychologie communautaire. Deux grands courants sociaux interdépendants ont contribué à l'émergence de la psychologie communautaire : la guerre à la pauvreté et aux autres formes d'inégalités sociales et les préoccupations en matière de santé publique. Dans ce premier chapitre, nous abordons les constats ayant amené les professionnels du domaine de la santé mentale à redéfinir leurs pratiques. Il est question de la dépendance envers les services, de l'influence de la classe sociale et de l'origine ethnique sur le recours à ces services de même que sur la qualité des traitements offerts et de la médicalisation des problèmes sociaux. Ces constats incitaient non seulement à redéfinir les pratiques, mais également à déterminer les phénomènes d'intérêt de la psychologie communautaire (transaction entre la personne et son environnement, pouvoir d'agir, sens communautaire) et à élaborer les bases épistémologiques propres à ce champ disciplinaire en émergence.

Le cadre épistémologique dans lequel s'inscrit la psychologie communautaire est encore l'objet de réflexion et de discussion. Les propositions épistémologiques mises de l'avant font actuellement l'objet de discussion. Ces propositions sont présentées au chapitre deux. Premièrement, il est proposé que l'universalité des connaissances scientifiques soit remise en question au profit d'une prise en compte des contextes, considérée comme essentielle à la compréhension des réalités à l'étude en psychologie communautaire. D'après cette position épistémologique, la connaissance appliquée localement devrait tenir compte des particularités de chaque milieu, être reconstruite avec les partenaires, opérer à partir des informations issues à la fois du subjectif, de «l'objectivé» et de l'histoire. Deuxièmement, la connaissance devrait néanmoins être organisée d'une façon rigoureuse, cohérente et systématique. La notion d'objectivité ou de neutralité scientifique devrait être remise en question en faveur d'une recherche de rationalités divergentes. Enfin, l'accent devrait être mis sur la compréhension des processus à l'œuvre dans les phénomènes d'intérêt de la psychologie communautaire plutôt que sur la recherche des causes. En d'autres mots, la psychologie communautaire devrait s'intéresser principalement au « comment » des phénomènes plutôt qu'au « pourquoi ».

Les psychologues communautaires ont contribué à la réflexion sur le renouvellement des pratiques sociales. L'orientation qu'ils promeuvent est le renforcement de la capacité des personnes et des communautés à devenir les agents de leur destinée. Les pratiques traditionnelles ont trop longtemps défini les changements à effectuer du seul point de vue des intervenants et ceux-ci ont trop fréquemment attribué l'échec de leurs interventions aux personnes aidées. Nous montrons dans le troisième chapitre que le pouvoir d'agir (*empowerment*), c'est-à-dire le fait d'avoir de l'influence sur sa vie, est une condition nécessaire au changement personnel et collectif. Pour qu'il soit durable, le changement doit être amorcé, ou à tout le moins endossé, par les personnes qu'il concerne. Nous décrivons les éléments qui composent cette réalité et nous nous attardons aux conditions nécessaires au renforcement et au développement de cette capacité à mieux maîtriser sa vie et celle de sa communauté. Enfin, nous décrivons les répercussions auxquelles on peut s'attendre lorsque des personnes, les membres d'une communauté ou les résidants d'un quartier acquièrent la capacité et les moyens d'introduire les changements qu'ils désirent dans leur réalité quotidienne.

Le quatrième chapitre fait ressortir la nature éminemment sociale et multidimensionnelle du concept de soutien social. La relation positive entre le soutien social et la santé ou le bien-être est largement démontrée. L'intérêt de la psychologie communautaire pour le soutien social vient probablement du fait qu'il constitue en quelque sorte un pont entre une psychologie dominée par une préoccupation envers des facteurs personnels ou intrapsychiques et une psychologie qui met l'accent sur l'environnement. Les auteures y exposent les théories de l'effet tampon contre le stress et de l'effet protecteur direct du soutien social sur la santé. Une attention particulière est accordée à trois dimensions principales dans l'étude de ce méta-construit, soit la structure des réseaux de soutien, les fonctions de soutien et les perceptions de soutien. Des critiques à l'endroit du traitement du concept de soutien social sont formulées. En effet, les auteures déplorent le fait que le soutien social soit conceptualisé de telle sorte qu'il devienne un attribut d'un individu plutôt qu'un ensemble de caractéristiques des structures sociales avec lequel l'individu doit composer. Les auteures soulignent également, à l'instar de plusieurs autres psychologues communautaires, que les études portant sur le soutien social n'alimentent pas suffisamment l'intervention.

Le cinquième chapitre aborde deux types de ressources de plus en plus utilisées dans les domaines de la santé physique et de la santé mentale: les groupes d'entraide et de soutien. Afin de bien comprendre la nature de ces deux types de ressources, elles sont comparées avec les groupes de thérapie, de psycho-éducation et de revendication. L'auteure explique également les points communs et les différences fondamentales entre les groupes d'entraide et de soutien. Elle fournit par la suite quelques exemples de recherches évaluatives originales. Cela permet d'aiguiser le sens critique des lecteurs et lectrices face aux recherches dans ce domaine sans leur imposer une lecture trop technique.

Dans l'éventail des rôles que peut exercer le psychologue communautaire, la consultation occupe une place de plus en plus importante. La consultation s'inscrivant dans une perspective communautaire repose sur un processus de résolution de problème, s'instaurant entre un consultant et un ensemble de personnes issues d'une même organisation ou d'une communauté, afin de modifier une situation non désirée en une situation plus souhaitable. Le chapitre six illustre le rôle d'un consultant en contexte communautaire. Les auteurs décrivent par la suite les modèles de consultation. Ils rapportent également les résultats d'une recherche portant sur les préférences, en matière de consultation, de personnes offrant un soutien à un proche malade. Les auteurs concluent sur les critères qui devraient influencer la façon d'exercer une pratique de consultation selon une perspective communautaire.

Le septième chapitre situe d'abord la prévention et la promotion de la santé mentale dans le champ des disciplines orientées vers la résolution des problèmes psychologiques et sociaux et trace le paysage historique de la prévention. En second lieu, il aborde plus spécifiquement la contribution de la psychologie communautaire à l'évolution du concept de prévention. Ensuite, les grands modèles de référence et d'action, à savoir le modèle biomédical, celui de la santé communautaire et le modèle écologique, sont présentés. L'auteure soutient que, pour camper les pratiques dans le champ de la prévention ou de la promotion, celles-ci doivent comporter les caractéristiques suivantes: antériorité de l'action, multidirectionnalité des interventions, dimension communautaire. Le texte présente un éventail de stratégies en prévention et en promotion, depuis celles ciblant plus directement les personnes jusqu'à celles qui sont dirigées vers la communauté, en passant par le soutien aux milieux de vie que sont la famille, l'école, le milieu de travail. Le chapitre se termine sur les conditions qui contribuent à la vitalité des interventions en prévention et en promotion de la santé.

Le huitième chapitre traite de deux formes d'interventions en psychologie communautaire, soit l'intervention de réseau et l'approche milieu, appelée aussi approche proactive. L'intervention de réseau consiste à inclure dans l'intervention professionnelle les proches et autres personnes de l'environnement social de la personne en difficulté. L'approche milieu est un type d'intervention qui cible les communautés locales et qui vise à établir des contacts entre les systèmes formels et informels d'aide déjà existants, afin de développer des collaborations. Après avoir présenté la notion de quartier et indiqué pour quels types de besoins l'aide de voisinage peut s'avérer pertinente et appropriée, les grands principes d'intervention sont définis. Un projet-démonstration est présenté afin d'illustrer les caractéristiques et les défis de ce dernier mode d'intervention.

Afin d'être cohérents avec l'analyse qu'ils font des phénomènes en lien avec le bien-être personnel et collectif, les psychologues doivent s'engager dans des environnements qui soutiennent les personnes et les communautés dans leurs tentatives d'améliorer leurs conditions de vie. Dans cet esprit, les auteures du neuvième chapitre présentent le mouvement du développement économique communautaire lancé par les résidants de communautés appauvries et marginalisées afin de promouvoir leur indépendance économique au bénéfice collectif de leurs membres. Les auteures définissent les buts du développement économique communautaire et donnent un bref historique de ce mouvement. Elles décrivent les types d'intervenants contribuant au développement économique communautaire, dont les psychologues communautaires. Elles détaillent les fonctions et les rôles assumés par les psychologues communautaires et décrivent les apprentissages qu'ils peuvent réaliser à l'intérieur de leur engagement dans le mouvement du développement économique communautaire. Quelques suggestions concernant des actions collectives et recherches futures en développement économique communautaire sont formulées en fin de chapitre.

Parmi les valeurs promues par la psychologie communautaire, on retrouve le respect de la diversité, notamment de la diversité culturelle. Le chapitre dix a pour objectif de sensibiliser les lecteurs aux nombreux défis que soulève l'intervention communautaire dans un contexte multiethnique. Les auteures abordent le processus d'acculturation auquel doivent faire face les personnes immigrantes en quête d'identité, de continuité et d'intégration. Par la suite, quelques éléments susceptibles de permettre de meilleures interventions entre aidants et aidés d'univers culturels différents sont présentés.

Le onzième chapitre pose la question de la contribution des psychologues communautaires à l'émergence, au soutien et au renouvellement des politiques sociales. Plus spécifiquement, le chapitre aborde les questions suivantes : Comment se construit une politique sociale ? Quels sont les freins à la contribution des chercheurs aux politiques sociales ? Quelles sont les attentes des décideurs vis-à-vis des chercheurs et vice versa ? Quel est le rôle du chercheur dans le processus d'élaboration des politiques ? À quoi attribuer la contribution plutôt timide de la psychologie communautaire aux politiques sociales ?

En ce qui concerne la recherche, et cela est valable pour toute autre forme d'action, les orientations sont dictées par les préoccupations des gens et ceux-ci sont encouragés à participer à toutes les étapes du processus. Il s'agit alors de construire les connaissances à travers l'action. Le douzième et dernier chapitre décrit comment on peut concilier la prise de position morale de la psychologie communautaire avec l'apparente neutralité scientifique propre aux processus de recherche. Il porte sur la question suivante : Quels sont les objets de recherche et les méthodes à privilégier pour augmenter la compréhension des phénomènes d'intérêt de la psychologie communautaire ? Pour ce faire, nous examinons systématiquement les implications concrètes de l'option morale de la psychologie communautaire aux différentes étapes du processus de recherche. Finalement, nous illustrons à travers les étapes d'une recherche évaluative comment les psychologues communautaires peuvent faciliter le pouvoir d'agir des personnes et des communautés.

Somme toute, ce livre offre un contenu diversifié qui, j'en suis convaincue, alimentera la réflexion des lecteurs et leur fournira des façons de « faire partie de la solution » plutôt que du problème dans la quête d'une répartition équitable des ressources de notre société pour le mieux-être personnel et collectif.

LA PSYCHOLOGIE COMMUNAUTAIRE ET LE CHANGEMENT SOCIAL

Francine Dufort et Yann Le Bossé
Université Laval

chapitre
1

*If your only tool is a hammer,
all problems took nails*
Mark Twain

L A psychologie communautaire a pris naissance dans un contexte de grande effervescence sociale caractérisée par une préoccupation envers les groupes sociaux vivant dans la pauvreté ou faisant l'objet de diverses formes d'inégalité sociale. Dans ce vaste courant de réforme, les professionnels de la santé mentale se rendaient bien compte que les formes d'aide largement fondées sur l'introspection et la compréhension de soi n'étaient pas adaptées aux difficultés et aux besoins d'un grand nombre de personnes vivant dans des conditions sociales difficiles. Les interventions individuelles permettaient de rejoindre un nombre restreint de personnes et elles étaient la plupart du temps réalisées alors que le problème avait pris une grande ampleur. Bien que les difficultés psychologiques vécues par divers groupes sociaux étaient largement attribuables à leurs conditions de vie, peu d'interventions visaient à changer ces conditions délétères. Il fallait donc trouver des solutions véritables aux problèmes causés en bonne partie par la pauvreté, l'isolement social, le racisme, le chômage ou d'autres formes de marginalisation.

Le présent chapitre relate les premières manifestations de la psychologie communautaire au Canada. Par la suite, nous décrivons les circonstances et les constats à l'origine de la formalisation de ce champ particulier de la psychologie. L'accent est mis sur les données épidémiologiques montrant une relation entre l'appartenance sociale et la santé mentale, sur la piètre efficacité des services de santé offerts à des fins psychothérapeutiques et sur les limites du modèle médical appliqué à des problèmes relevant largement de conditions sociales difficiles. Enfin, nous expliquons comment la contribution particulière de la psychologie communautaire s'est appuyée progressivement sur les phénomènes d'intérêt que sont la transaction entre la personne et son environnement, le pouvoir d'agir et le sens de la communauté ou le fragile équilibre entre les intérêts individuels et collectifs. Une attention particulière est portée aux notions de communauté et de structures médiatrices que constituent notamment l'école, le quartier, les organismes communautaires. Le chapitre conclut sur l'importance pour les tenants et tenantes de la psychologie communautaire d'appuyer leurs actions sur des bases épistémologiques rigoureuses.

1. L'ÉMERGENCE DE LA PSYCHOLOGIE COMMUNAUTAIRE AU CANADA

La psychologie communautaire est apparue de façon formelle aux États-Unis au cours des années 1960 sous l'influence de deux courants interdépendants, l'un social, s'attaquant à la pauvreté et aux autres formes d'inégalités, et l'autre associé à la santé publique, axé sur la prévention des troubles mentaux. Walsh-Bower (1998) soutient cependant que la psychologie communautaire a été pratiquée bien avant sa formalisation, dans des pays aussi différents que Cuba, la Nouvelle-Zélande ou le Venezuela. Selon cet auteur, d'ailleurs d'origine américaine, l'histoire de la psychologie communautaire au Canada serait plus ancienne que celle des États-Unis.

Wrigth et Myers (1982) rapportent qu'au Canada, entre les deux guerres mondiales, de 1914-1918 et de 1939-1945, les universités de Toronto et McGill menaient déjà des recherches appliquées en santé mentale. Les psychologues reconnaissaient l'intervention précoce auprès des enfants et le développement des compétences parentales comme des éléments essentiels des programmes de promotion de la santé mentale. Wright et Myers utilisaient alors explicitement les termes de psychologie communautaire pour décrire ces préoccupations envers la prévention et le développement humain. Ils rapportent que les psychologues de ces deux universités étaient solidement engagés dans divers projets de promotion de la santé mentale dans des hôpitaux psychiatriques, des écoles, des milieux de travail.

Dans la même veine, Babarik (1979) mentionne qu'en 1949 William Line avait déjà recours au vocable « psychologie communautaire » pour parler du courant dominant de la psychologie canadienne de l'époque (Rapport de la Commission royale sur le développement national des arts, des lettres et des sciences,

1949-1950). Line faisait alors référence aux activités de prévention primaire menées par les psychologues, à la recherche-action, à la participation communautaire (autodétermination, développement personnel et social dans un contexte de coopération entre citoyens et professionnels) et à la diversité communautaire, concepts qui, comme nous le verrons plus loin, sont à la base de la psychologie communautaire. Line concluait que, si les psychologues canadiens persévéraient dans l'étude des personnes dans leur communauté comme ils l'avaient fait depuis le début du siècle, le Canada aurait une influence remarquable en psychologie.

Walsh-Bower et Babarik rapportent toutefois qu'un critique très influent en matière d'enseignement de la psychologie au Canada, Robert MacLeod, contribua à changer le cours des événements. À la suite d'un mémoire qu'il adressa au Conseil de recherche en sciences sociales et dans lequel il dénonçait ce qu'il appelait alors le professionnalisme prématuré de la psychologie canadienne, les universités canadiennes délaissèrent la psychologie appliquée pour se concentrer sur l'étude des processus psychologiques fondamentaux. L'Association canadienne de psychologie (ACP) a également fait des pressions au cours de la Deuxième Guerre mondiale pour que des fonds soient accordés à la recherche fondamentale. La psychologie canadienne s'est alors vue redéfinie principalement comme une science expérimentale. Myers (1970) a déploré la disparition du caractère distinctif de la psychologie communautaire canadienne qui avait jusqu'alors mis la recherche et l'intervention au service des communautés et en réponse à leurs besoins. Ce revirement au profit de la psychologie fondamentale et de la recherche expérimentale n'aurait pas été aussi marqué aux États-Unis, ce qui aurait permis à la psychologie communautaire de s'y épanouir plus rapidement qu'au Canada. Cela fait dire à Walsh-Bower (1998) que, tout comme pour le baseball, la psychologie communautaire nord-américaine est une « invention canadienne », mais qui a prospéré aux États-Unis...

Le fait que la psychologie communautaire ait été négligée par bon nombre de professionnels et d'universitaires canadiens n'a cependant pas totalement inhibé son expansion au cours des 25 ou 30 dernières années. Une enquête menée par Nelson et Tefft au cours des années 1980 nous apprenait notamment que la moitié des universités canadiennes comportant un programme de psychologie offraient une formation en psychologie communautaire. En outre, depuis 1980, l'Association canadienne de psychologie comporte une section en psychologie communautaire, ce qui offre un réseau de communication aux psychologues communautaires canadiens et fournit une reconnaissance formelle à ce champ de la psychologie. La *Revue de santé mentale communautaire*, une revue interdisciplinaire et bilingue, a vu le jour en 1982 et des livres de base en psychologie communautaire ont été publiés en français (Guay, 1987) et en anglais (Bennet, 1987 ; Bennet et Tefft, 1985).

La psychologie communautaire canadienne a été néanmoins fortement influencée par la psychologie communautaire américaine. Il est important de noter, par exemple, que plusieurs universitaires canadiens ont été formés aux États-Unis ou ont reçu leur formation de professeurs eux-mêmes formés chez nos voisins du Sud. De plus, comme le rapporte Walsh (1988) à la suite d'entretiens menés auprès d'éminents psychologues communautaires canadiens, les psychologues, francophones aussi bien qu'anglophones, ont fréquemment recours aux livres, revues et autres produits américains dans leurs activités d'enseignement et de recherche. D'ailleurs, les psychologues communautaires canadiens sont plus volontiers membres de la division 27 de l'American Psychological Association que de la section de psychologie communautaire de l'Association canadienne de psychologie. Leurs sources premières de référence sont l'*American Journal of Community Psychology*, le *Journal of Community Psychology* et le *Community Psychologist*, comme l'illustre d'ailleurs ce livre. De fait, la psychologie communautaire est née officiellement dans le contexte de différents congrès tenus aux États-Unis et auxquels des Canadiens ont participé. C'est largement à l'occasion de ces rencontres que le champ de la psychologie communautaire a été progressivement défini. Ces événements sont décrits plus loin dans le chapitre.

Les constats qui ont amené la société américaine à remettre en question les services de santé mentale ont également servi d'appui au renforcement de l'approche communautaire au Canada. Les données épidémiologiques mettant en lumière la relation entre la classe sociale et la présence de problèmes psychologiques, les études sur l'utilisation et la qualité des services offerts aux personnes présentant un trouble mental et les critiques, parfois virulentes, du modèle médical sont à l'origine de la formalisation de la psychologie communautaire nord-américaine.

2. LES CONSTATS À L'ORIGINE DE LA PSYCHOLOGIE COMMUNAUTAIRE

La psychologie communautaire nord-américaine a pris son essor dans une période d'effervescence sociale. Le mouvement pour le respect des droits de la personne qui s'intensifia au cours des années 1950 et 1960 fut un stimulant en vue de l'abolition des inégalités sociales. La lutte à la pauvreté, au racisme et aux autres formes de discrimination a permis de s'attaquer à une variété de problèmes sociaux : crime, délinquance, chômage, analphabétisme et sous-scolarisation. L'émergence du champ de la psychologie communautaire n'est donc pas indépendante de l'histoire et du contexte social et politique de l'époque (Levine et Perkins, 1987). La population remettait en question notamment l'efficacité des programmes et services s'adressant aux personnes ayant des troubles mentaux graves et persistants, mais, aussi, à la population générale. Certains groupes préconisaient une participation accrue des citoyens et des citoyennes à la définition et à la gestion des services s'adressant aux membres de leur communauté (Walsh, 1988).

Il paraît donc discutable d'attribuer, comme le font certains auteurs, la remise en question des services de santé mentale aux seuls professionnels de la santé. Il faut en effet souligner, à l'instar de Margaret Kiely et de Denise Moreau (1975), que la réflexion et les actions de ces professionnels, et des universitaires qui leur ont fait écho, se sont inscrites dans un vaste mouvement que Sanford qualifiait en 1958 « [...] d'aussi important que la révolution industrielle ». Babarik (1979) attribue la naissance de ce mouvement à Clifford Beers qui, en 1908, à la suite d'hospitalisations en psychiatrie, publia *A mind that found itself*. Dans ce livre, Beers alertait l'opinion publique quant à la piètre qualité des services dispensés aux personnes présentant un trouble mental. Selon Kiely et Moreau, l'originalité de la démarche de Beers reposait sur l'importance accordée à la prévention des troubles mentaux, l'intervention thérapeutique ne devant constituer, selon lui, qu'un objectif secondaire. Nous verrons plus loin que cette préoccupation à l'égard de la prévention constitua, avec la réintégration sociale des personnes aux prises avec des troubles mentaux, les grandes orientations du mouvement de santé mentale communautaire et de la psychologie communautaire.

Ce sont des cliniciens d'approche psychodynamique évoluant dans ce contexte qui ont alors proposé de quitter les lieux de pratique strictement cliniques et d'étendre leur action aux problèmes sociaux complexes. Il fallait non seulement que les professionnels sortent des institutions, mais qu'ils prennent en compte les facteurs historiques, économiques, culturels à la base des difficultés psychologiques des personnes auxquelles ils rendaient des services. Certains auteurs se sont étonnés que le mouvement vienne de professionnels d'approche psychodynamique (Heller, Price, Reinhartz, Riger, Wandersman et D'Aunno, 1984); cela n'avait pourtant rien de surprenant puisqu'à l'époque la majorité des professionnels de la santé mentale étaient formés à cette école.

Thomas Stephen Szasz fut l'un des plus fervents attaquants du concept de « maladie mentale » qu'il qualifiait de mythe. Il intitula d'ailleurs l'un de ses ouvrages paru en 1961 *The myth of mental illness*. Il soutenait que les définitions contemporaines des « comportements anormaux » et du « malade mental » étaient influencées par des normes morales, légales et sociales fort discutables. À l'appui de sa thèse, diverses études épidémiologiques montraient de façon systématique et convaincante une relation inverse entre l'appartenance sociale et les problèmes psychologiques. Dans la même veine, l'analyse de l'utilisation et de la qualité des services faisait nettement ressortir que les traitements psychiatriques et psychologiques différaient selon certaines caractéristiques sociales des personnes qui consultaient les professionnels de la santé (Levine et Perkins, 1987).

2.1 Des préoccupations appuyées par des données épidémiologiques

Les préoccupations des professionnels de la santé mentale étaient appuyées par des données dont la validité était difficilement contestable. L'étude de Dohrenwend et Dohrenwend (1969) a notamment permis d'établir une relation entre la classe sociale et l'état de santé mentale : les personnes appartenant aux classes sociales les moins bien nanties sur le plan socio-économique étant plus susceptibles que les personnes des classes mieux nanties de présenter des problèmes psychologiques ou d'être perçues comme présentant des problèmes de cette nature. Cette dernière nuance est importante: non seulement les plus pauvres vivaient-ils dans des conditions nuisibles à la santé, mais ils étaient également plus susceptibles d'être perçus comme « malade mental » et de se voir apposer une étiquette en ce sens. Pour les mêmes symptômes, les gens des classes défavorisées étaient plus susceptibles de se voir diagnostiquer comme névrotiques ou psychotiques que ceux des classes favorisées.

De leur côté, Srole *et al.* (1962) et Leighton *et al.* (1963) ont non seulement montré que les problèmes émotionnels étaient plus fréquents et plus graves chez les populations à faible revenu, mais que ces problèmes surgissaient surtout dans les endroits de désorganisation sociale. Plus le tissu social d'une communauté était détérioré (présence de crimes, de violence, absence de loisirs, de soutien pour les jeunes ou les plus âgés), plus nombreuses étaient les personnes aux prises avec des difficultés d'ordre psychologique. Ces données épidémiologiques donnaient appui aux tenants et tenantes de l'orientation préventive et environnementale. Si des conditions sociales étaient en partie à l'origine de l'apparition ou du maintien de problèmes mentaux, des actions préventives devaient être menées et il fallait agir sur ces conditions et non seulement sur les individus.

Des critiques affirmaient également que les professionnels de la santé contribuaient à la prévalence[1] et à l'incidence[2] des problèmes de santé mentale en confirmant et en renforçant les normes sociales existantes. Définir la maladie mentale en faisant abstraction des facteurs sociaux débilitants éloignait l'attention des conditions sociales à la base des problèmes de comportement. Du point de vue des personnes que l'on désirait « aider », cela revenait concrètement à leur attribuer l'entière responsabilité d'une situation sur laquelle elles avaient peu ou n'avaient pas de contrôle. Les critiques les plus modérés des systèmes de soins de l'époque enjoignaient les professionnels de la santé à collaborer plus étroitement avec les membres des communautés au sein desquelles ils travaillaient. Il y avait derrière cette orientation une volonté de modifier les rôles des professionnels de la santé. De médecins, de soignants, les professionnels devaient se transformer en véritables agents de changement social. Pour ce faire, ils devaient développer de nouveaux rôles tels que ceux d'éducateurs, de critiques, de réformateurs et de planificateurs sociaux.

---

1. La prévalence correspond à la proportion de personnes touchées par un problème de santé au cours d'une période donnée dans une population donnée. La proportion s'exprime habituellement par le nombre d'individus sur 1 000 touchés par le problème.
2. L'incidence correspond au taux d'apparition de nouveaux cas au cours d'une période donnée dans une population donnée.

2.2 Des services de santé mentale d'une efficacité discutable

En matière de services offerts aux personnes aux prises avec des troubles mentaux graves et persistants, les constats étaient plutôt négatifs. Au lieu de soulager la souffrance, les institutions, les hôpitaux psychiatriques notamment, contribuaient à aggraver les problèmes. La durée des hospitalisations en psychiatrie et la nature des traitements prodigués aux malades comportaient d'importants effets iatrogènes (c'est-à-dire des effets néfastes produits directement par l'intervention et qui s'avèrent parfois plus dommageables que le problème que l'on tente de régler). Les longues hospitalisations entraînaient chez les patients la perte de diverses habiletés sociales et fonctionnelles. À long terme, les personnes hospitalisées perdaient confiance en leur potentiel puisqu'on leur laissait peu d'initiatives; leur personnalité disparaissait sous l'anonymat du patient. En outre, les médicaments très puissants permettaient, certes, d'atténuer une partie de leur souffrance, mais servaient également à contrôler les comportements jugés dérangeants et entraînaient des effets secondaires dévastateurs, sur le plan aussi bien physique que cognitif (Levine et Perkins, 1987).

Hollingshead et Redlich (1958) ont également montré que les systèmes psychiatriques de l'époque procuraient des soins aux personnes des classes moyenne et favorisée qui différaient de ceux qui étaient fournis aux personnes de la classe défavorisée. Pour des problèmes équivalents, les premières se voyaient apposer des diagnostics moins lourds et étaient plus susceptibles d'être traitées en cliniques externes alors que les autres étaient traitées dans les hôpitaux publics, parfois à l'aide d'électrochocs et de lobotomies. Lorsque les services étaient rares, ce sont les personnes les mieux nanties qui en profitaient le plus. Les critiques de l'époque reprochaient aux services de santé mentale d'être des institutions de contrôle social, c'est-à-dire de contribuer à ce que les individus s'adaptent à leur environnement, même le plus contraignant, à ce qu'ils dérangent le moins possible l'ordre social établi.

Les personnes présentant un trouble mental grave n'étaient pas les seules à ressentir un mal de vivre et à requérir de l'aide. Étant donné la complexité du monde moderne, « monsieur et madame tout le monde » étaient régulièrement placés dans des situations, face à des événements qui pouvaient affecter leur bien-être psychologique. Comprendre et apprendre comment faire face à ces problèmes devenait le défi de tous et chacun. Les statistiques sur la prévalence de divers problèmes en lien avec l'utilisation des services de santé à des fins psychothérapeutiques étaient éloquentes à cet égard. Pour chaque personne affectée par un trouble grave (dépression majeure, schizophrénie, alcoolisme), près de deux autres présentaient, à des niveaux moindres, mais sérieux, une même condition. Pourtant, la majorité des fonds servant aux services publics et des postes des professionnels en santé mentale était allouée aux hôpitaux (Guay, 1987).

Des données épidémiologiques montraient qu'en plus du statut social (revenu et niveau de scolarité) les statuts marital et professionnel influaient sur la probabilité que des symptômes psychologiques se manifestent dans la population générale. Les hommes célibataires étaient en moins bonne santé mentale que les femmes célibataires. Par contre, les femmes mariées consultaient beaucoup plus pour des symptômes psychologiques que les hommes mariés. En règle générale, les professionnels de la santé diagnostiquaient plus de problèmes psychiatriques chez les femmes, surtout chez celles entre 25 et 35 ans, et elles étaient généralement jugées plus « atteintes » que les hommes du même âge. Les personnes veuves étaient également plus affectées par des difficultés d'ordre psychologique que les gens mariés ou célibataires. Les chômeurs et les femmes qui demeuraient au foyer étaient plus susceptibles de rapporter de la détresse psychologique que les personnes détenant un emploi. Après ces constats, il devenait difficile de prétendre que toutes ces personnes présentaient, au départ, une déficience psychologique. Ces données montraient plutôt que divers facteurs sociaux, certaines situations (la pauvreté, l'isolement) ou des événements de vie particuliers (veuvage ou chômage, par exemple) avaient des répercussions importantes sur la santé mentale des personnes. De ce fait, les interventions ne devaient pas être exclusivement de nature intrapsychique, mais également sociale (Arsenau, Bouchard, Bourgon, Goupil, Guay, Lavoie, Perreault, 1983). À noter que certaines de ces relations sont encore observées de nos jours (voir à cet effet les données produites par l'enquête Santé Québec). Si les problèmes psychologiques étaient en partie liés aux facteurs sociaux, ne fallait-il pas remettre en question nos façons d'intervenir et définir de nouvelles cibles et de nouveaux modèles d'intervention ?

2.3 Une conception trop médicale des difficultés vécues par les personnes

Considérant les difficultés auxquelles tous et chacun doivent faire face au cours de la vie, Albee (1959) faisait remarquer que, si l'on continuait à penser les systèmes de santé selon le modèle médical, il n'y aurait jamais suffisamment de professionnels de la santé pour répondre aux demandes «potentielles» d'aide psychologique. Les professionnels ne pourraient répondre à tous les besoins, à tous les problèmes inhérents à la condition humaine. Heureusement pourrions-nous dire, car cette façon de faire aurait contribué à «psychopathologiser» divers événements, étapes, ou situations de vie.

En effet, en plus de la disponibilité limitée des professionnels, les services conçus selon le modèle médical posaient différents problèmes. Les interventions cliniques et les traitements impliquaient que les personnes demandant de l'aide restent relativement passives dans le processus de résolution du problème. Les professionnels de la santé s'inscrivant dans le modèle médical traditionnel s'attendaient à ce que les personnes qui les consultent fournissent les renseignements utiles au diagnostic et que, par la suite, elles respectent leur prescription, celle-ci prenant souvent la forme d'une médication. Malheureusement, cette façon de faire contribuait à créer de la dépendance envers les professionnels de la santé et envers le système de soins.

En outre, le modèle médical se fondait sur un postulat qui, à la lumière de diverses études, s'est révélé erroné, c'est-à-dire que toutes les personnes savaient qu'une aide était disponible et qu'elles connaissaient le type d'aide qu'il leur fallait. Des études ont montré que plusieurs personnes ignoraient comment s'orienter dans un système de soins parfois complexe (Guay, 1987). Comme nous l'avons vu précédemment, ce système contribuait trop souvent à la discrimination en fonction de la classe sociale. Les personnes provenant des classes sociales les mieux nanties recevaient des services qui leur convenaient mieux puisque la «distance sociale» entre elles et les professionnels était peu marquée, ces derniers appartenant habituellement aux classes bien nanties. Enfin, des études montraient que les attitudes à l'égard de la recherche d'aide variaient en fonction de l'origine ethnique (Guay, 1987). L'appartenance culturelle des personnes aidées, aussi bien que celle des aidants, constituait parfois une barrière à l'utilisation et à la qualité des services.

Par ailleurs, dans un système de libre entreprise, comme celui qui existe au Québec, il a été démontré que les professionnels de la santé mentale avaient une forte préférence pour certains types de « patients » ou de « clients », que les Américains ont nommé les *YAVIS* (young, attractive, verbal, intelligent, successful) (Cowen, Gardner et Zax, 1967). La plupart de ces personnes consultaient pour actualiser leur potentiel, pour se réaliser. Les cabinets des professionnels de la santé mentale étaient peu fréquentés par les personnes ayant des problèmes tels que l'alcoolisme ou d'autres toxicomanies. Les personnes âgées, celles possédant peu d'habiletés à la communication, les personnes mal insérées professionnellement ne trouvaient pas non plus une oreille très attentive chez plusieurs professionnels de la santé mentale (Guay, 1987).

Une autre limite du modèle médical consistait à définir les problèmes avec lesquels les gens étaient aux prises, comme des « maladies », et à fournir des services professionnels sous la forme de « traitements ». Cette terminologie renvoyait le message que les sentiments d'anxiété, la tension, la dépression ressentis à la suite d'une situation de vie pénible, d'un événement stressant, étaient « anormaux ». Pourtant, ces réactions paraissaient « normales » face à un stress, aigu ou chronique, intense. En outre, mettre l'accent sur le recours à une aide professionnelle pouvait saper la confiance de la personne en sa propre habileté à régler ses problèmes, ou en celle de ses amis, parents ou voisins à la soutenir. Le recours systématique à l'aide professionnelle pouvait également contribuer à ce que les individus ne se sentent pas responsables des personnes autour d'eux. Il devenait facile aux proches de blâmer la personne en difficulté en l'accusant, par exemple, de ne pas suivre les prescriptions du professionnel, et, ainsi, de se dégager de toutes responsabilités. William Ryan (1971) a abondamment décrit ce phénomène sous les termes de *victim blaming*, que l'on traduit par double victimisation, qu'il étend non seulement aux tenants du modèle médical, mais également à certains qui défendent la thèse sociale. Dans les deux cas, cela implique que les personnes changent leurs comportements sans que des efforts particuliers soient également effectués pour modifier les conditions dans lesquelles elles vivent.

En psychologie, nous avons plusieurs façons de blâmer les personnes en difficulté : en utilisant des tests psychologiques qui contribuent à « psychologiser » les problèmes sociaux, en jugeant certaines habitudes de vie sans tenir compte du contexte dans lequel elles s'inscrivent, en ayant recours à des stéréotypes associés au soi-disant manque de motivation, à l'inhabileté qu'ont les personnes vivant en milieu défavorisé à retarder les gratifications, en invoquant leur supposée incapacité à composer avec l'abstrait. Ryan souligne que notre tendance à blâmer la victime part souvent d'un élan humaniste ; elle vient d'une préoccupation sincère pour le bien-être de la personne. Elle n'en est pas moins pernicieuse car, comme le veut l'expression consacrée, elle ajoute l'injure à l'insulte. En plus d'avoir à composer avec la souffrance produite par la situation, les personnes se font dire qu'elles sont responsables de cette souffrance.

Le climat de remise en question des interventions traditionnelles encouragea l'expérimentation de différents services auprès de populations non desservies, mal desservies ou n'utilisant pas le système de soins existant. En Amérique du Nord, plusieurs professionnels de la santé mentale s'engagèrent dans la création de services parallèles aux services traditionnels : maisons de transition, centres d'hébergement, programmes de soutien aux familles monoparentales, aux victimes de viol, centres de crise, centres de prévention du suicide. Plusieurs de ces programmes tablaient sur le recours aux aidants et aux leaders des communautés.

Ces professionnels, psychologues, psychiatres, travailleurs sociaux et autres, rejetaient la « suprématie intrapsychique » comme explication principale des problèmes des gens ainsi que la notion de « déviance » dont on affublait les personnes en difficulté. Ils refusaient de travailler à adapter les marginaux aux normes et aux standards sociaux, mais désiraient plutôt discuter la pertinence de normes et de standards uniques. Ils proposaient, au contraire, de travailler à renforcer l'estime de soi de ces personnes et à changer les conditions sociales qui étaient en partie la cause des problèmes. Plusieurs programmes et interventions étaient d'ailleurs axés sur le renforcement de l'estime de soi et sur le soulagement de la « misère psychologique ».

En somme, les professionnels de la santé mentale se rendaient bien compte que les formes d'aide largement fondées sur l'introspection et la compréhension de soi n'étaient pas adaptées aux difficultés et aux besoins d'un grand nombre de personnes. Les interventions individuelles permettaient de rejoindre un nombre restreint de personnes et elles étaient la plupart du temps réalisées alors que le problème avait pris une grande ampleur. Il devenait nécessaire de rechercher d'autres façons de faire. Les professionnels de la santé se devaient de faire partie de la solution plutôt que de contribuer aux problèmes. Différents courants sont nés de cette remise en question des pratiques traditionnelles. Nous présentons ici les courants de la santé mentale communautaire et de la psychologie communautaire.

Il convient de les distinguer pour comprendre la position de la psychologie communautaire (Rappaport, 1977).

3. VERS UNE CLARIFICATION DE LA CONTRIBUTION SPÉCIFIQUE DE LA PSYCHOLOGIE COMMUNAUTAIRE

Aux États-Unis, certains des constats mentionnés plus haut ont mené à la réalisation de diverses initiatives, notamment à la création de centres de santé mentale communautaire (Community mental health centers act, 1963). L'idée à la base de ces centres était que les soins de santé mentale seraient plus accessibles s'ils étaient offerts dans la communauté, c'est-à-dire dans le milieu de vie des gens. La philosophie sous-jacente à la création de ces centres était que la « maladie mentale » est une responsabilité communautaire aussi bien qu'individuelle (Holahan, 1977). Il était également question que les citoyens et citoyennes puissent participer activement à la définition et à l'élaboration des services utiles à leur communauté (Walsh-Bower, 1998).

3.1 Distinguer la psychologie communautaire du modèle de santé mentale communautaire

Selon Rappaport (1977), les tenants et tenantes du modèle de santé mentale communautaire soutenaient que les institutions sociales contribuaient à créer les problèmes essentiellement parce qu'elles ne réussissaient pas à accomplir correctement leur fonction de socialisation, c'est-à-dire de transmission des valeurs et des normes sociales. De leur point de vue, les institutions n'arrivaient pas à rejoindre les personnes qui avaient le plus besoin de cette socialisation (personnes peu scolarisées, à faible revenu, appartenant à des minorités ethniques). Ces personnes étaient privées des connaissances de la culture dominante, ce qui aurait expliqué leurs mauvaises habitudes de vie, leurs déficiences affectives, cognitives et autres. La préoccupation principale des tenants du modèle de santé mentale communautaire était donc d'accroître l'accès aux services de santé mentale pour les gens dans le besoin (Heller *et al.*, 1984). Le but des interventions alors mises sur pied consistait à aider les représentants des institutions, enseignants, policiers, conseillers en emploi et autres, à effectuer un meilleur travail de diffusion des valeurs, des normes sociales prévalantes. Les stratégies d'intervention privilégiées étaient alors la réorganisation des services existants, la formation et le soutien aux intervenants et aux gestionnaires des services. Ryan décrivait de façon ironique comment ce modèle contribuait à perpétuer un système, une institution et profitait à ceux qui détenaient des positions de pouvoir au sein de cette même institution.

> La formule à adopter est extrêmement simple, il suffit de changer la victime. Cela peut se faire d'une manière tellement naturelle que ça semble d'une logique implacable. Premièrement, il faut circonscrire un problème social. Deuxièmement, il s'agit d'étudier ceux qui sont affectés par le problème et de découvrir de quelle façon ils sont différents des autres étant donné les privations et les injustices auxquelles ils doivent faire face. Troisièmement, il s'agit de définir les différences comme étant elles-mêmes les causes du problème social. Finalement, il faut évidemment assigner un fonctionnaire qui inventera un programme d'action humanitaire qui corrigera les différences (Ryan, 1971, p. 8, notre traduction).

Plusieurs psychologues intéressés par l'approche communautaire ont d'abord endossé le modèle de santé mentale communautaire; les intentions derrière ce modèle étaient, en général, fort louables. Certains ont néanmoins rapidement critiqué le fait que plusieurs services de santé mentale offerts à la population demeuraient strictement cliniques, c'est-à-dire de nature individuelle, et axés sur la cure. Étant donné l'absence de nouvelles bases conceptuelles solides, plusieurs stratégies d'intervention en santé mentale communautaire étaient malheureusement encore empruntées à la psychiatrie ou à la psychologie traditionnelle et axées sur les déficiences individuelles. Au contraire, les psychologues visant des interventions véritablement novatrices voulaient mettre l'accent sur les déterminants sociaux des comportements jugés dérangeants et favoriser la prévention des problèmes. Ils s'opposaient à ce que les problèmes associés à des conditions de vie soient encore définis comme des problèmes mentaux alors qu'ils impliquaient des déterminants psychologiques et sociaux complexes. C'est particulièrement en établissant des programmes de prévention primaire que les psychologues communautaires ont reconnu que ces programmes resteraient vains s'ils ciblaient uniquement les individus (ex.: développement des capacités d'adaptation) et s'ils mettaient l'accent sur les troubles ou les difficultés psychologiques (Heller *et al.*, 1984). La question suivante est alors devenue la préoccupation de l'heure: Que peut-on faire pour changer les institutions afin d'améliorer la qualité de l'éducation, de réduire les crimes et la délinquance, d'amélioler le logement, d'éliminer le racisme, la pauvreté, l'isolement social? Elle entraîna deux autres questions qui correspondent aux deux fonctions interreliées des psychologues communautaires, soit l'analyse et l'action. Comment les institutions sociales contribuent-elles à créer les problèmes? Comment ces institutions peuvent-elles être changées? Répondre à ces questions exigeait que le psychologue intéressé par une approche communautaire se transforme en chercheur, en agent de développement humain, en activiste politique.

3.2 S'intéresser à la transaction entre la personne et son environnement

Pour sortir de l'impasse dans laquelle les professionnels de la santé mentale se retrouvaient, des psychologues cliniciens se sont réunis lors d'un congrès à Swampscott près de Boston en 1965. Après avoir constaté que l'échec de la plupart des initiatives en santé mentale tenait au fait que les outils conceptuels n'étaient pas appropriés aux interventions communautaires, ils ont proposé d'adopter un cadre conceptuel fondé sur la théorie des systèmes sociaux. En adoptant cette perspective théorique, l'accent était mis sur des interventions systémiques. La cible des interventions n'était plus exclusivement la personne en difficulté ou dont le comportement dérangeait, mais un ensemble de personnes dans un système donné. Les agents de changement communautaire devaient s'engager dans des modes d'action qui reconnaissaient la complexité et l'interrelation des comportements (Holahan, 1977). Il devenait par exemple vain d'intervenir auprès d'un enfant turbulent sans analyser la dynamique de la classe et de l'école dans lesquelles il se retrouvait et sans engager enseignant et camarades dans le processus d'intervention. Le congrès de Swampscott marqua la naissance officielle de la psychologie communautaire en Amérique du Nord.

Dix ans plus tard, soit en 1975, un autre congrès se déroula à Austin. Les congressistes ont alors relevé que la perspective systémique ne permettait pas d'expliquer les interrelations entre la personne et le système social et que, de ce fait, elle alimentait très peu la réflexion et l'action des praticiens et des chercheurs. On proposa alors d'adopter une perspective écologique qui porterait explicitement sur la notion de transaction entre la personne et l'environnement. Il s'agissait donc d'analyser l'adéquation[3] entre les besoins et les habiletés des personnes et les caractéristiques et ressources disponibles dans leur environnement et de voir comment soutenir les initiatives qui contribuaient au bien-être des personnes dans leur communauté.

3.3 Reconnaître l'importance du pouvoir de réfléchir et d'agir

Les psychologues communautaires, à l'instar d'autres professionnels de la santé mentale, en sont également venus à expliquer différemment les processus par lesquels les institutions contribuaient aux problèmes sociaux. Ils en sont venus à associer divers problèmes sociaux, non pas à une socialisation déficiente, mais au manque de ressources, qu'ils concevaient à la fois comme des ressources psychologiques[4] (estime de soi, sentiment d'appartenance, sentiment de contrôle) et matérielles (argent, logements salubres, infrastructures de loisirs et autres). Selon eux, les institutions retenaient un élément essentiel au bien-être : le pouvoir de réfléchir et d'agir. Rappaport (1977) conçoit ce pouvoir à la fois comme un **sentiment**, le sentiment d'avoir une emprise sur sa vie, et comme l'**exercice effectif** d'un contrôle sur les institutions sociales et politiques, notamment à travers la participation aux prises de décisions ayant des répercussions sur la vie personnelle des gens et sur celle de leur communauté. Les tenants et tenantes de l'approche communautaire remettaient également en question la relation de dominant-dominé qui caractérisait souvent les interactions entre le professionnel et la personne aidée et qui contribuait à maintenir cette dernière dans

---

3. Les Américains utilisent l'expression « person-environment fit ». Les théoriciennes et théoriciens sont nombreux à affirmer que l'adéquation entre la personne et son environnement est bénéfique à la personne (Pargament, 1986). Bronfenbrenner (1979) soutient que l'adéquation peut être examinée de diverses façons : l'adéquation entre besoins et ressources (ex. : besoin d'accomplissement versus possibilités de réalisation de soi), ou l'adéquation entre les habiletés et les demandes (ex. : habiletés de la personne versus comportements requis dans l'environnement dans lequel elle évolue). Sur le plan conceptuel, le terme implique qu'il n'y a ni personnes incompétentes ni environnements inadéquats, mais que l'adéquation entre la personne et l'environnement peut être optimal. L'engagement sur le plan de l'action est de créer des milieux tablant sur les forces des personnes et les ressources de l'environnement.

4. Divers observateurs de l'époque voyaient les inégalités sociales comme des causes directes de l'apathie psychologique et du sentiment d'impuissance qui animaient plusieurs groupes sociaux (Rappaport, 1977).

une situation de dépendance (Bennett, Anderson, Cooper, Hassol, Klein et Rosenblum, 1966).

Rappaport (1987) a proposé que le concept d'*empowerment*, que nous traduisons dans ce livre par le pouvoir d'agir, devienne le concept intégrateur de la psychologie communautaire. Les psychologues communautaires s'intéresseraient ainsi à comprendre quels conditions et mécanismes influencent le pouvoir d'agir[5] des individus et des communautés et, par le fait même, à repérer les conditions et les mécanismes qui influencent le bien-être des individus et le développement harmonieux des communautés. Comprendre les mécanismes et les conditions influençant ce pouvoir d'agir ne pouvait se faire sans s'attarder aux conflits possibles entre les intérêts individuels et collectifs et sans se pencher sur le sens de la communauté.

3.4 Se pencher sur le sens de la communauté, sur le fragile équilibre entre les intérêts individuels et collectifs

Associer le terme « psychologie », qui fait référence à l'individu, à celui de « communauté », qui renvoie au groupe social, peut de prime abord paraître paradoxal. Pourtant, la juxtaposition de ces deux termes illustre bien l'un des phénomènes d'intérêt qui rassemble les psychologues communautaires. Plutôt que d'adopter la dichotomie habituelle entre l'individuel et le collectif, la psychologie communautaire concentre son attention sur la transaction entre ces deux entités. Dans cette perspective, les personnes sont toujours étudiées en relation avec les contextes dans lesquels elles évoluent. De la même manière, les caractéristiques des contextes sont analysées à la lumière des besoins des personnes qui les composent. Comme nous l'avons mentionné plus haut, l'unité d'analyse de la psychologie communautaire se situe sur le plan de la transaction entre les acteurs et leurs contextes. En ce sens, elle s'intéresse directement à l'inhérente dialectique entre les individus et leur milieu de vie sur lequel repose le fragile équilibre entre les enjeux individuels et ceux de la société dans son ensemble (Chavis et Newbrough, 1986).

Rappaport (1977) voit dans cette dialectique les positions optimistes et pessimistes de la psychologie communautaire. Les psychologues

---

5. Le pouvoir d'agir est défini comme l'exercice d'un contrôle sur l'atteinte d'objectifs importants pour une personne, une organisation, une communauté (Rappaport, 1987). Le chapitre trois porte sur ce concept.

communautaires souscrivent à une vision optimiste lorsqu'ils répondent par l'affirmative aux deux questions suivantes : Est-ce que la liberté individuelle peut être conciliée avec les buts légitimes d'une société ? Est-ce qu'une société peut intégrer les différences individuelles et offrir à tous un accès équivalent aux ressources que représentent notamment la santé, l'éducation, le bien-être ? Cette position suppose que les différences individuelles ne devraient pas entraîner de privations ou de privilèges quant à la disponibilité et à l'accès aux ressources collectives. Elle implique que les personnes ont le droit d'être différentes en même temps qu'elles ont le droit d'être semblables, qu'en particulier elles ont le droit à un même accès aux ressources de la société. Par contre, les psychologues communautaires endossent une position pessimiste lorsqu'ils soutiennent que l'inégalité d'accès aux ressources entraîne des conflits entre les personnes qui détiennent du pouvoir et celles qui en ont moins. Donc, du point de vue de la psychologie communautaire, les inégalités dans la disponibilité et l'accès aux ressources engendrent inévitablement des conflits et nécessitent des démarches d'entraide au sein de toute communauté. En fait, cette question d'accès et de gestion des ressources semble ici au cœur des principaux enjeux sociaux et communautaires.

3.4.1 Mais qu'entend-on par « communauté » ?

Les sociologues ont relevé de multiples significations associées au terme communauté et ont noté que chaque sens possédait ses ambiguïtés (Goeppinger et Baglioni, 1985). Certaines définitions mettent l'accent sur la dimension territoriale de la communauté et la ramènent essentiellement à un ensemble de personnes résidant dans un endroit particulier et partageant quelques aspects de leur vie. D'autres définitions font plutôt référence à une dimension politique, la communauté correspondant alors à un rassemblement de personnes qui tentent de créer un dynamisme politique en vue d'agir sur les institutions et de transformer leur environnement. Enfin, d'autres définitions mettent l'accent sur la dimension relationnelle, c'est-à-dire sur les liens, les interactions entre des personnes, des familles, des voisinages, des organisations (Hawe, 1994 ; Eng et Parker, 1994).

Du point de vue de la psychologie communautaire, la communauté ne peut être réduite à une aire géographique, à un objectif politique ou à des relations sociales. La communauté est plutôt constituée d'une variété d'institutions (ex. : la famille, l'école, l'hôpital) reliées ou non entre elles, de façon formelle ou informelle. Selon Sarason (1974), une communauté est composée d'une myriade de groupes qui possèdent des buts, à la fois similaires et différents, et peuvent varier en fonction de leur taille, de leur composition ou du pouvoir qu'ils détiennent. Toutes les communautés possèdent des caractéristiques communes, mais chaque communauté a ses particularités et se distingue, entre autres, par son histoire. Cette histoire, bien qu'elle puisse de prime abord paraître non pertinente au contexte actuel, demeure habituellement cruciale à la compréhension des caractéristiques sociales, politiques, religieuses, économiques d'une communauté. Toutes les communautés sont en perpétuel changement et les transformations sont en partie fonction de ce qui se produit dans la société plus large. Cette conception de la communauté fait bien ressortir sa complexité et son caractère dynamique.

La communauté conçue comme une matrice sociale complexe vise à faire ressortir la préoccupation centrale de la psychologie communautaire, soit le changement social en vue d'un meilleur partage des pouvoirs entre les divers groupes sociaux. Selon Rappaport (1977), une communauté est une entité sociale dont les membres partagent des caractéristiques (ex.: même lieu de résidence ou de travail) ou des intérêts communs (ex.: intégration des jeunes au marché du travail) **et** qui est perçue ou se perçoit, à certains égards du moins, comme distincte de la société plus large dans laquelle elle évolue. Plus spécifiquement, la psychologie communautaire s'intéresse au pouvoir d'agir et au bien-être des différentes communautés composant une société plus large qui, elle, repose sur un ordre social particulier.

Rappaport souligne que l'acceptation de l'existence de communautés distinctes à l'intérieur d'une société donnée oblige à reconnaître l'importance de l'entraide, de la coopération entre les groupes sociaux, mais aussi l'inévitable présence de conflits. D'après lui, les conflits fondamentaux entre les humains ne sont pas tant au sujet de ce qui est vrai ou faux, mais se posent plus entre ceux qui détiennent le pouvoir et ceux qui ne le possèdent pas. Il est important de souligner ici que Rappaport fait référence au pouvoir qui garantit à certains groupes sociaux des occasions (ex.: accès à l'éducation supérieure, aux loisirs), des privilèges (ex.: promulgation de lois, formulation de politiques) auxquels d'autres groupes sociaux n'ont pas accès. Chaque groupe social, chaque communauté possède une forme plus ou moins élaborée de ce pouvoir et peut avoir une emprise sur les aspects importants de son existence. Toutefois, les conditions d'exercice de ce pouvoir sont parfois loin d'être optimales. La psychologie communautaire porte explicitement sur le changement social en vue d'améliorer les conditions d'exercice du pouvoir des personnes et des communautés, dont certains des besoins, des intérêts se distinguent de ceux de la société plus large. Il est question d'un partage plus équitable des ressources, qui, il est important de le souligner et nous y reviendrons plus loin, ne doivent pas être ramenées uniquement aux ressources financières.

Labonté (1994) rappelle que la communauté doit être conçue comme une entité imbriquée dans des entités plus grandes et non pas comme une structure où des solutions peuvent être nécessairement trouvées et des actions obligatoirement mises en œuvre. Il est important de penser et d'agir à la fois en fonction de la communauté et en fonction de la société. Face à certains aspects de la vie, les communautés sont les mieux placées pour déterminer et trouver les façons de surmonter les obstacles au pouvoir d'agir de leurs membres. Face à des problèmes sociaux plus larges, seules les institutions centrales peuvent avoir une influence significative. La notion de communauté, avec son processus décentralisé de prise de décision, peut permettre la réalisation de programmes uniques répondant aux besoins perçus des groupes la composant. Il faut toutefois prendre garde à ce que la promotion de la communauté ne soit pas une façon de mystifier certaines réalités et d'éluder la nécessité de réaliser des changements sociaux et économiques d'envergure nationale ou mondiale.

Des études montrent qu'une communauté « idéale » est celle où la participation sociale est maximisée en procurant à chaque personne, à chaque groupe des occasions de maintenir et d'améliorer sa qualité de vie et de contribuer au bien-être des autres. Chavis et Newbrough (1986) rapportent plus d'une cinquantaine de recherches ayant permis de montrer que le sens communautaire est associé à la prévention des troubles mentaux, du suicide, des abus envers les enfants, des crimes. Ils montrent également que le sens communautaire peut contribuer à la qualité des soins donnés aux enfants, à l'amélioration de l'environnement physique d'un quartier. Le sens communautaire amène les groupes de citoyens à adopter des stratégies de résolution de problèmes, plutôt qu'à nier ou à exacerber lesdits problèmes. Enfin, une étude de Chavis et Wandersman (1990) nous apprend que le sens communautaire est fortement lié à la perception de contrôle personnel et inversement associé au sentiment d'impuissance.

La prémisse sous-jacente à l'effet positif du sens communautaire est que le bien-être personnel est inextricablement lié au bien-être collectif. Une telle conception se retrouve dans la définition de la santé mentale telle qu'elle est établie par le Comité de santé mentale du Québec, constitué par le ministère de la Santé et des Services sociaux du Québec (voir l'encadré).

Notion de santé mentale

La santé mentale, définie comme l'état d'équilibre psychique d'une personne à un moment donné, s'apprécie, entre autres, à l'aide des éléments suivants :
- le bien-être subjectif
- l'exercice des capacités mentales
- la qualité des relations avec le milieu

Elle résulte d'interactions entre des facteurs de trois ordres :
- des facteurs biologiques, relatifs aux caractéristiques génétiques et physiologiques de la personne ;
- des facteurs psychologiques liés aux aspects cognitifs, affectifs et relationnels ;
- des facteurs contextuels, qui ont trait aux relations entre la personne et son environnement.

Ces facteurs sont en évolution constante et s'intègrent de façon dynamique chez la personne.

La santé mentale est liée tant aux valeurs collectives prévalant dans un milieu donné qu'aux valeurs propres à chaque personne. Elle est influencée par des conditions multiples et interdépendantes telles que les conditions économiques, sociales, culturelles, environnementales et politiques.

Toute condition qui nuit à l'adaptation réciproque entre la personne et son milieu, comme par exemple la pauvreté, la pollution ou la discrimination, constitue un obstacle à la santé mentale. À l'inverse, toute condition qui facilite cette adaptation réciproque, comme par exemple la distribution équitable de la richesse collective, l'accès à une éducation de qualité, ou à un environnement sain, favorise et soutient la santé mentale. Dans cette perspective, la santé mentale peut également être considérée comme une ressource collective, à laquelle contribuent tout autant les institutions sociales et la communauté entière que les personnes considérées individuellement.

Comité de santé mentale du Québec, 1989.

3.4.2 La communauté constituée de structures médiatrices

La communauté étant une entité plutôt abstraite et complexe, l'une des avenues pour bonifier la vie au sein d'une communauté est d'améliorer les structures médiatrices que sont notamment la famille, l'école, le quartier, les organismes communautaires (Heller *et al.*, 1984). Peter Berger et Richard Neuhaus ont proposé ce concept de structures médiatrices et les définissent comme des institutions dans lesquelles l'individu évolue et qui font le pont entre cet individu et la société. Ces auteurs soutiennent que la position stratégique des structures médiatrices tient à ce que, d'une part, elles permettent de réduire l'anomie que connaîtrait un individu vivant dans l'isolement et, d'autre part, elles permettent à l'individu et à la société d'échanger au sujet des valeurs les animant, réduisant ainsi la menace d'aliénation. Ils ajoutent que l'un des aspects les plus aliénants de nos sociétés modernes est le sentiment d'impuissance que les individus ressentent à l'égard des méga-institutions. Plusieurs individus comprennent mal les valeurs véhiculées par ces méga-institutions et considèrent que leurs valeurs personnelles ne sont pas respectées, que leur parole n'est pas entendue.

Du point de vue de la psychologie communautaire, les structures médiatrices, ces structures à «échelle humaine», jouent un rôle important en procurant soutien social, entraide et pouvoir d'agir. Ces structures servent aux gens à développer un sentiment de cohésion à travers l'atteinte d'aspirations, d'objectifs communs. Lorsque, dans leur communauté, les personnes, les groupes sociaux ont la possibilité de s'organiser afin de satisfaire leurs besoins, ils développent un plus grand sens de la communauté et sont plus susceptibles de s'attacher à leur quartier et de s'y engager. Ils peuvent être le moteur d'initiatives novatrices, apprendre à s'organiser collectivement, à faire pression auprès des autorités afin qu'elles répondent de façon plus adéquate à leurs besoins. Jeger et Slotnick (1982) maintiennent que le renforcement des structures médiatrices contribue au respect de la diversité, notamment de la diversité culturelle. En renforçant les structures médiatrices et en soutenant le pluralisme culturel, les individus ont un plus grand pouvoir d'agir puisqu'ils ont accès à plus d'options les aidant à établir leur identité personnelle et culturelle et à donner un sens à leur vie. Les individus augmentent leur pouvoir d'agir grâce à leur participation aux structures médiatrices.

4. CONCLUSION

La psychologie communautaire s'est donc progressivement définie autour de la notion de transaction entre les personnes et leur environnement, celui-ci faisant référence à la fois à l'environnement immédiat dans lequel les personnes évoluent et à l'environnement plus large, donnant accès à des services et à des ressources et imposant des normes, des valeurs sociales particulières. Les orientations théoriques à prendre devaient conduire à un changement social fondé sur une analyse écologique des phénomènes sociaux, tabler sur les compétences des personnes et viser une répartition plus équitable des ressources. Toutefois, quelques études (Elias, Dalton et Howe, 1981 ; Novaco et Monahan, 1980) montraient qu'en général les psychologues communautaires, malgré toute leur bonne volonté, réussissaient difficilement à sortir du modèle clinique dans lequel la plupart d'entre eux avaient été formés. Ils se voyaient aux prises avec un ensemble de situations pour lesquelles ils ne possédaient ni langage ni théorie ; plusieurs sont donc retombés dans la rhétorique habituelle et dans la technologie psychodynamique. Pour sortir de cette impasse, Rappaport a proposé que l'*empowerment* devienne le concept intégrateur de la psychologie communautaire. Cette proposition n'a pas fait consensus, mais elle était accompagnée de l'idée qu'il fallait changer de paradigme. Récemment, Tolan, Keys, Chertok et Jason (1990) ont suggéré d'amorcer une réflexion épistémologique allant dans ce sens. C'est ce qui est présenté au chapitre suivant.

RÉFÉRENCES
RÉFÉRENCES

ALBEE, G.W. (1959), *Mental health manpower trends*, New York, Basic Books.

ARSENAU, J., C. BOUCHARD, M. BOURGON, G. GOUPIL, J. GUAY, F. LAVOIE et R. PERREAULT (dir.) (1983), *Psychothérapies : Attention*, Québec, Presses de l'Université du Québec.

BABARIK, P. (1979), « The buried Canadian roots of community psychology », *Journal of Community Psychology*, 7, 362-367.

BENNETT, C.C., L.S. ANDERSON, S. COOPER, L. HASSOL, D.C. KLEIN et G. ROSENBLUM (dir.) (1966), *Community psychology: A report of the Boston conference on the education of psychologists for community mental health*, Boston, Boston University Press.

BENNET, E.M. (1987), *Social intervention: theory and practice*, Lewinston et Queenston, The Edwin Mellen Press.

BENNET, E.M. et B. TEFFT (1985), *Theoretical and empirical advances in community mental health*, Lewinston et Queenston, The Edwin Mellen Press.

BRONFENBRENNER, U. (1979), *The ecology of human development: experiments by nature and design*, Cambridge, Mass., Harvard University Press.

CHAVIS, D.M. et J.R. NEWBROUGH (1986), « The meaning of "community" in community psychology », *Journal of Community Psychology*, 14 (4), 335-340.

CHAVIS, D.M. et A. WANDERSMAN (1990), « Sense of community in the urban environment: A catalyst for participation and community development », *American Journal of Community Psychology*, 18 (1), 55-81.

COWEN, E.L., E.A. GARDNER et M. ZAX (1967), *Emergent approaches to mental health problems*, New York, Appleton-Century-Crofts.

DOHRENWEND, B.P. et B.S. DOHRENDWEND (1969), *Social status and psychological disorder*, New York, Wiley.

ELIAS, M.J., J.H. DALTON et G.H. HOWE (1981), « Studying community psychology as a community of professionals: An empirical approach », *Professional Psychology*, 12 (3), 363-376.

ENG, E. et E. PARKER (1994), « Measuring community competence in the Mississippi Delta: The interface between program evaluation and empowerment », *Health Education Quarterly*, 21 (2), 199-220.

GOEPPINGER, J. et A.J. BAGLIONI (1985), « Community competence: A positive approach to needs assessment », *American Journal of Community Psychology*, 13 (5), 507-519.

GUAY, J. (1987), *Manuel québécois de psychologie communautaire*, Chicoutimi, Gaëtan Morin éditeur.

HAWE, P. (1994), « Capturing the meaning of "community" in community intervention evaluation: Some contribution from community psychology », *Health Promotion International*, 9 (3), 199-210.

HELLER, K., R.H. PRICE, S. REINHARTZ, S. RIGER, A. WANDERSMAN et T.A. D'AUNNO (1984), *Psychology and Community Change: Challenges of the future*, Chicago, Dorsey Press.

HOLAHAN, C.J. (1977), « The role of ecology in community psychology: a tale of three cities », *Professional Psychology*, 8 (1), 25-32.

HOLLINGSHEAD, A.B. et F.C. REDLICH (1958), *Social class and mental illness*, New York, Wiley.

JEGER, A.M. et R.S. SLOTNICK (1982), « Guiding Values of Behavioral-Ecological Inter-ventions. The Merging of Ethics and Pratice », dans Jeger, A.M. et R.S. Slotnick (dir.), *Community Mental Health and Behavioral Ecology*, New York, Plenium, p. 27-42.

KIELY, M. et D. MOREAU (1975), « Psychologie communautaire », *Courrier-cours, Corpo-ration professionnelle des psychologues du Québec*, 2, 1-14.

LABONTÉ, R. (1994), « Health promotion and empowerment : Reflections on profes-sional practice », *Health Education Quarterly*, 21 (2), 253-268.

LEIGHTON, D.C., J.S. HARDING, D.B. MACKLIN, A.M. MACMILLAN et A.H. LEIGHTON (1963), *The Character of danger : Psychiatric symptoms in selected communities*, New York, Basic Books.

LEVINE, M. et D.V. PERKINS (1987), *Principles of Community Psychology*, New York, NY, Oxford University Press.

MCMILLAN, D.W. et D.M. CHAVIS (1986), « Sense of Community : A Definition and Theory », *Journal of Community Psychology*, 14 (1), 6-23.

MYERS, C.R. (1970), « Whatever happened to Canadian psychology ? », *Canadian Psy-chologist*, 11, 128-132.

NOVACO, R.W. et J. MONAHAN (1980), « Research in community psychology : An analysis of work published in the first six years of the American journal of community psychology », *American Journal of Community Psychology*, 8, 131-145.

PARGAMENT, K. (1986), « Refining fit : Conceptual and methodological Challenges », *American Journal of Community Psychology*, 14 (6), 677-684.

RAPPAPORT, J. (1977), *Community psychology : Values, research, and action*, New York, Holt, Rinehart, Winston.

RAPPAPORT, J. (1987), « Terms of empowerment / exemplars of prevention : Toward a theory for community psychology », *American Journal of Community*, 15, 121-145.

RYAN, W. (1971), *Blaming the victim*, New York, Pantheon.

SARASON, S.B. (1974), *The psychological sens of community : Prospects for a commu-nity psychology*, San Francisco, Jossey Bass.

SROLE, L., T.S. LANGNER, S.T. MICHAEL, M.K. OPLER et T.A.C. RENNIE (1962), *Mental health in the metropolis : The midtown Manhattan study*, New York, McGraw-Hill.

TOLAN, P., C. KEYS, F. CHERTOK et L. JASON (1990), *Researching Community Psychology : Issues of Theory and Methods*, Washington, DC, American Psychological Asso-ciation.

WALSH-BOWER, R. (1998), « Community psychology in the canadian psychological family », *Canadian Psychology*, 39 (4), 280-287.

WALSH, R.T. (1988), « Current developments in community psychology in Canada », *Journal of Community Psychology*, 16, 296-305.

WRIGHT, M.J. et C.R. MYERS (1982), *History of academic psychology in Canada*, Toronto, C.J. Hogrefe.

LE CADRE PARADIGMATIQUE DE LA PSYCHOLOGIE COMMUNAUTAIRE: VERS UNE ÉPISTÉMOLOGIE DU CHANGEMENT SOCIAL

chapitre
2

Yann Le Bossé et Francine Dufort
Université Laval

D ANS le chapitre précédent, nous avons vu que les psychologues communautaires se donnent pour mission de contribuer au changement social nécessaire au développement du bien-être des personnes. Pour être menée à bien, cette mission doit reposer sur un corpus de connaissances rigoureuses et fiables. En tant que concepteurs/participants au changement, les psychologues communautaires doivent donc contribuer à développer une « science du changement social » apte à soutenir efficacement leurs actions auprès des personnes et des communautés. Pour développer cette science de façon crédible, il faut être en mesure de prendre position vis-à-vis de deux questions importantes. La première concerne l'orientation que doit emprunter l'élaboration de cette science pour contribuer de façon optimale au développement de la psychologie communautaire : Quelle est la finalité du développement des connaissances scientifiques ? La seconde concerne les critères de rigueur et de vérité qui devront guider la production de cette science : Quelles sont les règles de production de la connaissance scientifique en psychologie communautaire ? Le présent chapitre propose une synthèse de la position des psychologues communautaires sur ces deux questions. Dans un premier temps, nous décrivons la perspective dans laquelle la connaissance scientifique est développée en psychologie communautaire. Nous présentons successivement le cadre paradigmatique et les valeurs morales qui orientent la démarche des chercheurs en psychologie communautaire. Nous touchons également la question des phénomènes d'intérêt qui sont privilégiés. Dans un deuxième temps, nous abordons la question des critères de « vérité » et de rigueur à retenir pour produire une connaissance fiable et pertinente en psychologie communautaire. Nous examinons tout d'abord les récentes propositions de Tolan *et al.* (1990) en ce qui concerne le caractère « scientifique » d'une connaissance. Nous terminons en présentant le modèle théorique qui est actuellement le plus utilisé par les psychologues communautaires.

1. LES MODALITÉS DE DÉVELOPPEMENT DE LA CONNAISSANCE SCIENTIFIQUE

Contrairement à ce qu'on pourrait penser, il existe plusieurs façons de développer une connaissance scientifique. Avec les années, des historiens et des philosophes ont montré que la « science » prend des formes différentes en fonction des époques, de la culture dominante, des valeurs et du système de croyances de ceux qui la produisent et des moyens mis à leur disposition, etc. (Kuhn, 1970 ; Piaget et Garcia, 1983 ; Wilber, 1997). L'étude des modes de développement de la science est appelée « l'épistémologie ». Ce mot est composé des termes grecs « épistémé », qui veut dire « science », et « logos », qui signifie « étude ». L'épistémologie est donc l'étude de la science, de ses méthodes et de ses produits. Les travaux de l'historien des sciences Thomas Kuhn (1972) ont marqué le développement de l'épistémologie contemporaine. Dans un ouvrage intitulé *La structure des révolutions scientifiques*, l'auteur fait la démonstration que le processus de développement des connaissances scientifiques est fortement influencé par le système de croyances des chercheurs. Jusqu'à cette importante contribution, on avait tendance à penser que le développement de la connaissance scientifique était conduit principalement par la recherche de la « vérité » incarnée par les lois fondamentales régissant notre univers. Les travaux de Kuhn ont montré que cette « vérité » tant recherchée était désignée différemment selon le système de valeurs privilégié par les chercheurs. L'auteur utilise le terme « paradigme » pour désigner le système de valeurs et l'ensemble des croyances d'un groupe de scientifiques donné sur la réalité qu'ils étudient[1]. Le cadre paradigmatique d'un chercheur constitue donc la représentation du monde à laquelle il adhère et à partir de laquelle il émet des questions de recherche.

---

1. « Un paradigme est ce que les membres d'une communauté scientifique, et seulement eux, partagent. À l'inverse de ce que l'on croit habituellement, c'est le fait qu'ils possèdent un paradigme commun qui les amène à constituer une communauté d'hommes ou de femmes qui, dans d'autres circonstances, ne seraient pas réunis » (Kuhn, 1970).

Dans un livre plus récent, Piaget et Garcia (1983) nuancent le propos de Kuhn (1970). Il est vrai que la « conception du monde » des chercheurs et le climat social dans lequel ils évoluent influencent leur compréhension de la réalité qu'ils étudient, donc le type de questions auxquelles ils tentent de répondre. Les auteurs citent en exemple l'influence des croyances philosophiques et théologiques sur les processus de découverte du mouvement des astres[2] ou encore le fait que le développement de la recherche en physique nucléaire ait été grandement favorisé par le climat de course aux armements entre les États-Unis et l'Union soviétique. Il est également vrai que la culture et l'origine sociale du chercheur ont une influence directe sur le type de questions qu'il se pose, donc sur le type de réponses qu'il produit[3]. Toutefois, le progrès scientifique nécessite également que se produise une rupture dans la façon de penser la réalité à l'étude. La science n'évolue donc que si les changements idéologiques et culturels produisent également des changements « épistémologiques », c'est-à-dire l'émergence de nouvelles questions après une redéfinition de la réalité à l'étude. L'extrait suivant illustre la compréhension qu'ont Piaget et Garcia des mécanismes qui contribuent à l'évolution des processus de développement de la connaissance scientifique.

> Pour nous, à chaque moment historique et dans chaque société, prédomine un certain cadre épistémologique, produit de paradigmes sociaux et qui est la source d'un nouveau paradigme épistémologique. Une fois constitué un certain cadre épistémique, il devient impossible de dissocier la contribution provenant de la composante sociale de celle qui est intrinsèque au développement cognitif. Ainsi constitué, le cadre épistémologique commence à agir comme une idéologie qui conditionne le développement ultérieur de la science. Cette idéologie fonctionne comme un obstacle épistémologique qui ne permet aucun développement en dehors du cadre conceptuel accepté. C'est seulement dans les

---

2. Galilée fut persécuté pour avoir affirmé que ce n'était pas le Soleil qui tournait autour de la Terre, mais l'inverse.

3. Ici les auteurs prennent un exemple simple mais très édifiant. Imaginons la scène suivante : Newton, le physicien, est assis sous un arbre dans un champ. Plus loin se trouve l'agriculteur propriétaire de l'arbre et, sur la route, passe un mendiant qui n'a rien mangé depuis trois jours. Les trois individus voient en même temps une pomme tomber de l'arbre. Cette observation entraînera probablement une série de questions complètement différentes pour chacun des observateurs. Le premier développera l'hypothèse qui conduira à la loi sur l'attraction terrestre. Le second se demandera s'il n'est pas temps d'entamer la récolte de ses pommiers alors que le troisième se questionnera sur la possibilité de récupérer la pomme en question pour se nourrir un peu. Chacun voit donc dans le même événement ce qu'il est en mesure d'y voir en fonction de son expérience et de sa culture personnelle.

moments de crise et de révolutions scientifiques qu'il y a rupture avec l'idéologie scientifique dominante et que l'on passe à un état différent avec un nouveau cadre épistémologique (Piaget et Garcia, p. 282-283).

L'histoire de la psychologie communautaire nous montre que le développement de la connaissance dans ce champ disciplinaire s'inscrit dans ce contexte de redéfinition de la réalité à l'étude. Le chapitre précédent a montré que cette redéfinition a pris naissance dans la contestation des conceptions médicales et sociologiques des problèmes sociaux. Par la suite, les fondateurs de la psychologie communautaire ont commencé à élaborer une conception alternative qui constitue aujourd'hui le cadre paradigmatique de ce champ disciplinaire (Elias, Dalton et Howe, 1981 ; Kelly, 1975, 1987 ; Holahan, 1977 ; Lounsbury, Cook, Leader, Rubeiz et Meares, 1979 ; Tolan *et al.*, 1990 ; Trickett, 1989 ; Rappaport, 1977, 1981, 1987).

1.1 Le cadre paradigmatique de la psychologie communautaire

Quelle est la « vision du monde » des psychologues communautaires en ce qui concerne l'émergence, le maintien et la résolution des problèmes sociaux ? Rappelons tout d'abord qu'un cadre paradigmatique repose sur une compréhension commune de la réalité à l'étude. Comme le souligne Altman (1987), plusieurs années de réflexion et de débats sont nécessaires avant qu'une discipline ne parvienne à formuler une conception précise et élaborée de la façon dont ses membres se représentent la réalité à l'étude. Les premières années sont généralement marquées par un approfondissement des éléments critiques qui ont conduit à rejeter les modèles d'explication disponibles (Elias, Dalton et Howe, 1986). Par la suite, plusieurs propositions sont soumises au débat jusqu'à ce qu'on parvienne à créer un consensus suffisant. C'est la période d'adolescence de la discipline (Altman, 1987). Enfin, on parvient à proposer une conception stable, crédible et cohérente de la réalité à l'étude et on peut alors estimer que la discipline a atteint un certain degré de maturité. Ce long parcours est généralement jalonné de crises importantes au cours desquelles l'unité de la nouvelle discipline est menacée puis confirmée par le développement de propositions qui parviennent à faire consensus.

Comme tous les champs disciplinaires, la psychologie communautaire est passée par ce processus de mise au point d'un cadre de référence commun. À ce titre, le changement de nom de la section « psychologie communautaire » de l'American Psychological Association pour adopter celui de Société pour la recherche et l'action communautaire, à l'occasion du congrès de 1989, constitue une indication tangible des débats qui continuent d'alimenter la réflexion autour du paradigme de ce champ disciplinaire.

Aux fins de notre propos, on peut avancer que les psychologues communautaires comprennent actuellement les problèmes sociaux comme le produit de carences dans la disponibilité et l'accès aux ressources nécessaires au développement du pouvoir d'agir des personnes et des communautés. Comme ces carences sont directement produites par les modes actuelles de distribution et d'accès à ces ressources, la résolution des problèmes sociaux passe donc par un changement social global. Le changement visé devrait permettre aux individus d'accéder aux ressources nécessaires au développement de leur pouvoir d'agir indépendamment de leurs caractéristiques de classe, de race, de sexe, etc. Pour être réalisé de manière durable et adéquate, ce changement devrait être fait par les personnes concernées au sein de leur communauté d'appartenance. Il convient donc de viser en priorité le renforcement des communautés et des structures médiatrices que constituent l'école, la famille, le quartier, etc. Dans ce contexte, les professionnels des pratiques sociales ont pour principale fonction de soutenir et d'accompagner le changement plutôt que de le définir et de le réaliser.

Bien qu'elle soit générale[4], cette description du cadre paradigmatique permet de bien comprendre la préoccupation des psychologues communautaires pour que les problèmes sociaux soient redéfinis à la lumière des valeurs qu'ils privilégient. En l'absence d'une telle redéfinition des objectifs fondamentaux des pratiques sociales, toute tentative de renouveler les pratiques traditionnelles serait d'avance vouée à l'échec.

---

4. Pour une description plus approfondie, voir Seidman et Rappaport (1986), *Redifining social problems*, New York et Londres, Plenum Press.

1.2 Les valeurs privilégiées par les psychologues communautaires

1.2.1 La place des valeurs dans la définition des problèmes sociaux

Depuis l'émergence de la psychologie communautaire, de nombreuses discussions ont porté sur l'importance de rendre explicites les valeurs qui sous-tendent les actions des praticiens et des chercheurs de ce champ disciplinaire. De ces échanges, trois valeurs fondamentales ressortent clairement : la promotion du bien-être des humains, le respect de la diversité et la promotion de la justice sociale. Néanmoins, Irma Serrano-Garcia (Serrano-Garcia et Bond, 1994) souligne, à juste titre, que ces valeurs sont présentes aussi bien dans les idéologies mettant l'accent sur l'individualisme et l'hédonisme que dans celles qui sont fondées sur le collectivisme et la responsabilité sociale. Il paraît donc important de préciser comment ces valeurs s'articulent de manière tout à fait particulière en psychologie communautaire. Il importe, en effet, que les psychologues communautaires saisissent bien les enjeux sous-jacents aux valeurs promues dans leur champ disciplinaire.

Il faut d'abord retenir que, comme ces valeurs s'inscrivent dans un paradigme de changement social, on reproche souvent de ce fait aux psychologues communautaires de prendre position en faveur de certains groupes sociaux, cela au détriment d'une « soi-disant » objectivité professionnelle ou scientifique. Rappaport (1977) rappelle que le fait d'offrir des services professionnels, ou d'effectuer de la recherche, constitue des actions éminemment politiques. Il faut bien comprendre que l'acceptation passive du *statu quo* (ce qui correspond à l'absence de volonté de changement) est un acte politique au même titre que les actions visant explicitement le changement social. Déjà en 1970, George Albee faisait remarquer qu'aussi longtemps que l'intervention en santé mentale prendrait la forme de thérapie, ces actions ne seraient pas jugées menaçantes pour les structures sociales existantes. Par contre, quand divers problèmes (par exemple la dépression ou le décrochage scolaire qui touchent plus fréquemment des groupes sociaux particuliers) seraient conceptualisés comme le résultat d'un système social inadéquat ou injuste, cela menacerait le système politique existant.

Il est donc important pour les psychologues de reconnaître l'influence des forces sociales et les dimensions politiques de leur travail. Aucune personne, même lorsqu'elle agit à titre de chercheur ou de professionnel de la santé, ne peut éviter de porter des jugements influencés par ses propres valeurs, sa culture et le sens commun prévalant à une époque donnée. Parfois les valeurs sont cohérentes avec le *statu quo* ; dans ces cas-là elles sont moins susceptibles d'être reconnues comme étant des jugements de valeur, pourtant elles le sont tout autant que les jugements remettant en question les façons préétablies de concevoir le monde, ou de définir un phénomène ou un problème. Ceux qui dénoncent les problèmes contemporains sont souvent vus comme des activistes politiques alors que ceux qui en font fi ou feignent de ne pas les voir ne sont pas considérés de cette manière. Pourtant, tous les services professionnels qui sont offerts découlent de choix politiques ; ils diffèrent seulement par l'idéologie dans laquelle ils s'inscrivent.

1.2.2 Une conception psychosociale des problèmes sociaux

Levine et Levine (1977) ont fait ressortir le caractère éminemment politique des pratiques sociales à travers une analyse historique approfondie. Ils ont repéré deux ensembles de théories et de pratiques d'aide qui ont alterné en popularité au cours des décennies passées. Le premier ensemble de théories et de pratiques correspond à une vision intrapsychique des problèmes tandis que le deuxième correspond à une vision environnementale ou situationnelle. Selon l'approche intrapsychique ou individuelle, les problèmes sont perçus comme étant attribuables à des caractéristiques individuelles et, de ce fait, l'intervention est centrée sur la personne. Selon l'approche environnementale, les causes d'un problème sont perçues comme sociales et sensiblement indépendantes des actions de la personne affectée par le problème. Cette approche vise à modifier les conditions sociales plutôt qu'à demander à l'individu de s'y adapter. Levine et Levine soutiennent que l'orientation dominante que prend l'étiologie[5] associée à un problème ou le type d'aide prodiguée à une époque donnée est fonction de l'idéologie politique dominante. Durant les périodes de conservatisme politique, l'orientation intrapsychique est la plus populaire alors que, durant les périodes de réformes politiques, l'orientation environnementale prévaut. À ce titre, la démonstration récente de Humphreys et Rappaport (1994), à propos du financement des recherches sur la toxicomanie aux États-Unis, est éloquente.

---

5. Le terme «étiologie» réfère à «la recherche des causes d'une maladie» (Larousse, 1984).

Les psychologues communautaires se situent à la croisée de ces deux approches. Ils partent du postulat selon lequel la responsabilité du changement social est de nature à la fois individuelle et structurelle. Les personnes et les environnements ne peuvent donc être reconnus comme la cause exclusive des problèmes observés. Il faut plutôt rechercher leurs causes dans l'adéquation entre la personne et son environnement. Les solutions doivent être élaborées de manière à fournir à chaque personne le milieu de vie qui lui convient. Un tel milieu est celui qui est le plus susceptible de l'amener à accroître ses habiletés, à satisfaire ses besoins, à agir sur les aspects importants de sa vie. Pour les psychologues communautaires, la création ou le développement d'un tel milieu constitue le moyen optimal de promouvoir le bien-être des personnes. Dans ce contexte, la notion de «bien-être» prend toutefois un sens très particulier qui implique l'adhésion à un ensemble de valeurs bien précises.

1.2.3 Des valeurs qui définissent la nature du changement proposé

a) Promouvoir le bien-être des humains

La psychologie communautaire, comme nous l'avons souligné au chapitre précédent, part du postulat selon lequel le bien-être de chaque personne passe nécessairement par le bien-être de la communauté. Contribuer au bien-être des êtres humains, c'est donc favoriser l'atteinte d'un équilibre entre les besoins individuels et les buts collectifs que se fixent les diverses communautés formant une société plus large. Pour les psychologues communautaires, la promotion du bien-être personnel et collectif s'incarne concrètement dans la poursuite de deux objectifs fondamentaux : l'autodétermination et la collaboration.

Prilleltensky et Laurendeau (1994) définissent l'autodétermination comme étant «la capacité de l'individu à poursuivre ses objectifs personnels sans vivre de frustrations excessives et en prenant en considération les besoins des autres membres de sa communauté». L'autodétermination est possible lorsque les personnes ont des occasions de prendre la parole, sont en mesure de se former une opinion parce qu'elles ont les moyens de le faire, sont en mesure de participer à la vie communautaire. L'autodétermination consiste à exprimer ses idées, à voir ses opinions respectées et prises en compte, à exercer des choix, à participer aux décisions qui influencent la vie, à déterminer soi-même ses actions. La collaboration, pour sa part, consiste à encourager la coopération entre les gens et entre les communautés. Il est question de renforcer une éthique de l'entraide, le sens communautaire, de reconnaître et de «célébrer» l'interdépendance entre les membres d'une communauté.

Les psychologues communautaires partent du postulat selon lequel les personnes et les communautés sont les mieux placées pour définir ce qui est bon pour elles. Le bien-être ne peut donc être défini d'après des standards uniformes, à partir de normes uniques. Il doit plutôt correspondre à l'idée que s'en font les gens. Cette observation a de nombreuses implications pour l'action, nous le verrons tout au long du livre ; elle renvoie également à l'idée voulant que la démarche de changement soit conduite dans le respect de la diversité. Ce souci de respecter la diversité en privilégiant une démarche consensuelle constitue une autre valeur fondamentale en psychologie communautaire.

b) Promouvoir le respect de la diversité

Le respect de la diversité constitue une condition nécessaire au développement de l'autodétermination et de l'interdépendance grâce auxquelles les individus sont en mesure d'effectuer des choix réfléchis et d'agir en fonction de ces choix. Prilleltensky et Laurendeau (1994) associent la diversité au large éventail des identités personnelles, culturelles et sociales. Meg A. Bond (1997) souligne toutefois qu'il faut bien s'entendre sur la signification accordée au terme «diversité». Il est important d'éviter de définir la diversité de façon vague et superficielle. Il ne suffit pas, par exemple, d'avancer que, chaque personne étant différente, elle a droit au respect pour que la diversité soit effectivement prise en compte de manière concrète. Si tout le monde s'entend sur ce principe, cela n'empêche pas qu'il soit régulièrement l'objet d'entorses. Le simple énoncé de ce genre de généralité peut facilement contribuer à nier et à «homogénéiser» la diversité plutôt qu'à la reconnaître.

En psychologie communautaire, la diversité revêt une connotation nettement politique. La diversité fait nécessairement référence aux notions de pouvoir, de privilèges. Certains groupes sociaux possèdent du pouvoir, ont des privilèges qui leur permettent d'imposer leur vision, leurs façons de faire aux autres groupes sociaux qui, eux, voient systématiquement leurs points de vue discrédités, leur pouvoir de réfléchir et d'agir restreint. Reconnaître la diversité, c'est reconnaître le déséquilibre des pouvoirs existant généralement dans les différentes formes d'interactions sociales. Le respect de la diversité suppose donc la remise en question des privilèges, une redéfinition des relations de pouvoir.

Rappaport (1977) rappelle également que le respect de la diversité s'oppose à l'imposition de standards, de normes uniques. Il donne l'exemple de la tendance traditionnelle des professionnels en relation d'aide à vouloir que chacun corresponde à des standards uniformes. Selon Rappaport, cette façon de faire ne peut aider et est vouée à l'échec car elle nie la nature profonde de l'être humain. Par exemple, différentes thèses ont été formulées afin d'expliquer la déviance. Certaines attribuent au bagage génétique des personnes leur marginalité, d'autres imputent les causes à des croyances, à des comportements appris, enfin certaines voient la déviance comme le résultat de forces environnementales. La plupart des actions associées à ces diverses thèses ont eu pour objet d'adapter les personnes marginales à leur environnement plutôt que de repenser les normes sociales. Le respect de la diversité implique plutôt de chercher une approche qui évite l'étiquetage des différences, de concevoir les différences comme nécessairement négatives et requérant un contrôle social.

Certains conçoivent le pouvoir sous la forme d'objets à posséder, d'habiletés à exercer, ou encore de lieux où certains groupes sont les bienvenus alors que d'autres ne le sont pas. Serrano-Garcia (Serrano-Garcia et Bond, 1994) conçoit, pour sa part, le pouvoir comme une relation entre deux groupes d'acteurs, l'un contrôlant une ressource pour laquelle l'autre manifeste de l'intérêt. Ces deux groupes d'acteurs évoluent dans un contexte marqué par une asymétrie historique, sinon pourquoi l'un des groupes aurait-il un plus grand contrôle sur la ressource convoitée? Il faut en effet comprendre qu'en psychologie communautaire l'histoire est un élément essentiel à la compréhension de tout phénomène social et doit être présente dans l'analyse des relations humaines.

Néanmoins, l'existence d'une relation asymétrique historiquement ancrée n'est pas suffisante à l'émergence d'une relation de pouvoir au sens où Serrano-Garcia l'entend. Il faut également que les acteurs, intéressés par la ressource, prennent conscience qu'elle est inégalement répartie. Il faut aussi comprendre que les acteurs qui contrôlent la ressource sont dans une position avantageuse, mais que ceux qui sont intéressés par cette même ressource sont également essentiels à la relation de pouvoir. Irma Serrano-Garcia veut ainsi faire ressortir qu'aucune personne, aucun groupe ou aucune communauté n'est sans pouvoir. Ceux qui ont peu de contrôle sur les ressources peuvent malgré tout être en mesure de changer l'ordre social. Serrano-Garcia mentionne deux stratégies principales visant à amener un changement dans la relation de pouvoir: modifier l'importance et la valeur accordées à la ressource en remettant en question ses bases idéologiques ; transférer de manière partielle ou totale le contrôle de la ressource à ceux qui ne l'ont pas.

Tout comme pour le pouvoir, la notion de ressource est également complexe. Comme le souligne Rappaport (1977), le respect de la diversité peut conduire à une répartition plus équitable des ressources psychologiques que constituent, par exemple, l'estime de soi, le sentiment d'efficacité personnelle. Ce gain est loin d'être négligeable car, selon Ryan (1971), le sentiment d'impuissance est l'une des principales manifestations des problèmes sociaux. Cependant, ce genre d'appréciation de la diversité ne conduit pas nécessairement à une répartition plus équitable des ressources matérielles, de même qu'à un meilleur contrôle des institutions sociales qui affectent la vie et le pouvoir d'agir des gens. Le changement social ne peut s'effectuer qu'à travers le renforcement du pouvoir psychologique (sentiment de contrôle, d'efficacité personnelle et communautaire) et politique (accès aux institutions, participation aux processus de prise de décision). Un des enjeux modernes de cette répartition du pouvoir concerne l'accès à l'information. Plus que jamais, il est aujourd'hui possible de maintenir des groupes entiers à l'écart des ressources dont ils ont besoin en contrôlant la nature de l'information qui leur est diffusée[6].

Les psychologues travaillent véritablement dans l'esprit de la psychologie communautaire lorsqu'ils collaborent avec les organisations, les communautés qui non seulement requièrent des services, mais revendiquent également des ressources pour soutenir la diversité, le droit à la différence, la répartition équitable des ressources. Des milieux où l'interdépendance est valorisée, où les différences sont conçues comme des richesses, où les voix sont sollicitées et entendues, où la réflexion et l'intégration des groupes sont encouragées seraient propices au respect de la diversité (Kelly, Azelton, Buzette et Mock, 1994). Le respect de la diversité ne prend donc son sens véritable que s'il s'inscrit dans une démarche de justice sociale à travers laquelle une répartition équitable des ressources et des obligations est visée. Ce souci de contribuer à l'avènement d'une

6. Exemple : lors d'un récent congrès des associations de personnes atteintes de cancer du sein à Ottawa, un médecin-activiste a mis en évidence la relation entre la nature de l'information rendue disponible en matière de *prévention* et les intérêts de différents groupes sociaux engagés dans le *traitement* de la maladie (*Le Devoir*, 26 juillet 1999).

société plus juste constitue une autre valeur importante qui guide le psychologue communautaire dans sa démarche de changement.

c)   Contribuer à la justice sociale

Prilleltensky (1990) soutient que, jusqu'à présent, la psychologie, à titre de discipline et de profession, a fait des efforts certains pour améliorer le bien-être individuel, mais a largement négligé ses obligations morales face à l'établissement d'une société plus juste. Dès 1970, Albee maintenait que les ressources de la psychologie devaient être dévolues à l'élimination des «maladies sociales» que sont la pauvreté, le racisme, le sexisme. Jusqu'à présent, la psychologie a plus contribué au maintien du *statu quo* (par exemple l'accentuation des écarts entre les riches et les pauvres) qu'au changement social.

La promotion d'une éthique sociale en psychologie, pour reprendre l'expression de Sarason (1981), peut se faire à travers la conscientisation. La conscientisation fait référence au processus par lequel les gens acquièrent une connaissance des circonstances socio-économiques, politiques et culturelles qui affectent leur vie aussi bien que leurs habiletés à transformer la réalité sociale (Freire, 1977). Comment la psychologie communautaire peut-elle contribuer à la conscientisation, au changement social? En rendant explicites les processus par lesquels les gens en viennent à accepter un ordre social qui leur est délétère et en proposant des stratégies visant à contrer ce phénomène insidieux qui consiste à accepter l'hégémonie culturelle du groupe dominant.

La conscientisation est une tentative pour comprendre comment le public donne son consentement tacite au système social existant. Ce phénomène de consentement tacite ou de conformité, atteint par la persuasion plutôt que par la force, est appelé l'hégémonie culturelle. L'hégémonie consiste en l'empreinte, à travers toute la société, d'un système de valeurs, d'attitudes, de croyances, d'une morale qui, d'une façon ou d'une autre, soutient l'ordre établi, les intérêts de classes, qui dominent cette société. Le processus d'hégémonie semble constitué de deux stades principaux. Le premier correspond à définir une situation ou un problème de telle sorte que la solution ne menace pas l'ordre social. Le deuxième stade consiste à inculquer cette définition au grand public. La propagande se fait à travers les institutions que sont l'État, l'école, la famille, l'Église, les associations diverses, les médias. Chacune de ces institutions possède ses agents: politiciens, enseignants, parents, prêtres, etc., et leurs cibles: électeurs, étudiants, enfants, paroissiens, etc. Le rôle des agents est rempli au moyen de divers mécanismes psychologiques tels que le *self-fulfilling prophecies*, le respect de l'autorité, le modelage de certains comportements, l'impuissance apprise développée en réponse aux échecs répétés.

Comment contrer l'hégémonie sociale? Prilleltensky (1990) indique trois mécanismes possibles. Le premier correspond à une remise en question de la définition donnée à une situation, à un problème. La personne, le groupe apprend ainsi que certaines conditions insatisfaisantes peuvent être le résultat, non pas de déficiences personnelles, mais de conditions systémiques particulières. Le deuxième mécanisme consiste à reconnaître que les experts, ceux qui occupent des positions de pouvoir formel, ne sont pas nécessairement infaillibles ou dotés de toutes les vertus morales. Le troisième mécanisme consiste à reconnaître que la pression du groupe est une source potentielle de conformité qui peut être remise en cause. Même si un groupe fait des pressions pour qu'une personne se conforme, ce n'est pas toujours souhaitable de suivre la majorité.

1.2.4 La prise en compte des valeurs et dilemmes éthiques

Comme tous les professionnels des pratiques sociales, les psychologues sont régulièrement appelés à trouver un équilibre entre l'application de valeurs entrant parfois en compétition. La signification donnée à chacune de ces valeurs et la priorité qui doit être accordée à l'une ou l'autre dans un contexte donné doivent évidemment faire l'objet de discussion avec les personnes, les communautés et les groupes concernés, mais ce n'est pas toujours suffisant. Les dilemmes éthiques surviennent notamment lorsque des situations impliquent la présence de sources de loyauté concurrentes[7] et des demandes conflictuelles. Les psychologues doivent se poser des questions non seulement sur les retombées immédiates de leur travail, mais aussi sur les changements qui peuvent se produire à plus long terme ou sur d'autres systèmes interdépendants. En ce qui concerne le conflit lié à la présence de sources de loyauté concurrentes, Patrick O'Neil (1989) soutient que le psychologue communautaire doit d'abord servir les intérêts des personnes, des groupes, des communautés qui sont dans des conditions qui les rendent potentiellement plus vulnérables. Au sujet de la façon de contribuer à résoudre les conflits, O'Neil propose de travailler à établir des relations plus

---

7. Exemple: un intervenant se sent solidaire avec la cause d'un groupe communautaire tout autant qu'avec l'initiative de regroupement de services qui est à la source d'un conflit entre ce groupe et d'autres partenaires locaux.

ouvertes entre les groupes d'intérêt, mais en donnant priorité au groupe dont le pouvoir d'agir ou de réfléchir est le plus menacé ou qui est dans une situation de possible vulnérabilité. On retrouve dans l'encadré un exemple de dilemme éthique auquel un psychologue communautaire peut devoir faire face.

Exemple d'un dilemme éthique en psychologie communautaire

Une maison de transition pour femmes battues par leur conjoint vient d'ouvrir ses portes dans une région rurale grâce, en partie, à l'intervention d'une psychologue communautaire. Cette professionnelle a mené une analyse de besoins dans la communauté, étude qui laissait entrevoir que la création d'une maison de transition serait utile. La psychologue communautaire pouvait fournir uniquement une approximation du nombre de femmes susceptibles d'avoir recours à une telle ressource car il y avait des recoupements entre ses sources d'information, recoupements qui pouvaient conduire à compter plus d'une fois une même personne. La psychologue communautaire était toutefois convaincue que les besoins étaient suffisamment grands pour justifier la création d'une maison de transition. C'est donc sur sa recommandation et à cause de sa crédibilité que les instances gouvernementales ont financé la ressource.

Au cours du premier mois qui a suivi l'ouverture de la maison, peu de femmes y ont été hébergées. La psychologue est partie en vacances à cette période et, à son retour, trois semaines plus tard, la maison de transition était presque pleine. La psychologue s'est rendue rapidement compte que la maison hébergeait non seulement des femmes violentées physiquement, mais aussi des femmes violentées psychologiquement par leur conjoint. La psychologue n'était pas à l'aise avec cette situation car les fonds avaient été explicitement accordés pour les femmes battues. Elle savait également que les représentants des instances gouvernementales étaient plutôt conservateurs et qu'ils n'accepteraient pas d'étendre leur définition de la violence à des composantes psychologiques. Mais ces représentants n'en savaient rien et la probabilité qu'ils apprennent la situation était faible. En effet, le personnel de la maison de transition avait beaucoup insisté pour que des règles strictes de confidentialité et de respect de la vie privée soient observées.

La psychologue a fait part de ses préoccupations à la coordonnatrice, aux membres du conseil d'administration et au personnel de la maison de transition. Ceux-ci soutenaient évidemment que les femmes victimes de violence psychologique avaient besoin de services. Ils assuraient également que les services offerts aux femmes psychologiquement violentées ne nuisaient en rien aux femmes physiquement violentées puisque celles-ci avaient préséance. La psychologue devait-elle aller plus loin et informer les représentants gouvernementaux de la situation ? Si oui, comment le faire tout en respectant la confidentialité et le respect de la vie privée des femmes ?

Patrick O'Neil mentionne que deux principes sont généralement mis de l'avant par les psychologues communautaires. Premièrement, ils servent les intérêts des groupes en situation de plus grande vulnérabilité. Dans ce cas-ci, s'agit-il des femmes violentées physiquement ou psychologiquement ? Deuxièmement, ils travaillent à l'établissement de relations plus ouvertes entre les différents groupes d'intérêt. Dans ce cas-ci, comment amener le personnel de la maison de transition à interagir plus ouvertement avec les représentants du gouvernement et inversement ?

Exemple tiré d'un article de P. O'Neil (1989).

Chaque questionnement éthique comporte un mélange de principes généraux, qu'on retrouve par exemple dans les guides de déontologie des ordres professionnels ou des organismes de recherche. Chaque questionnement doit cependant être analysé en fonction du contexte particulier duquel il a émergé.

Comme tous les professionnels, les psychologues communautaires doivent développer un cadre éthique susceptible de guider leurs choix et leurs actions quotidiennes. S'il est clair que l'objectif ultime de ce professionnel est de contribuer au changement social, celui-ci est clairement encadré par les valeurs présentées plus haut. Ces valeurs constituent les paramètres qui orientent l'activité du psychologue communautaire et indiquent le cadre moral à partir duquel il est appelé à agir. Ce cadre moral est également celui qui s'applique dans la démarche de développement des connaissances en psychologie communautaire. Il serait, par exemple, difficile de prétendre faire de la recherche en psychologie communautaire tout en pratiquant un contrôle excessif de l'information ou en se comportant en expert omniscient. La conception du monde et le cadre moral présentés plus haut constituent donc des éléments essentiels pour donner une direction au développement de la connaissance scientifique en psychologie communautaire. Une fois cette direction générale déterminée, il devient nécessaire de préciser les objets d'étude ou « phénomènes d'intérêt » que cette science devra étudier en priorité.

1.3 Les phénomènes d'intérêt privilégiés par la psychologie communautaire

Le terme « phénomène d'intérêt » correspond à la thématique qui regroupe le mieux l'ensemble des questionnements que partagent les membres d'un même champ disciplinaire (Rappaport, 1987). L'adoption d'un champ d'intérêt commun permet d'embrasser la classe entière des courants de recherche qui se développent simultanément au sein du champ disciplinaire. Elle permet également d'orienter le développement des connaissances au sein d'un cadre théorique global. Lorsqu'un consensus est possible sur cette question, une étape importante du développement de la discipline est franchie (Altman, 1987). Par contre, l'absence d'une entente contribue à l'éparpillement des efforts, ce qui ralentit le développement d'un corpus de connaissances cohérent et précisément formulé (Speer *et al.*, 1989).

En psychologie communautaire, cette question du choix d'un phénomène d'intérêt commun n'a pas véritablement été posée avant le début des années 1980. La priorité accordée aux changements dans les pratiques ainsi que les difficultés posées par l'arrimage des expériences des intervenants et des chercheurs ont longtemps retenu l'essentiel de l'attention des auteurs. En 1987, Julian Rappaport réalise une synthèse des propositions alors disponibles en matière de phénomènes d'intérêt. Selon cet auteur, on dispose à cette époque de six thématiques candidates au statut de « phénomène d'intérêt principal de la psychologie communautaire » :

- le développement des communautés,
- la démocratie participante,
- l'intégration de la théorie et de la pratique,
- la relation chercheur/participants,
- les réseaux de soutien,
- les groupes d'entraide.

Malgré l'intérêt manifeste de chacune de ces propositions, l'auteur considère qu'aucune ne parvient à englober l'ensemble des autres objets d'intérêt et ne peut donc prétendre au titre de phénomène d'intérêt. Il laisse plutôt entendre que le meilleur candidat à ce titre serait l'*empowerment* ou le pouvoir d'agir des personnes et des collectivités. Selon Rappaport (1987), le pouvoir d'agir englobe toutes les autres propositions car il désigne une réalité qui se trouve à l'œuvre dans chacune des réalités illustrées par ces thèmes. De plus, l'auteur souligne que la compréhension du processus qui préside au développement du pouvoir d'agir des personnes et des collectivités constitue une étape nécessaire à la progression des connaissances dans les autres domaines de recherche. Logé au cœur de l'interaction entre les personnes et leur milieu de vie, le phénomène du pouvoir d'agir constitue également la cible prioritaire d'intervention du psychologue communautaire, quel que soit le contexte dans lequel il se trouve (Perkins, 1995 ; Servian, 1996). D'autres objets d'intérêt ont été repérés par la suite comme de possibles candidats au statut de phénomène d'intérêt. Citons, notamment, le « statu quo » (Seidman, 1988) en ce qu'il constitue le principal obstacle au changement social, et « l'espoir appris » (« *Learned hopefulness* », Zimmerman, 1990) en ce qu'il constitue un antidote potentiel au sentiment d'impuissance apprise.

À ce jour, on ne peut donc considérer que le développement de la connaissance en psychologie communautaire converge vers un phénomène d'intérêt unique et explicite. Cette hétérogénéité des efforts de recherche est d'ailleurs régulièrement dénoncée par ceux qui analysent l'évolution de la discipline (Elias *et al.*, 1981 ; Kelly, 1975, 1987 ; Holahan, 1977 ; Lounsbury, Cook, Leader, Rubeiz et Meares, 1979 ; Speer, Griggs, Dey, Gibson, Lubin et Hughey, 1989 ; Trickett, 1989). Une des conséquences importantes de cette indécision est illustrée par le caractère encore embryonnaire et éclaté de la mise au point d'un cadre théorique propre à la psychologie communautaire (Levine et Perkins, 1987 ; McCarthy et Zald, 1977 ; Sue et Zane, 1980 ; Seidman, 1988 ; Rappaport, 1987 ; Zimmerman, 1990). D'un point de vue pratique, cette situation contribue à fragiliser l'identité des psychologues communautaires lorsqu'il s'agit d'adopter un cadre théorique pour développer leurs interventions. On voit ici l'incidence directe des questions d'*orientation* du développement des connaissances sur le développement d'outils de *production* de cette connaissance. Sans diminuer l'importance des apports liés à la formulation explicite des cadres paradigmatiques et moraux, l'absence d'identification d'un phénomène d'intérêt précis limite directement la productivité des efforts de recherche en les dispersant de manière inconsidérée. C'est probablement en ayant ce problème à l'esprit que les organisateurs de la conférence de 1989 à East Lansing ont choisi de consacrer entièrement cette rencontre à la formulation de règles communes en matière de production de la connaissance scientifique en psychologie communautaire (Tolan *et al.*, 1990).

2. LES RÈGLES DE PRODUCTION DE LA CONNAISSANCE SCIENTIFIQUE EN PSYCHOLOGIE COMMUNAUTAIRE

2.1 Qu'est-ce qu'une connaissance « scientifique » ?

Le développement de la connaissance n'est pas l'apanage des scientifiques. Tout individu a régulièrement l'occasion de faire part de ses découvertes personnelles à ceux qu'il côtoie. De la même manière, les peuples à tradition orale forte savent transmettre des connaissances précieuses acquises par les générations antérieures. Enfin, il existe également ce qu'on appelle parfois « le bon sens » ou « le sens commun » qui est souvent la source de connaissance la plus immédiatement accessible. Il faut donc se demander en quoi la connaissance scientifique se distingue de toutes ces autres formes de connaissances et ce qui justifie qu'on lui attribue une telle valeur dans nos sociétés modernes.

La distinction principale entre la connaissance populaire et la connaissance scientifique repose sur le fait que la seconde s'astreint à recourir à une méthode précise et explicite. Comme le souligne le philosophe des sciences Gilles Granger (1986), toute avancée de la science « s'exploite en un système de règles sans lequel elle n'aurait ni point d'appui ni contrôle » (p. 116). La valeur relative d'une connaissance scientifique repose donc, tout d'abord, sur le recours à une procédure systématique de collecte, de traitement et d'analyse des informations. Pour prétendre produire un savoir scientifique, les psychologues communautaires doivent donc déterminer le système de règles de production de la connaissance qu'ils entendent adopter. Le choix de ce système de règles dépend à la fois de la conception du monde à laquelle ils adhèrent, des valeurs qu'ils privilégient et de la nature de la réalité qu'ils étudient.

2.1.1 L'influence de la conception du monde et des valeurs du chercheur

Au cours des siècles, la notion de «connaissance scientifique» a pris des formes très différentes. Ainsi, le savant grec Aristote construisait des hypothèses en essayant de concilier ses observations avec ses croyances quant à «l'ordre naturel» régnant sur le monde (Piaget et Garcia, 1983). Longtemps, le développement de la science a été intimement lié aux considérations théologiques dominantes. Comme les croyances entraient souvent en contradiction avec les observations, les savants se trouvaient régulièrement contraints d'abandonner certaines directions de recherche sous peine d'être accusés de diffamation ou d'hérésie (Piaget et Garcia, 1983). À partir de la période de la Renaissance, on s'attacha à distinguer le plus nettement possible les observations et l'observateur (Wilber et Spetcht, 1994). Ce mouvement a donné naissance à ce que Wilber (1997) appelle le «paradigme de la représentation», c'est-à-dire une conception selon laquelle la réalité du monde ne peut être établie qu'à partir de ce qui est perçu par les sens, indépendamment des croyances de l'observateur. Dès lors, pour qu'il puisse qualifier de «scientifique» la réalité qu'il observe, l'observateur se doit d'adopter une attitude de neutralité face à celle-ci.

Depuis plusieurs décennies, cette conception de la connaissance scientifique est largement contestée. Il est en effet très difficile de concevoir qu'un observateur puisse rester neutre face à la réalité qu'il observe. Comme le souligne clairement Danchin (1986), comment un observateur pourrait-il faire abstraction de ses connaissances précédemment acquises afin d'observer la réalité à l'étude avec des yeux totalement neufs? De plus, une telle hypothèse suppose que les sens nous transmettent des informations en tout point identiques à la réalité. Or, on sait maintenant qu'il n'en est rien et que nos perceptions sont également le produit de nos apprentissages et de nos croyances (Andler, 1986). Cette controverse, apparemment très abstraite, a des conséquences très concrètes quand on l'applique aux questions sociales. Est-il possible de rester «neutre» face à des questions comme la violence conjugale, l'abus sexuel envers des enfants, la toxicomanie ou le chômage? Dans le cas d'une réponse négative, comment peut-on prendre en considération la subjectivité de l'observateur tout en élaborant une connaissance méthodique et rigoureuse? Pour les psychologues communautaires, l'énoncé explicite de ces valeurs permet d'établir une relation claire entre la conception *a priori* de l'observateur et les outils de production de recherche qu'il entend utiliser (Tolan *et al.*, 1990). Plutôt que de prétendre à une représentation totalement «objective» de la réalité à l'étude, Tolan *et al.* (1990) estiment qu'il est plus efficace de décrire clairement la façon dont on choisit de «l'objectiver» (c'est-à-dire la sélection des observations que l'on considère comme pertinentes) ainsi que les valeurs au nom desquelles on fait ces choix.

2.1.2 L'influence de l'objet d'étude

Dans le champ des pratiques sociales, les chercheurs font face à des réalités complexes. Une réalité complexe est une réalité dont les éléments sont à ce point interdépendants qu'il est erroné de tenter de les analyser séparément (Morin, 1990). Les réalités complexes se caractérisent également par le fait que ces éléments sont en interaction continue et qu'ils sont donc en mouvement constant. D'emblée, il devient donc peu pertinent d'aborder ces réalités à partir d'un point de vue réductionniste, c'est-à-dire une démarche qui consiste à étudier les différentes composantes d'un ensemble de manière séparée (Zimmerman, 1989). La reconnaissance de cette complexité au sein des réalités qu'ils étudient a conduit les psychologues communautaires à élaborer une logique de développement de la connaissance qui s'appuie sur la mise en commun des points de vue plutôt que sur la «découverte» d'un principe organisateur unique apte à expliquer l'ensemble des phénomènes observés.

2.2 Les positions épistémologiques mises de l'avant

Rappelons tout d'abord que la première finalité du développement de la connaissance scientifique en psychologie communautaire est de contribuer à l'objectif global de changement social (Trickett, 1989). Conséquemment, les règles de production de cette connaissance sont élaborées moins dans le but de statuer sur l'existence de «vérités» à caractère «universel» que de renseigner les praticiens sur les processus à l'œuvre dans les réalités auxquelles ils font face. Selon Tolan *et al.* (1990), le souci de s'assurer de l'universalité des connaissances scientifiques devrait donc être supplanté par la **prise en compte des contextes**, dans lesquels se manifestent les processus à l'étude. D'après cette position épistémologique, la connaissance produite par les psychologues communautaires devrait également être applicable localement et tenir compte des particularités de chaque milieu. Il s'agit donc de produire en priorité une connaissance centrée à la fois sur les processus à l'œuvre dans une réalité particulière et sur l'influence des contextes dans la conduite de ces processus (Tolan *et al.*, 1990).

Cette priorité mise sur la compréhension des **processus** à l'œuvre repose sur une conception «transactionnelle» des phénomènes sociaux telle qu'elle est rapportée par Altman (1987). Selon cette conception, la réalité est perçue en priorité sous l'angle des relations entre ses différentes composantes plutôt qu'à partir des propriétés de chacune d'entre elles. Ces relations se modifiant en permanence, la préhension de cette réalité diffère selon le moment où on l'observe. Conséquemment, la dimension temporelle, notamment historique, est une caractéristique intrinsèque de tout phénomène (Altman, 1987). Appliquée aux phénomènes sociaux, cette perspective conduit à s'intéresser en priorité aux modalités d'interaction (c'est-à-dire de transaction) entre deux éléments à une époque donnée (ex.: comment les politiques sociales d'un pays influencent-elles les possibilités de réinsertion des chômeurs en période de récession?) plutôt qu'à en rechercher les causes fondamentales (ex.: qu'est-ce qui, dans les politiques sociales, permet de diminuer le taux de chômage?). En d'autres mots, les psychologues communautaires sont plus intéressés à mieux comprendre le «comment» des phénomènes que le «pourquoi».

Il est aisément compréhensible qu'une communauté de chercheurs-intervenants privilégie la compréhension des processus susceptibles d'optimaliser les conditions de succès de l'action. Toutefois, une telle position épistémologique s'inscrit fortement en réaction au courant positiviste ou postpositiviste dominant en psychologie et d'aucuns croient qu'elle bénéficierait de certaines modifications. Est-il vraiment pertinent d'opposer compréhension des processus et mise en évidence de liens causaux? À l'instar de Tolan *et al.* (1990), nous pouvons critiquer le caractère univoque et unidirectionnel du principe de causalité souvent mis de l'avant en psychologie traditionnelle, mais cela ne doit pas cacher la présence de liens causaux sous-jacents aux phénomènes sociaux. L'étude des processus peut permettre la découverte de tels liens et on ne devrait donc pas s'empêcher de les exploiter. Le défi consiste à mettre au point une méthodologie plus efficace pour mettre en évidence les processus de causalité circulaire (c'est-à-dire qu'une cause entraîne un effet qui devient la cause d'un autre effet qui lui-même agit sur la première cause) généralement à l'œuvre dans les réalités complexes (Morin, 1990).

L'étude des réalités complexes nécessite également de remettre en question la recherche de convergences propres à la démarche d'identification des causes (Wilber, 1997). Lorsqu'on recherche la cause d'un phénomène (ex. : le manque de motivation des décrocheurs), on procède généralement à l'exploration des liens qui existent entre ce phénomène et un ensemble d'autres potentiellement associés (ex. : la situation familiale, les modèles parentaux, la stabilité du couple, etc. ; l'influence des pairs, la situation socio-économique, etc.). Par la suite, on tente de regrouper un ensemble de renseignements convergents qui confirment la réalité de ces relations. Les données divergentes (qui vont dans un sens opposé à la relation observée) ne sont prises en considération que dans la mesure où elles affaiblissent directement l'hypothèse causale. Dans le cas des réalités complexes, l'accent est mis sur la recherche des données divergentes considérées comme autant d'aspects différents d'une seule et même réalité. C'est ce que Tolan *et al.* (1990) nomment la **recherche de rationalités divergentes**. Il s'agit de rechercher la cohérence à travers la multiplicité des points de vue. Altman (1987) prétend en effet que la notion de transaction entre la personne et l'environnement implique de concevoir les phénomènes comme des événements inextricablement liés à l'environnement physique et social. Il n'y a pas d'acteurs séparés d'un événement ; les actions d'une personne sont comprises en relation avec les actions des autres et en relation avec les circonstances dans lesquelles tous ces acteurs sont imbriqués.

La production de la connaissance scientifique en psychologie communautaire est donc « encadrée » par ces trois principes de prise en compte des contextes, de l'étude des processus et de la recherche des rationalités divergentes. Toutefois, la conduite d'une recherche scientifique repose également sur l'adoption d'un cadre théorique et sur l'utilisation de méthodes de recherche rigoureuses. La question du choix des méthodes de recherche compatibles avec la perspective de la psychologie communautaire faisant l'objet d'un chapitre entier dans cet ouvrage, nous nous contenterons de présenter ici le cadre de référence théorique le plus compatible avec la perspective de la psychologie communautaire.

2.3 Le cadre théorique de la psychologie communautaire

La maxime qui veut qu'il n'y ait « rien de plus pratique qu'une bonne théorie » s'avère particulièrement vraie lorsqu'on se donne pour mission de produire des changements significatifs au sein de réalités complexes. Vouloir contribuer à l'avènement d'un monde plus juste est une chose ; connaître les processus qui permettent d'y parvenir et intervenir sur ceux-ci en est une autre! Comme plusieurs auteurs l'ont souligné (Holahan, 1977; Kelly, 1975, 1987; Levine et Perkins, 1987), la psychologie se devait d'appuyer sa démarche sur une compréhension théorique solide pour développer ses pratiques.

Cette recherche d'un cadre théorique était d'autant plus pertinente que plusieurs études (Elias, Dalton et Howe, 1981; Lounsbury *et al.*, 1979; Novaco et Monahan, 1980) montraient qu'en général les psychologues communautaires, malgré toute leur bonne volonté, réussissaient difficilement à sortir du modèle clinique dans lequel ils avaient été formés. Ils se voyaient aux prises avec un ensemble de situations pour lesquelles ils ne possédaient ni langage ni théorie. Conséquemment, plusieurs continuaient à se référer aux cadres théoriques plus traditionnels et aux technologies psychodynamiques pour mener leurs interventions. Aux États-Unis, les évaluations initiales des initiatives issues du mouvement de santé mentale communautaire nous apprenaient que la psychothérapie traditionnelle, c'est-à-dire l'entrevue face à face de 50 minutes, demeurait le traitement le plus fréquent.

Charles Holahan (1977) de même que Julian Rappaport (1977) soutenaient que le développement de la psychologie communautaire était clairement inhibé par l'absence de fondements théoriques solides. On notait en effet que l'enthousiasme pour les actions communautaires était plus fondé sur le pragmatisme, sur le sens commun que sur des bases théoriques précises et suffisantes. Le besoin le plus central en matière de cadre conceptuel se situait sur le plan des théories de l'interaction. Le souci des psychologues communautaires d'agir simultanément sur les plans individuels et structurels nécessitait qu'ils disposent d'un cadre explicatif cohérent quant à la manière dont ces deux plans de réalité s'interinfluencent. Dans le même temps, la jeunesse de ce nouveau champ disciplinaire et la complexité de son objet d'étude rendaient impossible la construction d'un cadre théorique autonome à court terme (Holahan, 1977). Il fallait donc puiser dans les théories existantes les éléments les plus compatibles avec l'orientation et la pratique des psychologues communautaires.

Lors d'un congrès qui s'est déroulé à Swampscott en 1965 et qui réunissait les psychologues en quête de nouvelles façons d'agir, ceux-ci ont reconnu les lacunes conceptuelles inhibant la psychologie communautaire et se sont tournés vers la perspective systémique. Les systèmes sociaux étant en partie à l'origine des difficultés vécues par les personnes, il fallait apprendre à en tenir compte pour intervenir différemment. La référence aux systèmes sociaux sensibilisait les psychologues orientés vers l'action à deux propriétés cardinales de la communauté : l'interdépendance des éléments la composant (c'est-à-dire qu'une chaîne n'est jamais plus solide que son maillon le plus faible) et la dimension temporelle des processus de changement (c'est-à-dire qu'on ne peut produire des changements instantanément). En tant qu'agents de changement, les psychologues communautaires étaient ainsi amenés à mettre au point des modes d'intervention qui reconnaissaient l'interrelation et la complexité des phénomènes comportementaux. Toutefois, la théorie des systèmes ne permettait pas d'expliquer les modalités de relations entre la personne et les divers systèmes sociaux dans lesquels elle était imbriquée, non plus que les interrelations entre les divers systèmes sociaux. Au congrès d'Austin en 1975, c'est la perspective écologique qui a servi de toile de fond aux discussions. Deux thèmes revenaient alors de manière récurrente. D'une part, il était question de concevoir l'adaptation psychologique comme le résultat de l'adéquation entre les besoins ainsi que les actions de la personne et les demandes ainsi que les possibilités provenant de l'environnement. D'autre part, il était nécessaire de porter une attention particulière aux processus de *coping*[8] efficaces plutôt qu'aux pathologies ou aux déficiences (Holahan, 1977). En raison de sa pertinence pour une large part de la pratique du psychologue communautaire, le modèle écologique est rapidement devenu et est encore un cadre théorique de référence important dans ce champ disciplinaire. Il est donc nécessaire de bien en saisir les fondements.

2.3.1 Le modèle écologique de Urie Bronfenbrenner

Bronfenbrenner (1979) a été le premier à proposer un modèle appliqué à la psychologie s'inspirant de la perspective écologique. Son modèle porte sur le développement social et humain et a été conçu principalement pour guider l'étude du développement des jeunes enfants. À travers le modèle que Bronfenbrenner propose, le développement humain est défini comme le changement continu par lequel une personne perçoit son environnement et compose avec celui-ci. En d'autres mots, le développement est le processus à travers lequel la personne acquiert une conception de son environnement, de ses relations avec cet environnement, de sa capacité à

---

8. La notion de « coping », fort populaire en psychologie, renvoie à l'idée d'une adaptation réussie ou satisfaisante (to manage successfully), *Oxford Advanced Learned Dictionnary*, 1990).

découvrir les propriétés de cet environnement, de sa capacité à maintenir ou, au contraire, à modifier ces propriétés environnementales. Le développement ne se produit donc jamais sous vide, il est toujours imbriqué et exprimé à travers des comportements dans un contexte particulier. La définition que Bronfenbrenner donne à la notion de développement est très proche de celle du pouvoir d'agir.

Dans son sens le plus large, le modèle écologique apparaît comme une reformulation de l'équation énoncée par le psychologue social Kurt Lewin voulant que le comportement (C) soit fonction de la personne (P) et de son environnement (E) : C = F(P x E). À travers cette perspective, l'environnement n'est pas ramené au sens restreint de stimulus suggéré par les behavioristes non plus qu'à un sens large et non spécifique de forces sociales auxquelles font souvent référence les psychosociologues. Bronfenbrenner conçoit plutôt l'environnement comme un ensemble de structures imbriquées les unes dans les autres, un peu comme des poupées russes. On retrouve au premier plan les milieux dans lesquels la personne évolue (ex. : l'école, la classe, la famille) et, ensuite, les relations entre ces milieux. Les interconnexions entre les milieux peuvent être aussi décisives pour le développement de la personne que les événements se déroulant à l'intérieur d'un milieu. Par exemple, la facilité de l'enfant à apprendre à lire peut dépendre tout autant de la qualité de l'enseignement qu'il reçoit que de la qualité des liens entre l'école et la famille. Le développement peut également être influencé par les événements se déroulant dans les milieux où la personne n'est pas présente. Par exemple, bien que l'enfant ne soit pas sur le marché du travail, les conditions d'emploi de ses parents peuvent affecter grandement son développement. Enfin, l'ensemble des milieux est influencé par la culture et les sous-cultures prévalant dans une société donnée.

Bronfenbrenner définit l'environnement en référence aux types de systèmes pouvant influencer le développement d'une personne. Sa typologie et une définition des systèmes sont présentées dans l'encadré.

Typologie des systèmes proposée par Urie Bronfenbrenner (1979)

Le **microsystème** est tout milieu où une personne est en relation directe avec d'autres personnes et avec des objets (ex. : la famille, l'école). Il correspond aux interrelations se déroulant dans l'environnement immédiat de la personne. Un microsystème est constitué d'un patron d'activités, de rôles, de relations interpersonnelles expérimentées[9] par une personne dans un milieu possédant des caractéristiques physiques et matérielles particulières. Les activités, rôles, relations interpersonnelles constituent les éléments fondamentaux du microsystème.

Le **mésosystème** fait référence aux interrelations entre deux ou plusieurs microsystèmes dans lesquels la personne évolue et auxquels elle participe. Un mésosystème n'est pas un lieu, mais représente plutôt l'influence due à l'ensemble des activités, des rôles et des relations qu'entretient une même personne. Bronfenbrenner postule diverses hypothèses au sujet du mésosystème qui sous-tendent, dans leur ensemble, que le développement d'une personne est amélioré si les microsystèmes dans lesquels elle évolue sont étroitement plutôt que faiblement liés (ex. : il existe des liens entre l'école et la famille, une cohérence dans les messages transmis à l'enfant).

En plus des liens directs de la personne, les interrelations peuvent prendre différentes formes : d'autres personnes qui participent activement aux deux microsystèmes, les communications formelles et informelles entre les microsystèmes et, d'un point de vue phénoménologique, l'étendue et la nature des connaissances et attitudes des systèmes les uns par rapport aux autres.

L'**exosystème** fait référence aux interrelations entre les systèmes auxquels la personne ne participe pas directement, mais où se déroulent des événements qui affectent les microsystèmes dans lesquels elle évolue ou, inversement, où les événements extérieurs sont affectés par les micro et mésosystèmes auxquels la personne participe. Par exemple, les politiques adoptées par une commission scolaire ont une influence sur le fonctionnement de l'école qu'un enfant fréquente. L'exosystème est notamment constitué de l'ensemble des biens et services communautaires proposés à une personne.

---

9. Le terme «expérimenté» est important car il indique que les éléments pertinents d'un quelconque environnement ne se restreignent pas seulement à ses propriétés «objectives», mais aussi à la façon dont ces propriétés sont perçues par les personnes faisant partie de cet environnement. Selon Bronfenbrenner, les aspects de l'environnement qui sont les plus susceptibles de modeler la croissance psychologique sont surtout ceux qui ont une signification pour la personne dans une situation donnée.

Le **macrosystème** correspond à la matrice culturelle (valeurs, normes, idéologies) de la société dans laquelle la personne vit. Le macrosystème fait référence à la cohérence observée dans une culture ou une sous-culture donnée quant à la forme et au contenu de ses constituantes que sont les microsystèmes, les mésosystèmes et les exosystèmes de même qu'aux systèmes de croyances ou à l'idéologie sous-jacents à ces constituantes. Dans notre société, par exemple, l'idéologie sous-jacente à la plupart des activités professionnelles est fondée sur un « modèle de déficience » quant au fonctionnement humain. À travers ce modèle, les problèmes de comportement ou de développement sont conçus comme le reflet de déficiences de la part de la personne ou de la part de son environnement immédiat. Chez la personne, on cherche des signes d'apathie, d'hyperactivité, de troubles d'apprentissage, de mécanismes de défense. Dans l'entourage, on cherche des manques, des anomalies : manque de stimulation cognitive de la part des parents d'un enfant, difficultés dans les relations de couple, traits de personnalité pathogènes. En incluant les exo et macrosystèmes, Bronfenbrenner reconnaît l'influence de l'environnement plus large sur le développement des humains.

Bronfenbrenner soutient que les activités, les rôles, les relations interpersonnelles constituent les éléments fondamentaux des divers types de systèmes. Les activités, rôles, relations ou structures interpersonnelles varient en réciprocité, en affectivité et en pouvoir. Bronfenbrenner explique comment ces éléments sont essentiels au développement.

Les **activités** de la personne servent d'indicateurs de sa croissance psychologique et les activités des autres personnes présentes dans un système donné constituent le véhicule principal de l'influence directe de l'environnement sur la personne. Une activité est un ensemble de comportements répétés qui possède une impulsion en soi ; elle est perçue par les participants dans un système donné comme ayant une signification ou une intention. Le qualificatif « répété » est utilisé pour faire ressortir que l'activité est plus qu'un événement momentané, mais qu'il s'agit d'un processus continu. L'activité se distingue d'un acte qui est plutôt perçu comme instantané. L'activité est également caractérisée par une impulsion qui lui est propre, un système de tensions qui vise une persistance à travers le temps et une résistance à l'interruption jusqu'à ce que l'activité soit terminée. Cette impulsion est produite en grande partie par la présence d'une intention, par le désir de réaliser l'activité pour sa propre satisfaction ou pour atteindre un but. Les activités varient en fonction du degré et de la complexité des buts qui les animent.

Une **relation** prend place chaque fois qu'une personne dans un milieu donné porte attention à une autre personne ou participe à ses activités. Les dyades sont importantes en termes de développement de deux façons. Elles constituent un contexte pour la reconnaissance et la défense de ses droits. Elles permettent la construction d'un microsystème, rendant possible la formation de structures interpersonnelles plus larges. Les dyades fonctionnent sous trois différentes formes : observation, participation conjointe, réciprocité. Au sujet de la réciprocité, Bronfenbrenner reconnaît que le pouvoir n'est pas toujours équilibré et que, dans un système donné, une personne puisse avoir plus d'influence qu'une autre. Il maintient que le développement optimal se produit dans des situations d'apprentissage où la balance du pouvoir change progressivement en faveur de la personne en développement, c'est-à-dire lorsque cette personne voit augmenter ses possibilités d'exercer un contrôle sur la situation. Enfin, selon Bronfenbrenner, lorsqu'un membre d'une dyade se développe, l'autre est également susceptible de se développer.

Un **rôle** est un ensemble d'activités et de relations attendues d'une personne occupant une position particulière dans une société donnée et des autres personnes en relation avec elle. Un rôle est un ensemble de comportements et d'attentes associées à une position sociale tel que le fait d'être mère, enseignant ou ami. Cette définition s'inscrit dans la perspective écologique car elle ne limite pas les attentes à la personne occupant une position, mais s'élargit aux autres personnes avec lesquelles celle-ci est en relation. Un rôle est donc caractérisé par des attentes au sujet d'activités et de relations réciproques. Étant donné que les attentes sont culturellement définies, les rôles, qui sont des éléments du microsystème, prennent racine dans le macrosystème, dans les institutions et idéologies en place.

Différents milieux donnent naissance à différents patrons d'activités, de rôles et de relations. Cela ne veut pas dire qu'il n'y a pas de continuité dans les comportements d'un individu d'un milieu à l'autre, mais que cette continuité est accompagnée de différences.

Bronfenbrenner émet diverses hypothèses.

Au sujet du microsystème :

Le développement de la personne est fonction de la variété et de la complexité des activités dans lesquelles elle est engagée avec d'autres.

Placer une personne dans un rôle l'amène à avoir des perceptions, des activités, des relations interpersonnelles cohérentes avec les attentes sociales associées à ce rôle puisque ces attentes sont intégrées par la personne elle-même aussi bien que par les individus qui l'entourent.

Plus un rôle est socialement sanctionné comme possédant du pouvoir, plus la personne qui remplit ce rôle est susceptible d'exercer et d'exploiter ce pouvoir et plus les personnes dans les positions de subordination sont également susceptibles de répondre par la soumission, la dépendance et un manque d'initiative.

Au sujet du mésosystème :

Le potentiel de développement d'un mésosystème est augmenté si une personne entrant dans un nouveau microsystème est accompagnée par une ou plus d'une personne déjà familière avec ce nouveau milieu.

Le potentiel de développement d'un mésosystème est augmenté si les rôles remplis dans les différents microsystèmes sont compatibles et si les rôles, activités, dyades dans lesquels la personne est engagée encouragent la confiance mutuelle, une vision positive, un consensus quant aux buts des différents milieux et que la balance du pouvoir penche progressivement en faveur de la personne en développement.

Le développement s'accroît en fonction du nombre de milieux structurellement différents à l'intérieur desquels la personne participe à une variété d'activités avec diverses dyades. Le développement est particulièrement favorisé lorsque les autres personnes, formant des dyades, sont plus expérimentées que la personne en apprentissage.

Les effets positifs du développement résultant d'une participation à de multiples microsystèmes sont accrus quand ils sont culturellement différents les uns des autres.

Au sujet de l'exosystème :

Le potentiel de développement d'un système est accru dans la mesure où des liens directs et indirects existent avec ce système et les systèmes où le pouvoir se trouve. Cela permet aux participants d'avoir une influence sur l'allocation des ressources et sur les prises de décision qui les concernent.

Le potentiel de développement d'un milieu est inversement proportionnel au nombre de liens intermédiaires dans la chaîne liant ce milieu aux systèmes où le pouvoir se trouve.

Au sujet du macrosystème :

Le potentiel de développement d'un milieu dépend de la façon dont les rôles, les activités, les relations se produisant dans un milieu donné servent, à travers le temps, à activer et à soutenir la motivation de la personne jusqu'à ce qu'elle trouve sa propre impulsion. Lorsque la personne entre dans un nouveau milieu, elle est alors motivée et, s'il n'y a pas de forces contraires, cette motivation s'intensifie et s'élargit.

La croissance psychologique dépend des occasions qu'a la personne d'entrer dans de nouveaux systèmes susceptibles de contribuer à son développement.

Bronfenbrenner soutient que l'environnement ne doit pas être ramené à des variables linéaires (ex. : présence ou non d'un confident ou d'un service d'aide aux devoirs), mais analysé comme un ensemble de systèmes. L'unité d'analyse de base est le système. L'existence et la qualité des interconnexions entre les systèmes (participation conjointe, communication entre les systèmes, accès à l'information de chacun des systèmes) influencent le développement des personnes. Bronfenbrenner met enfin l'accent sur l'importance de la transition écologique dans tout processus de développement. Il fait référence aux changements de milieux ou de rôles auxquels la personne doit faire face tout au long de sa vie. Les transitions amènent des changements dans les rôles, dans les comportements attendus de chaque nouvelle position sociale. Bronfenbrenner soutient enfin que les événements les plus immédiats et les plus susceptibles d'affecter le développement sont les activités dans lesquelles la personne s'engage avec les autres ou en leur présence.

2.3.2 Théorie écologique et psychologie communautaire : un cadre théorique commun ?

En proposant une lecture systématique et précise des modalités d'interinfluences de la personne et de son environnement, la théorie écologiste apportait un cadre de référence concret pour les psychologues communautaires. Les distinctions proposées entre les activités, les rôles, les relations, ainsi que les différents systèmes, permettaient aux intervenants d'aborder plus efficacement et concrètement la complexité des réalités au sein desquelles ils souhaitaient produire des changements. Comme le soutient James Kelly, le fait de conceptualiser la communauté comme un ensemble de systèmes interreliés augmente la probabilité d'élaborer des programmes et des services qui conviennent aux besoins de l'ensemble des membres de la communauté (Kelly, 1971, p. 897-903). Dans cette perspective théorique, la personne et l'environnement ne sont plus perçus comme indépendants, ou même simplement en interaction, mais comme constituant une entité unique, une unité d'analyse[10] à part entière.

Plusieurs auteurs en psychologie communautaire ont contribué à l'adoption de la perspective écologique en essayant d'en tirer des enseignements précis pour la pratique des psychologues communautaires (Holahan, 1977 ; Kelly, 1975, 1986 ; Levine et Perkins, 1987 ; Rappaport, 1977 ; Tessier et Bouchard, 1987). Ainsi, James Kelly (1975) et ses collègues (Trickett, Kelly et Todd, 1972, dans Rappaport, 1977) ont précisé un ensemble de principes écologiques directement applicables à la psychologie communautaire.

a)   Le principe d'interdépendance

Un changement dans une composante d'un système entraîne des transformations dans les relations entre les composantes de l'écosystème. Pour ce qui est des implications concrètes, cela exige donc que l'ensemble du système soit bien compris avant qu'il y ait une intervention. Au sein d'une organisation, cela implique que les nouveaux services soient fondés sur la compréhension de la situation actuelle quant aux ressources disponibles, incluant une compréhension historique de l'organisation. Cela oblige également

---

10. La notion « d'unité d'analyse » fait référence à l'élément de base à partir duquel on analyse une situation. Ainsi, l'unité d'analyse du biologiste peut être la cellule, alors qu'il peut s'agir de l'atome pour le physicien, d'une période donnée pour un historien, etc. Traditionnellement, la personne constitue l'unité d'analyse des psychologues. À cet égard, la proposition de Bronfenbrenner d'intégrer la personne et son milieu au sein d'une même unité d'analyse constitue un changement notable dans la façon d'aborder la réalité humaine en psychologie.

à comprendre l'interdépendance des rôles des personnes clés et les possibilités d'options nouvelles.

b) Le principe de circulation des ressources

La répartition des ressources à l'intérieur d'un système suit des règles variées, à la fois formelles et informelles. Ces règles pouvant différer d'une organisation, d'une communauté à l'autre, elles doivent impérativement être bien comprises avant d'entreprendre toute forme de changement dans ce domaine. Ce changement peut par exemple prendre la forme d'une utilisation nouvelle des ressources existantes susceptibles de favoriser le développement, l'entraide et le pouvoir d'agir. Dans tous les cas, il est important de tabler sur les ressources du milieu plutôt que sur celles d'un intervenant, d'un service ou d'un gouvernement. Il s'agit de bâtir à partir de l'expertise présente dans la communauté pour résoudre les difficultés et favoriser l'interdépendance entre ses membres. La fonction de l'intervenant consiste ici à mobiliser les ressources existantes et à contribuer à les répartir différemment. L'application de ce principe écologique offre de plus l'avantage d'être en totale cohérence avec la volonté des psychologues communautaires d'appuyer la démarche de changement sur les compétences des personnes concernées.

c) Le principe d'adaptation

Tout système est en constant développement, un processus de changement agit continuellement. Les personnes au sein d'une organisation ou d'une communauté sont influencées par ce processus, en même temps qu'elles influencent celui-ci. Chaque environnement requiert des habiletés d'adaptation particulières. Les systèmes peuvent avoir des demandes contradictoires. Par exemple, les demandes nécessaires à l'adaptation scolaire peuvent être en contradiction avec celles qui sont nécessaires à la survie dans certaines communautés[11]. Appliqué à la psychologie communautaire, ce principe conduit à travailler à la création de milieux offrant de multiples occasions d'adaptation et d'utilisation des ressources disponibles.

d) Le principe de succession

Ce principe met l'accent sur le changement continu des communautés grâce à ce que les tenants de l'approche écologique ont appelé un « équilibre dynamique ». Cela sous-tend que l'apparent état de stabilité d'une organisation ou d'une communauté, analysé dans une

---

11. Ainsi, une petite communauté de religion islamique peut se considérer directement menacée dans son existence au sein d'une majorité de religion chrétienne en raison de l'interdiction du port du voile (tchador) à l'école.

perspective longitudinale, est le résultat de l'intégration continue de nouvelles informations (intrants) et des mécanismes d'adaptation correspondants. L'information (intrant) est transformée pour les besoins du système et prend alors une forme qui lui est propre (extrant). Du point de vue de l'intervention, cela implique que la compréhension d'une organisation ou d'une communauté nécessite que l'on intègre la façon dont celles-ci traitent et transforment les informations qu'elles reçoivent pour produire des changements. C'est particulièrement le cas en ce qui concerne le temps nécessaire à cette transformation. Lorsqu'il a acquis cette connaissance, l'intervenant est en mesure d'anticiper dans quelle direction et avec quelle intensité le changement visé peut se produire dans un système donné. Soutenir le développement d'une communauté ou d'une organisation nécessite donc de comprendre la direction que prend le développement habituel de cette communauté et, également, des communautés qui l'entourent. Ce type de compréhension peut être d'une aide précieuse pour aider une communauté à s'adapter au changement, à traduire, par exemple, ce changement en nouveaux rôles. Ainsi, une école peut s'adapter aux transformations sociales et fournir de ce fait une formation plus adéquate aux étudiants qui seront mieux préparés à faire face aux exigences du marché du travail.

2.3.3 Un cadre théorique très pratique

À l'aide de ces quatre principes, le psychologue communautaire dispose d'un cadre conceptuel apte à guider précisément son intervention. Conscient de l'interdépendance des sphères d'action et de l'importance de la culture locale en matière de gestion des ressources, il est amené à penser globalement avant d'introduire des changements locaux. Alerté quant à la nécessité de favoriser la diversité des solutions applicables, il peut tenter d'agir sur les changements en s'appuyant sur les forces des milieux. Enfin, l'énoncé du principe de succession le prépare à écarter la recherche de solutions définitives pour privilégier des réponses ponctuelles et adaptées et pour accepter à l'avance leur éventuelle remise en question.

Au-delà de ses applications pratiques, l'adoption de la perspective écologique entraîne également un changement dans la façon de concevoir la finalité d'une intervention. Par définition, une telle approche nécessite de renoncer à un modèle d'action trop exclusivement ciblé. L'intervention dans un milieu ayant des effets sur différents plans, il importe d'établir un modèle d'actions multiples à différents plans d'intervention. Il s'agit en fait de produire ce que

Watzlawick, Weakland et Fisch (1974) ont appelé des changements de second ordre. Alors que les changements de premier ordre visent exclusivement les individus, ceux de deuxième ordre entraînent à la fois un changement du système ou des systèmes dans lesquels évolue la personne et un changement chez l'individu. Quand il y a absence d'adéquation entre l'éventail des comportements d'une personne et les demandes qui lui sont faites dans son environnement (ex. : l'impossibilité pour certains enfants de rester immobiles à leur table de travail pendant des heures), la personne est forcée d'agir de façon préjudiciable pour elle ou pour les autres. Il s'agit donc d'intervenir non seulement auprès de la personne (ex. : des enfants), mais également dans l'environnement (ex. : l'école). Dans cette logique d'action, la dimension temporelle prend une grande importance stratégique. Il faut être en mesure de bien cerner le moment et les cibles d'actions optimales pour produire la chaîne de répercussions susceptibles de contribuer simultanément au changement désiré. Dans le même ordre d'idées, Thomas Wolf (1987) souligne qu'il est important de se questionner sur les acteurs les plus susceptibles d'entraîner les résultats escomptés.

2.4 Le psychologue communautaire en tant que producteur de la connaissance

La production de connaissances scientifiques ne se résumant pas à des questions techniques, le psychologue communautaire se doit également de porter un regard critique sur le type d'attitude qu'engendre habituellement la conduite d'un processus de recherche. Centré sur la qualité et la rigueur de sa procédure, il n'est pas rare que le chercheur bien intentionné développe des attitudes irritantes et parfois contre-productives du point de vue de ses partenaires (Mason et Boutilier, 1996). Comment le psychologue communautaire peut-il s'assurer de la compatibilité de son attitude en tant que producteur de recherche et des valeurs qu'il privilégie ? À partir des éléments présentés plus haut, il est possible d'établir divers principes pouvant guider l'action. Nous reprenons et complétons ceux formulés par Heller *et al.* (1984) et Orford (1992).

2.4.1 Construire les connaissances à travers l'action

Pourquoi séparer la production des connaissances de l'action visant le changement social ? Traditionnellement, les scientifiques ont tendance à distinguer la fonction « recherche » de sa finalité de changement social (Prilleltensky et Laurendeau, 1994). Lorsqu'on cible en priorité le changement social, les processus de découverte et de mise en pratique de ces découvertes sont plus productifs lorsqu'ils sont intimement liés. Plusieurs points de repère existent pour s'assurer de la complémentarité des deux démarches.

a)   Rechercher l'adéquation entre la personne et son environnement

Toute recherche qui contribue à préciser les conditions d'adaptation entre les ressources individuelles et les ressources du milieu contribue au changement. Elle permet tout d'abord de localiser et de penser l'action sur la base d'une meilleure compréhension du milieu de vie des personnes. Elle permet également de rompre avec les conceptions individualisantes et stigmatisantes des problèmes sociaux, ce qui ne peut que faciliter l'émergence de solutions optimales pour tous. Elle permet aussi d'appuyer sa démarche sur la perspective théorique écologique, offrant ainsi un cadre de référence précis pour la conduite du changement.

b)   Privilégier la prévention et le pouvoir d'agir

Toute démarche de recherche qui offre aux individus de nouvelles occasions d'apprendre à contrôler, à influencer ou à modifier leur environnement concourt directement au développement de leur pouvoir d'agir. Parce qu'elle offre plus de possibilités aux individus de modifier leur environnement, la démarche préventive contribue au développement du pouvoir d'agir. Cela, particulièrement si elle consiste à remettre en question certaines normes sociales et certains standards uniques dans la façon dont les services sont conçus. Dans ce cas de figure, la démarche préventive permet au chercheur d'adopter une approche proactive en ce qui a trait à la planification des services et au partage des ressources (Rappaport, 1987). Ce qui est implicite derrière cette façon de faire, c'est que la liberté est un objectif désirable et plus un individu est capable de modifier son environnement, plus il a de liberté.

Les objectifs de prévention et de pouvoir d'agir nécessitent également que l'on adopte une perspective temporelle et des lieux d'intervention différents. Agir avant que le problème se manifeste, se questionner sur la cible de l'intervention (ex. : le parent plutôt que l'enfant, concernant le développement de celui-ci) conduit à étendre les cibles d'action et à viser des résultats à moyen et à long terme.

Cette logique d'intervention s'appuie beaucoup plus sur les forces du milieu que dans le contexte d'intervention palliative. Dans la logique palliative, les cliniciens interviennent souvent alors que le problème est présent depuis longtemps et que la situation est devenue intolérable. Souvent la personne aux prises avec le problème a épuisé les ressources de son milieu et « brûlé » son entourage. Au contraire, la démarche préventive permet aux intervenants communautaires de sortir de leur bureau et de travailler avec les ressources du milieu. Ils travaillent dans un environnement plus complexe, mais où les ressources sont plus nombreuses.

c)   Promouvoir le sens communautaire

Toute recherche qui contribue au renforcement du sens communautaire agit directement dans le sens d'un changement constructif. Le sens communautaire permet de faire le lien entre les besoins individuels et collectifs. Sarason (1974) maintient que le fait de se sentir semblable aux autres, de reconnaître et de maintenir son interdépendance avec les autres en donnant ou en faisant pour les autres ce qu'on attendrait d'eux, le sentiment que chacun est tributaire d'une structure sociale stable, sont les éléments principaux du sens communautaire. Le sens communautaire aide les gens à dépasser les sentiments d'aliénation et d'anomie, que Bennett (1989) définit respectivement comme le sentiment d'être étranger à soi-même et le manque d'interdépendance entre les personnes qui existe dans nos sociétés contemporaines. La promotion concrète du sens communautaire peut être réalisée en contribuant à intégrer de façon constructive les enjeux individuels et communautaires dans la démarche de changement visée. Cela requiert habituellement la formulation de compromis entre les besoins individuels et les buts du groupe ou de la communauté. Le sens communautaire n'est pas un état stable mais un processus toujours en évolution où les tensions sont présentes. Selon Jeger et Slotnick (1982), les barrières au sens communautaire sont : 1) l'absence de mécanismes permettant de régler les désaccords présents même dans les contextes où l'on retrouve les meilleures intentions ; 2) des services ne tenant pas compte des ressources communautaires latentes ou déjà existantes ou ne prenant pas en compte les points de vue des membres de la communauté ; 3) l'accent sur les besoins individuels au détriment des besoins de la communauté, ou vice versa, sans reconnaître leur nature complémentaire. Le développement d'une communauté compétente implique la présence et l'utilisation de ressources dans une communauté géographique et psychologique. Cela permet aux membres de communautés de prendre des décisions raisonnées au sujet des questionnements, des problèmes auxquels ils doivent faire face. Cela les rend plus compétents lorsqu'ils ont à composer avec les problèmes, les difficultés de la vie. Pour encourager l'existence de communautés compétentes, il faut s'assurer qu'il y ait des structures médiatrices qui fournissent des occasions de participation.

d)   Encourager la participation communautaire

En privilégiant les recherches qui impliquent un engagement des personnes concernées, le psychologue communautaire se donne les moyens de conjuguer concrètement le développement des connaissances et le changement social. Une telle démarche conduit à favoriser la participation sociale accrue des citoyens, donc à renforcer leur degré d'engagement dans la communauté. Il ne s'agit toutefois pas d'une pratique aisée ; elle nécessite un engagement sans cesse renouvelé (Mason et Boutilier, 1996). Rappelons que, selon les psychologues rencontrés par Walsh (1987), c'est moins le souci de contribuer au changement que la frustration à l'égard d'un modèle de services de santé mentale centré sur la personne qui ont été déterminants dans l'émergence formelle de la psychologie communautaire. Les cliniciens étaient découragés, épuisés par l'échec de leurs méthodes d'intervention. Il s'agissait de reconnaître et de privilégier les initiatives communautaires et les actions collectives. Adopter une démarche de développement rigoureux des connaissances, en s'appuyant sur la participation communautaire, constitue néanmoins une occasion précieuse de contribuer au changement individuel et collectif. Une telle démarche permet aux personnes d'élargir l'éventail de leurs activités, de remplir de nouveaux rôles et d'établir de nouvelles relations, éléments susceptibles d'accroître leur pouvoir d'agir.

e)   Favoriser la collaboration, le soutien social, l'entraide, l'interdisciplinarité

En animant une démarche de recherche participante, le psychologue communautaire se trouve également en position d'encourager certaines formes de collaboration susceptibles de soutenir l'effort collectif de changement. Le pouvoir d'agir des personnes et des communautés dépend largement de l'importance accordée à la collaboration. Pour les psychologues communautaires, cela exige de prendre le temps de clarifier les responsabilités de chacun (information, expertise, méthodologie, expérience), de prendre le temps de définir son engagement et son désengagement, de repérer les abus dans les petites choses, de contribuer à établir la collaboration entre les membres de la communauté, de favoriser l'établissement de relations égalitaires entre les aidants et les aidés et, plus largement, entre les partenaires de la communauté.

3. CONCLUSION

La psychologie communautaire s'inscrit donc dans un paradigme de changement social. Les modalités de développement de la connaissance scientifique sont influencées par les valeurs privilégiées par les membres de cette communauté scientifique. Il s'agit de promouvoir le bien-être des humains en partant du postulat voulant que le bien-être personnel passe nécessairement par le bien-être collectif. Il s'agit également de promouvoir le respect de la diversité et de contribuer à la justice sociale. Par ailleurs, les phénomènes d'intérêt de la psychologie communautaire sont encore l'objet de débat; toutefois, certaines règles de production de la connaissance scientifique sont retenues. Il s'agit de prendre en compte les contextes, de s'intéresser en priorité à la compréhension des processus derrière les phénomènes à l'étude et de rechercher les rationalités divergentes, c'est-à-dire la multiplicité des points de vue. Jusqu'à présent, les psychologues communautaires ont retenu le modèle écologique comme cadre théorique et ils mettent l'accent sur l'adéquation entre la personne et son environnement, la prévention et le pouvoir d'agir, la promotion du sens communautaire, de la participation communautaire et de la collaboration entre les acteurs.

RÉFÉRENCES
RÉFÉRENCES

ALBEE, G.W. (1970), « The uncertain future of clinical psychology », *American Psychologist*, 25, 1071-1080.

ALTMAN, I. (1987), « Community psychology twenty years later : still another crisis in psychology ? », *American Journal of Community Psychology*, 15 (5), 613-627.

ANDLER, D. (1986), « Les sciences de la cognition », dans Hamburger, J. (dir.), *La philosophie des sciences aujourd'hui*, Synthèse des débats de l'Académie des sciences sous la direction de Jean Hamburger.

BENNETT, E.M. (1989), *Social Intervention : Theory and Practice*, Lewiston, The Edwin Mellen Press.

BOND, M.A. (1997), « Gender, Race and Community : Creating Contexts for Diversity within Community Psychology », *The Community psychologist*, 30 (4), 3-7.

BRONFENBRENNER, U. (1979), *The Ecology of Human Development : Experiments by Nature and Design*, Cambridge, Harvard University Press.

DANCHIN, A. (1986), « Hérédité génétique, hérédité épigénétique/Genetic heridity, epigenetic heridity », *Confrontations psychiatriques*, 27, 43-61.

ELIAS, M.J., J.H. DALTON et G.H. HOWE (1981), « Studying Community Psychology as a Community of Professionals : An Empirical Approach », *Professional Psychology*, 12 (3), 363-376.

ELIAS, M.J., J.H. DALTON et G.W. HOWE (1986), « Divergence between community psychologists in academic and nonacademic settings : A closer look at the implications », *American Journal of Community Psychology*, 14 (1), 113-118.

FREIRE, P. (1977), *Pédagogie des opprimés*, Paris, Petite Collection Maspero.

GRANGER, G.K. (1986), « Pour une épistémologie du travail scientifique », dans Hamburger, J. (dir.), *La philosophie des sciences aujourd'hui*, Synthèse des débats de l'Académie des sciences sous la direction de Jean Hamburger.

HELLER, K., R.H. PRICE, S. REINHARTZ, S. RIGER, A. WANDERSMAN et T.A. D'AUNNO (1984), *Psychology and Community Change : Challenges of the Future*, Chicago, Dorsey Press.

HOLAHAN, C.J. (1977), « The Role of Ecology in Community Psychology : A Tale of Three Cities », *Professional Psychology*, 8 (1), 25-32.

HUMPHREYS, K. et J. RAPPAPORT (1994), « Researching Self-Help/Mutual Aid Groups and Organizations : Many Roads, One Journey », *Applied & Preventive Psychology*, 3, 217-231.

JEGER, A.M. et R.S. SLOTNICK (1982), « Guiding Values of Behavioral-Ecological interventions. The meaning of ethics and practice », dans Jeger, A.M. et R.S. Slotnick (dir.), *Community Mental Health and Behavioral Ecology*, New York, Plenum, p. 27-42.

KELLY, J.G. (1971), « Qualities for the community psychologists », *American psychologist*, 26, 897-903.

KELLY, J.G. (1975), « Community Psychology in transition : Variate educational setting for Community psychology », dans Iscoe, I., B.L. Bloom et C.D. Spielberger (dir.), *Proceedings of the national conference on training in community psychology*, New York, Wiley and Sons, p. 3-16.

KELLY, J.G. (1986), « Context and Process : An Ecological View of the Interdependence of Practice and Research », *American Journal of Community Psychology*, 14 (6), 581-589.

KELLY, J.G. (1987), « Some reflexions on the Swampscott conference », *American Journal of Community Psychology*, 15 (5), 515-517.

KELLY, J., L. AZELTON, R. BUZETTE et L. MOCK (1994), « Creating social setting for diversity : An ecological thesis », dans Trickett, E. et R. Watts (dir.), *Human diversity : Perspectives on people in context*, San Francisco, Jossey Bass Inc. Publishers, p. 424-451.

KUHN, T.S. (1972), *La structure des révolutions scientifiques*, Paris, Flammarion.

LEVINE, A. et M. LEVINE (1977), « The social context of evaluative research : A case study », *Evaluation Quarterly*, 1 (4), 515-542.

LEVINE, M. et D.V. PERKINS (1987), *Principles of community psychology : Perspectives and applications*, New York, Oxford University Press.

LOUNSBURY, J.W., M.P. COOK, D.S. LEADER, G. RUBEIZ et E.P. MEARES (1979), « Community psychology : Boundary problems, psychological perspectives, and an empirical overview of the field », *American Psychologist*, 34 (6), 554-557.

MASON, R. et M. BOUTILIER (1996), « The challenge of genuine power sharing in participatory research : The gap between theory and practice », *Canadian Journal of Community Mental Health/Revue canadienne de santé mentale communautaire*, 15 (2), 145-152.

MCCARTHY, J.D. et M.N. ZALD (1977), « Ressource Mobilization and Social Movements : A Partial Theory », *American Journal of Sociology*, 82 (6), 1212-1241.

MORIN, E. (1990), *Introduction à la pensée complexe*, Paris, ESF éditeur.

NOVACO, R.W. et J. MONAHAN (1980), « Research in Community Psychology : An Analysis of Work Published in the First Six Years of the American Journal of Community Psychology », *American Journal of Community Psychology*, 8, 131-145.

O'NEIL, P. (1989), « Responsible to Whom ? Responsible for What ? Some ethical issues in community intervention », *American Journal of Community Psychology*, 17 (3), 323-341.

ORFORD, J. (1992), *Community Psychology : Theory and Practice*, Chichester, NY, John Wiley and Sons.

PERKINS, D.D. (1995), « Speaking Truth to Power : Empowerment Ideology as Social Intervention and Policy », *American Journal of Community Psychology*, 23 (5), 765-794.

PIAGET, J. et R. GARCIA (1983), *Psychogenèse et histoire des sciences*, Paris, Flammarion.

PRILLELTENSKY, I. (1990), « Enhancing the Social Ethics of Psychology : toward a Psychology at the Service of Social Change », *Canadian Psychology/Psychologie canadienne*, 31 (4), 310-319.

PRILLELTENSKY, I. et M.C. LAURENDEAU (1994), « La prévention et l'intérêt public », *Revue canadienne de santé mentale communautaire/Canadian Journal of Community Mental Health*, 13 (2), 11-16.

RAPPAPORT, J. (1977), *Community psychology : Values, Research, and Action*, New York, Holt, Rinehart, Winston.

RAPPAPORT, J. (1981), « In praise of paradox : A social policy of empowerment over prevention », *American Journal of Community Psychology*, 9 (1), 1-25.

RAPPAPORT, J. (1981), « Praise of Paradox : A Social Policy of Empowerment over Prevention », *American Journal of Community Psychology*, 4, 1-25.

RAPPAPORT, J. (1987), « Terms of Empowerment/Exemplars of Prevention : toward a Theory for Community Psychology », *American Journal of Community Psychology*, 15 (2), 121-148.

RYAN, W. (1971), *Blaming the victim*, New York, Pantheon.

SARASON, S. (1974), *The psychological sense of community : Prospects for a community psychology*, San Franscisco, CA, Jossey Bass.

SARASON, S. (1981), « An asocial psychology and a misdirected clinical psychology », *American Psychologist*, 36 (8), 827-836.

SEIDMAN, E. (1988), « Back to the future community psychology : Unfolding a theory of social intervention », *American Journal of Community Psychology*, 16 (1), 3-24.

SEIDMAN, E. et J. RAPPAPORT (1986), *Redifining social problems*, New York et Londres, Plenum Press.

SERVIAN, R. (1996), *Theorising empowerment : Individual power and community care*, Bristol, The Policy Press.

SERRANO-GARCIA, I. et M.A. BOND (dir.) (1994), « Special Issue : Empowering the Silent Ranks », *American Journal of Community Psychology*, 22, 433-593.

SPEER, G.D., L. GIBSON et J. HUGHEY (1989), *Research in community psychology : An analytic review of work published in AJCP & JCP*, Department of psychology and Institute for Human Development University of Missouri-Kansas City, Kansas City, Missouri. Presented at the second biennial Conference on Community Research and Action, East Lansing, Michigan.

SPEER, P., P.A. GRIGGS, A. DEY, C. GIBSON, B. LUBIN et J.B. HUGHEY (1989), *Research in community psychology : An analytic review of work published in AJCP & JCP*, presented at the second biennial Conference on Community Research and Action, East Lansing, Michigan.

SUE, S. et N. ZANE (1980), « Learned Helplessness Theory and Community Psychology », dans Gibbs, N.S., J.R. Lachenmeyer et J. Segal (dir.), *Community Psychology : Theoretical and Empirical Approaches*, New York, Gardner, p. 121-143.

TESSIER, R. et C. BOUCHARD (1987), *Dimensions écologiques de la famille*, Québec, Gaëtan Morin éditeur.

TOLAN, P., C. KEYS, F. SHERTOK et L. JASON (1990), *Researching Community Psychology. Issues of Theory and Methods*, Washington, DC, American Psychological Association.

TRICKETT, E.J. (1989), *Partial Paradigms and professional identity*, presented at the second biennial Conference on Community Research and Action, East Lansing, Michigan.

TRICKETT, E.J., J.G. KELLY et D.M. TODD (1972), «The social environment of the high school: Guidelines for individual change and organizational redevelopment», dans Golann, S.E. et C. Eisdorfer (dir.), *Handbook of Community Mental Health*, New York, Appleton-Century-Crofts.

WALSH, R.T. (1987), «A social historical note on the formal emergence of community psychology», *American Journal of Community Psychology*, 15 (5), 523-529.

WATZLAWICK. P., J. WEAKLAND et R. FISCH (1974), *Change: Principles of Problem Formation and Problem Resolution*, New York, W.W. Norton & Co.

WILBER, K. (1997), *Une brève histoire de tout*, Montréal, QC, Éditions de Mortagne.

WILBER, K.H. et C.V. SPETCHT (1994), «Prevalence and predictors of burnout among adult day care providers», *Journal of Applied Gerontology*, 13, 282-298.

WOLFF, T. (1987), «Community Psychology and Empowerment: An Activist's Insights», *American Journal of Community Psychology*, 15 (2), 151-166.

ZIMMERMAN, M.A. (1989), «The relationship between political efficacy and citizen participation: Construct validation studies», *Journal of Personality Assesment*, 53, 554-566.

ZIMMERMAN, M.A. (1990), «Taking Aim in Empowerment Research: On the Distinction between Individual and Psychological Conceptions», *American Journal of Community Psychology*, 18 (1), 169-177.

ZIMMERMAN, M.A. (1990), «Toward a Theory of Learned Hopefulness: A Structural Model Analysis of Participation and Empowerment», *Journal of Research in Personality*, 24, 71-86.

LE POUVOIR D'AGIR (*EMPOWERMENT*) DES PERSONNES ET DES COMMUNAUTÉS :
UNE AUTRE FAÇON D'INTERVENIR

chapitre
3

3

Yann Le Bossé et Francine Dufort
Université Laval

> *There can be no darker or more devastating tragedy*
> *than the death of man's faith in himself*
> *and in his power to direct his future*
> Saul Alinsky

AU cours des dernières décennies, les psychologues communautaires ont beaucoup contribué à la réflexion sur le renouvellement des pratiques sociales (Rappaport, 1977; Levine et Perkins, 1987; Tolan, Keys, Chertok et Jason, 1990). De manière plus ou moins directe, la majorité de ces auteurs ont accordé une grande importance à l'*empowerment* des personnes et des communautés. Au cours des dernières années, les rapports d'interventions et autres initiatives visant explicitement l'*empowerment* des personnes et des communautés ont connu une progression exponentielle (Perkins et Zimmerman, 1995). Mais de quoi s'agit-il exactement? Qu'est-ce que l'*empowerment* des personnes et des communautés? En quoi la poursuite de cet objectif influence-t-elle les pratiques quotidiennes? Dans quelle mesure s'agit-il d'une réelle alternative? Le présent chapitre tente, à l'aide d'exemples concrets, d'apporter des éléments de réponse à ces questions en présentant un ensemble d'éléments qui caractérisent les pratiques fondées sur l'*empowerment* des personnes et des communautés.

1. LES ENJEUX DE LA RELATION D'AIDE

Il nous est tous arrivé de nous sentir dépassés par les événements et d'avoir besoin d'aide. Les ressources que l'on requiert alors peuvent être de nature très variée. Parfois nous avons besoin d'un accompagnement soutenu pendant une période prolongée pour nous aider à remonter la pente (ex.: perte d'un emploi, deuil, décrochage scolaire, situation d'isolement ou de pauvreté qui perdure, etc.). À d'autres moments, nous recherchons plutôt une aide matérielle à court terme (ex. : hébergement temporaire à la suite des dégâts causés par des intempéries) ou encore un soutien dans la réalisation d'une procédure particulière (ex. : terminer les démarches nécessaires pour s'inscrire à un programme). Souvent, il s'agit tout simplement de bénéficier d'une oreille attentive pendant quelques minutes. Il n'est toutefois pas toujours facile de déterminer l'aide dont nous avons besoin. Lorsque les événements se précipitent ou que la situation paraît particulièrement complexe, nous pouvons éprouver beaucoup de difficultés à discerner ce qui doit être fait et dans quel ordre. Face à cette situation, ceux qui veulent nous venir en aide peuvent avoir la tentation de *nous prendre en charge* et de définir pour nous ce dont nous avons le plus besoin. Cette façon de faire peut paraître à la fois plus rapide et plus efficace. S'il part souvent d'une intention généreuse, ce réflexe de prise en charge peut parfois produire des effets contraires à ceux qui sont attendus (ex. : une situation de violence conjugale qui s'amplifie à la suite de notre intervention). Ce souci de prise en charge, qui est particulièrement présent au sein de la profession, consiste justement à offrir de l'aide aux personnes en difficulté. Considérons l'exemple suivant :

Dans un quartier où résident une majorité de familles à faibles revenus, une équipe de CLSC constate que, sur le territoire qu'elle dessert, le pourcentage de bébés de petit poids est nettement supérieur à la moyenne. Or, cette situation peut avoir des conséquences sur l'incidence et la prévalence de maladies infantiles et sur certains problèmes de croissance. Les intervenants décident donc de mettre en place un programme préventif auprès des futures mamans du quartier afin qu'elles puissent bénéficier d'une information de base sur les besoins nutritifs d'une femme enceinte et d'une meilleure alimentation pendant leur grossesse. Après des mois d'efforts pour obtenir le financement nécessaire, l'équipe est enfin en mesure d'offrir ce nouveau service. Or, malgré une importante campagne d'affichage dans les lieux publics et plusieurs démarches d'information dans le quartier, très peu de femmes enceintes répondent à l'appel de l'équipe du CLSC. De plus, il semble que la majorité de celles qui se présentent utilisent les suppléments fournis à leur intention pour nourrir les autres membres de la famille ! Déçus et un peu amers face à ce faible résultat, les intervenants s'interrogent : pourquoi les futures mamans ne profitent-elles pas, ou si mal, de ce nouveau service alors que manifestement elles en ont grandement besoin ?

Toutes les hypothèses sont évoquées. Les futures mamans sont-elles inconscientes du risque qu'elles font courir à leur bébé ? Sont-elles persuadées de s'alimenter suffisamment ? Manquent-elles d'éducation pour comprendre les enjeux qui ont motivé la mise en place du programme ? Les intervenants s'avouent découragés et déçus face au désintérêt manifesté par la clientèle vis-à-vis d'un service dont elle a pourtant besoin et dont l'implantation a nécessité tant d'efforts. L'équipe décide de rencontrer des femmes du quartier pour tenter d'en savoir plus. Une infirmière se rend dans les haltes-garderies et les cuisines collectives du quartier pour s'entretenir ouvertement avec les mamans. Ces conversations s'avèrent instructives et déterminantes. En fait, les mamans ont une raison toute simple pour expliquer l'absence de popularité du nouveau service : *ce n'est pas de cela que les femmes enceintes du quartier estiment avoir en priorité besoin.* Dans ce quartier, les conditions de vie sont particulièrement difficiles ; chacune lutte pour garantir le minimum aux siens. Pour certaines d'entre elles, le simple fait de préparer trois repas par jour est un exploit quotidien. Un grand nombre de futures mamans ont d'autres enfants et assument également l'entière responsabilité de leur famille. Leurs besoins sont donc plus immédiats et plus urgents que la question d'une alimentation saine et équilibrée. Par ailleurs, pour beaucoup de mamans, le fait de devoir recourir à une mesure de soutien alimentaire est ressenti comme une atteinte à leur dignité.

Cet encadré[1] permet de mettre en évidence certains éléments qui contribuent à créer des difficultés récurrentes dans la façon dont on vient en aide aux personnes[2] concernées[3] par une situation difficile. Tout d'abord, remarquons que les intervenants sont

---

1. Bien que fictive, cette histoire est inspirée de situations réelles et fréquentes rapportées par des intervenants.
2. L'expression «personnes» doit être entendue ici comme un terme générique qui s'applique selon les contextes à des individus pris séparément, ainsi qu'à ceux qui agissent à titre de représentants d'une organisation ou d'une communauté. Rappelons que l'unité d'analyse de la psychologie communautaire est «la personne en transaction avec son environnement». Ainsi, si le niveau de l'intervention peut varier grandement (accompagnement personnel, de groupe, organisationnel ou communautaire), l'objectif du changement est toujours incarné par des individus particuliers aux prises avec une situation ou un événement précis. Il s'ensuit que le psychologue communautaire travaille en permanence avec des personnes spécifiques même si celles-ci représentent des entités plus abstraites.
3. Dans ce texte, l'expression «personnes concernées» réfère exclusivement aux individus qui doivent personnellement composer avec la situation à l'étude. Cela, de façon à bien établir la distinction entre les personnes qui, pour une raison ou pour une autre (ex. : mandat professionnel, vocation religieuse, volonté politique,

des professionnels de la santé et que c'est à ce titre qu'ils se préoccupent du taux anormalement élevé de nouveau-nés de petit poids dans le quartier. Pour eux, il s'agit d'un problème de santé publique à moyen terme que l'on doit tenter de prévenir maintenant. Pour les futures mamans, la question du risque éventuel que leur alimentation fait peser sur leur enfant à naître semble un problème moins immédiat (bien que réel) en comparaison des difficultés quotidiennes et concrètes auxquelles elles doivent faire face. Il y a donc, dès le départ, une différence de perspective qui conduit à accorder des priorités différentes à la même réalité (le petit poids des nouveau-nés[4]). Or, comme ce sont les intervenants qui ont accès aux ressources (fonds pour mettre des programmes en place), il est probable que c'est leur point de vue qui risque tout d'abord de prévaloir *à moins que ces professionnels aient un souci constant de prendre en compte le point de vue des personnes concernées*. En l'absence d'une telle démarche, on risque de se retrouver devant la situation décrite plus haut. Breton (1994a) parle de « monopolisations professionnelles » pour décrire cette tendance à définir un problème du seul point de vue des professionnels chargés de le résoudre.

Par ailleurs, l'histoire de cette équipe de CLSC illustre également un autre phénomène bien connu des analystes des pratiques sociales. Devant l'échec manifeste de leurs initiatives, les intervenants peuvent être tentés de blâmer les futures mamans pour leur « manque de responsabilité » vis-à-vis de l'enfant qu'elles portent. La frustration vécue par l'intervenant face à son incapacité à remplir son mandat tel qu'il le conçoit peut l'amener à reprocher à la personne visée par son action d'être en partie, ou en totalité, responsable de cet échec. Rappelons que ce phénomène de culpabilisation des personnes concernées est connu sous le nom de « double victimisation » et a été clairement mentionné par de nombreux auteurs depuis les vingt dernières années

---

désir de solidarité, etc.), désirent contribuer à la résolution de la situation qui fait problème et celles qui l'expérimentent quotidiennement. Cette distinction sémantique a une fonction essentiellement opératoire. Elle vise avant tout à souligner le rôle central de « l'expertise expérientielle » (voir plus loin dans le texte) dans la compréhension de la situation à l'étude et dans la mise au point des solutions envisageables. Cela n'exclut donc pas l'hypothèse que des personnes qui ne sont pas aux prises avec la situation puissent se sentir également très « concernées » par le changement et s'y engagent activement.

4. On pourrait étendre cette analyse des points de vue des différents acteurs en incluant les bailleurs de fonds qui financent les services de santé offerts à la population (ici le gouvernement). Pour ce dernier, la question des bébés de petit poids est également un problème de coût des services de santé à la population.

(Ryan, 1971; Rappaport, 1977; Guienne, 1990; Jamet, 1995; Kanungo, 1992; Kelly, 1989). La notion de « double victimisation » renvoie aux situations dans lesquelles les personnes concernées doivent faire face à une forme plus ou moins ouverte d'hostilité de la part des professionnels chargés de les aider en plus d'être aux prises avec les difficultés propres à leur situation. Dans notre exemple, l'équipe de professionnels cherche, pendant un moment, une explication de type « double victimisation » pour comprendre son échec. Le bien-fondé de leur initiative *du point de vue de la santé de la population* ainsi que les efforts qui ont été nécessaires pour la mettre en place ne les conduisent pas spontanément à remettre en cause leur propre conception du problème. Aussi s'interrogent-ils sur d'éventuelles carences (éducation, conscience des enjeux, etc.) chez les futures mamans. Ce réflexe de mise en cause de la « volonté de s'en sortir » chez les personnes aidées est connu dans tous les domaines d'intervention sociale, qu'il s'agisse des femmes violentées (Bograd, 1982; Kurz et Stark, 1988), des chômeurs de longue durée (Castel, 1994; Jamet, 1995) ou des mères célibataires (Mead, 1990; Ozawa, 1994). Outre les souffrances supplémentaires que cette attitude peut entraîner pour les personnes concernées, une telle démarche de double victimisation constitue une impasse du point de vue de l'intervention (Bernstein, Wallerstein, Braithwaite, Gutiérrez, Labonté et Simmerman, 1994; Breton, 1994a; Rappaport, 1977).

Si, dans l'exemple exposé ci-dessus, nous analysons la situation des futures mamans sous l'angle unique de leurs comportements alimentaires, nous ne pouvons que souligner la nécessité d'une intervention extérieure susceptible de modifier ces comportements. Pourtant, une proportion des futures mamans en question sont également celles qui se réunissent pour cuisiner ensemble et exercer un meilleur contrôle sur le rapport qualité-prix des repas familiaux. Ce sont également elles qui, jour après jour, s'assurent de répondre aux besoins de tous les membres de la famille malgré les difficiles conditions de vie auxquelles elles sont exposées. Il y a là un bassin de compétences qui témoigne de l'habileté de ces mamans à assumer des défis qui dépassent largement la simple question de la saine alimentation.

Dès lors, nous pouvons nous demander pourquoi ces mêmes personnes deviendraient incompétentes dès qu'il s'agirait de veiller à la qualité de leur alimentation lorsqu'elles sont enceintes ? Manifestement, réduire la question de la saine alimentation de la mère à une question de comportements ne permet pas d'appréhender la réalité de ces mamans dans sa globalité. En plus de constituer une solution très onéreuse, il devient donc fort probable que la mise en place d'un programme sophistiqué et le recours à des spécialistes ne permettront pas d'atteindre les objectifs que les intervenants se sont fixés. Comme l'équipe du CLSC est parvenue à le faire, il est nécessaire de dépasser ce premier niveau d'explication pour s'ouvrir au point de vue des personnes concernées. En plus de permettre une définition plus précise du problème lui-même, il est possible de bâtir des solutions en tenant compte principalement des forces des personnes plutôt qu'en se concentrant sur ce que l'on considère comme des carences. Dans notre exemple, il est probable que la prise en compte des préoccupations des mamans (ex. : l'alimentation de *toute* leur famille, les heures de répit, etc.) et la mise en place de solutions fondées sur leurs compétences (ex. : sens de l'économie, connaissance des préférences alimentaires des enfants, leadership dans l'organisation des fêtes traditionnelles, etc.) permettraient aux intervenants de traiter plus efficacement la question de la malnutrition des futures mères.

Par ailleurs, une définition de l'intervention exclusivement centrée sur le changement de comportement peut avoir d'autres effets néfastes sur les personnes que l'on cherche à aider. Ainsi, dans notre exemple, on voit que les intervenants ont spontanément adopté une définition de la solution à la malnutrition des mamans en termes strictement individuels. Leur raisonnement correspond, à peu près, à celui-ci : « Pour que les nouveau-nés naissent en meilleure santé, il faut que les futures mamans prennent des suppléments alimentaires et apprennent à mieux équilibrer leur alimentation ». Bien qu'elle soit tout à fait logique, cette définition de la solution ne prend pas en compte les caractéristiques contextuelles (ex. : coût élevé des légumes en hiver), culturelles (ex. : traditions culinaires) et structurelles (ex. : conditions de logement, faible source de revenus, etc.) qui ont contribué à l'émergence du problème. Une définition plus complète de la solution devrait donc comporter des éléments comme « travailler à l'amélioration des conditions de logement des futures mamans » ou encore « favoriser le développement de coopératives d'achats pour permettre l'accès à des produits sains à meilleur marché », ou, enfin, « favoriser les contacts entre les mères afin qu'entraide et soutien soient renforcés ». Une telle omission a pour conséquence directe de faire reporter les efforts de changement *sur les seules épaules des futures mamans*.

Or, même si toutes ces mamans adoptaient la conception que les intervenants ont du problème[il est très probable qu'en raison des difficultés structurelles (c'est-à-dire les conditions d'accès au logement, à la nourriture, à une source de revenus adéquate, etc.) mentionnées plus haut elles seraient rapidement aux prises avec leur incapacité de modifier unilatéralement leur alimentation sur une base permanente.)Nous nous retrouverions alors dans une situation où la responsabilité de l'échec serait d'autant plus forte-ment attribuée aux mamans que nous aurions misé exclusive-ment sur elles pour produire le changement désiré. Pour reprendre une analogie proposée par Ninacs (1995), s'il est vrai qu'il vaut mieux qu'une personne apprenne à pêcher plutôt que de recevoir un poisson (priorité mise sur le changement indivi-duel), il faut également s'assurer que l'eau du fleuve n'est pas pol-luée ou que tous les poissons disponibles n'ont pas déjà été pêchés ! (prise en compte des conditions structurelles).

Enfin, le fait que les mamans ressentent la mesure de soutien alimentaire comme une atteinte à leur dignité constitue éga-lement un point important à prendre en considération. Lorsque nous faisons face à des conditions de vie difficiles, la confiance en nos habiletés personnelles constitue un élément essentiel pour parvenir à surmonter les difficultés quotidiennes (Bandura, 1997 ; Bernstein *et al.*, 1994 ; Breton, 1994b ; Gutiérrez, 1994 ; Lord, 1991 ; McWhirter, 1994). Or, pour ces mamans, le fait d'être l'objet d'une mesure de soutien alimentaire peut être vécu comme une signification de leur incapacité à prendre soin de leur futur bébé. Si, comme c'est souvent le cas, leur rôle de maman est un des seuls rôles dans lequel elles retirent un peu de confiance person-nelle, on comprend que ces mères (qui, dans le jargon de la santé publique, sont qualifiées de « mères à risque ») ne montrent pas un grand enthousiasme vis-à-vis du programme mis en place par le CLSC !

De plus, sans forcément avoir été pensé de cette manière, le programme proposé par l'équipe d'intervenants (c'est-à-dire la fourniture de suppléments alimentaires et des séances d'informa-tion) a objectivement pour effet de transformer ces mamans actives en bénéficiaires passives d'une mesure destinée à pallier l'insuffisance de leur nutrition. Cette solution ne requérant aucune de leurs compétences, il leur est donc impossible de con-tribuer activement à la solution. Nous sommes ici en présence d'un modèle de pratique sociale de type « médical classique » (Michlitsch et Frankel, 1989 ; Weick, 1983) qui n'attribue aucun rôle à la personne concernée dans la définition de ce qui fait problème et dans la mise au point des solutions. Dans ce modèle, c'est uniquement l'intervenant qui est présumé posséder l'expertise nécessaire pour déterminer la nature du problème et le traitement qu'il convient d'appliquer. Dans le champ des pratiques sociales, il est dorénavant établi qu'un tel modèle contribue à affaiblir les personnes concernées plutôt qu'à les soutenir (Banyard et Graham-Bermann, 1995; Church, 1996; Dunst, 1996; Lord et Dufort, 1996; McWhirter, 1994; Perkins, 1995; Servian, 1996). En reléguant les personnes concernées au rang de simples exécutantes, ce type d'intervention traite les bénéficiaires des services comme des individus dépossédés de toute compétence potentielle dans la prise en charge de leur réalité. C'est essentiellement dans cette dépossession systématique de leur *pouvoir d'agir et de réfléchir* que les personnes concernées peuvent percevoir une atteinte directe à leur dignité (Bond, Belenky, Weinstock et Cook Monsey, 1992; Melville-Whyte, 1996; Wilson, 1996).

En résumé, l'exemple d'intervention que nous venons d'étudier nous permet d'effectuer un certain nombre de constats en ce qui concerne les difficultés inhérentes à un grand nombre de pratiques sociales actuelles. Il s'agit de la tendance à :

- définir le changement à partir du seul point de vue des intervenants;
- attribuer la responsabilité de l'échec de l'intervention aux personnes aidées;
- mettre l'accent sur les carences plutôt que sur les forces et les compétences;
- ramener la question des changements sociaux complexes à la seule question des modifications de comportements;
- développer des interventions centrées sur les carences qui n'attribuent qu'un rôle très passif aux personnes aidées.

Ces difficultés ne sont pas nouvelles. Elles ont été mises en évidence par de nombreux auteurs et ont suscité le développement de plusieurs courants de pratiques alternatives (Altman, 1987; Fleras, 1995; Guienne, 1990; Lee, 1994; McWhirter, 1991; Ryan, 1971; Sarason, 1981; Simon, 1994; Smead, 1982; Weick, 1983), notamment en psychologie communautaire (Bennett *et al.*, 1966; Davidson, 1981; Kelly, 1987; Klein, 1987; Walsh, 1987) et renvoient au premier chapitre du présent ouvrage.

Parmi les propositions mises de l'avant en matière de pratiques sociales novatrices, l'intervention centrée sur le développement de l'*empowerment* des personnes et des communautés est progressivement apparue comme une des approches les plus pertinentes (Newbrought, 1992). Sans être réellement nouvelle (Alinsky, 1946, 1971 ; Solomon, 1976), l'application de la notion d'*empowerment* au champ des pratiques sociales a connu un regain d'intérêt dans le courant des années 1980. Cette popularité croissante s'est manifestée notamment par la progression exponentielle du nombre de publications disponibles sur ce sujet (Perkins et Zimmerman, 1995).

En quoi la notion d'*empowerment* apparaît-elle si pertinente ? Quelles sont les prémisses théoriques qui justifient le développement d'un modèle de pratique fondé sur cette notion ? Quelles sont les particularités d'une telle approche ? Existe-t-il des preuves de son efficacité ? Quels sont les enseignements à tirer des connaissances acquises à ce jour sur ce type de pratique ? Le présent chapitre tente d'apporter des éléments de réponse à l'ensemble de ces questions.

2. DE L'*EMPOWERMENT* AU POUVOIR D'AGIR

Dans la langue anglaise, le mot *empowerment* est un terme commun qui peut être employé dans de multiples contextes pour signifier un gain de pouvoir. D'un point de vue linguistique, cette expression peut être décomposée en trois éléments. Le premier est le radical *power* qui signifie « pouvoir » en anglais. Le second est le préfixe *em* qui, ajouté au radical *power*, exprime un mouvement d'accession au pouvoir. L'association de ces deux éléments forme le verbe *empower* qui désigne généralement une augmentation d'une forme ou l'autre de pouvoir. Le dernier élément est le suffixe « ment » qui suggère la présence d'un résultat tangible lié à l'augmentation du pouvoir. Dans un premier temps, l'*empowerment* peut donc être compris comme un mouvement (processus) général d'acquisition de pouvoir en vue d'atteindre un objectif précis. Toutefois, le caractère particulièrement large d'une telle définition n'est pas sans poser problème lorsqu'on tente de circonscrire plus rigoureusement les réalités auxquelles ce terme renvoie (Swift et Levin, 1987).

En fait, l'examen des définitions de l'*empowerment* disponibles dans la littérature nous montre que cette expression est utilisée très différemment selon les contextes dans lesquels on l'applique et les préoccupations particulières des auteurs qui s'y intéressent (Le Bossé et Lavallée, 1993). Par exemple, si on applique l'idée d'acquisition générale d'un pouvoir dans le contexte des entreprises, on comprend que l'expression *empowerment* puisse être principalement utilisée pour désigner le transfert d'un certain nombre de prérogatives aux cadres de l'entreprise (Argyris, 1998; Byham, 1990). De la même manière, il est logique que cette notion soit associée à un plus grand pouvoir d'influence lorsqu'elle est utilisée dans le domaine politique (Friedmann, 1992). Il est donc important de bien clarifier le contexte dans lequel on se situe lorsqu'on cherche à définir le sens précis que l'on donne à l'expression *empowerment*. Étant donné que notre propos porte sur les modalités d'une intervention centrée sur l'*empowerment* des personnes et des collectivités, nous pouvons circonscrire notre contexte d'étude au champ déjà très vaste des pratiques sociales.

Dans le contexte des pratiques sociales, l'utilisation de ce terme est généralement associée à un pouvoir instrumental personnel et collectif qui vise à exercer un plus grand contrôle sur sa réalité (ex.: accès aux ressources, participation aux décisions, etc.). En ce sens, il s'agit d'un pouvoir distinct du pouvoir « sur les autres » ou du pouvoir « sur soi » (Russ, 1994). L'*empowerment* est en quelque sorte une tentative d'élargir le champ des actions possibles tant du point de vue des ressources personnelles (ex.: habiletés à la communication, leadership) que de celles de l'environnement (ex.: accès à des services adéquats, à un logement convenable). C'est donc d'un *pouvoir d'agir* qu'il s'agit, d'un pouvoir d'amorcer le changement souhaité ou d'y contribuer (Watson, 1992). Le développement de ce pouvoir repose sur une démarche qui intègre de manière constante l'action et la réflexion dans une logique qui s'apparente à bien des égards au processus de conscientisation tel qu'il est défini par Paolo Freire (1977). Bien qu'il existe de nombreuses autres traductions du terme *empowerment*, nous leur préférons celle de « pouvoir d'agir » qui a le mérite de bien spécifier l'objet de notre étude (le changement par l'action et la réflexion) ainsi que sa nature fondamentale (le pouvoir). Cette traduction offre de plus l'avantage d'inclure le sens populaire attaché à cette expression sans pour autant s'y limiter. À partir de maintenant, nous utiliserons donc l'expression « pouvoir d'agir » en lieu et place du terme *empowerment*.

3. POUVOIR D'AGIR ET PRATIQUES SOCIALES

Dans le contexte des pratiques sociales, le terme «pouvoir d'agir» fait référence à la possibilité pour les personnes de mieux «contrôler leur vie» (Rappaport, 1987) ou de devenir «les agents de leur propre destinée» (Breton, 1989). De façon plus précise, nous pouvons définir le pouvoir d'agir comme un processus caractérisé par l'exercice d'un plus grand contrôle sur l'atteinte d'objectifs importants pour une personne, une organisation ou une communauté (Rappaport, 1987). Par un effet d'inclusion, le même terme désigne également le produit de ce processus (c'est-à-dire le passage d'un niveau de contrôle «X» à un niveau plus élevé) (Zimmerman, 1990). L'exercice du contrôle se traduit concrètement par la capacité à produire et à réguler les événements de sa vie (Gutiérrez, 1994). Cette définition du pouvoir d'agir repose sur deux éléments distincts qui sont abordés dans les deux sections suivantes : **la cible** du changement (ce qui est important pour les personnes ou les communautés) et **le moyen** de production de ce changement (l'acquisition d'un plus grand contrôle).

3.1 Une définition consensuelle de la cible du changement[5]

Qui détermine qu'une situation pose problème et pourquoi ? Dans le domaine des pratiques sociales, il est fréquent que la réponse à ces questions soit relativement complexe (Lesemann, 1988). En effet, le processus de définition de la cible d'un changement est généralement le produit de multiples tractations entre des bailleurs de fonds potentiels[6], des intervenants locaux désireux de venir en aide à une partie de la population[7], et un

---

5. L'expression «cible du changement» fait référence à l'objet ou à la partie de la réalité que l'on souhaite modifier.
6. Il peut s'agir de fondations, d'organismes publics ou parapublics ou encore plus directement des hauts fonctionnaires du gouvernement.
7. Par exemple, des acteurs locaux soucieux de renforcer l'activité socio-économique de leur région qui décident de créer une entreprise d'insertion pour intégrer les demandeurs d'emploi d'une région éloignée : D. Julien, M. Duval et J.C. Guérard (1995), «Défi-Autonomie d'Antoine Labelle», dans *Jeunes adultes et précarité : contraintes et alternatives. Actes du colloque*, Québec, gouvernement du Québec, Conseil permanent de la jeunesse, p. 125-133.

ensemble d'acteurs plus ou moins directement concernés par le changement projeté[8] (Bernstein *et al.*, 1994 ; Perret, 1994 ; Plough et Olafson, 1994). Il arrive également qu'un gouvernement choisisse d'agir unilatéralement auprès d'une catégorie de la population (ex. : les jeunes femmes monoparentales) au nom de ses priorités économiques ou politiques (Dechêne, 1994 ; Mead, 1990). Toutefois, dans les pratiques traditionnelles, il est rare que les personnes concernées au premier chef par le changement soient réellement partie prenante à la définition de la cible de l'intervention (Altman et Rogoff, 1987 ; Michlitsch et Frankel, 1989). Au contraire, l'adoption d'une perspective centrée sur le pouvoir d'agir part du principe selon lequel *les personnes aux prises avec un problème sont les mieux placées pour définir la nature de leurs besoins et des solutions compatibles avec leur situation* (Bernstein *et al.*, 1994). Si une telle affirmation n'exclut en rien la contribution des professionnels ou des bailleurs de fonds, elle souligne de façon non équivoque que le point de vue des personnes concernées doit être systématiquement pris en compte. En fait, l'adoption du principe énoncé ci-dessus revient à attribuer une *expertise expérientielle* aux personnes visées par les changements. Les difficultés relevées au cours des dernières décennies nous ont appris que ce type d'expertise est essentiel au succès d'une intervention (Berkowitz, 1990 ; McWhirter, 1994 ; Riessman, 1990 ; Wallerstein, 1993 ; Wilson, 1996). L'expertise qui provient de l'expérience personnelle vient s'ajouter à l'expertise professionnelle pour permettre une prise en compte de l'ensemble des éléments de la situation qui suscite le changement.

Par ailleurs, le fait de donner la parole aux personnes aidées constitue une façon efficace de préserver leur dignité en les considérant *de facto* comme des partenaires à part entière (Bond *et al.*, 1992 ; Breton, 1994b ; Mullender et Ward, 1994). C'est dans cette possibilité de nommer leur expérience que les personnes que l'on souhaite aider trouvent une première occasion d'exercer un réel pouvoir (Church, 1996 ; Lord et Dufort, 1996). Quel rôle exact ces personnes doivent-elles avoir dans le choix définitif de la cible ? Les avis sont partagés sur ce sujet, et les différences observées sont essentiellement fonction des possibilités de contribution offertes aux personnes visées par le changement (Fortin *et al.*, 1992 ; Plough et Olafson, 1994 ; Schalff, 1991). Il semble que l'inté-

---

8. Par exemple, des commerçants sollicités pour contribuer à la promotion du bien-être des enfants de 0 à 3 ans dans un quartier défavorisé (Bouchard, 1995).

gration des personnes concernées dans les processus décisionnels soulève moins de difficultés au sein d'une démarche locale que dans le contexte de l'application d'une loi ou d'un programme gouvernemental (Guldan, 1996; Keller, 1996; Labonté, 1994; O'Neil, 1992). On peut toutefois avancer que, quelles que soient l'intensité et la formalisation du processus de concertation, il est essentiel que la cible du changement reflète explicitement les préoccupations des personnes concernées.

3.2 L'acquisition d'un plus grand contrôle comme outil de changement

Une fois que la cible du changement fait consensus, il convient de déterminer les moyens d'action à privilégier. Doit-on développer un programme applicable à tous? Est-il préférable d'agir au cas par cas? Quels sont les critères qui doivent servir à privilégier une forme d'intervention plutôt qu'une autre? Pour l'essentiel, la réponse à ces questions dépend de la manière dont nous avons défini le problème, de l'efficacité attribuée à telle ou telle méthode, des ressources ainsi que des compétences disponibles (Bernstein *et al.*, 1994; Lesemann, 1988; Robertson et Minkler, 1994). Une démarche consensuelle de définition de la cible de changement constitue un premier atout pour garantir un choix judicieux des moyens d'action. Toutefois, cette première condition est loin d'être suffisante. Bien que chacun de ces facteurs contribue au choix des moyens d'action, c'est la question de la disponibilité des ressources et des expertises qui influence le plus fortement la sélection des méthodes d'intervention (Eme, 1995; Renaud, 1995). Comment répondre aux besoins de la population à un moindre coût? Cette question de ressources conduit parfois à adopter des politiques sociales sur la seule base du rapport coût/bénéfice (Dechêne, 1994; Gueron et Pauly, 1991; Mead, 1990), et ce, à l'encontre de toute logique de recherche d'une efficacité concrète pour les personnes concernées (Hardina, 1994; Gowdy et Pealmutter, 1993). Dans ce cas de figure, le point de vue des partenaires, autres que les bailleurs de fonds, devient moins déterminant quand vient le temps de retenir le modèle d'intervention à privilégier.

D'un autre côté, il peut paraître vain d'élaborer des stratégies de changement complexes si on ne dispose pas des ressources pour les réaliser. N'est-il pas préférable de faire pour le mieux avec les moyens du bord plutôt que de rester les bras croisés ? La réponse à cette question ne peut qu'être affirmative *si nous restons dans une logique qui attribue l'essentiel de la responsabilité du changement aux professionnels* (Michlitsch et Frankel, 1989). Cette logique de la professionnalisation des pratiques sociales est issue de la laïcisation des sociétés occidentales (Mercier-Josa, 1986). Le retrait des institutions religieuses des activités caritatives a favorisé l'essor d'un important contingent de professionnels de l'aide sociale. C'est particulièrement pendant les années de forte croissance économique qui ont suivi la Deuxième Guerre mondiale que s'est implanté le principe de l'État-providence, pourvoyeur de services sociaux de plus en plus étendus (Riessman, 1990). Depuis le premier choc pétrolier de 1974, la rareté croissante des ressources publiques a forcé la rupture avec l'accroissement exponentiel des services (Lesemann, 1988 ; Vaillancourt, 1993). On s'est alors retrouvé devant une situation paradoxale très bien illustrée par cette citation de Sarason (1976) :

> J'ai été amené à comprendre que tout ce que les professionnels réussissent avec la meilleure volonté du monde, c'est de définir un problème de telle sorte que sa solution nécessite uniquement le recours à des professionnels, ce qui (étant donné le manque patent de ressources) rend le problème insoluble (p. 324, notre traduction).

Cette monopolisation professionnelle du changement n'est pas simplement onéreuse, elle comporte également un caractère technocratique et dominateur qui a été décrié depuis plusieurs décennies (Alinsky, 1971 ; Breton, 1994a ; Berkowitz, 1990 ; Freire, 1977 ; Ryan, 1971 ; Sarason, 1976 ; Simon, 1994). Il est donc nécessaire de procéder à une véritable remise en cause des pratiques professionnelles antérieures et non de se contenter de trouver des manières moins coûteuses de continuer à intervenir de la même manière (Perkins, 1995). En fait, la question du coût du changement social ne peut être séparée de celle de ses méthodes et de sa finalité. Si ce type de pratique sociale coûte trop cher, son coût le plus important se situe peut-être davantage dans les impasses et les souffrances qu'elle engendre que dans les investissements économiques qu'elle exige (Benoît, 1995 ; Corin, Rodriguez Del Barrio et Guay, 1996 ; Ozawa, 1994 ; Passal, 1995).

Du point de vue du pouvoir d'agir, il paraît à la fois plus pertinent et moins dommageable de faire en sorte que les personnes visées par le changement soient également celles qui le conduisent ou qui le guident. Dès lors, l'objectif général de l'intervention n'est plus de réaliser le changement mais de *soutenir les acteurs du changement* que sont les personnes concernées (Hildebrant, 1996). L'objectif spécifique de ce soutien est de contribuer à augmenter la capacité de ces personnes à *exercer plus de contrôle* sur des buts qui reflètent leurs préoccupations. Le moyen d'action principal de l'intervenant consiste à fournir les ressources ou à en faciliter l'accès. Étant donné que la question du pouvoir d'agir des personnes et des communautés se manifeste toujours de manière concrète et contextualisée (Swift et Levin, 1987), le soutien requis peut prendre des formes très variées. Il peut donc s'agir autant d'accompagner un individu à l'aide d'un suivi personnalisé (McWhirter, 1994), de soutenir les initiatives d'un groupe autogéré (Breton, 1994a ; Mullender et Ward, 1994), d'appuyer la démarche de revendication d'un groupe de parents d'élèves (Delgado-Gaetan, 1991), de contribuer à faire modifier certains modes de distribution des services (Keller, 1996) ou même de participer à la mise sur pied de groupes de pression destinés à influencer l'élaboration d'une politique sociale particulière (Hildebrant, 1996 ; Prilleltensky, 1994 ; Wolf, 1997). En fait, les champs d'action de l'intervenant centré sur le pouvoir d'agir sont potentiellement aussi variés que les contextes dans lesquels il agit. Toutefois, c'est surtout à titre d'agent multiplicateur qu'il intervient (Perkins, 1995). Il est multiplicateur dans la mesure où il facilite l'accès à des ressources nouvelles ou existantes. Il l'est également lorsqu'il réunit autour d'une même table des personnes aux prises avec une réalité commune[9]. Enfin, parce qu'il joue un rôle important dans la diffusion et la structuration des informations pertinentes au bon déroulement de l'action, l'intervenant centré sur le pouvoir d'agir devient un multiplicateur de l'efficacité des acteurs. Le soutien psychologique, logistique et informationnel qu'il procure crée les conditions pour que s'actualisent les compétences de ceux qui sont les véritables porteurs du changement (Biarnès, 1998). L'exemple suivant constitue une bonne illustration d'une intervention centrée sur le pouvoir d'agir.

---

9. Par exemple, lorsqu'on parvient à faire en sorte que les détenteurs de ressources d'une même localité mettent en commun leurs biens et services pour maximiser leurs utilisations (Paquin, 1999). *Qu'est-ce qui se passe à Wentworth-Nord ?*, vidéocassette réalisée pour le compte de la Régie régionale de la santé et des services sociaux des Laurentides.

Dans le contexte d'une recherche-action[10] (Hildebrant, 1996[11]), une intervenante prend contact avec les représentants d'une cité noire (township) en Afrique du Sud dans le but de contribuer à l'amélioration de la santé générale de la population qui y réside. Après plusieurs mois de discussions avec les représentants de cette cité, on parvient à s'entendre sur une première cible d'intervention : faire une étude des besoins de la population en matière de santé. Il est également entendu que la collecte des données sera réalisée par les résidants eux-mêmes avec le soutien technique nécessaire. L'enquête révèle que les résidants de cette cité partagent une tradition d'entraide entre les générations et manifestent un souci constant d'amélioration de leurs conditions de vie. Elle montre également qu'ils font face à un sous-développement économique et éducationnel important envers lequel ils ont développé un profond sentiment d'impuissance et un système de croyances qui les porte à sous-estimer les possibilités de changement. Sur le plan de la communauté globale, on observe un intérêt manifeste des autorités locales en faveur du changement en général ainsi qu'une tradition de soutien local aux initiatives communautaires. Par contre, les professionnels de la santé et les autres intervenants locaux disposent de peu d'autonomie et leur pratique n'est pas soutenue par une philosophie de développement commune. On constate également un manque patent de ressources, l'existence d'un système politique répressif qui contribue au maintien d'un climat politique très instable. L'ensemble des résultats de l'enquête est présenté à la population lors de forums ouverts organisés par les autorités locales. Au début, cette forme d'échange suscite des résistances de la part des résidants qui ne sont pas habitués à ce qu'on les consulte avant de déterminer les services qui peuvent être implantés. Néanmoins, cette analyse collective finit par porter des fruits puisque quatre cibles prioritaires de changement font consensus. Toutefois, étant donné l'analyse des forces et des obstacles en présence, un certain nombre de critères doivent être retenus pour définir les moyens d'action compatibles avec ce milieu. Ainsi, il apparaît que les activités qui seront mises en place devront permettre aux résidants :

---

10. Une recherche-action se distingue d'une recherche traditionnelle en ce qu'elle est à la fois la source et l'outil d'analyse du changement. Les chercheurs choisissent d'intervenir sur une réalité au moyen d'une stratégie de changement théoriquement et méthodologiquement fondée. Dans le même temps, toutes les observations reliées à l'implantation de ce changement sont rigoureusement répertoriées, analysées et communiquées (Maisonneuve, 1993).

11. Le résumé proposé ici ne constitue qu'une présentation sommaire de l'étude dirigée par Hildebrant (1996).

- d'y participer dans le respect de leur système de croyances ;
- de les juger acceptables aux yeux de leurs pairs et de la communauté ;
- de les réaliser avec un minimum de temps et d'investissement personnel ;
- d'y trouver une motivation personnelle.

Sur le plan de la communauté, ces activités doivent également :
- nécessiter un minimum de ressources pour être mises en place ;
- être faciles à maintenir et à gérer de façon autonome ;
- ne pas exiger d'expertises externes pour leur bon fonctionnement ;
- obtenir aisément l'appui des autorités locales.

La question de la malnutrition est une des cibles de changement retenue. Selon les infirmières de la communauté, les résidants manquent totalement d'information concernant la valeur nutritive des aliments à leur disposition. Cette situation contribue à augmenter la malnutrition engendrée par la pauvreté des familles. L'organisation des soins de santé de la communauté étant sous la responsabilité exclusive des infirmières blanches, il faut tout d'abord obtenir de celles-ci que les infirmières noires issues de la cité soient engagées dès le départ dans la planification de l'intervention. Des résidants de la cité sont également intégrés dans les groupes de travail chargés de la préparation de l'intervention. Dans un premier temps, l'intervention consiste à organiser plusieurs petits événements publics au cours desquels un spécialiste en nutrition prépare un repas à partir d'ingrédients aisément disponibles et peu onéreux. Par la suite, une personne de la communauté est formée et rétribuée pour organiser ce type de rencontre sur une base régulière dans l'ensemble de la cité. Trois autres programmes touchant à la culture potagère, à l'évaluation de la santé de la population et à l'analphabétisme sont mis au point selon un procédé similaire. Progressivement, tous ces programmes sont pris en charge par des membres de la cité.

4. ORIENTATIONS D'UNE PRATIQUE CENTRÉE SUR LE POUVOIR D'AGIR

L'intervention menée par Hildebrant (1996) permet d'illustrer concrètement plusieurs des orientations théoriques de la pratique centrée sur le pouvoir d'agir.

4.1 Une démarche d'intervention qui prend le temps nécessaire au succès de son implantation

Dans la situation présentée ici, nous constatons que l'intervenante *prend le temps* nécessaire à l'engagement des personnes concernées. Cela, autant en ce qui a trait à la définition de la cible du changement qu'à la mise en œuvre des moyens d'action. À première vue, ce type d'implantation progressive peut sembler nuire à l'efficacité d'une intervention. Toutefois, une telle approche offre l'immense avantage de créer les conditions d'un réel enracinement du changement. En effet, nombreux sont les auteurs qui ont mis en évidence le caractère éphémère des changements produits par des programmes coûteux en raison de cette absence d'enracinement (Casey Foundation, 1991; Hildebrant, 1996; Kretzmann et McKnight, 1993; Millet, 1996). Plus que par une différence dans la durée de l'intervention, c'est par le rythme de l'implantation que se distinguent les interventions comme celles menées par Hildebrant (1996). De plus, comme le souligne très bien Biarnès (1998), il vaut mieux prendre le temps de créer les conditions d'un changement effectif plutôt que de prendre le risque d'imposer un échec supplémentaire aux personnes concernées.

4.2 Une intervention fondée sur le partage du pouvoir et des expertises

La négociation qui s'enclenche dès les premiers contacts entre l'intervenante et les représentants de la communauté n'est pas factice. Si la chercheuse a bien un objectif général de changement en tête (l'amélioration de la santé globale de la population de cette communauté), il lui faut convaincre et accepter que son projet initial puisse être modifié de façon notable. Même s'ils n'ont aucune connaissance en matière de santé, ses interlocuteurs sont des experts de leur milieu. Ils possèdent ce que Biarnès (1998) appelle une « culture d'expérience » qui est indispensable à la réalisation du changement (Casey Foundation, 1991; Millet, 1996). Il faut donc négocier concrètement pour que les deux volontés de changement en présence s'harmonisent autour d'un projet commun. Cette négociation doit être clairement différenciée des démarches de consultation que l'on entreprend parfois avant d'implanter un service à la population. Lorsqu'un organisme ou un intervenant décide de prendre en compte le point de vue des futurs usagers, cela n'implique aucun partage effectif du pouvoir de définition et de réalisation du changement. Les professionnels restent les seuls porteurs du changement et les personnes concernées continuent d'être cantonnées dans le rôle passif de «bénéficiaires». Au contraire, la démarche entreprise par Hildebrant (1996) implique un réel partage des pouvoirs *à toutes les étapes de l'intervention* (Mason et Boutilier, 1996). Toutes les initiatives entreprises sont le fruit d'une coopération soutenue avec les divers interlocuteurs. À toutes les étapes de l'action, on prend soin d'associer les intervenants et les résidants locaux les mieux placés pour contribuer au changement visé.

4.3 Une intervention adaptée aux conditions de collaboration des personnes concernées

La faisabilité d'une démarche centrée sur le pouvoir d'agir repose en bonne partie sur la contribution active et continue des personnes concernées. Toutefois, on peut douter que les personnes que l'on veut aider soient disposées à consacrer beaucoup de temps à coopérer à la définition, à la planification, à la gestion et au suivi des actions. En fait, cet obstacle n'existe réellement que si l'intervention *reproduit les modalités habituelles de production du changement*. Il est maintenant bien établi que les difficultés de participation des personnes concernées sont plus liées aux conditions associées à cette participation qu'à la volonté de ces personnes de s'engager activement (Abraham, 1996; Fortin *et al.*, 1992; Guldan, 1996; Marshall et Stohl, 1993; O'Neil, 1992; Plough et Olafson, 1994; Schalff, 1991). Ainsi, il est tout à fait compréhensible que de simples usagers aient de la difficulté à siéger efficacement à un conseil d'administration de CLSC en l'absence d'une formation adéquate et de conditions de participation adaptées (O'Neil, 1992). De la même manière, il est normal que les personnes concernées désertent les rencontres de concertation protocolaires et émaillées d'un jargon technique incompréhensible pour le commun des mortels (Guldan, 1996; Plough et Olafson, 1994; Robertson et Minkler, 1994). En fait, pour obtenir une coopération effective et soutenue des personnes visées par le changement, il s'avère surtout nécessaire de développer des pratiques de concertation compatibles avec leurs conditions de vie, leurs compétences et leur expérience (Biarnès, 1998; Church,

1996 ; Fortin *et al.*, 1992 ; Mason et Boutilier, 1996 ; Plough et Olaf-son, 1994).

Dans l'exemple présenté ci-dessus, l'intervenante prend soin d'adapter ses interventions aux spécificités de la population et de la communauté. Les démonstrations sont organisées dans des endroits aisément accessibles. Ce sont les spécialistes qui se déplacent dans la communauté et non les résidants qui doivent se rendent en dehors de la cité pour bénéficier du service offert. Les horaires et autres conditions de participation sont établis en fonction du mode de vie des résidants. Même les matériaux de cuisson utilisés reproduisent les différents équipements disponibles dans la communauté (c'est-à-dire les outils de cuisine rudimentaires utilisés par la majorité des résidantes). On voit bien ici le souci constant de profiter de toutes les possibilités pour rejoindre les personnes concernées dans leurs préoccupations quotidiennes. D'un point de vue théorique, cette démarche constitue une des conditions *sine qua non* de l'adhésion effective de ces personnes à la démarche de changement.

Dans le cas de l'intervention menée par Hildebrant (1996), il est intéressant de remarquer qu'on n'a pas cherché à rejoindre toutes les personnes concernées mais plutôt celles qui manifestaient un intérêt plus particulier pour la cible du changement. C'est là une autre clé de l'engagement des individus visés par l'intervention (Fortin *et al.*, 1992). Par ailleurs, la transmission rapide de l'animation des présentations culinaires à une des résidantes illustre également le souci de l'intervenante d'élargir la zone de diffusion de l'information tout en opérant un transfert de compétences. En procédant ainsi, Hildebrant agit à la fois sur le plan individuel (développement de compétences et apport de nouvelles ressources — salaire — pour l'animatrice), sur le plan communautaire (renforcement de l'autonomie de la communauté dans la gestion et la maintenance des outils de changement créés par l'intervention) et sur le plan de la société (augmentation de la capacité à rejoindre les personnes particulièrement touchées par la question de la malnutrition, efficacité accrue de la démarche de promotion, etc.). Du strict point de vue de l'efficacité du moyen d'action utilisé, nous voyons ici la pertinence d'investir le temps et les ressources nécessaires pour adapter l'intervention à ceux auxquels elle est destinée (Robertson et Minkler, 1994 ; Servian, 1996).

4.4 Une intervention susceptible d'influencer la disponibilité des ressources et l'accès à celles-ci

Au cours de son intervention, Hildebrant a contribué à augmenter le réseau de ressources disponibles pour la communauté. Ainsi, elle a favorisé l'émergence des conditions de concertation entre les infirmières blanches chargées exclusivement de la planification des services et leurs collègues noires cantonnées à la dispensation de ces services. En favorisant le leadership de ces infirmières «exécutantes» à toutes les étapes de l'intervention, elle a permis d'étendre leur réseau de collaboration à un grand nombre de nouveaux partenaires (fonctionnaires, spécialistes universitaires, etc.), élargissant du même coup leur pouvoir d'agir ultérieur. Lors de l'embauche de la personne chargée d'animer les ateliers en nutrition, elle a contribué à obtenir la participation financière d'une entreprise locale jusqu'ici étrangère à la vie de la communauté. Au-delà de l'apport direct de ressources financières, cet aspect de son intervention a permis d'élargir les sources de soutien potentielles de la communauté. En outre, son action auprès des autorités locales a permis de multiplier les occasions de contact entre les dirigeants de la cité et de créer de nouveaux réseaux de communication. Enfin, les résidants qui ont participé au programme de développement de la culture potagère (distribution de semences, séances d'information, etc.) ont amélioré leur accès à une nourriture saine à bon marché. Ces quelques exemples des retombées concrètes de l'intervention illustrent l'effet multiplicateur d'une démarche de changement centrée sur le pouvoir d'agir.

En d'autres contextes, la priorité de l'intervention aurait pu porter sur des démarches plus ouvertement revendicatrices comme l'éradication d'une source locale de pollution (Rich, Edelstein, Hallman et Wandersman, 1995), la réforme permanente d'un programme de formation inadapté à la population qu'il vise (Delgado-Gaetan, 1991), la création d'équipements urbains adaptés aux personnes handicapées (Balcazar, Seekins, Fawcett et Hopkins, 1990), etc. L'intervention centrée sur le pouvoir d'agir conduit logiquement à une démarche de revendication dans la mesure où elle amène les personnes concernées à une forme de prise de conscience de l'interdépendance de leurs conditions de vie et des inégalités systémiques dans la distribution des ressources et l'accès à celles-ci (Breton, 1994b ; Cox, 1991 ; Labonté, 1989 ; Eme,

1995 ; Ninacs, 1995 ; Wallerstein, 1992)[12]. Ici comme ailleurs, le rôle de l'intervenant reste celui de facilitateur de l'action plutôt que de leader. En ce sens, cette forme de pratique se distingue des autres modèles d'intervention dans lesquels les intervenants sont légitimés d'agir en lieu et place des personnes concernées (Ninacs, 1997).

5. L'INTERVENTION FONDÉE SUR LE POUVOIR D'AGIR EST-ELLE EFFICACE ?

Il est possible de répondre de deux manières à cette question. La première consiste à rapporter les résultats de recherche dont on dispose à ce jour sur ce sujet. La seconde consiste à recenser certaines caractéristiques de l'intervention centrée sur le pouvoir d'agir qui militent en faveur de son efficacité.

5.1 Les résultats de recherches

Jusqu'à ce jour, l'évaluation d'une intervention centrée sur le pouvoir d'agir se heurte à deux difficultés principales. La première tient à la nécessité de développer des indicateurs de mesure applicables à différents contextes. La seconde tient au fait que le pouvoir d'agir est susceptible d'avoir des effets sur différents aspects de la réalité.

5.1.1 L'influence des contextes

Comme on l'a vu précédemment, le développement du pouvoir d'agir prend des formes différentes selon les contextes. Dans une étude très récente, Foster-Fishman, Salem, Chibnall, Legler et

---

12. Il existe différents points de vue sur l'importance et la fonction précise de la démarche de prise de conscience dans le processus de développement du pouvoir d'agir. Pour certains, il s'agit beaucoup plus d'un préalable que d'une conséquence. Les différences de points de vue dépendent beaucoup de la tradition de pratique à laquelle on se réfère et du plan d'analyse (individuel, local ou social) que l'on privilégie. Pour une discussion plus approfondie sur le sujet, on pourra utilement consulter : B. Ninacs (1995), « *Empowerment* et service social : approches et enjeux », *Service social*, 44, 1, 69-93.

Yapchai (1998) montrent que cette diversité des manifestations du pouvoir d'agir se retrouve chez les individus au sein d'un même contexte (dans ce cas, le milieu de travail). Dans ces conditions, comment comparer le rendement relatif des interventions qui adoptent une approche centrée sur le pouvoir d'agir? Certains auteurs ont choisi de procéder à une évaluation au moyen d'indicateurs non spécifiquement reliés au pouvoir d'agir. Cette stratégie repose sur l'idée voulant que, quelle que soit la forme que peut prendre le développement du pouvoir d'agir des personnes évaluées, on peut s'attendre à ce qu'elle produise des effets bénéfiques sur les conditions de vie générales des individus. À titre d'exemple, on peut citer l'étude longitudinale sur le groupe d'entraide GROW rapportée par Maton et Salem (1995). Pour évaluer l'efficacité de ce groupe d'entraide de personnes ayant des difficultés de santé mentale, les auteurs ont mesuré la durée des hospitalisations et les modifications de la capacité d'adaptation[13] (Maton et Salem, 1995). Dans le même ordre d'idées, les travaux de Fawcett et de ses collègues (Fawcett *et al.*, 1996) abordent essentiellement la question de l'efficacité du pouvoir d'agir collectif à partir de la quantité et de l'étendue des changements réalisés dans le milieu.

D'autres auteurs ont tenté de dégager des indicateurs généraux reliés plus directement au pouvoir d'agir lui-même. Cette démarche repose sur l'idée que les différentes manifestations du pouvoir d'agir devraient toutes avoir un effet sur un certain nombre de caractéristiques individuelles et collectives fondamentales. Pour des raisons de faisabilité, la grande majorité de ces études ont porté sur les perceptions individuelles autorapportées par les participants. Ainsi en est-il des études qui ont tenté d'établir des relations entre la participation communautaire et la perception d'un sentiment de contrôle (Dempsey, 1995 ; Dunst, 1996 ; Segal, Silverman et Temkin, 1995 ; Zimmerman et Rappaport, 1988), d'un sentiment d'efficacité personnelle, ou encore de l'acquisition de compétences spécifiques (Biegel, 1984 ; Israël, Checkoway, Schultz et Zimmerman, 1994 ; Ozer et Bandura, 1990 ; Spreitzer, 1995). De

---

13. Les auteurs rapportent que les participants réguliers ont plus tendance à être classés comme ayant des changements positifs que ceux qui participent moins régulièrement dans au moins un des domaines de changement ciblés (interpersonnel, psychologique et communautaire). De plus, les participants décrocheurs ont plus de probabilité d'être reconnus comme présentant des changements négatifs. Enfin, lorsqu'on les compare à des non-participants présentant le même type de difficultés, les participants présentent des périodes d'hospitalisation plus courtes.

manière générale, les résultats produits par ces études illustrent surtout le caractère partiel des indicateurs retenus. Tout d'abord, la perception d'un changement ne signifie pas qu'il se soit effectivement réalisé[14]. Par ailleurs, même s'il est clair que le développement du pouvoir d'agir entraîne un certain nombre de gains psychologiques, on ne peut réduire l'évaluation de l'efficacité de cette approche à cette seule dimension (Bernstein *et al.*, 1994 ; Zimmerman, 1990 ; Wallerstein et Martinez, 1994).

En ce qui concerne les caractéristiques collectives fondamentales du pouvoir d'agir, Maton et Salem (1995) prétendent que les interventions fondées sur le développement du pouvoir d'agir auraient en commun quatre caractéristiques principales : a) elles reposeraient sur un système de croyances qui met l'accent sur les forces des individus et ne se limite pas au seul objectif du bien-être personnel ; b) elles offriraient la possibilité d'assumer des fonctions multiples, valorisantes et enrichissantes ; c) elles disposeraient d'un réseau de soutien et d'entraide établi par les pairs et qui serait à la source d'un sentiment d'appartenance à la communauté ; d) elles bénéficieraient d'un leadership inspirant et talentueux simultanément engagé envers les participants et la communauté. Ces résultats confirment plusieurs propositions antérieures identiques (Chesney et Chesler, 1993 ; Delgado-Gaetan, 1991 ; Kanungo, 1992 ; Scott et Jaffe, 1992 ; Spreitzer, 1995 ; Perkins et Zimmerman, 1995). D'autres caractéristiques collectives ont également été suggérées à titre d'indicateurs du pouvoir d'agir des communautés. Il s'agit notamment de la formation de coalitions, de la concertation entre les intervenants locaux, de l'engagement des résidants dans la vie du quartier ou plus généralement de la présence d'un « sens de la communauté » parmi les participants (Chavis et Wandersman, 1990 ; Katz, 1984 ; McMillan, Florin, Stevenson, Kerman et Mitchell, 1995 ; Sarason, 1981 ; Serrano-Garcia, 1984). Bien qu'elles soient toutes très crédibles, ces propositions peuvent difficilement être reprises telles quelles à titre d'indica-

---

14. À ce sujet, la question s'est posée à savoir si on pouvait considérer que la « perception » d'avoir plus de contrôle était équivalente à l'obtention d'un contrôle effectif en termes d'indicateurs d'efficacité. Plusieurs auteurs ont pris position sur cette question, précisant que l'objectif du développement du pouvoir d'agir ne pouvait se dissocier de la finalité de changement social qui en fonde la pertinence. Il apparaît donc clairement qu'une intervention centrée sur le pouvoir d'agir ne peut être considérée comme « efficace » que si elle permet de modifier concrètement les conditions de vie des personnes (pour approfondir cette question, voir : Berstein *et al.*, 1994 ; Riger, 1993).

teurs d'efficacité en raison de leur vulnérabilité aux changements de contexte. Il existe en effet de nombreuses manières de faire preuve d'un sens de la communauté ou de former des coalitions. De plus, en l'absence de données comparatives avec des interventions fondées sur une approche différente, rien ne permet d'avancer que ces caractéristiques particulières sont exclusives au développement du pouvoir d'agir (Maton et Salem, 1995).

5.1.2 La multiplicité des effets potentiels

Comme toute réalité complexe, le développement du pouvoir d'agir des personnes et des collectivités est susceptible d'avoir des conséquences sur différents plans de la réalité. Étant donné que les interventions fondées sur cette perspective visent simultanément les changements individuels et collectifs, la moindre initiative entreprise auprès d'un petit groupe d'individus est susceptible d'avoir des conséquences importantes sur l'ensemble de leur milieu de vie. Par exemple, pour prévenir les accidents associés à la consommation excessive de drogue et d'alcool chez les jeunes, Wallerstein et Sanchez-Merki (1994) entreprennent un dialogue structuré avec des élèves d'une polyvalente. L'objectif de ce dialogue consiste à permettre aux jeunes de prendre conscience progressivement du contexte social dans lequel leur comportement de surconsommation s'inscrit. Bien qu'elle soit également fondée sur une perspective cognitive concernant la modification des comportements, cette démarche vise explicitement à favoriser la création d'initiatives dans le milieu destinées à développer une contre-culture vis-à-vis de la consommation abusive d'alcool et d'autres drogues. De façon concrète, les auteurs visent ultimement l'émergence d'initiatives pour augmenter la disponibilité des ressources dans le milieu (programme de soutien à la désintoxication, création de groupes d'échange dans les écoles et la communauté, etc.), l'élimination des obstacles au changement (ex.: dispositions légales, préjugés culturels, etc.), le développement des compétences à résoudre collectivement des problèmes au sein de la communauté, etc.

En fait, plus l'intervention implique un grand nombre d'acteurs et plus on peut s'attendre à ce qu'elle ait des effets potentiels sur de nombreux plans. Une intervention comme celle de Hildebrant (1996), telle que présentée plus haut, illustre très concrètement le défi d'atteindre une mesure d'efficacité à la fois adaptée au contexte et exhaustive. L'état actuel des recherches laisse toutefois présager des progrès substantiels dans ce domaine d'ici quelques années. Même si plusieurs auteurs expriment des doutes quant à la possibilité d'évaluer des caractéristiques globales du pouvoir d'agir (Bernstein *et al.*, 1994 ; Zimmerman, 1995), on commence néanmoins à mieux connaître ces dernières tant du point de vue empirique (description des dimensions en présence) que théorique (analyse des relations entre ces différentes dimensions) (Bolton et Brooking, 1996 ; Gibson, 1991 ; McMillan *et al.*, 1995 ; McWhirter, 1994 ; Spreitzer, 1995). Il est donc aujourd'hui envisageable que l'on puisse un jour retracer un ensemble de caractéristiques individuelles et communautaires présentes dans tous les contextes sous des formes différentes. Il restera alors à adapter la mesure de ces dimensions aux contextes particuliers des interventions que l'on cherchera à évaluer. Pour ce faire, il faudra probablement adopter une démarche de mesure en deux temps comme le suggèrent Foster-Fishman et ses collègues (Foster-Fishman *et al.*, 1998). Ces auteurs estiment en effet que les variables contextuelles dans l'évaluation du pouvoir d'agir revêtent une telle importance que toute velléité d'évaluation de cette réalité devrait être précédée d'une étude qualitative exhaustive. Une telle démarche permettrait de repérer très précisément les modalités particulières d'expression du pouvoir d'agir dans le contexte à l'étude. Une fois cette étape terminée, il deviendrait alors envisageable d'élaborer une mesure locale (c'est-à-dire fondée sur les résultats de l'étude qualitative) de caractéristiques générales et théoriques associées au pouvoir d'agir. Évidemment, il s'agit d'une démarche plus longue et donc plus coûteuse que celles qui président habituellement à l'élaboration d'une mesure classique. Mais, comme le soulignent Tolan et ses collègues (Tolan *et al.*, 1990), la prise en compte rigoureuse des réalités complexes exige que l'on développe des méthodes de recherche et d'évaluation plus appropriées que celles qui existent actuellement. En attendant de disposer de tels outils, une autre façon d'apprécier l'efficacité d'une intervention centrée sur le pouvoir d'agir consiste à mettre en évidence le potentiel de changement associé à certaines de ses composantes.

5.2 Les facteurs d'efficacité de l'intervention centrée sur le pouvoir d'agir

Comme plusieurs auteurs l'ont suggéré (Newbrough, 1992; Renaud, 1995), certaines caractéristiques de l'approche centrée sur le pouvoir d'agir possèdent sans nul doute un potentiel d'efficacité intéressant. En modifiant la finalité même de l'intervention (accompagner le changement plutôt que le diriger), cette approche introduit une logique nouvelle qui force une réorganisation complète des fondements et des modalités de l'intervention.

5.2.1 Penser globalement, agir localement

Cette célèbre maxime popularisée par le mouvement écologique constitue un des axes importants sur lequel se sont bâties la psychologie communautaire (Holahan, 1977) et la pratique centrée sur le pouvoir d'agir. Appliqué à la question globale des pratiques sociales, ce type de raisonnement conduit à privilégier des modes de planification décentralisés, axés principalement sur une définition locale des priorités, puis élaborés autour d'une démarche globale (Friedmann, 1992; Perret, 1994; Renaud, 1995).

De façon générale, les enjeux relatifs aux modes de répartition d'une quantité finie de ressources (ex.: le budget de la santé) sur un territoire donné (ex.: la province de Québec) sont essentiellement tributaires des priorités sociopolitiques de l'heure et des aléas conjoncturels (Dubar, 1987; Eme, 1995; Sainsaulieu, 1994). Il suffit parfois qu'un indicateur global tel que le taux de délinquance juvénile indique une augmentation inattendue à un moment inopportun pour le pouvoir en place pour qu'aussitôt on crée une «commission d'étude» chargée de définir des «priorités nationales» (Aphatie et Ceaux, 1999). Si les grands indicateurs nationaux peuvent légitimement contribuer à repérer des zones d'actions prioritaires (Bouchard, 1991), c'est sur le plan régional, local et même individuel que devraient se définir leur pertinence concrète et leurs modalités d'application (Renaud, 1995; Servian, 1996).

En faisant la promotion du développement du pouvoir d'agir des individus et des communautés, l'approche présentée ici conduit à inverser cette logique de distribution volatile et centralisée des fonds publics. Plus les personnes visées par le changement ont la possibilité de faire entendre leur voix, plus elles peuvent prendre part à la définition des priorités et à la réalisation du changement, plus on peut viser une utilisation optimale des ressources (Casey Foundation, 1991 ; Church, 1996 ; Friedmann, 1992). Appliqué à grande échelle, ce principe d'engagement actif de tous les acteurs concernés contribue à la formation de coalitions et de mouvements collectifs susceptibles d'exercer une réelle influence sur la définition des cibles et des moyens d'action du changement (Flacks, 1995 ; Wolf, 1997). Les tentatives d'application de cette approche au sein des organismes publics montrent qu'elle peut être compatible avec la mission de ces institutions et en augmenter l'efficacité (Keller, 1996).

5.2.2 Une répartition différente des ressources pour une efficacité accrue

L'une des traductions possibles de la notion d'*empowerment* consiste à parler de « responsabilisation ». Cette expression est souvent utilisée pour orienter l'approche centrée sur le pouvoir d'agir vers une direction qui en modifie clairement la finalité. Le raisonnement est le suivant : puisque les personnes concernées devraient être les acteurs du changement, remettons-leur *l'entière responsabilité* de ce changement et utilisons les ressources prévues à leur intention (professionnelles, financières, logistiques, etc.) à d'autres fins. Cette forme de raisonnement, parfois baptisée *self-empowerment* (Ninacs, 1997), conduit en fait à transformer le pouvoir d'agir en « devoir d'agir » ! Ceux qui se battent pour obtenir les ressources nécessaires à l'exercice de leur autonomie se retrouvent ainsi mis en demeure de se « prendre en main » pour épargner ces mêmes ressources ! (Perkins, 1995).

L'approche centrée sur le pouvoir d'agir ne prétend pas permettre de faire des économies au détriment des personnes concernées. En fait, rien n'indique qu'elle puisse être potentiellement moins coûteuse. Il ne s'agit pas tant de distribuer *moins* de ressources que de les distribuer *autrement* (Castel, 1998 ; Laville, 1994 ; Perret, 1994 ; Robertson et Minkler, 1994). En attribuant à l'intervenant une fonction d'agent multiplicateur et en déprofessionnalisant la conduite du changement, l'approche centrée sur le pouvoir d'agir permet d'agir sur une plus longue période et une plus grande étendue de territoire tout en répondant à une plus grande variété de besoins. À l'image de l'intervention menée par Hildebrant (1996), la définition commune de la cible du changement avec les personnes concernées est susceptible d'élargir le bassin potentiel de ressources auprès de partenaires jusqu'ici peu engagés (Casey Foundation, 1991; Boudet, 1995). Par contre, la prise de parole des personnes et des communautés que l'on souhaite aider peut faire apparaître de nouveaux besoins d'accompagnement ayant pour effet d'élargir ponctuellement le mandat de l'intervenant. La définition consensuelle de la cible du changement peut également conduire à une remise en question très importante du mandat initial (Plough et Olafson, 1994), exigeant par le fait même de nouveaux investissements non planifiés. On ne peut donc prétendre établir une équation directe entre l'adoption d'une telle approche et la réduction des coûts des programmes sociaux. On peut toutefois avancer que l'engagement des personnes et des communautés les plus directement concernées par le changement permet de faire un usage plus judicieux des ressources disponibles (Renaud, 1995). C'est probablement sur ce plan que se situe l'efficacité principale de l'approche centrée sur le pouvoir d'agir en ce qui a trait à la question des ressources.

5.2.3 La mise en priorité de changements durables

S'il n'existe pas à notre connaissance d'études en mesure de faire la démonstration de la durabilité des changements obtenus à la suite de l'application d'une approche centrée sur le pouvoir d'agir, plusieurs indicateurs permettent d'avancer cette hypothèse. Une analyse des rapports d'interventions publiés permet de constater qu'un grand nombre d'entre eux rapportent des changements importants et durables *de par leur nature*. Par exemple, lorsqu'un groupe de parents parvient à faire modifier le programme d'enseignement d'anglais langue seconde dans leur commission scolaire, il est clair qu'il s'agit d'un changement durable qui aura des effets bénéfiques pour plusieurs générations d'étudiants (Delgado-Gaetan, 1991). De la même manière, les gains obtenus par des personnes handicapées en matière d'aménagements urbains sont là pour rester (Fawcett, White, Balcazar, Suarez-Balcazar, Mathews, Paine-Andrews, Seekins et Smith, 1994). Nous pourrions également citer les nombreux cas où l'intervention contribue à la formation de groupes d'usagers qui deviennent par la suite des partenaires directs des autorités locales (Biarnès, 1998; Chesney et Chesler, 1993; Fortin *et al.*, 1992; Kari et Michels, 1991; Kahn, 1994; Lee, 1994; Simon, 1994; Staub-Bernasconi, 1991). C'est par exemple le cas d'une initiative de promotion du bien-être des tout-petits et de leurs parents qui se déroule actuellement dans plusieurs quartiers de Montréal et de sa région (Bouchard, 1995). Les promoteurs de cette initiative baptisée 1, 2, 3, GO! ont soutenu la formation de coalitions locales qui ont développé des objectifs communs et entrepris toute une série d'actions dans leurs quartiers. Ces coalitions agissent aujourd'hui comme partenaires à part entière vis-à-vis de nombreuses institutions locales, régionales et même parfois nationales.

La durabilité des changements peut également être inférée du fait qu'ils sont portés par ceux-là mêmes qui les revendiquent et qu'ils sont conçus pour être indépendants des variations de l'investissement des professionnels (Breton, 1994b ; Hildebrant, 1996 ; Robertson et Minkler, 1994). Dans l'exemple de l'initiative 1, 2, 3, GO! présentée plus haut, plusieurs des coalitions disposent déjà de sources de financement indépendantes de celle qui a permis leur formation. De plus, les nombreuses négociations qui font l'objet de la mise au point de la cible de changement sont en même temps un gage de durabilité (Casey Foundation, 1991). Souvent, c'est à l'occasion de cette phase de concertation que s'établissent de nouvelles relations entre les partenaires qui contribuent à la stabilité et à la continuité des actions entreprises.

Enfin, plusieurs études rapportent que les changements personnels réalisés après la participation à une démarche d'*empowerment* paraissent souvent durables et généralisables à d'autres situations (Cox, 1991 ; Gutiérrez, 1994 ; Kieffer, 1984 ; Lord, 1991 ; Millet, 1996). Notons pour terminer que l'éventuelle efficacité que l'on peut attribuer à l'intervention centrée sur le pouvoir d'agir, quant à la durabilité des changements, est probablement très dépendante du temps consacré à son implantation.

6. CONCLUSION

Les situations incapacitantes auxquelles s'adressent les pratiques sociales sont le produit de forces macrosociales (c'est-à-dire qui agissent sur l'ensemble de la société) multiples et convergentes. Aucune « nouvelle pratique » ne peut donc prétendre à elle seule endiguer ces forces ou en éliminer totalement les effets. Dans ce domaine, il n'existe pas de recettes miracles et la prudence est de rigueur. Les risques de « réinventer la roue » en prétendant révolutionner les pratiques à l'aide de quelques néologismes à la mode sont réels.

L'approche centrée sur le pouvoir d'agir repose sur une analyse rigoureuse des leçons du passé quant à notre façon de soutenir les personnes et les communautés en difficulté. Elle cherche à dégager une solution constructive susceptible d'intégrer deux préoccupations importantes pour la réussite de toute démarche d'intervention. La première touche à l'engagement central des personnes concernées dans le processus de changement et la seconde a trait au questionnement systématique des conditions d'accès aux ressources et de distribution de celles-ci sur le plan tant local, régional que national. Ces deux éléments dépassent les enjeux strictement techniques puisque leur prise en compte implique une remise en question de plusieurs aspects des pratiques traditionnelles et une forme plus ou moins poussée de contestation des structures sociales actuelles. En ce sens, l'intervention centrée sur le développement du pouvoir d'agir constitue autant un instrument de changement social à long terme qu'un outil d'intervention ponctuel.

Bien sûr, la mise en application d'une telle approche ne va pas sans difficultés. La lenteur apparente du processus, les résistances qu'occasionne le changement de perspective qu'il implique, la difficulté de réaliser des changements à court terme ou encore le degré d'engagement exigé des acteurs constituent les principaux obstacles régulièrement soulignés par les auteurs. Il semble toutefois que « le jeu en vaille la chandelle » puisque les personnes qui s'engagent dans ces processus soulignent en même temps la plus grande viabilité et durabilité des changements qu'ils produisent.

En matière de pratiques sociales, il semble que les solutions temporaires s'avèrent rarement les meilleures. Malgré toute leur bonne volonté, les intervenants se sentent régulièrement impuissants devant l'ampleur des besoins et l'amenuisement continu de leurs moyens d'action. En suggérant de remettre le leadership du changement dans les mains de ceux qu'il concerne, l'intervention centrée sur le pouvoir d'agir propose aux intervenants de délaisser leur rôle de « pourvoyeurs de services » pour devenir des compagnons de projets individuels et collectifs. Si le présent texte contribue à clarifier les termes de cette proposition, il aura atteint son but.

RÉFÉRENCES
RÉFÉRENCES

ABRAHAM, N. (1996), « Negociating, power, identity and community. Women's community participation », *Gender & Society*, 10 (6), 768-793.

ALINSKY, S. (1971), *Rules for Radicals*, New York, Random House.

ALINSKY, S. (1946), *Reveille for Radicals*, Chicago, University of Chicago Press.

ALTMAN, I. (1987), « Community psychology twenty years later : Still another crisis in psychology ?, *American Journal of Community Psychology*, 15 (5), 613-627.

ALTMAN, I. et B. ROGOFF (1987), « World View in Psychology : Trait, interactional, organismic, and transactional perspectives », dans Stokols, D. et I. Altman (dir.), *Handbook of Environmental Psychology*, 1, New York, Wiley and Sons.

APHATIE et CEAUX (1999), « Insécurité, le mauvais chiffre de 1998 », *Le Monde*, 55e année, n° 16779.

ARGYRIS, C. (1998), « Empowerment : The Emperor's New Clothes », *Harvard Business Review*, mai-juin, 98-105.

BALCAZAR, F.E., T. SEEKINS, S.B. FAWCETT et B.L. HOPKINS (1990), « Empowering people with physical disabilities through advocacy skills training », *American Journal of Community Psychology*, 18 (2), 281-296.

BANDURA, A. (1997), *Self-Efficacy : The Exercise of control*, New York, Freeman & Co. Publishers.

BANYARD, V.L. et S.A. GRAHAM-BERMANN (1995), « Building on empowerment policy paradigm : Self-reported strengths of homeless mothers », *American Journal of Orthopsychiatry*, 65 (4), 479-491.

BENNETT, C.C., L.S. ANDERSON, S. COOPER, L. HASSOL, D.C. KLEIN et G. ROSENBLUM (dir.) (1966), *Community psychology : A report of the Boston conference on the education of psychologists for community mental health*, Boston, Boston University Press.

BENOÎT, T. (1995), « Le chômage et le chômeur : Un couple paradoxal », dans Passal, C. et J. Jamet (dir.), *L'insertion en question ?*, Paris, L'Harmattan.

BERKOWITZ, B. (1990), « Who is being empowered ? », *The Community Psychologist*, 23 (3), 10-13.

BERNSTEIN, E., N. WALLERSTEIN, I. BRAITHWAITE, L. GUTIÉRREZ, R. LABONTÉ et M.A. SIMMERMAN (1994), « Empowerment forum : A dialogue between guest editorial board members », *Health Education Quarterly*, 21 (3), 281-294.

BIARNÈS, J. (1998), *Orientation éducative, dynamique personnelle et lutte contre l'exclusion*, Colloque Rhône-Alpes, « Travail, emploi, formation : contre les exclusions, de nouvelles dynamiques pour la formation et l'emploi », novembre, Saint-Étienne, France.

BIEGEL, D.E. (1984), « Help seeking and receiving in urban ethnic neighborhoods : Strategies for empowerment », *Prevention in Human Services*, 3 (3-4), 119-143.

BOGRAD, M. (1982), « Battered Women, cultural myths and clinical intervention : A feminist analysis », dans Current Feminist Issues in psychotherapy (dir.), *New-England Association for Women in Psychology*, New York, Haworth Press.

BOLTON, B. et J. BROOKINGS (1996), « Development of a multifaceted definition of empowerment », *Rehabilitation Counseling Bulletin*, 39 (4), 256-264.

BOND, L.A., M.F. BELENKY, J.S. WEINSTOCK et T.V. COOK MONSEY (1992), « Self-sustaining powers of mind and voice : Empowering rural women », dans Kessler, M., S.E. Goldston et J.M. Joffe (dir.), *The present and future of prevention*, Newbury Park, Sage Publications Inc., p. 125-137.

BOUCHARD, C. (1991), *Groupe de travail pour les jeunes. Un Québec fou de ses enfants : Rapport du groupe de travail pour les jeunes*, Direction des communications, ministère de la Santé et des Services sociaux, gouvernement du Québec.

BOUCHARD, C. (1995), « Le Projet 1, 2, 3, GO ! », *P.R.I.S.M.E.*, 5 (1), 134-141.

BOUDET, B. (1995), « De quelques pratiques porteuses d'espoir », dans Passal, C. et J. Jamet (dir.), *L'insertion en question ?*, Paris, L'Harmattan.

BRETON, M. (1994a), *Plaidoyer contre les monopolisations professionnelles*, Communication présentée lors des journées Simone-Paré, Québec.

BRETON, M. (1994b), « On the meaning of empowerment and empowerment-oriented social work », *Social Work with Groups*, 17 (3), 23-27.

BRETON, M. (1989), « Liberation theology, group work and the right of the poor and oppressed to participate in the life of community », *Social Work with Groups*, 12 (3), 5-18.

BYHAM, W.C. (1990), *Zapp ! The Lightning of Empowerment*, New York, Harmony Books.

CASEY, A.E. Foundation (1991), *Path of most resistance : Reflections on lessons learned from new-futures*, Baltimore, The Annie Casey Foundation.

CASTEL, R. (1994), « La dynamique du processus de marginalisation : de la vulnérabilité à la désaffiliation », *Cahiers de recherche sociologique*, 22, 11-27.

CASTEL, R. (1998), « Du travail social à la gestion sociale du non-travail », Paris, Esprit.

CHAVIS, D.M. et A. WANDERSMAN (1990), «Sense of community in the urban environment: A Catalyst for Participation and Community Development», *American Journal of Community Psychology*, 18 (1), 55-81.

CHESNEY, B.K. et M.A. CHESLER (1993), «Activism through Self-help Group Membership: Reported life Changes of Parents of Children with Cancer», *Small Group Research*, 24 (2), 258-273.

CHURCH, K. (1996), «Beyond "bad manners": The power relations of "consumers participation" in Ontario's community mental health system», *Canadian Journal of Community Mental Health/ Revue canadienne de santé mentale communautaire*, 15 (2), 27-44.

CORIN, E., L. RODRIGUEZ DEL BARRIO et L. GUAY (1996), «Les figures de l'aliénation: un regard alternatif sur l'appropriation du pouvoir», *Canadian Journal of Community Mental Health/Revue canadienne de santé mentale communautaire*, 15 (2), 45-67.

COX, E.O. (1991), «The critical role of social action in empowerment oriented groups», *Social Work with Groups*, 14 (3-4), 77-90.

DAVIDSON, P.O. (1981), «Some cultural political and professional antecedent of community psychology in Canada», *Canadian Psychology*, 22 (4), 315-320.

DECHÊNE, P. (1994), *Les stratégies d'aide à l'emploi et de développement de l'employabilité des clientèles défavorisées aux États-Unis: bilan de la recherche évaluative*, Direction de l'évaluation et de la statistique, ministère de la Sécurité du revenu, Québec.

DELGADO-GAETAN, C. (1991), «Involving parents in the schools: A process of empowerment», *American Journal of Education*, 100 (1), 20-46.

DEMPSEY, I. (1995), «The Enabling Practices Scale: The Development of an Assessment Instrument for Disability Services», *Australia and New Zealand Journal of Developmental Disabilities*, 20 (1), 67-73.

DUBAR, C. (1987), *L'autre jeunesse: jeunes stagiaires sans diplôme*, France, Presses universitaires de Lille.

DUNST, C.J. (1996), *Empowerment and Effective Helpgiving Practices*, Paper based on presentation made at the Conference on Empowerment and Enablement, Quebec City.

EME, B. (1995), «Insertion, l'indispensable retour au politique», dans Passal, C. et J. Jamet (dir.), *L'insertion en question?*, Paris, L'Harmattan.

FAWCETT, S.B., G.W. WHITE, F.E. BALCAZAR, Y. SUAREZ-BALCAZAR, R.M. MATHEWS, A. PAINE-ANDREWS, T. SEEKINS et J.F. SMITH (1994), «A contextual behavioral model of empowerment: Case studies involving people with physical disabilities», *American Journal of Community Psychology*, 22 (4), 471-496.

FAWCETT, S.B., A. PAINE-ANDREWS, V.T. FRANCISCO, J.A. SHULTZ, K.P. RITCHER, R.K. LEWIS, K.J. HARRIS, E.L. WILLIAMS, J.Y. BERKLEY, C.M. LOPEZ et J.L. FISHER (1996), « Empowering community health initiatives through evaluation », dans Fetterman, D.M., S.J. Kaftarian et A. Wandersman (dir.), *Empowerment evaluation : Knowledge and Tools for Self-Assessment & Accountability*, Thousand Oaks, CA, Sage Publications Inc., p. 161-187.

FLACKS, D. (1995), « The revolution of citizenship », dans Rothman, J., J.L. Erlich et J.E. Tropman (dir.), *Strategies of community intervention*, Itasca, IL, F.E. Peacock Publishers Inc., p. 368-380.

FLERAS, A.J. (1995), « A history of community organizing since the civil war with the special reference to oppressed communities », dans Rothman, J., J.L. Erlich et J.E. Tropman (dir.), *Strategies of community intervention*, Itasca, IL, F.E. Peacock Publishers Inc., p. 275-281.

FORTIN, J.P., G. GROLEAU, M. O'NEIL, V. LEMIEUX, L. CARDINAL et P. RACINE (1992), « Villes et villages en santé : Les conditions de réussite », *Promotion de la santé*, 31 (2), 6-10.

FOSTER-FISHMAN, P.G., D.A. SALEM, S. CHIBNALL, R. LEGLER et C. YAPCHAI (1998), « Empirical support for the critical assumptions of empowerment theory », *American Journal of Community Psychology*, 26 (4), 507-536.

FREIRE, P. (1977), *Pédagogie des opprimés*, Paris, Petite Collection Maspero.

FRIEDMANN, J. (1992), « Political claims 1 : Inclusive democracy and appropriate economic growth », dans Friedmann, J. (dir.), *Empowerment : The politics of alternative development*, Cambridge, Blackwell Publishers, p. 72-106.

GIBSON, C.H. (1991), « A concept analysis of empowerment », *Journal of Advanced Nursing*, 16 (3), 354-361.

GOWDY, E.A. et S. PEALMUTTER (1993), « Economic self-sufficiency : It's no just money », *Affilia*, 8 (4), 368-387.

GUERON, J.M. et E. PAULY (1991), *From welfare to work*, New York, Russel Sage Foundation.

GUIENNE, V. (1990), *Le travail social piégé ?*, Paris, L'Harmattan.

GULDAN, G.L. (1996), « Obstacles to community health promotion », *Social and Science Medicine*, 43 (5), 689-695.

GUTIÉRREZ, L. (1994), « Beyond coping, an empowerment perspective on stressful life events », *Journal of Sociology and Social Welfare*, 21 (3), 201-219.

HARDINA, D. (1994), « Targeting women for participation in work program key lessons from the US », *Canadian Review of Social Policy*, 33, 1-20.

HILDEBRANT, E. (1996), « Building community health care : A model and example from South Africa », *IMAGE*, 28 (2), 155-159.

HOLAHAN, C.J. (1977), « The role of ecology in community psychology : A tale of three cities, *Professional Psychology*, 8 (1), 25-32.

ISRAËL, B.A., B. CHECKOWAY, A. SCHULTZ et M. ZIMMERMAN (1994), « Health education and community empowerment : Conceptualizing and measuring perceptions of individual, organizational, and community Control », *Health Education Quarterly*, 21 (2), 149-170.

JAMET, J. (1995), « Prière d'insérer », dans Passal, C. et J. Jamet (dir.), *L'insertion en question ?*, Paris, L'Harmattan.

KAHN, S. (1994), *How people get power*, Washington, National Association of Social Workers.

KANUNGO, R.N. (1992), « Alienation and empowerment : Some ethical imperatives in business », *Journal of Business Ethics*, 11 (5-6), 413-422.

KARI, N. et P. MICHELS (1991), « The Lazarus Project : The Politics of Empowerment », *The American Journal of Occupational Therapy*, 45 (8), 719-725.

KATZ, R. (1984), « Empowerment and synergy : Expanding the community's healing resources », *Prevention in Human Services*, 3 (2-3), 201-226.

KELLER, J. (1996), « Empowerment evaluation and state government : Moving from resistance to adoption », dans Fetterman, D.M., S.J. Kaftarian et A. Wandersman (dir.), *Empowerment evaluation : Knowledge and tools for self-assessment & accountability*, Thousand Oaks, CA, Sage Publications, p. 79-99.

KELLY, J.G. (1987), « Somes reflexions on the Swampscott conference », *American Journal of Community Psychology*, 15 (5), 515-517.

KELLY, M.P. (1989), « Some problems in health promotion research », *Health Promotion*, 4 (4), 317-330.

KIEFFER, C.H. (1984), « Citizen Empowerment : A Developmental Perspective », *Prevention in Human Services*, 3 (2-3), 9-36.

KLEIN, D.C. (1987), « The context and time at Swampscott : My story », *American Journal of Community Psychology*, 15 (5), 531-538.

KREZTMANN, J.P. et J.L. MCKNIGHT (1993), *Building Communities from the Inside Out : A path toward finding and mobilizing a community assets*, Center for Urban Affairs and Policy Research Neighborhood Innovations Network, Northwestern University, Evanston Illinois, ACTA Publication Chicago.

KURZ, D. et E. STARK (1988), « Not-so benign neglect. The medical response of battering », dans Yllö, K. et M. Bograd (dir.), *Feminist perspective on Wife Abuse*, Newbury Park, Beverly Hills, Sage Publications, p. 249-266.

LABONTÉ, R. (1994), « Health promotion and empowerment : reflection on professional practice », *Health Education Quarterly*, 21 (2), 253-268.

LABONTÉ, R. (1989), « Community empowerment : The Need for Political Analysis », *Canadian Journal of Public Health*, 80, 87-88.

LAVILLE, J.L. (1994), « La nouvelle question sociale », dans Eme, B. et J.L. Laville (dir.), *Cohésion sociale et emploi*, Paris, Desclée de Brouwer.

LE BOSSÉ, Y. et M. LAVALLÉE (1993), « Empowerment et psychologie communautaire : aperçu historique et perspectives d'avenir », *Cahiers internationaux de psychologie sociale*, 20, 7-20.

LEE, J. (1994), *The empowerment approach to social work practice*, New York, Columbia University Press.

LESEMANN, F. (1988), « Éclatement ou recomposition du social ? Quelques questions à partir de la situation du Québec et d'ailleurs », *Revue internationale d'action communautaire*, 20 (60), 125-130.

LEVINE, M. et D.V. PERKINS (1987), *Principles of community psychology : Perspectives and applications*, New York, Oxford University Press.

LORD, J. (1991), *Des vies en transition : le processus d'habilitation personnelle*, Hull, Programme de participation des personnes handicapées, Secrétariat d'État du Canada.

LORD, J. et F. DUFORT (1996), « Le pouvoir, l'oppression et la santé mentale », *Revue canadienne de santé mentale communautaire/Canadian Journal of Community Mental Health*, 15 (2), 17-20.

MAISONNEUVE, J. (1993), *Introduction à la psychosociologie*, Paris, Presses universitaires de France.

MARSHALL, A.A. et C. STOHL (1993), « Participating as participation : A network approach », *Communication Monographs*, 60 (2), 137-157.

MASON, R. et M. BOUTILIER (1996), « The challenge of genuine power sharing in participatory research : The gap between theory and practice », *Canadian Journal of Community Mental Health/Revue canadienne de santé mentale communautaire*, 15 (2), 145-152.

MATON, K.I. et D.A. SALEM (1995), « Organizational characteristics of empowering community settings : A multiple case study approach », *American Journal of Community Psychology*, 23 (5), 631-656.

McMILLAN, B., P. FLORIN, J. STEVENSON, B. KERMAN et R.E. MITCHELL (1995), « Empowerment praxis in Community Coalitions », *American Journal of Community Psychology*, 23 (5), 699-728.

McWHIRTER, E.H. (1991), « Empowerment in counseling », *Journal of Counseling & Development*, 69 (3), 222-227.

McWHIRTER, E.H. (1994), *Counseling for Empowerment*, Alexandria, VA, American Counseling Association.

MEAD, L. (1990), « Should workfare be mandatory ? What research says », *Journal of Policy and Management*, 9 (3), 400-404.

MELVILLE-WHYTE, J. (1996), « Past the velvet ropes », *Canadian Journal of Community Mental Health/Revue canadienne de santé mentale communautaire*, 15 (2), 21-22.

MERCIER-JOSA, S. (1986), « La plèbe et la préhistoire des sciences sociales », dans *Histoire et histoires des sciences sociales*, Actes du colloque « Doctrines, sciences ou pratiques sociales ? », Nancy, Presses de l'Université de Nancy, 1, 7-51.

MICHLITSCH, J.F. et S. FRANKEL (1989), « Helping orientations : Four dimensions », *Perceptual and Motor Skills*, 69 (3, Pt 2), 1371-1378.

MILLET, R.A. (1996), « Empowerment evaluation and the W. K. Kellogg Foundation », dans Fetterman, D.M., S.J. Kaftarian et A. Wandersman (dir.), *Empowerment evaluation : Knowledge and tools for self-assessment & accountability*, Thousand Oaks, CA, Sage Publications, p. 65-76.

MULLENDER, A. et D. WARD (1994), « En groupe, l'union fait la force », dans Lindsay, J. (dir.), *Textes de base sur le modèle de groupe autogéré*, Sainte-Foy, École de service social, Faculté des sciences sociales, Université Laval, p. 2-9.

NEWBROUGH, J.R. (1992), « Community psychology in the postmodern world », *Journal of Community Psychology*, 20 (1), 10-25.

NINACS, B. (1995), « Empowerment et service social : approches et enjeux », *Service social*, 44 (1), 69-93.

NINACS, W.A. (1997), *L'empowerment et l'intervention communautaire*, Communication présentée lors du colloque « Empowerment et pratiques sociales : Au-delà du slogan et des bonnes intentions », 65e Congrès de l'Association canadienne-française pour l'avancement des sciences, Trois-Rivières.

O'NEIL, M. (1992), « Community participation in Quebec's health system : A strategy to curtail community empowerment », *International Journal of Health Services*, 22, 287-301.

OZAWA, M.N. (1994), « Women, children and welfare reform », *Affilia*, 9 (4), 338-359.

OZER, M.E. et A. BANDURA (1990), « Mechanisms governing empowerment effect : A self-efficacy analysis », *Journal of Personality and Social Psychology*, 58 (3), 472-486.

PAQUIN, R. (1999), *Qu'est-ce qui se passe à Wentworth-Nord ?*, Vidéocassette réalisée pour le compte de la Régie régionale de la santé et des services sociaux des Laurentides au Québec.

PASSAL, A. (1995), « Quand être RMIste devient un choix », dans Passal, C. et J. Jamet (dir.), *L'insertion en questions ?*, Paris, L'Harmattan.

PERKINS, D.D. (1995), « Speaking truth to power : Empowerment ideology as social intervention and policy », *American Journal of Community Psychology*, 23 (5), 765-794.

PERKINS, D. et M.A. ZIMMERMAN (1995), « Empowerment Theory, Research, and Application », *American Journal of Psychology*, 23 (5), 569-580.

PERRET, B. (1994), «Politique publique et mobilisation de la société», dans Eme, B. et J.L. Laville (dir.), *Cohésion sociale et emploi*, Paris, Desclée de Brouwer.

PLOUGH, A. et F. OLAFSON (1994), «Implementing the Boston healthy Start Initiative: A Case study of community empowerment and public health», *Health Education Quarterly*, 21 (2), 221-234.

PRILLELTENSKY, I. (1994), «The United Nations Convention on the Rights of the Child: Implications for children's mental health», *Canadian Journal of Community Mental Health/Revue canadienne de santé mentale communautaire*, 13 (2), 77-93.

RAPPAPORT, J. (1977), *Community Psychology: Values, Research and Action*, New York, Holt, Rinehart, and Winston.

RAPPAPORT, J. (1987), «Terms of empowerment/exemplars of prevention: Toward a theory for community psychology», *American Journal of Community Psychology*, 15 (2), 121-145.

RENAUD, M. (1995), *Le terme «empowerment» est-il un concept creux?*, Communication présentée lors du congrès «Les centres communautaires de santé: au centre des réformes des systèmes de santé», Québec.

RICH, R.C., M. EDELSTEIN, W.K. HALLMAN et A.H. WANDERSMAN (1995), «Citizen participation and empowerment: The case of local environmental hazards», *American Journal of Community Psychology*, 23 (5), 657-676.

RIESSMAN, F. (1990), «Restructuring help: A human services paradigm for the 1990's», *American Journal of Community Psychology*, 18 (2), 221-230.

RIGER, S. (1993), «What's wrong with empowerment?», *American Journal of Community Psychology*, 21 (3), 279-292.

ROBERTSON, A. et B. MINKLER (1994), «New health promotion movement: A critical examination», *Health Education Quarterly*, 21 (3), 295-312.

RUSS, J. (1994), *Les théories du pouvoir*, Paris, Librairie générale française (Le Livre de poche, collection «Références»).

RYAN, W. (1971), *Blaming the victim*, New York, Pantheon.

SAINSAULIEU, R. (1994), «Développement de crise», dans Eme, B. et J.L. Laville (dir.), *Cohésion sociale et emploi*, Paris, Desclée de Brouwer.

SARASON, S. (1976), «Community psychology, network and Mr. Everyman», *American Psychologist*, 31, 317-329.

SARASON, S. (1981), *Psychology misdirected: The psychologist in the social order*, New York, Free Press.

SCHALFF, A. (1991), «Boston's Codman Square Community partnership for health promotion», *Public Health Report*, 106 (2), 186-191.

SCOTT, C. et D. JAFFE (1992), *Le nouveau concept du management: l'empowerment*, Laval, Agence d'Arc Inc.

SEGAL, S.P., C. SILVERMAN et T. TEMKIN (1995), «Measuring empowerment in client-run self-help agencies», *Community Mental Health Journal*, 31 (3), 215-227.

SERRANO-GARCIA, I. (1984), «The illusion of empowerment: Community development within a colonial context», *Prevention in Human Services*, 3 (2-3), 173-200.

SERVIAN, R. (1996), *Theorising empowerment: Individual power and community care*, Bristol, The Policy Press.

SIMON, B.L. (1994)», *The empowerment tradition in american social work: A history*, New York, Columbia University Press.

SMEAD, V.S. (1982), «Individuals as agents of change: Pro person-centered interventions from a community perspective», *Ontario Psychologist*, 14 (4), 14-20.

SOLOMON, B.B. (1976), *Black empowerment: Social work in oppressed communities*, New York, Columbia University Press.

SPREITZER, G.M. (1995), «An Empirical-test of a comprehensive model of international empowerment in the workplace», *American Journal of Community Psychology*, 23 (5), 601-629.

STAUB-BERNASCONI, S. (1991), «Social action, empowerment and social work: An integrative theoretical framework for social work and social work with groups», *Social Work With Groups*, 14 (3-4), 135-151.

SWIFT, C. et G. LEVIN (1987), «Empowerment: An emerging mental health technology», *Journal of Primary Prevention*, 8 (1-2), 71-94.

TOLAN, P., C. KEYS, F. CHERTOK et L. JASON (1990), *Researching community psychology: Issues of theory and methods*, Washington, DC, American Psychological Association.

VAILLANCOURT, Y. (1993), «Trois thèses concernant le renouvellement des pratiques sociales dans le secteur public», *Nouvelles pratiques sociales*, 1 (6), 1-14.

WALLERSTEIN, N. (1992), «Powerlessness, empowerment and health: Implications for health promotion programs», *American Journal of Health Promotion*, 6 (3), 197-205.

WALLERSTEIN, N. (1993), «Empowerment and health: The theory and practice of community change», *Community Development Journal*, 28 (3), 218-227.

WALLERSTEIN, N. et L. MARTINEZ (1994), «Empowerment evaluation: A case study of an adolescent substance abuse prevention program in New Mexico», *Evaluation Practice*, 15 (2), 131-138.

WALLERSTEIN, N. et V. SANCHEZ-MERKI (1994), «Freirian-praxis in health education: Research results from an adolescent prevention program», *Health Education Research*, 9 (1), 105-118.

WALSH, R.T. (1987), « A social historical note on the formal emergence of community psychology », *American Journal of Community Psychology*, 15 (5), 523-529.

WATSON, T.J. (1992), « L'analyse sociologique du travail », dans Tremblay, D.G. et D. Villeneuve (dir.), *Travail et société, une introduction à la sociologie du travail*, Sainte-Foy, Télé-université, Université du Québec.

WEICK, A. (1983), « Issues in overturning a medical model of social work practice », *Social Work*, 28 (6), 467-471.

WILSON, S. (1996), « Consumers empowerment in mental health field », *Canadian Journal of Community Mental Health/Revue canadienne de santé mentale communautaire*, 15 (2), 69-86.

WOLF, T. (1997), « Coalition barriers and how to overcome them », *Community Catalyst, special issue,* Amherst, Community Partners, 5-6.

ZIMMERMAN, M.A. (1990), « Taking aim in empowerment research : On the distinction between individual and psychological conceptions », *American Journal of Community Psychology*, 18 (1), 169-177.

ZIMMERMAN, M.A. (1995), « Psychological empowerment : Issues and illustrations », *American Journal of Community Psychology*, 23 (5), 581-599.

ZIMMERMAN, M.A. et J. RAPPAPORT (1988), « Citizen participation, perceived control, and psychological empowerment », *American Journal of Community Psychology*, 16, 725-750.

LE SOUTIEN SOCIAL SELON UNE PERSPECTIVE COMMUNAUTAIRE

chapitre
4

Kathleen Boucher et Réjeanne Laprise
Université Laval

1. LE SOUTIEN SOCIAL : UN CONCEPT TRÈS POPULAIRE

DURANT les deux dernières décennies, le concept de soutien social a suscité un vif engouement de la part des chercheuses et chercheurs en psychologie communautaire (Grover Duffy et Wong, 1996 ; Veiel et Baumann, 1992). À titre indicatif, la banque de données *Psyclit*, qui répertorie les études en psychologie, dénombre à ce jour plus de 10 600 articles portant sur le sujet.

D'où peut provenir cet intérêt des psychologues communautaires pour le soutien social ? Les pistes de réflexion à ce sujet sont nombreuses. Rappelons que la psychologie communautaire vise entre autres à améliorer la vie des citoyennes et citoyens, des groupes et des communautés, à prévenir les troubles et à promouvoir le bien-être (Heller, Price, Reinharz, Riger et Wandersman, 1984). Les psychologues communautaires agissent avec les individus dans l'environnement où ils vivent et travaillent avec eux afin de susciter des changements sociaux positifs et la prise de pouvoir dans l'action par ces individus (pouvoir d'agir). Pour mener à terme des actions qui soient cohérentes avec ces valeurs, le soutien social constitue un excellent moyen d'intervention que peuvent utiliser les psychologues communautaires. En effet, la psychologie communautaire s'inscrit dans une perspective écologique, c'est-à-dire que la compréhension des phénomènes reliés au fonctionnement des individus, des groupes et des communautés ainsi que l'intervention se basent sur l'étude des interactions réciproques entre les individus et leur environnement. Du fait qu'il forme une sorte de pont entre une psychologie dominée par des préoccupations envers des facteurs personnels ou intrapsychiques (perspective traditionnelle), et une autre qui met l'accent sur l'environnement social (perspective communautaire) (Orford, 1992), le soutien social permet de rendre compte de l'articulation de ces deux réalités (l'individuel et le social). De plus, il constitue souvent la trame de fond de plusieurs actions menées en psychologie communautaire pour investir les individus de plus de pouvoir, pour améliorer la qualité du tissu social et celle des milieux de vie où évoluent les individus, les groupes et les communautés. En outre, le postulat selon lequel le soutien social contribue positivement à la santé mentale a certes motivé les psychologues communautaires à s'y intéresser de plus près (Sarason, Sarason et Pierce, 1990 ; Thoits, 1995). Comme nous le verrons plus avant dans ce chapitre, le soutien social est un phénomène complexe qui permet aux individus, aux groupes et aux communautés de donner et de recevoir, de ressentir les bienfaits d'une gamme de gestes d'aide posés par l'entourage proche et élargi.

Le présent chapitre constitue un tour d'horizon des principales connaissances et applications du concept de soutien social, dans un souci d'en faire ressortir la nature éminemment sociale. D'abord, afin de bien saisir l'importance accordée au soutien social en psychologie communautaire, un bref historique retrace les origines de cette notion. Sont par la suite exposées les multiples significations attribuées à ce concept multidimensionnel. Les trois approches les plus fréquemment utilisées dans l'évaluation du soutien social, soit la structure des réseaux de soutien, les fonctions de soutien et les perceptions de soutien, sont ensuite expliquées. Suit une discussion sur les relations existant entre le soutien social et la santé. Les modèles de l'effet protecteur direct sur la santé et de l'effet indirect ou tampon contre le stress, ainsi que les modèles alternatifs, sont exposés. Avant de présenter les applications possibles de la notion en psychologie communautaire, les questions du biais «psychologisant» de plusieurs travaux portant sur le soutien social et de l'écart séparant la recherche de la pratique sont abordées. En ce qui a trait à la pratique, nous serons à même de constater que le soutien social se situe au centre d'une grande partie des interventions réalisées en psychologie communautaire. L'énoncé de perspectives futures dans l'étude du soutien social boucle le chapitre.

2. BREF HISTORIQUE : LE SOUTIEN SOCIAL, UNE RESSOURCE VIEILLE COMME LE MONDE

Le soutien social existe depuis toujours. Historiquement, il a long-temps été la principale assistance offerte aux individus atteints de troubles mentaux (Maguire, 1991). L'avènement de sciences préoc-cupées par la santé mentale au cours du XXᵉ siècle (par exemple, la psychologie) a probablement contribué à occulter l'importance de l'aide ou du soutien social offert quotidiennement par mon-sieur et madame tout le monde, l'aide dite « formelle » dispensée par des professionnels en milieu institutionnel ou en cabinet privé suscitant davantage l'attention. Il faudra attendre la période des années 1970, avec la remise en question des pratiques en santé mentale qui la caractérise, pour que des chercheuses et des chercheurs de plusieurs disciplines redécouvrent les vertus du soutien social et en fassent un véritable champ de recherche.

Explorons brièvement les assises théoriques et empiriques sur lesquelles repose cet intérêt pour le soutien social. D'un point de vue théorique, un postulat fondamental paraît fort simple : l'être humain est un être social. Il ne peut vivre seul. Il doit avoir recours aux autres pour combler ses besoins de base et assurer son développement optimal (Bozzini et Tessier, 1985). D'un point de vue empirique, diverses disciplines ont contribué à l'émer-gence d'un savoir sur le soutien social. Il s'agit de la recherche expérimentale, de la sociologie, de la psychologie du développe-ment, de l'épidémiologie et de la psychologie communautaire.

2.1 La recherche expérimentale

Vers la seconde moitié du XXᵉ siècle, des recherches expérimenta-les effectuées sur des animaux indiquent un lien possible entre soutien social et santé. À titre d'exemple, Bozzini et Tessier (1985) citent une étude effectuée par Conger, Sawrey et Turrel (1958) qui montre que des rats subissant des chocs électriques en isolement sont davantage susceptibles de développer des ulcères, que les rats astreints aux mêmes stimuli stressants en compagnie de con-génères. Il semble donc que la présence de semblables protège dif-férentes espèces animales contre des conséquences néfastes de situations stressantes.

2.2 La sociologie

Les sociologues s'intéressent depuis longtemps à la façon dont les réseaux sociaux relient les individus aux institutions sociales et à la manière dont ils communiquent les normes et la culture d'une communauté (Gottlieb, 1994). Des recherches empiriques montrent que les individus qui sont les mieux intégrés dans la société, notamment par l'appartenance à un réseau de proches ou d'amis, la participation à des organisations bénévoles ou au marché du travail rémunéré, présentent des taux de mortalité moindres que des individus isolés socialement (Bozzini et Tessier, 1985; House, Landis et Umberson, 1988). Il appert donc que la présence de liens significatifs avec son monde social est centrale pour la santé des individus.

2.3 La psychologie du développement

Dans la même veine, les travaux de Bowlby (1969) mettent en relief le caractère crucial de l'attachement parent-enfant dans l'adaptation de ce dernier. Il constate en fait que des carences importantes, en contacts tant physiques qu'affectifs, peuvent avoir des conséquences irréversibles sur le développement de l'enfant, allant même jusqu'à entraîner sa mort. L'établissement de relations intimes tôt dans la vie semble donc nécessaire à la santé présente et future des individus.

2.4 L'épidémiologie

En 1976, Cassel publie un article mettant en évidence l'influence de l'environnement social sur le développement de la maladie. La recension qu'il effectue des études dans le domaine fait état de l'effet modérateur positif du soutien social contre le stress et, par extension, contre la maladie. Ces constats l'amènent à proposer le développement d'interventions basées sur le renforcement du soutien social disponible aux individus dans un but de prévention de la maladie. L'intérêt de Cobb (1976) pour le soutien social provient d'observations réalisées en médecine clinique. En démontrant qu'il accélère le rétablissement des patients, le chercheur met lui aussi en relief l'effet modérateur du soutien social contre le stress.

2.5 La psychologie communautaire

La psychologie communautaire s'est elle aussi intéressée aux bénéfices du soutien social, sur la santé mentale notamment. Sous l'impulsion des études épidémiologiques réalisées dans plusieurs disciplines et des travaux de Caplan (1974), des chercheuses et chercheurs en psychologie communautaire ont effectué des études mettant en relation divers événements stressants vécus par des individus, le soutien social dont ces derniers disposent et des indicateurs de santé mentale. Ces études démontrent largement que les individus qui reçoivent du soutien ou qui croient qu'ils pourraient en recevoir en cas de besoin seraient moins à risque de présenter des problèmes de santé mentale, que ceux qui manquent de soutien social (Gottlieb, 1994).

Dans le même ordre d'idées, plusieurs psychologues communautaires ont remarqué des lacunes sur le plan du réseau social des individus auprès desquels ils intervenaient (Sarason *et al.*, 1990). L'idée de favoriser le développement et le renforcement du soutien social disponible aux individus paraissait dès lors très pertinente. Cela à plus forte raison que la psychologie communautaire a une visée préventive et promotionnelle, c'est-à-dire qu'elle cherche à repérer les facteurs qui contribuent à la santé des gens et à agir sur eux, plutôt que sur ceux qui entraînent la pathologie (Gottlieb, 1994).

Cette section ne constitue qu'une brève introduction aux relations existant entre le soutien social et la santé. Une section ultérieure du chapitre porte précisément sur cette question. Il importe d'abord de préciser la notion de soutien social qui, nous le verrons, est un concept multidimensionnel fort ardu à circonscrire.

3. LES MULTIPLES DIMENSIONS DU SOUTIEN SOCIAL

3.1 Un concept multidimensionnel

Un constat général ressort de l'abondante littérature sur le soutien social : l'absence d'une définition univoque, consensuelle. En fait, la majorité des chercheuses et chercheurs dans le domaine s'entendent pour dire que le soutien social est un concept aux multiples facettes, un concept multidimensionnel (Barrera, 1986 ;

Orford, 1992 ; Sarason *et al.*, 1990 ; Veiel et Baumann, 1992). Les propos que tient Rappaport (1993) à l'égard du pouvoir d'agir s'appliquent d'ailleurs à merveille au cas du soutien social : « Il est difficile à définir, mais quand on le voit, on sait ce que c'est ». En effet, tôt ou tard, chacune et chacun d'entre nous est exposé à des périodes de vie difficiles, des transitions qui amènent à solliciter l'aide de notre entourage. Pensons également aux petits services que nous rendons ou dont nous bénéficions tous les jours.

De nombreux chercheurs ont travaillé sur la notion de soutien social, lui accordant diverses significations (Barrera, 1986 ; Orford, 1992 ; Sarason *et al.*, 1990 ; Veiel et Baumann, 1992). Veiel et Baumann (1992) soulignent, à ce titre, qu'à la fin des années 1970 et au début des années 1980 de nombreuses définitions ont été formulées, faisant du soutien social un concept tantôt cognitif (Cobb, 1976), affectif (Kaplan, Cassel et Gore, 1977), comportemental (House, 1981) ou encore structurel (Cohen et Syme, 1985). De plus, la notion est fréquemment mise en relation avec des variables de personnalité (par exemple, la force), de développement (l'attachement), des variables biologiques (le système immunitaire), relationnelles (les conflits) et sociales (les communautés) (Sarason *et al.*, 1990).

Plus précisément, certains auteurs insistent sur le caractère interactionnel du soutien social (Maguire, 1991 ; Shumaker et Brownell, 1984). Pour Shumaker et Brownell (1984), il consiste simplement en un échange de ressources entre deux individus perçu, par la personne qui offre du soutien ou par celle qui en reçoit, comme pouvant améliorer le bien-être de la personne qui reçoit. Cette définition semble toutefois réductrice en ce sens qu'elle présente le soutien social comme un processus à sens unique. Or, plusieurs auteurs reconnaissent la nature réciproque des échanges, donc du soutien social (Grover Duffy et Wong, 1996). De plus, elle semble restreindre la définition à de simples relations dyadiques entre les individus (Felton et Berry, 1992).

Pour Maguire (1991), le soutien social correspond aux interactions bénéfiques d'une personne avec le système social qui l'entoure. Ce système social comprend des membres du réseau social informel (amis, famille) et formel (par exemple, les professionnels de la santé). Bien que cette conception a le mérite de montrer la nature réciproque du soutien social et d'aller au-delà de la simple relation dyadique, elle occulte le caractère négatif de certaines interactions ainsi que le rôle possible des structures sociales (écoles, organismes communautaires) comme pouvant être source de soutien social. Gore (1978, dans Veiel et Baumann, 1992) met en relief ce rôle potentiel en considérant le soutien social comme une sorte de produit stocké à l'intérieur de certains individus et de diverses structures sociales et échangé au cours de transactions sociales.

Gottlieb (1994) offre une définition plus globale du concept de soutien social, en précisant la nature des transactions sociales et les bénéfices lui étant associés. Le soutien social est donc «un processus d'interactions sociales qui augmente les stratégies d'adaptation (*coping*), l'estime de soi, le sentiment d'appartenance et la compétence, à travers l'échange effectif (réel) ou prévisible de ressources pratiques ou psychosociales» (traduction libre, Gottlieb, 1994, p. 309). D'autres chercheurs (Thoits, 1995) privilégient une définition suivant un modèle cognitif, c'est-à-dire une définition qui met l'accent sur une conception du soutien social comme ressource d'adaptation, un fonds social dont les individus peuvent se servir en situation de stress.

Gottlieb (1994) déplore cependant le manque de spécificité de certaines définitions. En effet, la majorité d'entre elles ne disent rien sur la nature des processus d'interactions en plus de ne rien préciser sur les mécanismes de fonctionnement du soutien social, ce qui, nous le verrons plus loin, a des répercussions importantes pour l'intervention. À ce titre, Barrera remettait en question, dès 1986, l'idée d'un concept global de soutien social. Selon lui, les définitions sont souvent tellement larges et vagues que le concept est en danger de perdre son aspect unique, distinct.

Bien que les définitions présentées jusqu'à présent contiennent certains éléments se référant à l'environnement social, il est possible de remarquer qu'elles se centrent pour la plupart sur l'individu lui-même (par exemple, les interactions d'un individu avec d'autres). Certains chercheurs (Felton et Shinn, 1992) considèrent le soutien social avant tout comme une caractéristique des réseaux sociaux ou des communautés et non des individus eux-mêmes. Il peut ainsi être présenté comme un facteur environnemental, présent dans les différents systèmes sociaux (voir chapitre 2) dans lesquels les individus s'inscrivent, et qui interagit avec eux pour leur fournir force, confiance et sentiment d'appartenance (Orford, 1992).

3.2 Le soutien social et ses principales dimensions

Étant donné l'abondante littérature, il est difficile d'arrêter une définition claire du soutien social. Néanmoins, l'adoption d'une perspective communautaire amène les auteurs de ce chapitre à privilégier une définition qui fait ressortir la nature environnementale du soutien social. En outre, la définition choisie englobe les principales dimensions du soutien social recensées dans les travaux empiriques, soit les réseaux de soutien, les fonctions de soutien et les perceptions de soutien (Barrera, 1986 ; Orford, 1992 ; Sarason *et al.*, 1990 ; Thoits, 1995). Ainsi, le soutien social fait référence au résultat de l'intégration sociale d'un individu dans différents réseaux (structure) qui lui fournissent un appui affectif, matériel, cognitif et normatif (fonctions), et qui contribue à des perceptions sociales satisfaisantes (perceptions). Le tableau 1 présente les principales dimensions du soutien social et certains concepts apparentés. La section suivante décrit chacune d'entre elles.

Tableau 1

Principales dimensions du soutien social et concepts apparentés

Concept	Définition
Réseau de soutien	Répertoire de liens qu'un individu possède avec d'autres individus et qui sont susceptibles de lui procurer diverses formes d'aide ou de ressources.
Réseau social	Ensemble complexe des liens qu'un individu entretient avec d'autres individus de son entourage immédiat ou plus large, ou qui représentent diverses institutions sociales.
Intégration sociale[1]	Niveau d'identification d'un individu, d'un groupe, d'une communauté, aux valeurs et institutions sociales. Peut inclure, mais pas nécessairement, des relations « soutenantes ». Quand il n'y a aucune intégration, il est question d'anomie.
Fonctions de soutien	Divers aspects liés à la qualité des relations ou à la capacité des relations à remplir différentes fonctions de soutien, dont le soutien affectif, matériel, cognitif et normatif.
Perceptions de soutien	Évaluation cognitive de son réseau social ou perception qu'a une personne d'être connectée aux autres.

1. Certains auteurs, dont Barrera (1986), considèrent l'intégration sociale comme le fait de faire partie d'un réseau d'individus, évalué par le nombre de liens entretenus avec les autres. Toutefois, ils utilisent le terme anglais *social embeddedness*, qui semble différent du concept sociologique d'intégration sociale. Ce dernier implique en fait l'idée d'appartenance, d'identification et de participation au monde social. Cette conception est privilégiée ici puisqu'elle rend compte de l'importance du macrosystème dans le soutien social.

3.2.1 Les réseaux de soutien

Les réseaux de soutien concernent certains aspects de la structure des réseaux sociaux (propriétés formelles), ainsi que l'intégration sociale (Orford, 1992). Comme le montre le tableau 1, le réseau social consiste en l'organisation, en l'ensemble complexe des liens qu'un individu entretient avec d'autres individus de son entourage immédiat ou plus large, ou qui représentent diverses institutions sociales (Maguire, 1991 ; Thoits, 1995). Le réseau social s'avère indépendant de la qualité de ces liens. Il inclut donc autant les membres qui exercent une influence positive que ceux qui exercent une influence négative (Maguire, 1991). Le réseau de soutien, pour sa part, implique davantage les individus susceptibles de fournir diverses formes d'aide ou ressources aux individus.

3.2.1.1 Les propriétés formelles des réseaux sociaux

Des chercheurs et des psychologues communautaires s'intéressent à inventorier les propriétés formelles des réseaux sociaux des individus en évaluant des dimensions plus quantitatives, telles que la taille du réseau d'un individu et la fréquence des contacts avec les membres du réseau, et des dimensions plus qualitatives, telles que la réciprocité des échanges et l'ouverture du réseau social (Barrera, 1986 ; Bozzini et Tessier, 1985 ; Orford, 1992 ; Thoits, 1995 ; Tolsdorf, 1976). Le tableau 2, basé sur la recension de Bozzini et Tessier (1985), présente certaines propriétés formelles des réseaux sociaux.

3.2.1.2 L'intégration sociale

Les mesures de réseaux de soutien permettent souvent de saisir l'intensité de l'intégration sociale des individus (Thoits, 1995). Comme on le voit au tableau 1, l'intégration sociale correspond au niveau d'identification d'un individu, d'un groupe, d'une communauté, aux valeurs et institutions sociales dominantes. Dans le même sens, Gottlieb (1987) fait référence à l'engagement des individus envers les institutions communautaires et à leur participation à la vie sociale informelle de la communauté. Un exemple parlant est celui d'immigrants issus d'une culture aux valeurs fondamentales différentes de celles de leur communauté d'accueil. Si des conditions sociales ne sont pas créées pour permettre à ces groupes de s'insérer et de participer activement à leur nouveau milieu, tout en pouvant conserver leurs modes de vie, il y a risque d'anomie (disparition des valeurs communes à

Tableau 2
Propriétés formelles des réseaux sociaux

Propriété	Définition
Taille	Nombre d'individus composant le réseau de l'individu.
Fréquence des contacts	Nombre de contacts avec les membres du réseau pendant une période de temps définie (par semaine, par exemple).
Densité	Nombre de liens entre les personnes formant le réseau d'un individu, mis en rapport avec le nombre de liens théoriquement possibles.
Variété	Nombre de catégories d'individus qui offrent différents types de soutien. Un réseau est homogène quand peu de catégories distinctes d'individus procurent diverses formes de soutien (par exemple, conjointe), et hétérogène quand plusieurs catégories d'individus offrent du soutien.
Multiplexité	Polyvalence des liens (par exemple, ma mécanicienne est mon amie).
Accessibilité	Nombre de liens nécessaires pour relier tous les membres du réseau. Cela implique une distinction entre des liens directs et des liens indirects (membres auxquels l'individu est relié par l'intermédiaire d'autres personnes avec lesquelles il est directement lié).
Ouverture	Capacité du réseau d'offrir l'occasion d'accéder à d'autres réseaux auxquels l'individu n'appartient pas de prime abord.
Durée	Stabilité plus ou moins grande des liens avec les membres du réseau.
Réciprocité	Échange mutuel de ressources semblables ou équivalentes entre les individus d'un réseau.

un groupe), d'aliénation sociale (processus par lequel l'être humain est rendu étranger à lui-même) et d'isolement social (Barrera, 1986). De grands indicateurs sociaux reflétant la présence de liens sociaux sont fréquemment utilisés pour mesurer l'intégration sociale des individus et des groupes : statut matrimonial (avoir un conjoint), statut d'emploi (employé rémunéré), appartenance à des groupes formels ou informels, participation à des organisations communautaires. Le rationnel qui sous-tend cette approche réside dans l'idée qu'il s'agit là de ressources potentielles de soutien social.

Il est intéressant de noter que l'analyse des réseaux de soutien se fait souvent autour d'une seule personne (Barrera, 1986). Selon Orford (1992), le recours à cette seule technique peut entraîner la négligence des liens existant entre tous les individus formant un réseau social. Par exemple, on peut en venir à occulter l'importance de liens mutuels avec une tierce personne dans la compré-hension d'une relation entre deux personnes. Par conséquent, des auteurs (Felton et Berry, 1992 ; Felton et Shinn, 1992 ; Orford, 1992) suggèrent de s'intéresser aux structures de réseaux dans leur entier (par exemple, le réseau de soutien d'une communauté) dans l'étude du soutien social.

3.2.2 Les fonctions de soutien

Les fonctions de soutien concernent divers aspects liés à la qualité des relations ou à la capacité des relations de remplir différentes fonctions de soutien (Orford, 1992). Le tableau 3 présente les prin-cipales fonctions de soutien social répertoriées dans la littérature (Cohen et Wills, 1985 ; Jacobson, 1986 ; Leavy, 1983 ; Orford, 1992 ; Wills, 1985).

Tableau 3
Les principales fonctions de soutien

Soutien affectif ou émotif
Soutien matériel, tangible ou instrumental
Soutien cognitif ou informatif
Soutien normatif, d'estime, de reconnaissance ou d'affirmation
Soutien de compagnonnage ou de socialisation

Sur le plan affectif, les membres formant le réseau social d'un individu lui permettent de répondre à ses besoins essentiels d'exprimer ses émotions, de se sentir écouté, réconforté, de se sen-tir unique, d'aimer et de se sentir aimé (Jacobson, 1986 ; Leavy, 1983 ; Maguire, 1991). Ces fonctions sont souvent remplies par les proches. Cette catégorie, qui possède un caractère très inclusif, amène un certain désaccord entre des chercheurs. Par exemple, Cohen et Wills (1985) incluent dans cette catégorie le sentiment d'être estimé, alors que Cobb (1976) en fait une catégorie à part.

Sur le plan matériel, les membres du réseau d'un individu lui permettent un accès à des biens, à des ressources et à des services qui aident à faire face aux exigences pratiques de la vie, à résoudre des problèmes pratiques (Jacobson, 1986 ; Wills, 1985). L'argent que l'on prête à nos proches qui ont du mal à joindre les deux bouts ou encore le coup de pinceau que nous offrons gratuitement aux copains qui déménagent sont des exemples de ce type de soutien. Cette catégorie de soutien reçoit le plus d'accord de la part des chercheuses et des chercheurs. Elle est particulièrement utile aux personnes âgées en perte d'autonomie (Minkler, 1985) et aux personnes issues de milieux défavorisés sur le plan socio-économique (Wills, 1985), qui ont moins accès à diverses ressources. Le soutien matériel s'avère donc pertinent à considérer dans l'élaboration d'interventions de soutien.

Sur le plan cognitif, les contacts d'un individu avec les autres lui permettent de recevoir des avis, des conseils, d'obtenir de l'information, d'être stimulé intellectuellement et de pouvoir acquérir de nouvelles habiletés (Leavy, 1983 ; Wills, 1985). Les bons conseils d'un ami ayant vécu la même situation que soi ou les informations théoriques et techniques d'un professeur de stage professionnel constituent des exemples de soutien cognitif. Bien que cette catégorie de soutien fasse davantage l'unanimité auprès de la communauté scientifique, elle n'est pas considérée par tous comme étant centrale à la notion de soutien social (Orford, 1992).

Sur le plan normatif, les contacts avec les autres permettent à l'individu de renforcer son estime de soi, de se sentir reconnu, de recevoir l'accord des autres à propos de ses actes et d'adopter des comportements adaptés aux diverses situations, grâce, notamment, à la rétroaction positive et constructive (Cobb, 1976). Appuyer ouvertement le copain qui présente ses idées publiquement est un exemple de soutien normatif. Le frère qui nous fait remarquer que nous sommes injustement impoli avec notre mère offre une forme de soutien normatif ; il nous informe de l'importance du respect des parents, valeur fondamentale de notre société. Cette catégorie de soutien n'est pas considérée par tous les chercheurs comme fondamentale ou alors mutuellement exclusive par rapport au soutien affectif.

Enfin, le soutien de compagnonnage correspond simplement à passer du bon temps avec les autres à l'occasion d'activités récréatives (Cohen et Wills, 1985). Ce type de soutien ne retient pas l'accord de tous (Orford, 1992). En effet, il est logique de croire que nos copains remplissent les autres fonctions jugées plus centrales, à travers les rencontres amicales.

Il est à noter que les trois fonctions de soutien qui obtiennent le plus d'accord entre les chercheuses et les chercheurs sont le soutien affectif, matériel et informatif. C'est du moins dans ce sens que vont les résultats d'une analyse factorielle réalisée par Barrera et Ainlay (1983) et la méta-analyse de Thoits (1995).

3.2.3 Les perceptions de soutien

Les perceptions de soutien constituent l'approche la plus utilisée dans la littérature scientifique portant sur le soutien social (Sarason *et al.*, 1990 ; Thoits, 1995). En accord avec les modèles cognitifs de stress et de stratégies d'adaptation, l'approche perceptive renvoie à l'évaluation cognitive, à la perception d'être connecté aux autres (Barrera, 1986). Elle évalue généralement deux aspects, soit la perception de la disponibilité et du caractère adéquat du soutien social (par exemple, la satisfaction) (Barrera, 1986 ; Sarason *et al.*, 1990). Ainsi, une personne peut posséder un réseau social restreint et se voir offrir peu de soutien, tout en ayant une perception élevée de soutien. L'essentiel réside dans la façon de concevoir son monde social (Orford, 1992). Cette conception du soutien social est plus intrapsychique que celle d'autres chercheuses et chercheurs en psychologie communautaire qui pensent que le soutien social évalue davantage un aspect particulier du monde social externe à l'individu (Felton et Shinn, 1992 ; Orford, 1992). La section suivante présente les liens existant entre les réseaux de soutien, les fonctions de soutien, les perceptions de soutien et la santé mentale, après avoir exposé les trois modèles théoriques liant le soutien social à la santé mentale.

4. SURVOL DES TRAVAUX EMPIRIQUES SUR LE SOUTIEN SOCIAL

4.1 Les modèles reliant le soutien social à la santé mentale

Un nombre important de travaux ont étudié le soutien social comme une composante du modèle de stress de Lazarus et Folkman (1984), c'est-à-dire comme une ressource sociale pouvant être mobilisée afin de contrer les conséquences négatives des facteurs de stress vécus et de maintenir sa santé mentale (Thoits, 1995). Cette section ne peut faire état de l'ampleur des travaux réalisés, elle vise plutôt à dégager certains grands constats.

Il y a déjà plus de quinze ans, Cohen et Wills (1985) regroupaient les travaux menés sur les liens entre les facteurs de stress, les ressources personnelles et les stratégies d'adaptation, le soutien social et la santé selon deux principaux modèles théoriques : le modèle d'effet protecteur direct du soutien social et le modèle d'effet indirect ou «tampon» contre le stress (*stress buffering model*) du soutien social sur la santé mentale. Le modèle d'effet direct du soutien social postule une relation directe entre le soutien social et la santé mentale. Plus les individus bénéficient de soutien social, plus ils rapportent une meilleure santé mentale, peu importe qu'ils vivent ou non du stress (perte d'emploi, mort d'un être cher). De façon différente, le modèle d'effet indirect du soutien social, ou d'effet tampon, postule que le soutien social modère la relation entre les facteurs de stress et la santé mentale, c'est-à-dire que le soutien social atténue ou annule l'effet négatif des facteurs de stress sur la santé mentale, en raison de sa relation indirecte avec celle-là. À quantité égale et importante de stress vécu, l'individu ayant un soutien social important maintient une meilleure santé mentale que celui présentant un faible soutien social.

Certaines études appuient la valeur de ces modèles alors que d'autres en infirment l'existence (Cohen et Wills, 1985 ; Vaux, 1998). La difficulté à démontrer l'existence de ces deux modèles a amené l'émergence des modèles alternatifs de soutien social (Vaux, 1998). Ces derniers anticipent des relations réciproques, c'est-à-dire mutuelles, entre les facteurs de stress, les ressources personnelles et les stratégies d'adaptation, le soutien social et la santé mentale. Ce faisant, ces modèles s'inscrivent dans la perspective de l'écologie sociale qui postule l'existence d'une relation réciproque entre l'individu et son environnement. Les modèles alternatifs cernent donc mieux la réalité existante. La figure 1 présente un modèle simplifié d'interactions possibles entre les facteurs de stress, les ressources personnelles et les stratégies d'adaptation, le soutien social et la santé mentale, inspiré des travaux de certains chercheurs dans le domaine (entre autres, Moos, 1992 ; Munroe et Steiner, 1986).

Figure 1

Hypothèse d'interactions entre les facteurs de stress, les ressources personnelles et les stratégies d'adaptation, le soutien social et la santé mentale. Modèle
simplifié inspiré notamment de Moos (1992) et de Munroe et Steiner (1986).

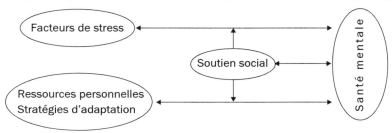

Les principales composantes susceptibles d'être intégrées
dans les modèles alternatifs, soit les facteurs de stress, les ressources personnelles et les stratégies d'adaptation, sont tour à tour
mises en relation avec le soutien social et la santé mentale.

4.2 Les composantes des modèles alternatifs

4.2.1 Les facteurs de stress

En 1967, Holmes et Rahe (1967) ont conçu un instrument de
mesure estimant les facteurs de stress positif et négatif liés aux
événements intenses de la vie. Les facteurs de stress sont définis
comme les demandes provenant de l'environnement, des relations sociales ou de l'individu lui-même auxquelles l'individu
doit s'adapter. Thoits (1995) répertorie trois types de facteurs de
stress : les événements intenses de la vie (facteurs de stress aigu),
les facteurs de stress chronique et les embêtements quotidiens.
Les événements intenses de la vie, tels le divorce et les naissances,
sont des facteurs de stress aigu qui nécessitent des modifications
rapides dans la vie des individus. Les facteurs de stress chronique,
tels que les problèmes familiaux et la pauvreté, sont des facteurs
qui nécessitent une adaptation prolongée. Les embêtements quotidiens, tels des visiteurs inattendus et un rendez-vous manqué,
renvoient plutôt aux petits événements du quotidien auxquels
l'individu doit faire face.

Certains constats généraux se dégagent de la littérature sur les
facteurs de stress (Thoits, 1995). Premièrement, les individus ne

sont pas passifs face aux événements de leur vie ; ils utilisent leurs ressources personnelles et sociales, leurs stratégies d'adaptation afin de maintenir leur santé mentale. Deuxièmement, le stress vécu dans un secteur de vie (microsystème) peut se généraliser à d'autres secteurs de vie (autres microsystèmes) (par exemple, les facteurs de stress au travail qui interagissent avec ceux provenant de la maison), ou d'une étape de vie à l'autre (par exemple, un facteur de stress vécu pendant l'enfance qui se répercute à l'âge adulte) (Coyne et Downey, 1991). Troisièmement, il appert que les facteurs de stress aigu peuvent parfois produire des effets positifs à long terme. À preuve, en menant des entrevues en profondeur auprès de femmes et d'hommes divorcés, Riessman (1990) observe que ces individus ressentent de la dépression ou consomment plus d'alcool immédiatement après leur divorce. Cependant, à la longue, les femmes gagnent plus d'assurance et gèrent mieux leur vie et les hommes améliorent leurs habiletés interpersonnelles. Quatrièmement, ce serait, en ordre d'importance, le nombre total d'événements intenses de la vie, les événements négatifs de la vie, les facteurs de stress chronique, suivis des embêtements quotidiens qui affecteraient le plus la santé mentale et physique (Thoits, 1995). Ces résultats doivent cependant être nuancés puisque très peu de recherches ont été effectuées sur les facteurs de stress chronique. Il est pourtant fondamental de s'y attarder. En effet, certaines recherches réalisées auprès de personnes-soutien[2] (Knight, 1992 ; Ricard et Fortin, 1993) montrent qu'un stress chronique, tel que celui d'assurer du soutien à un proche malade, entraîne une détérioration de la santé mentale de ces personnes-soutien. De même, il appert que la pauvreté entretient des liens négatifs avec le soutien social et la santé mentale.

Certains faits méritent d'être établis à l'égard de la pauvreté, qui constitue un facteur de stress chronique, une condition sociale d'aversion mobilisant quotidiennement les ressources des individus. L'état de pauvreté se reflète, en partie, par le statut socio-économique. Rappelons que ce dernier, ainsi que plusieurs caractéristiques sociodémographiques, tels le sexe, l'âge, constituent des marqueurs de la situation de l'individu dans la structure sociale (Heller, Price et Hogg, 1990). Des recherches concernant les communautés les plus démunies montrent que les

---

2. Les auteures choisissent d'adopter le terme « personne-soutien » au lieu du terme « aidant naturel » car il rend mieux compte des responsabilités d'aide assumées et remet en question le caractère soi-disant « naturel » de l'aide prodiguée.

individus présentant un statut socio-économique plus faible vivent à la fois plus d'événements négatifs et de facteurs de stress chronique que les individus plus favorisés. Cependant, seuls les facteurs de stress chronique sont invariablement liés à la santé mentale (Brown et Harris, 1978 ; McLeod et Kessler, 1990). Cela indique que le vécu lié aux facteurs de stress chronique différencie les individus provenant d'un milieu défavorisé de ceux provenant d'un milieu favorisé. De tels résultats invitent à tenir compte du cumul des facteurs de stress pour bien refléter la réalité existante. En effet, les situations de pauvreté et de précarité vécues quotidiennement par les individus issus d'un milieu défavorisé nécessitent qu'ils recourent constamment à leurs ressources. Dans les faits, ces individus présentent peut-être des compétences supérieures à celles des individus issus d'un milieu favorisé puisqu'ils ont à composer à la fois avec de nombreux facteurs de stress chronique et des facteurs de stress aigu. Somme toute, ces constats montrent l'importance de prendre en compte les facteurs de stress chronique tels que la pauvreté dans les recherches portant sur le sujet.

Quelles associations présentent les facteurs de stress et le soutien social ? Il est généralement admis que les événements intenses de la vie (facteurs de stress aigu) peuvent augmenter la mobilisation du soutien social. Dans cette veine, peut-être faut-il aussi avoir à l'idée que ces derniers peuvent favoriser les échanges interpersonnels (Schulz et Rau, 1985) et, de ce fait, représentent vraisemblablement des indices lointains de soutien social. En ce qui concerne les facteurs de stress chronique, ils diminuent généralement l'étendue du réseau social et le soutien social reçu et perçu (Lin et Ensel, 1989). Peut-être cela est-il attribuable au fait que les difficultés chroniques deviennent à la longue exigeantes pour les membres du réseau social. Plusieurs recherches sont encore nécessaires afin de préciser les facteurs de stress et les aspects de ces derniers qui diminuent ou améliorent le soutien social.

4.2.2 Les ressources personnelles et les stratégies d'adaptation

Le contrôle, l'estime de soi et la maîtrise sont des ressources personnelles qui s'avèrent liées à l'établissement d'un réseau social et à la formation de perceptions positives de soutien social. Les stratégies d'adaptation, pour leur part, se définissent comme les comportements qu'adoptent les individus afin de s'adapter aux demandes des situations de vie. Les problèmes jugés plus sévères suscitent une plus grande utilisation de stratégies d'adaptation (Cronkite et Moos, 1984 ; Menaghan et Merves, 1984). En ce qui concerne les liens existant entre les ressources personnelles et les stratégies d'adaptation, il ressort que les individus présentant une estime de soi et un contrôle personnel plus élevés sont générale-ment plus confiants et motivés à utiliser des stratégies d'adapta-tion efficaces afin de gérer le stress vécu (Thoits, 1995).

Divers travaux font état que le soutien social, les ressources personnelles et les stratégies d'adaptation partagent des liens. Des chercheurs (Ross et Mirosky, 1989 ; Sarason, Levine, Basham et Sarason, 1983) montrent en effet que le contrôle personnel perçu et le soutien social perçu sont positivement corrélés. Fleishman (1984) note une association positive entre le contrôle personnel et les stratégies d'adaptation. Il semble ainsi raisonnable de penser que les individus qui ont plus de ressources personnelles et de stratégies d'adaptation vont présenter plus d'habiletés sociales, ce qui devrait améliorer leur réseau social et, conséquemment, leur santé mentale. Il appert en fait que plus un individu se perçoit compétent pour résoudre ses problèmes, plus il stimule des com-portements d'aide (Hobfoll et Stokes, 1988), et plus il se forge des perceptions positives de soutien social (Sarason, Sarason et Shea-rin, 1986).

Les liens entre les ressources personnelles, les stratégies d'adaptation et le statut socio-économique demeurent à préciser. La distribution inégale de ces ressources en fonction du statut socio-économique explique peut-être certaines différences obser-vées face aux facteurs de stress. En effet, certaines études mon-trent que les individus ayant une estime de soi et un contrôle personnel plus élevés présentent un style d'adaptation plus actif (Menaghan et Merves, 1984 ; Ross et Mirosky, 1989) que ceux dis-posant de ressources moindres. De même, les individus issus de groupes minoritaires défavorisés, et ceux ayant un plus faible niveau d'éducation et de revenu présenteraient des perceptions de maîtrise et d'estime personnelles plus faibles que les mieux nantis (Turner et Roszell, 1994).

Ces résultats laissent croire que les individus désavantagés sur le plan socio-économique possèdent moins de ressources per-sonnelles et de stratégies d'adaptation. Toutefois, il faut éviter de tirer cette conclusion. Depuis toujours, les psychologues commu-nautaires se débattent afin que les résultats des recherches tradi-tionnelles soient mis en rapport avec le caractère très orienté des questions posées dans ce genre d'études. Par exemple, plutôt que de s'interroger à savoir si les personnes provenant d'un milieu défavorisé possèdent une estime de soi et un sentiment de contrôle personnel différents des autres et d'en déduire qu'elles ont un style d'adaptation moins efficace, on pourrait se demander quelles sont les stratégies efficaces d'adaptation des individus vivant en milieu défavorisé.

Les individus provenant d'un milieu défavorisé développent probablement des ressources personnelles et des stratégies d'adaptation qui sont efficaces dans leur milieu social, même si elles sont différentes de celles qui sont utilisées par les individus issus de milieu favorisé. À titre d'exemple, pour récompenser ses élèves, une enseignante travaillant dans un milieu défavorisé avait fait le tirage de billets qui donnaient droit à un repas gratuit pour deux personnes dans un restaurant. Un jeune garçon ayant gagné deux de ces billets voulait en faire profiter ses trois frères. Toutefois, les règles du tirage émises par le restaurateur ne lui permettaient pas d'utiliser les deux billets en même temps, c'est-à-dire de profiter en une seule fois de tous les repas auxquels il avait droit. Afin de réaliser son objectif qui était de partager un repas avec ses frères, le jeune garçon est revenu à deux reprises au restaurant, à deux moments différents de la journée, afin de rapporter les quatre repas auxquels il avait droit. Cet exemple est anodin, mais reflète une évidence : la créativité dont font souvent preuve les individus provenant d'un milieu défavorisé pour faire face aux situations de vie. La plupart des études sur les stratégies d'adaptation ne mettent pas en relief cet aspect. Faire émerger les différentes stratégies d'adaptation qu'utilisent les individus provenant de divers milieux sociaux constitue un objectif des psychologues communautaires, qui souhaitent contrer l'effet de stigmatisation qu'ont les résultats de recherches traditionnelles à l'égard des individus provenant d'un milieu défavorisé.

4.2.3 Le soutien social

Le soutien social constitue une ressource sociale pouvant être mobilisée pour faire face aux événements de vie. Comme il a été souligné précédemment, les travaux distinguent trois dimensions : les réseaux de soutien, les fonctions de soutien et les perceptions de soutien. Les réseaux de soutien font référence aux individus apportant de l'aide ou à la structure des liens sociaux. Les fonctions de soutien renvoient aux gestes d'aide posés. Les perceptions de soutien concernent plutôt l'évaluation subjective que se fait l'individu du soutien social reçu. Ces trois dimensions ne sont pas complètement indépendantes l'une de l'autre. Le soutien social reçu promeut les perceptions de disponibilité du soutien social (Wethington et Kessler, 1986). De même, on ne peut aborder les fonctions et les perceptions de soutien sans avoir à l'idée qu'il existe préalablement un réseau social.

La méta-analyse de Cohen et Wills (1985) fait ressortir deux constats principaux concernant les modèles portant sur les liens entre le soutien social et la santé mentale. Le modèle d'effet direct du soutien social sur la santé mentale est mis en évidence surtout par des mesures de réseau social qui sont qualitatives (par exemple, l'intimité des relations) et par un indice d'intégration sociale (par exemple, avoir un conjoint), alors que le modèle d'effet indirect du soutien social sur la santé mentale paraît plus valable auprès des individus soumis à un stress important et lorsque des mesures de perceptions de soutien social sont utilisées (Cohen et Wills, 1985).

En ce qui concerne les réseaux de soutien et la santé mentale, il appert que les dimensions plus quantitatives, telles que la taille du réseau social et la fréquence des contacts, corrèlent faiblement avec la santé mentale, alors que des dimensions plus qualitatives, telles que la réciprocité et la durée, y sont davantage liées (Bozzini et Tessier, 1985 ; Gottlieb, 1992 ; Thoits, 1995). Dans le même ordre d'idées, certaines dimensions structurelles, telles que la densité, se révèlent plus ou moins importantes selon le type de situation vécue par les individus (Gottlieb, 1992 ; Sarason *et al.*, 1990). À titre d'exemple, un réseau moins dense (où les gens se connaissent moins) serait plus bénéfique lors de transitions ou de choix de vie importants qui peuvent engendrer des désaccords de la part de l'entourage (actualisation de son homosexualité, parentalité à l'adolescence) (Sarason *et al.*, 1990). À l'inverse, un réseau plus dense aurait davantage d'effets positifs lorsqu'il n'y a pas de transitions importantes ou lorsque la trajectoire de vie est assez stable (par exemple, les personnes âgées retraitées depuis quelques années) (Sarason *et al.*, 1990). Somme toute, les dimensions structurelles sont reliées assez faiblement à la santé mentale comparativement aux perceptions de soutien (Sarason *et al.*, 1990 ; Thoits, 1995). Malgré un lien plutôt faible entre les structures de soutien social et la santé mentale, certains chercheurs et intervenants communautaires considèrent qu'il est crucial d'en faire l'étude si l'on veut intervenir efficacement (Lin et Westcott, 1991 ; Orford, 1992). En effet, il est fondamental de se rappeler que c'est grâce à la structure des réseaux que l'individu a quotidiennement accès à de l'aide, à du soutien social (Lin et Westcott, 1991).

Les résultats sur les fonctions de soutien ne font également pas consensus. Tantôt une fonction est associée positivement à une meilleure santé mentale, tantôt cette même fonction n'est aucunement associée à la santé mentale (Cohen et Wills, 1985). Ces résultats contradictoires s'expliquent peut-être par trois éléments. Premièrement, les fonctions mesurées ne sont pas toujours les mêmes. Deuxièmement, des mesures multidimensionnelles, c'est-à-dire évaluant plusieurs fonctions, sont rarement utilisées. Troisièmement, bien que plusieurs fonctions de soutien soient cruciales pour certaines populations (par exemple, le soutien matériel pour les personnes âgées), elles ne font pas toujours l'objet d'étude (Orford, 1992).

En ce qui a trait aux perceptions de soutien, il ressort généralement qu'elles ont une plus grande influence sur la santé mentale que les réseaux et les fonctions de soutien (Sarason *et al.*, 1990 ; Thoits, 1995). Cependant, certains auteurs (Barrera, 1986 ; Thoits, 1995) nuancent ces constats en soulignant que le soutien social perçu chevauche parfois les mesures de stress et de détresse psychologiques perçus, ce qui peut expliquer les relations importantes entre ces concepts. Par exemple, la perte d'un être cher constitue à la fois un événement stressant et une perte de soutien social, qui peuvent être accompagnés de symptômes dépressifs, donc de perceptions négatives et de stress. Il est donc logique qu'il y ait un fort lien entre les perceptions de soutien, le stress et la détresse psychologique.

Quels sont les liens entre le soutien social et certaines caractéristiques sociodémographiques ? Les résultats sont différents selon la dimension du soutien social considérée. Par rapport au sexe, des études montrent que les hommes ont un réseau social plus étendu et superficiel que celui des femmes, alors que les femmes ont un réseau plus restreint et intime que celui des hommes (Belle, 1987). De même, les personnes âgées présentent généralement un réseau social plus restreint que les adultes plus jeunes (Cartensen, 1991). D'autres recherches montrent que la taille des réseaux de soutien est négativement corrélée aux ressources personnelles, aux stratégies d'adaptation et au statut socio-économique. Cette observation va à l'encontre du mythe voulant qu'un individu provenant d'un milieu défavorisé présente moins de soutien social. Dans cette veine, Guay (1992) rapporte qu'en milieu défavorisé il est parfois plus facile d'établir un réseau d'entraide et d'échanges réciproques que dans un milieu plus favorisé. En ce qui a trait aux perceptions de soutien, les résultats mettent plutôt en relief qu'elles sont directement associées à la santé mentale hormis certaines exceptions, notamment par rapport à l'âge. En effet, Cartensen (1991) souligne que plusieurs personnes âgées maintiennent leur satisfaction envers le soutien social reçu, malgré la taille réduite de leur réseau.

Ces résultats semblent confirmer l'hypothèse selon laquelle certaines caractéristiques sociodémographiques rendent compte de l'exposition à l'adversité et au stress, ainsi qu'à des possibilités différentes de participer à la vie communautaire et d'avoir accès à une qualité de vie et à du soutien satisfaisants (Gottlieb, 1991). Ce constat invite à explorer le soutien social, non pas sous l'angle d'une seule personne, mais plutôt dans un contexte social élargi (Orford, 1992).

4.2.4 Un mot sur la santé mentale

Ce survol ne saurait être clos sans émettre certaines réserves sur la façon dont on estime la santé mentale. Selon Heller (1989), les psychologues ont tendance à étudier les individus au détriment des groupes. Conséquemment, un de leurs biais consiste à se concentrer sur les comportements liés clairement à la santé individuelle. Par exemple, quand on veut cerner une humeur dépressive, on s'attarde au nombre de jours où la personne a eu de la difficulté à se lever et non à l'apathie politique, par exemple le nombre d'années sans voter. On s'informe des problèmes d'estomac, du nombre de nuits blanches, mais pas du fait que les gens se sentent ou non en sécurité dans leur quartier ou que des parcs soient aménagés ou non pour leurs enfants (Heller, 1989). Aussi, à l'instar de Pearlin, Lieberman, Menaghan et Mullan (1981), il est peut-être opportun de considérer les symptômes psychologiques, non pas comme une difficulté permanente, mais plutôt comme un état d'adaptation face à des événements de vie difficiles.

4.2.5 Limites des travaux empiriques sur le soutien social

En rétrospective, les liens existant entre le soutien social, les facteurs de stress, les ressources personnelles, les stratégies d'adaptation et la santé mentale sont mieux connus. Cependant, les limites du soutien social comme ressource à mobiliser pour maintenir la santé mentale commencent aussi à émerger. À titre d'exemple, bien que l'absence de relations sociales soit un facteur de stress produisant un sentiment de solitude chronique (Hughes et Goves, 1989 ; Rook, 1984), certains liens sociaux obligatoires (parent, époux, travailleur) peuvent aussi occasionner du stress et diminuer la santé mentale. Selon Rook (1984), l'évidence de l'effet négatif des conflits ou de certaines relations sur le bien-être invite à être plus précis dans les études. Il convient donc de se demander si les individus qui ont plus de soutien social sont réellement en meilleure santé mentale. Selon Thoits (1995), la question demeure entière. Ce constat d'impasse quant aux recherches traditionnelles portant sur le soutien social constitue un argument convaincant pour adopter des stratégies de recherche permettant aux individus de nommer leur réalité sociale (recherche qualitative, recherche-action). Le chapitre 12, qui porte sur la recherche en psychologie communautaire, est fort explicite à ce sujet. Les psychologues communautaires ont tout avantage à mettre de l'avant leur perspective pour une étude plus «ancrée» du soutien social.

D'autres limites s'expliquent par l'utilisation de devis de recherche transversaux. Ces devis consistent à recueillir simultanément des données relatives à plusieurs facteurs sans qu'un lien temporel ne puisse être établi entre ceux-ci. Il devient ainsi difficile de préciser quel facteur survient avant un autre. Aucun lien de causalité ne peut donc être inféré. Par exemple, on ne peut pas savoir si un individu est déprimé parce qu'il est seul ; ou s'il a d'abord été déprimé et que, pour cette raison, il se retrouve seul. Pour contrer ces lacunes, il est suggéré d'entreprendre des recherches comportant des devis longitudinaux. De tels devis permettent de recueillir des données relatives à différents facteurs en ayant une connaissance des liens temporels qui existent entre eux. Par exemple, une étude sur le soutien social peut colliger des informations sur le soutien social et la santé mentale et, cinq ans plus tard, recueillir d'autres informations auprès des mêmes répondants. Il devient ainsi possible de préciser si le soutien social a un effet sur la santé mentale et vice versa.

Par ailleurs, l'utilisation de méthodes quantitatives dans la plupart des recherches ne permet pas d'établir les nuances qu'il faudrait pour comprendre comment la présence d'un proche significatif aide à stabiliser l'état émotionnel et produit des conséquences positives sur la santé (Cohen et Williamson, 1991 ; House, 1981). L'utilisation de méthodes qualitatives paraît prometteuse en ce sens. Enfin, l'état des travaux semble indiquer qu'il faut être plus novateur dans les conceptions théoriques du soutien social, c'est-à-dire explorer le soutien social dans la lignée des modèles écologiques alternatifs afin de rendre compte des relations réciproques entre les facteurs. La section suivante établit plus explicitement certaines critiques pouvant être formulées à l'endroit du traitement du concept de soutien social.

5. DES CRITIQUES FORMULÉES À L'ENDROIT DU TRAITEMENT DU CONCEPT DE SOUTIEN SOCIAL

5.1 Un attribut des individus ou une caractéristique des structures et des réseaux sociaux ?

Plusieurs chercheuses et chercheurs remarquent que, malgré l'intérêt de la psychologie communautaire pour les processus systémiques et communautaires, les concepts de soutien social, de réseau social et d'intégration sociale sont jusqu'à présent, et dans une large mesure, demeurés des notions strictement individuelles (Felton et Shinn, 1992; Heller, 1989; Maton, 1989; Orford, 1992; Thoits, 1995). Cela sans compter que l'intégration sociale, notion qui met l'accent sur l'importance de l'appartenance à une communauté, est rarement évaluée (Felton et Shinn, 1992). Bref, les chercheurs en psychologie communautaire déplorent la « psychologisation » du soutien social (Gottlieb, 1985), qui en fait un attribut des individus plutôt qu'une caractéristique des structures sociales et des réseaux sociaux. La prise en compte de ce constat est centrale à la compréhension du soutien social dans une perspective communautaire.

D'ailleurs, en 1989, Heller constatait avec déception que peu d'études en psychologie communautaire s'intéressaient vraiment aux processus communautaires, ce qui l'amena à formuler la question fondamentale suivante : « Où est la communauté dans la psychologie communautaire ? » Le chercheur croyait notamment que l'intérêt pour le stress, les stratégies d'adaptation et le soutien social était motivé par un désir de comprendre et d'atténuer les conditions sociales d'aversion, donc d'agir à titre d'agent de changement social. Il était selon lui consternant de constater à quel point la recherche sur le sujet se centre sur la psychologie de l'individu. Cela se remarque entre autres choses par l'absence d'une réelle préoccupation pour les caractéristiques environnementales (aspects culturels et sociaux) qui déterminent les options disponibles pour l'action individuelle. À titre d'exemple, malgré les efforts déployés par des jeunes mères monoparentales pour s'intégrer à la vie sociale (études, loisirs), certaines caractéristiques des programmes sociaux (réductions de bourses d'études si elles ont un travail à temps partiel, coût encore élevé des garderies) peuvent nuire à l'accès à diverses formes de soutien social. Ainsi, au-delà de caractéristiques personnelles favorisant l'offre d'aide, des caractéristiques environnementales influenceraient les possibilités d'accès à du soutien social.

Heller (1989) considère de plus que les psychologues ont tendance à étudier les individus et non les groupes, ce qui les amène à mettre l'accent sur les comportements liés à la santé individuelle. Cette vision individualiste renforce la tendance à chercher des solutions en changeant les individus et non en s'attardant aux caractéristiques environnementales favorisant ou non le soutien social (Orford, 1992). Selon Heller (1989, p. 12, traduction libre), « l'étude des structures communautaires fera partie de nos objectifs seulement lorsque nous élargirons notre façon de voir le monde et lorsque nous considérerons qu'elles sont modifiables et qu'elles méritent de l'être ».

Rappelons donc les principales limites individualistes recensées dans le traitement du concept de soutien social. D'abord, l'approche des perceptions de soutien, qui fait du soutien social un attribut personnel, est sans doute la plus flagrante. Plus subtilement, l'évaluation des réseaux sociaux en implique également certaines (Felton et Shinn, 1992). En ce sens, la vision individualiste des réseaux qui veut qu'une personne donne ses impressions sur son réseau social personnel est incomplète et biaisée. En effet, le soutien social opère vraisemblablement à l'intérieur des organisations, des structures sociales, des systèmes sociaux informels aussi bien qu'entre les individus faisant partie de ces systèmes. Felton et Shinn (1992) donnent l'exemple d'enfants de parents divorcés qui vivent de la tristesse, et ce, même s'ils ne perdent pas l'affection de leurs parents en tant qu'individus. Il est possible de penser que c'est le soutien de la famille en tant que système extra-individuel (microsystème) qui est la cause de ces sentiments.

Aussi, dans la description du réseau social, les interactions entre les membres du réseau autres que la personne concernée tendent à être ignorées (sauf dans le cas de la densité). Felton et

Shinn (1992, p. 107) rapportent les propos intéressants d'une dame âgée qui paraît très consciente de la réalité extra-individuelle de son réseau social : « To be honest, I wouldn't put myself in the middle (of the network) ».

Enfin, les chercheurs notent souvent la tendance à demander aux individus de nommer uniquement des individus et non des groupes ou des milieux en entier comme source de soutien. Or, Felton et Berry (1992) constatent que des personnes âgées citent des groupes et des milieux de vie, tels que la famille, des clubs de bridge et les centres de personnes âgées, comme entités globales de soutien.

Pour pallier ces limites, Leavy (1983) suggère de se concentrer sur la façon dont les familles, les organisations et la communauté en entier procurent une variété de ressources « soutenantes » pour les individus. Cette vision du soutien social permet d'explorer la possibilité que des problèmes de soutien social puissent souvent refléter l'échec des groupes à bien fonctionner plutôt que l'incapacité des individus seuls à s'intégrer socialement. Par exemple, considérer l'éclatement familial et le stress au travail comme des défaillances de soutien social, plutôt que comme des éléments stressants auxquels il faut faire face, permet de trouver des solutions dans l'environnement et non seulement chez l'individu (Felton et Shinn, 1992).

Dans le même ordre d'idées, Felton et Shinn (1992) recommandent de véritablement inclure l'intégration sociale dans la notion de soutien social, pour en favoriser une conception plus systémique et communautaire. Il s'agit en fait de mettre l'accent sur l'appartenance à des groupes, à des milieux et à des communautés dans l'étude du soutien social. La conception de la communauté à laquelle adhère Heller (1989) consiste en la reconnaissance du fait que l'attachement au groupe est au cœur de l'identité personnelle et de l'efficacité personnelle. L'étude de la communauté et des processus de groupe a donc une place importante en psychologie. D'ailleurs, Heller (1989) est d'avis que les structures médiatrices que sont les groupes et les communautés peuvent promouvoir le soutien social, notamment à travers le sens communautaire (McMillan et Chavis, 1986 ; McMillan, 1996). McMillan et Chavis (1986) notent que le sens communautaire se développe parmi les membres d'un groupe qui partagent une histoire et des expériences communes, qui réalisent un rapprochement émotionnel, une intimité et dont l'appartenance amène la reconnaissance d'une identité et d'une destinée communes. Le sentiment d'appartenance et la cohésion sociale qui s'établissent à travers le sens communautaire font certainement la promotion du soutien social.

L'importance du sens communautaire dans l'offre de soutien social sur le plan de la communauté peut être démontrée à l'aide d'une illustration historique relatant une initiative collective de soutien mise en place par des Danois qui ont activement participé au réseau de sauvetage des Juifs danois, lors de la Deuxième Guerre mondiale (Albrecht, 1994). Informés de la date de déportation, des leaders danois mirent en place des initiatives courageuses pour éviter à leurs amis de tomber entre les mains des nazis (dons d'embarcations de pêcheurs pour se sauver vers la Suède, cachettes savamment élaborées, « adoption » de plusieurs enfants juifs). Sur les 7 000 Juifs qui devaient être déportés, plus de 6 000 ont pu échapper aux nazis.

Selon Albrecht (1994), un facteur explicatif de ce soutien communautaire réside dans la densité relationnelle de la communauté (propriété formelle des réseaux) et le partage d'un code moral et culturel commun (cohésion, sens communautaire). En effet, au Danemark, les Juifs étaient bien intégrés dans la communauté, partageant des valeurs semblables et de nombreux liens avec les autres citoyens. Albrecht (1994) conclut en mentionnant qu'une vision macrosystémique fournit un cadre de référence permettant de comprendre des contingences qui mettent en place des conditions favorisant le soutien social.

Pour terminer, la prise en compte des aspects extra-individuels du soutien social peut répondre, du moins en partie, à l'urgence décrite par Heller (1989) de rendre la communauté à la psychologie communautaire en même temps que de fournir de nouvelles avenues permettant de comprendre le bien-être des individus et des communautés (Felton et Shinn, 1992).

5.2 L'écart entre la recherche et l'intervention

La question de la pertinence des données de recherche pour l'élaboration d'interventions efficaces n'est certes pas l'apanage du soutien social. Il importe cependant de s'y attarder, puisque l'écart entre la recherche et l'intervention dans ce domaine est souligné par plusieurs chercheurs et intervenants (Barrera, 1991 ; Gottlieb, 1992 ; Guay, 1992 ; Heller, Thompson, Trueba, Hogg et Vlachos-Weber, 1991 ; Thoits, 1995).

Les études épidémiologiques mettant en relief les effets bénéfiques du soutien social sur la santé paraissent à première vue d'un potentiel fort intéressant pour l'intervention auprès des individus et des communautés, l'idée étant de renforcer le soutien social existant ou de créer de nouveaux liens (Guay, 1992). Toutefois, les résultats d'interventions de soutien mises sur pied sont souvent équivoques, mitigés (Heller *et al.*, 1991 ; Thoits, 1995). En fait, la recherche fondamentale fournit peu de conseils pratiques pour la planification et la réalisation d'interventions de soutien efficaces (Thoits, 1995). Les raisons pouvant expliquer cet état de choses s'articulent autour de deux réalités. D'abord, bien que les travaux nous indiquent clairement que le soutien social a des effets bénéfiques sur la santé mentale, les mécanismes par lesquels il opère vraiment dans la réalité sont méconnus (Barrera, 1991 ; Gottlieb, 1992, 1994 ; Grover Duffy et Wong, 1996 ; Heller *et al.*, 1991 ; Sarason *et al.*, 1990 ; Thoits, 1995). Il va sans dire que les manières d'élaborer des interactions qui transmettent les types de soutien à privilégier sont, par extension, peu documentées (Gottlieb, 1992).

Une autre raison réside dans le fait que la culture des programmes d'intervention diffère fortement de l'écologie naturelle dans laquelle les transactions de soutien prennent place dans le quotidien des individus et des communautés (Gottlieb, 1992). C'est notamment le cas des programmes qui impliquent la création de nouvelles relations (Barrera, 1991 ; Gottlieb, 1992). C'est ce qu'a vécu l'équipe de Heller (1991) qui a élaboré un programme qui visait à accroître le réseau social de personnes âgées en les jumelant avec des pairs afin qu'elles établissent, au moyen de conversations téléphoniques, de nouvelles amitiés. Ces chercheurs expliquent l'absence de résultats concluants par le fait qu'ils ont tablé sur la création d'amitiés alors que ce sont les rôles familiaux qui se sont révélés les plus importants pour ces personnes. Barrera (1991), pour sa part, explique les faibles résultats par l'absence d'intimité des relations développées. Dit autrement, les interventions qui tentent d'imiter des processus qui ont lieu naturellement (formation d'amitiés) peuvent oublier certains éléments centraux à leur efficacité (Barrera, 1991). La leçon que les chercheurs (Barrera, 1991 ; Heller *et al.*, 1991) tirent de cette expérience est donc que les interventions ont tout avantage à être ancrées dans une bonne connaissance du milieu et des individus ciblés pour être efficaces. La section suivante présente d'ailleurs

diverses interventions de soutien que les psychologues communautaires peuvent mettre sur pied.

6. LES INTERVENTIONS DE SOUTIEN : DES POSSIBILITÉS MULTIPLES

Des auteurs sont d'avis que les applications possibles du soutien
social paraissent sans limite (Grover Duffy et Wong, 1996). Il faut
d'ailleurs rappeler que, bien avant que le soutien social soit étudié
par les chercheurs, les interventions de soutien existaient déjà (Gottlieb, 1994). Pensons simplement aux Alcooliques anonymes et aux
Grands Frères et aux Grandes Sœurs. Il importe de préciser que le
soutien social est au centre d'une grande partie des interventions
réalisées en psychologie communautaire. C'est le cas des groupes
d'entraide et de soutien (chapitre 5), de l'intervention de réseau, du
suivi communautaire et de l'approche milieu (chapitre 8), de différents programmes de prévention et de promotion (chapitre 7), de la
consultation en psychologie communautaire (chapitre 6) ou encore
des initiatives de développement économique communautaire
(chapitre 9). Explorons maintenant les principes à la base des différents types d'interventions de soutien.

6.1 Principes à la base de l'intervention de soutien

Gottlieb (1992) précise certaines particularités de l'intervention de
soutien. Il souligne que, contrairement à la pratique psychothéra-
pique plus traditionnelle, les interventions de soutien ne se réalisent pas nécessairement à travers une interaction directe avec un
professionnel. Les bénéfices ne proviennent pas de son habileté à
créer les conditions qui favorisent les prises de conscience grâce
au dialogue ou au modelage. Le rôle du professionnel consiste à
faciliter l'arrimage des ressources de l'environnement social avec
les besoins des individus et des communautés (Gottlieb, 1992). Il
doit donc apprendre à maîtriser la dynamique relationnelle des
systèmes d'aide informelle (par exemple, les personnes-soutien
dans une communauté) avec le système d'aide formelle (intervenantes communautaires, travailleurs sociaux) (Maguire, 1991).
D'ailleurs, Maguire (1991) suggère aux professionnels de la santé
d'adopter une approche pragmatique et réaliste dans la mise sur

pied d'interventions de soutien, en divisant, par exemple, les problèmes vastes en petits problèmes clairs et abordables.

L'idée centrale qui est à la base de toutes les interventions de soutien est certes de tabler sur les forces sociales des individus, des groupes et des communautés et de les actualiser (Maguire, 1991) dans le but d'optimiser les possibilités de soutien disponibles dans les milieux de vie (Gottlieb, 1992). Cela nécessite de créer des conditions sociales qui favorisent la circulation du soutien dont les individus, les groupes et les communautés ont besoin (Gottlieb, 1992). La création de ces conditions n'est pas toujours chose aisée. Nous verrons plus loin comment tendre vers cet objectif.

6.2 Balises de l'intervention de soutien

Les interventions de soutien peuvent compléter un traitement professionnel (par exemple, psychothérapie traditionnelle et jumelage avec un pair dans le cas d'une personne atteinte de schizophrénie), faire partie d'un programme plus large (par exemple, programme de prévention du suicide incluant la formation de pairs aidants) ou alors être appliquées seules (entre autres, un service d'écoute téléphonique comme Tel-Jeunes). Elles s'appliquent également à différentes populations. Il peut s'agir d'individus présentant un risque de vivre de l'isolement social en raison de problèmes de santé mentale (personnes souffrant de dépression, d'alcoolisme) ou physique (personnes atteintes du cancer ou handicapées), ou en raison d'une situation sociale particulière (veuves et veufs, mères et pères adolescents). Elles s'adressent également aux personnes-soutien qui sont souvent à risque d'épuisement.

Avant de décrire les types d'interventions de soutien, il importe de mentionner qu'elles possèdent certaines limites (Maguire, 1991). D'abord, il faut éviter d'avoir des attentes irréalistes, les interventions de soutien ne réglant pas tout. De plus, il ne faut pas en faire un remplacement à bas prix des professionnels de la santé. Enfin, il faut éviter un effet pervers important qui consiste en l'épuisement des personnes-soutien, dont les compétences se doivent d'être mises à profit avec diligence.

6.3 Types d'interventions de soutien

Plusieurs stratégies sur différents plans de pratique sont utilisées dans la mise sur pied d'interventions de soutien dans le domaine de la psychologie communautaire (Gottlieb, 1988, 1992 ; Maguire, 1991). Explorons certaines d'entre elles.

6.3.1 Stratégies de soutien

La littérature fait état de deux principales stratégies utilisées dans le développement d'interventions de soutien. Il y a les stratégies qui visent la mobilisation ou l'amélioration du soutien social existant dans un réseau social ou dans la communauté et celles dont le but est la création de nouveaux liens au sein des réseaux sociaux existants (Barrera, 1991 ; Gottlieb, 1992, 1994). Heller et ses collaborateurs (1991) réitèrent cependant l'importance de penser à des façons de renforcer les liens déjà existants et non pas juste à en créer de nouveaux, si l'on souhaite mettre sur pied des interventions qui respectent l'écologie naturelle des rapports humains.

6.3.2 Plans d'intervention

Selon Gottlieb (1988, 1992), les deux stratégies de soutien peuvent être utilisées dans différents plans d'intervention : individuel, dyadique, de groupe, systémique et communautaire. Le tableau 4, inspiré des travaux de Gottlieb (1988, 1992), présente les plans d'interventions de soutien, chacun d'eux étant illustré d'exemples.

Les interventions présentées au tableau 4 ne constituent que des illustrations possibles d'interventions de soutien offertes sur différents plans. Il importe de mentionner que certaines d'entre elles opèrent sous plusieurs aspects (Gottlieb, 1988, 1992). Par exemple, un programme de prévention du décrochage scolaire peut inclure des activités d'aide aux devoirs en jumelant des élèves du premier cycle du secondaire avec des étudiantes et étudiants du deuxième cycle (dyadique), en plus de placer les élèves de premier cycle dans le même groupe classe pour les cours principaux (systémique).

Tableau 4
Plans d'interventions de soutien et exemples

Plan d'intervention	Exemples
Individuel	
Individu qui offre du soutien	Promotion chez un individu des stratégies d'adaptation qui suscitent le soutien des autres.
Individu qui reçoit du soutien	Contrôle personnel des émotions durant les échanges sociaux.
Dyadique	
Soutien d'un membre du réseau	Proches agissant à titre de personnes-soutien auprès de personnes âgées malades.
Introduction d'un nouveau lien	Jumelage de deux personnes seules atteintes de schizophrénie. Grande Sœur qui agit à titre de mentor auprès d'une enfant dont la mère est décédée. Visite hebdomadaire de personnes âgées en institution par des bénévoles.
Groupe	
Soutien d'un ensemble de membres du réseau	Intervention de réseau offerte par un psychologue communautaire travaillant en CLSC, qui agit auprès d'une personne souffrant d'épisodes récurrents de dépression et auprès de ses proches.
Création d'un ensemble de nouveaux liens	Mise sur pied de groupes d'entraide par des personnes vivant des difficultés semblables (par exemple, Alcooliques anonymes), ou de groupes de soutien par une psychologue communautaire. Programme de prévention secondaire visant le développement de l'entraide entre des jeunes mères au moyen d'un site d'échanges sur Internet.
Systémique	
Redéfinitions de rôles	Expansion du rôle des employées et des employés d'une entreprise, par la présence de leurs membres au sein du conseil d'administration.
Changements organisationnels et structuraux	Regroupement des élèves dans la même classe pour les matières de base à l'école secondaire. Garderies en milieu de travail pour faciliter la conciliation famille-travail. Consultation au sein d'un CLSC en vue d'améliorer le climat de travail.

Tableau 4 (suite)
Plans d'interventions de soutien et exemples

Communautaire	Création de nombreux programmes de prévention et de promotion visant diverses communautés (par exemple, Villes et villages en santé). Approche milieu ou de quartier dont la nature préventive vise le renforcement des ressources informelles de soutien dans la communauté. Développement d'organismes ou d'initiatives communautaires par des gens d'une communauté désireux d'offrir divers types de soutien aux citoyennes et citoyens (Service d'entraide municipal, Service d'écoute téléphonique, Maisons de jeunes).

Revenons brièvement à chacun des plans en précisant leur spécificité. D'abord, pour ce qui de l'individuel, les bénéfices de l'intervention ne proviennent pas tant des échanges entre deux individus, mais plutôt de l'optimisation des ressources psychosociales qu'un individu offre ou reçoit à travers ses interactions. Il s'agit d'outiller les individus des connaissances et des attitudes favorisant la réception et l'offre de soutien (Gottlieb, 1988). Un psychologue peut par exemple y parvenir en faisant du suivi communautaire (chapitre 8).

Pour ce qui est du plan dyadique, les bénéfices de l'intervention de soutien proviennent particulièrement de l'échange entre deux personnes. Il peut s'agir du soutien mutuel qui résulte du jumelage de deux personnes qui vivent une situation semblable ou dont l'une agit à titre de modèle, de mentor auprès de l'autre.

En ce qui a trait au groupe, le soutien social est issu des échanges entre plusieurs personnes. Deux pratiques en psychologie communautaire, soit l'intervention de réseau (chapitre 8) et les groupes d'entraide et de soutien (chapitre 5), sont fréquemment utilisées. L'intervention de réseau implique de travailler en collaboration avec les membres d'un réseau social afin de les soutenir et de mieux les outiller pour faire face aux demandes auxquelles ils doivent répondre (Guay, 1992). Les groupes de soutien, mis sur pied par des professionnels, et les groupes d'entraide, créés par des personnes vivant une situation semblable, constituent de bons véhicules d'échanges de soutien (Gottlieb, 1994). Gottlieb (1994) note que l'intérêt pour les groupes d'entraide vient de la participation active de tous les membres dans un rôle d'aidant. Ensemble, et sans l'aide d'un professionnel, les gens donnent un sens à leur souffrance et génèrent de nouvelles façons de faire face à leur situation. Gottlieb (1994) est d'avis que de telles initiatives facilitent le développement du sens communautaire.

Nous sous-estimons souvent en psychologie la capacité de soutien que peuvent engendrer des changements structuraux et organisationnels relativement simples. Orford (1992) et Gottlieb (1991) soulignent l'importance de mettre en œuvre des politiques favorisant l'accessibilité universelle à diverses formes de soutien. Par exemple, la mise sur pied de garderies à prix très modiques en milieu scolaire peut permettre à une étudiante plus âgée, dont les parents ont un faible revenu, de participer à des activités parascolaires, au lieu d'avoir à veiller sur son jeune frère tous les soirs après l'école.

Le plan communautaire implique la création d'initiatives de soutien accessibles dans la communauté. Divers programmes de prévention et de promotion (chapitre 7), dont la majeure partie renferment des composantes de soutien social (Thoits, 1995), l'approche milieu (chapitre 8) et la mise sur pied de projets et d'organismes communautaires constituent des exemples d'interventions de soutien communautaire. Ces initiatives visent souvent le renforcement du soutien existant dans la communauté et la création de milieux de vie sains (Thoits, 1995).

6.4 Conditions favorisant le succès des interventions de soutien

Gottlieb (1992) suggère certaines précautions à prendre dans la planification d'interventions de soutien. En premier lieu, des efforts doivent être consentis pour éviter la stigmatisation associée à l'offre de programmes à des populations dites «à risque». Offrir des visites à domicile uniquement aux parents soupçonnés d'abus envers leurs enfants constitue une stratégie à éviter. Ces programmes risquent en fait de renforcer les sentiments d'incompétence déjà vécus par ces personnes, en plus d'attirer le regard réprobateur des autres. Il est donc conseillé de mettre sur pied des programmes ayant des stratégies universelles de recrutement. En deuxième lieu, il est suggéré de rendre moins apparente la recherche d'aide par les individus, les groupes et les communautés, pour éviter encore une fois la stigmatisation. En troisième lieu, l'interdépendance entre les individus a avantage à être importante.

L'idée étant de créer un contexte social qui estompe la distinction entre la personne qui offre du soutien et celle qui en reçoit (chacun apporte sa contribution au projet) et qui est caractérisé par des échanges spontanés, réciproques, mutuels, intimes, rendant les rapports égalitaires (Barrera, 1991 ; Gottlieb, 1992 ; Heller *et al.*, 1990 ; Heller *et al.*, 1991). Les résultats mitigés des programmes de pairs aidants, souvent mis en place dans les écoles secondaires dans le but de prévenir diverses problématiques, peuvent s'expliquer par l'absence d'une réelle réciprocité (il y a des aidants et des aidés) et d'intimité dans les rapports.

En résumé, pour tendre vers l'efficacité, les interventions de soutien ont tout avantage à préconiser un recrutement universel, à rendre la recherche d'aide moins apparente, à offrir la possibilité d'une aide réciproque et mutuelle et à préconiser l'établissement de relations plus intimes et égalitaires entre les individus, cela dans le but de contribuer au sentiment de compétence et au pouvoir d'agir des individus, des groupes et des communautés.

7. CONCLUSION : PERSPECTIVES FUTURES CONCERNANT LE SOUTIEN SOCIAL

Les études portant spécifiquement sur le concept de soutien social sont actuellement moins nombreuses. Plusieurs travaux en font encore état, mais le traitent à titre de facteur ou de variable pouvant entrer en jeu dans des théories ou des études portant sur d'autres phénomènes en psychologie (par exemple, l'adaptation au rôle parental). Des chercheuses et chercheurs autrefois très prolifiques dans le domaine s'intéressent maintenant à des notions liées au soutien social, mais qui sont plus spécifiques et faciles à circonscrire (groupes d'entraide, intervention de réseau). Il est possible de croire qu'une telle démarche facilite l'actualisation dans la pratique des données de recherches, répondant par là à la nécessité de diminuer l'écart entre l'une et l'autre, et à une préoccupation fondamentale de la psychologie communautaire qui se veut une science appliquée. Puisque le soutien social constitue la toile de fond de la majorité des interventions des psychologues communautaires (décrites dans les chapitres suivants), le rappel des principaux constats se rapportant à ce concept est essentiel.

RÉFÉRENCES
RÉFÉRENCES

ALBRECHT, T. (1994), « Epilogue. Social support and community : A historical account of the rescue networks in Denmark », dans Burleson, B.R., T.L. Albrecht et I.G. Sarason (dir.), *Communication of social support : Messages, interactions, relationships, and community*, Thousand Oaks, Sage Publications, p. 267-279.

BARRERA, M. (1986), « Distinctions between social support concepts, measures, and models », *American Journal of Community Psychology*, 14 (4), 413-445.

BARRERA, M. (1991), « Social support and the third law of ecology », *American Journal of Community Psychology*, 19 (1), 133-138.

BARRERA, M. et S.L. AINLAY (1983), « The structure of social support : A conceptual and empirical analysis », *Journal of Community Psychology*, 11 (2), 133-143.

BELLE, D. (1987), « Gender differences in the social moderators of stress », dans Barnett, R.C., L. Biener et G.K. Baruch (dir.), *Gender and stress*, New York, Free Press, p. 257-277.

BOWLBY, J. (1969), *Attachment and loss. Vol. 1 : Attachment*, New York, Basic Books.

BOZZINI, L. et R. TESSIER (1985), « Support social et santé », dans Dufresne, J., F. Dumont et Y. Martin (dir.), *Traité d'anthropologie médicale : l'institution de la santé et de la maladie*, Québec, Presses de l'Université du Québec, p. 905-939.

BROWN, G.W. et T.O. HARRIS (1978), *Social origins of depression : A study of psychiatric disorder in women*, New York, Free Press.

CAPLAN, G. (1974), *Support systems and community mental health*, New York, Behavioral Publications.

CARTENSEN, L.L. (1991), « Socioemotional and selectivity theory : Social activity in life-span context », *Annual Review of Gerontology and Geriatrics*, 11, 195-217.

CASSEL, J. (1976), « The contribution of the social environment to host resistance », *American Journal of Epidemiology*, 104, 107-123.

COBB, S. (1976), « Social support as a moderator of life stress », *Psychosomatic Medicine*, 38 (5), 300-314.

COHEN, S. et S.L. SYME (1985), « Issues in the study and application of social support », dans Cohen, S. et S.L. Syme (dir.), *Social support and health*, Orlando, Academic Press, p. 3-22.

COHEN S. et G.M. WILLIAMSON (1991), « Stress, and infectious disease in human », *Psychological Bulletin*, 109 (1), 5-24.

COHEN, S. et T.A. WILLS (1985), «Stress, social support and the buffering hypothesis», *Psychology Bulletin*, 98, 310-357.

CONGER, J.C., W.L. SAWREY et E.S. TURREL (1958), «The role of social experience in the production of gastric ulcers in hooded rats placed in a conflict situation», *Journal of Abnormal and Social Psychology*, 57, 214-220.

COYNE, J.C. et G. DOWNEY (1991), «Social factors and psychopathology: Stress, social support, and coping processes», *Annual Review of Psychology*, 42, 401-425.

CRONKITE, R.C. et R.H. MOOS (1984), «The role of predisposing and moderating factors in the stress-illness relationship», *Journal of Health and Social Behavior*, 25, 372-393.

FELTON, B.J. et C. BERRY (1992), «Groups as social network members: Overlooked sources of social support», *American Journal of Community Psychology*, 20 (2), 253-261.

FELTON, B.J. et M. SHINN (1992), «Social integration and social support: Moving social support beyond the individual level», *Journal of Community Psychology*, 20 (2), 103-115.

FLEISHMAN, J.A. (1984), «Personality characteristics and coping patterns», *Journal of Health and Social Behavior*, 25, 229-244.

GORE, S. (1978), «The effect of social support in moderating the health consequences of unemployment», *Journal of Health and Social Behavior*, 19, 157-165.

GOTTLIEB, B.H. (1985), «Social support and the study of personal relationships», *Journal of Social and Personal Relationships*, 2, 351-375.

GOTTLIEB, B.H. (1987), «Using social support to protect and promote health», *Journal of Primary Prevention*, 8 (1-2), 49-70.

GOTTLIEB, B.H. (1988), «Support interventions: A typology and agenda for research», dans Duck, S.W. (dir.), *Handbook of personal relationships: Theory, research and interventions*, Chichester, John Wiley and Sons, p. 519-541.

GOTTLIEB, B.H. (1991), «Social support in adolescence», dans Colten, M.E. et S. Gore (dir.), *Adolescent stress: Causes and consequences*, New York, Aldine de Gruyter, p. 281-306.

GOTTLIEB, B.H. (1992), «Quandaries in translating support concepts to intervention», dans Veiel, H.O.F. et U. Baumann (dir.), *The meaning and measurement of social support*, New York, Hemisphere Publishing Corporation, p. 293-309.

GOTTLIEB, B.H. (1994), «Social support», dans Weber, A.L. et J.H. Hanvey (dir.), *Perspectives on close relationships*, Boston, Allyn and Bacon, p. 307-324.

GROVER DUFFY, K. et F.Y. WONG (1996), *Community Psychology*, Boston, Allyn and Bacon.

GUAY, J. (1992), *Thérapie brève et intervention de réseau : une approche inté-grée*, Montréal, Les Presses de l'Université de Montréal.

HELLER, K. (1989), « The return to community », *American Journal of Community Psychology*, 17 (1), 1-15.

HELLER, K., R.H. PRICE et J.R. HOGG (1990), « The role of social support in commu-nity and clinical interventions », dans Sarason, B.R., I.G. Sarason et G.R. Pierce (dir.), *Social support : An interactional view*, New York, John Wiley and Sons, p. 482-507.

HELLER, K., R.H. PRICE, S. REINHARZ, S. RIGER et A. WANDERSMAN (1984), *Psychology and community change : Challenge of the future*, Pacific Grove, CA, Brooks/ Cole.

HELLER, K., M.G. THOMPSON, P.E. TRUEBA, J.R. HOGG et I. VLACHOS-WEBER (1991), « Peer support telephone dyads for elderly women : Was this the wrong intervention ? », *American Journal of Community Psychology*, 19 (1), 53-74.

HOBFOLL, S.E. et J.P. STOKES (1988), « The process and mechanism of social support », dans Duck, S.W. (dir.), *Handbook of personal relationships*, Chi-chester, John Wiley and Sons, p. 497-517.

HOLMES, T.H. et R.H. RAHE (1967), « The social readjustment rating scale », *Journal of Psychosomatic Research*, 11 (2), 213-218.

HOUSE, J.S. (1981), *Work, stress, and social support*, Reading, MA, Addison-Wesley.

HOUSE, J.S., K.R. LANDIS et D. UMBERSON (1988), « Social relationships and health », *Science*, 241, 540-545.

HUGHES, M. et W.R. GOVES (1989), *Explaining the negative relationship between social integration and mental health : the case of living alone*, Paper presen-ted to the American Sociological Association, San Francisco, California.

JACOBSON, D.E. (1986), « Types and timing of social support », *Journal of Health and Social Behavior*, 27 (3), 250-264.

KAPLAN, B.H., J.C. CASSEL et S. GORE (1977), « Social support and health », *Medical Care*, 15, 47-58.

KNIGHT, B. (1992), « Emotional distress and diagnosis among helpseekers : A comparison of dementia and older adults », *The Journal of Applied Geronto-logy*, 11, 361-373.

LAZARUS, R. et S. FOLKMAN (1984), *Stress, appraisal and coping*, New York, Sprin-ger.

LEAVY, R.L. (1983), « Social support and psychological disorder : A review », *Jour-nal of Community Psychology*, 11 (1), 3-21.

LIN, N. et W.M. ENSEL (1989), « Life stress and health : stressors and resources », *American Sociological Review*, 54, 382-399.

Lin, N. et J. Westcott (1991), « Marital engagement/disengagement, social networks, and mental health », dans Eckenrode, J. (dir.), *The social context of coping*, New York, Plenum Press, p. 213-237.

Maguire, L. (1991), *Social support systems in practice : A generalist approach*, Silver Spring, NASW Press.

Maton, K.I. (1989), « Community settings as buffers of life stress ? Highly supportive churches, mutual help groups, and senior centers », *American Journal of Community Psychology*, 17 (2), 203-232.

McLeod, J.D. et R.C. Kessler (1990), « Socioeconomic status differences in vulnerability to undesirable life events », *Journal of Health and Social Behavior*, 31, 162-172.

McMillan, D.W. (1996), « Sense of community », *Journal of Community Psychology*, 24 (4), 315-325.

McMillan, D.W. et D.M. Chavis (1986), « Sense of community : A definition and theory », *Journal of Community Psychology*, 14 (1), 6-23.

Menaghan, E.G. et E.S. Merves (1984), « Coping with occupational problems : The limits of individual efforts », *Journal of Health and Social Behavior*, 25, 406-423.

Minkler, M. (1985), « Social support and health of the elderly », dans Cohen, S. et S.L. Syme (dir.), *Social support and health*, Orlando, Academic Press, p. 199-216.

Moos, R.H. (1992), « Understanding individuals' life contexts : Implications for stress reduction and prevention », dans Kessler, M., S.E. Goldston et J. Joffe (dir.), *The present and future of prevention research*, Newburg Park, CA, Sage, p. 196-213.

Munroe, S. et S. Steiner (1986), « Social support and psychopathology : interrelations with preexisting disorders, stress and personality », *Journal of Abnormal Psychology*, 95, 29-39.

Orford, J. (1992), *Community psychology : Theory and practice*, Chichester, John Wiley and Sons.

Pearlin, L.I., M.A. Lieberman, E.G. Menaghan et J.T. Mullan (1981), « The stress process », *Journal of Health and Social Behavior*, 22, 337-356.

Rappaport, J. (1993, octobre), *Empowerment*, Communication personnelle, École de psychologie, Université Laval, Québec, Canada.

Ricard, N. et F. Fortin (1993), *Étude des déterminants du fardeau subjectif et de ses conséquences sur la santé des soignants d'une personne atteinte d'un trouble mental. Rapport de recherche*, Subvention du Conseil québécois de la recherche sociale, Université de Montréal, Faculté des sciences infirmières.

Riessman, C.K. (1990), *Divorce, talk : wowen and men make sense of personal relationships*, New Brunswick, NJ, Rutgers University Press.

ROOK, K.S. (1984), « The negative side of social interaction : impact on psychological well-being », *Journal of Personality*, 46 (5), 1109-1117.

ROSS, C.E. et J. MIROSKY (1989), « Explaining the social patterns of depression : control and problem-solving or support and talking ? », *Journal of Health and Social Behavior*, 30, 206-219.

SARASON, I.G., H.M. LEVINE, R.B. BASHAM et B.R. SARASON (1983), « Assessing social support : the social support questionnaire », *Journal of Personality and Social Psychology*, 44, 127-139.

SARASON, B.R., I.G. SARASON et G.R. PIERCE (1990), « Traditional views of social support and their impact on assessment », dans Sarason, B.R., I.G. Sarason et G.R. Pierce (dir.), *Social support : An interactional view*, New York, John Wiley and Sons, p. 9-25.

SARASON, I.G., B.R. SARASON et E.N. SHEARIN (1986), « Social support as an individual difference variable : Its stability, origins, and relational aspects », *Journal of Personality and Social Psychology*, 50 (4), 845-855.

SCHULZ, R. et M.T. RAU (1985), « Social support through the life course », dans Cohen, S. et S.L. Syme (dir.), *Social support and health*, Orlando, Academic Press, p. 129-150.

SHUMAKER, S.A. et A. BROWNELL (1984), « Toward a theory of social support : Closing conceptual gaps », *Journal of Social Issues*, 40 (4), 11-36.

THOITS, P.A. (1995), « Stress, coping, and social support processes : Where are we ? What next ? », *Journal of Health and Social Behavior* (extra issue), 53-79.

TOLSDORF, C.C. (1976), « Social networks, support, and coping : An exploratory study », *Family Processes*, 15 (4), 407-417.

TURNER, R. et P. ROSZELL (1994), « Psychosocial resources and the stress process », dans Avison, W.R. et I.H. Gotlib (dir.), *Stress and mental health : Contemporary issues and prospects for the future*, New York, Plenum Press, p. 179-210.

VAUX, A. (1998), « Social support », dans Corsini, R.J. et A.J. Auerbach (dir.), *Concise encyclopedia of psychology*, New York, John Wiley and Sons, p. 844-845.

VEIEL, H.O.F. et U. BAUMANN (1992), « The many meanings of social support », dans Veiel, H.O.F. et U. Baumann (dir.), *The meaning and measurement of social support*, New York, Hemisphere Publishing Corporation, p. 1-9.

WETHINGTON, E. et R.C. KESSLER (1986), « Perceived support, received support, and adjustment to stressful life events », *Journal of Health and Social Behavior*, 27, 78-89.

WILLS, T. (1985), « Supportive functions of interpersonal relationships », dans Cohen, S. et S.L. Syme (dir.), *Social support and health*, Orlando, Academic Press, p. 61-82.

LES GROUPES DE SOUTIEN ET LES GROUPES D'ENTRAIDE

chapitre 5

Francine Lavoie
Université Laval

Et l'aide et le soutien mutuel, qui ont été confinés jusqu'à récemment au réseau limité de la famille, du voisinage, ou encore du village ou du regroupement de travailleurs, reprennent leur place comme moyen primordial d'assurer le progrès et cela même dans notre société moderne.

(Kropotkin, 1914, p. 245, traduction de l'auteure)

Imaginez un moment où vous pouvez parler à une autre femme. Je pouvais aller à une rencontre du groupe (de femmes déprimées) et voir si d'autres femmes avaient vécu la même chose... vous sentez que vous n'êtes pas isolée. Le sentiment d'être seule et de devenir folle, c'est ce qui me faisait peur.

(Scattolon et Stoppard, 1999, p. 216, traduction de l'auteure)

CE chapitre abordera deux types de regroupements offrant à leurs participants une occasion de s'entraider pour affronter des problèmes de l'existence: le groupe de soutien et le groupe d'entraide, en s'attardant davantage à ce dernier type. Les groupes d'entraide sont de petites structures communautaires formées de gens partageant un problème et valorisant l'entraide entre égaux pour arriver à changer leur situation. Ils privilégient comme source de connaissances les expériences des membres et ces derniers contrôlent la destinée du regroupement. Les groupes de soutien sont une forme d'organisation des services psychosociaux ou de santé. Les groupes de soutien s'adressent, comme les groupes d'entraide, à des gens partageant un problème, mais ils comptent sur le leadership des intervenants professionnels tout en laissant une place variable au partage entre membres (Lavoie et Stewart, 1995). Les intervenants communautaires ont depuis longtemps reconnu l'importance de ces deux types de groupes et ont souvent joué un rôle crucial dans leur développement. On note ces dernières années un intérêt nouveau pour l'intervention de groupe.

Mais qu'est-ce que ces types d'interventions de groupe peuvent avoir de commun avec une approche communautaire ? Une partie de la réponse est fournie au deuxième chapitre du livre dans la description que Le Bossé et Dufort proposent des principes de la psychologie communautaire. Non seulement l'intervention de groupe peut-elle offrir des occasions de rompre avec les conceptions individualisantes ou stigmatisantes des problèmes et de mettre l'accent sur les forces des gens ou des collectivités, mais elle permet aussi de contribuer à établir des collaborations entre les gens et à privilégier la prévention et la promotion de la santé. Freudenberg, Eng, Flay, Parcel, Rogers et Wallerstein (1995) proposent d'autres éléments de réponse en rapportant dix grands principes que l'on devrait retrouver dans les interventions de promotion de la santé. On voit que l'intervention de groupe, qu'elle soit de soutien ou d'entraide, respecte certains de leurs principes tels que la nécessité de tailler sur mesure l'intervention pour un groupe particulier dans un environnement particulier ou encore de construire à partir des forces des gens en présence. Par contre, selon moi, les groupes d'entraide rejoignent davantage que les groupes de soutien les principes émis par ces derniers auteurs. Ainsi, il est fréquent de trouver des groupes d'entraide qui forment des leaders, qui incitent les membres à participer à la planification, à la mise sur pied et à l'évaluation du groupe ou qui favorisent la recherche de changements dans diverses sphères tant individuelles que politiques ou encore qui intègrent leurs préoccupations envers les problèmes de santé à une vision d'une société plus équitable et à la promotion de meilleures conditions de vie. Cette conclusion va dans le sens des données de Maton et Salem (1995) qui trouvent au sein d'organismes d'entraide plusieurs conditions favorisant le pouvoir d'agir et l'autodétermination. Je prétends donc que, plus l'intervention de groupe s'inspire des principes mentionnés par Freudenberg *et al.* (1995) et par Le Bossé et Dufort (chapitre 2) et plus elle tend vers le développement du pouvoir d'agir, plus on respecte par le fait même l'approche communautaire. S'en éloigner fait entrer l'intervention de groupe dans le giron des interventions cliniques ou d'éducation, centrées davantage sur l'individu. C'est cette perspective critique qui sera adoptée dans ce chapitre, ce qui fait en sorte que les groupes d'entraide seront davantage mis en valeur, sans nier les bienfaits ou l'utilité des groupes de soutien.

Un rappel historique permettra de saisir le contexte dans lequel l'intervention de groupe a évolué. Il faut, comme préambule, savoir que plusieurs types d'intervenants se sont intéressés aux groupes et que le champ disciplinaire de chacun a influencé leur approche. La courte histoire qui suit ne peut rendre justice à l'évolution de chaque discipline vis-à-vis de l'intervention de groupe. Le but est simplement de mieux comprendre la situation actuelle des groupes.

Deux voies différentes dans l'intervention de groupe ont coexisté le plus souvent en s'ignorant : une première où l'intervenant est le promoteur et l'animateur des rencontres de groupe de soutien et une deuxième où c'est une personne touchée par le problème qui assume ce rôle dans un groupe d'entraide, sans contrôle des professionnels. L'histoire de chaque type d'intervention sera donc présentée en mettant l'accent davantage sur les groupes d'entraide.

1. GROUPES DE SOUTIEN : HISTOIRE ET DÉFINITION

On relate l'existence de groupes animés par des intervenants sociaux dès le début des années 1900, par exemple pour des personnes ayant des problèmes de toxicomanie ou encore souffrant de tuberculose (Schopler et Galinsky, 1995). Mais comme le soulignent ces auteurs, c'est dans les années 1940 que le groupe fut davantage utilisé dans un but de traitement, entre autres sous l'influence de la psychanalyse. Des intervenants issus de professions comme la psychiatrie, la psychologie et le travail social ont par la suite exploré l'intervention de groupe ou la thérapie de groupe selon divers cadres théoriques, dont les approches psychanalytique, rogérienne, systémique, etc., et ce, sans parler du travail de groupe d'orientation plus communautaire visant l'action sociale dont on ne traitera pas dans les lignes qui suivent. Il y eut ainsi dans les années 1960-1970 un véritable foisonnement de types d'interventions de groupe axées sur la thérapie ou le développement personnel, suivi d'un certain déclin. On croyait que le groupe pouvait offrir un cadre maximisant l'ouverture au changement personnel. Le livre *Encounter Groups* de Lieberman,

Yalom et Miles (1973), un ouvrage classique de cette époque, décrit une grande variété d'expériences innovatrices de groupes favorisant le développement personnel. Si l'on prend en considération tous les types de groupes de cette époque, on peut y retrouver, selon les modèles théoriques ou les intervenants, soit un travail d'interprétation des interactions entre membres et une analyse de ce que le membre apportait de son passé, soit un enseignement de techniques ou l'offre de renseignements sur la maladie, soit des occasions d'apprentissage grâce aux exemples des autres membres et des occasions de jouer de nouveaux rôles ou d'exprimer ses émotions. Le rôle du professionnel demeurait primordial car celui-ci créait l'occasion de rencontres et guidait la démarche dans ses aspects tant de procédures que de contenu.

On peut encore aujourd'hui distinguer diverses sortes de groupes dans ce courant : le groupe de thérapie où l'interprétation par le thérapeute joue le rôle crucial, le groupe d'éducation ou le groupe structuré dans lequel l'intervenant est l'animateur et transmet les connaissances acquises sur la maladie ou le problème du point de vue des intervenants, et finalement le groupe de soutien alliant partage entre participants et présence du professionnel.

Nous nous attarderons plus précisément au sort actuel des groupes de soutien. Un groupe de soutien est, selon une définition simple, une forme d'organisation des services professionnels permettant d'allier les connaissances et les habiletés de l'animateur professionnel aux échanges entre personnes partageant le problème. Ces échanges entre membres peuvent comprendre de l'entraide surtout sous forme de partage d'expériences et d'encouragement. D'autres ingrédients thérapeutiques ou de soutien découlent cependant de la présence du professionnel. Kurtz (1997) offre la définition suivante des groupes de soutien qui résume les aspects partagés par les divers groupes de soutien : « Les rencontres des groupes de soutien ont lieu dans le but d'offrir un soutien émotif et de l'information à des personnes partageant un problème. Elles sont souvent animées par des professionnels et associées à une institution offrant des services sociaux ou de santé ou encore à une plus large organisation. Les gens non desservis par ces agences sont souvent exclus de ces groupes. Les objectifs de soutien émotif et d'éducation sont primordiaux et la recherche de changement personnel ou social est subordonnée à ceux-ci. Les rencontres sont peu structurées et le programme ne suit pas une idéologie particulière. Ils sont généralement gratuits » (page 4, traduction libre de l'auteure). On verra que ces groupes peuvent prendre diverses formes et que la part laissée aux échanges entre membres peut être, dans certains cas, minime.

Récemment, on peut toutefois noter que les échanges entre clients sur la définition, l'analyse et la résolution des problèmes trouvent davantage de place dans des interventions de groupes de soutien, sans toutefois remettre en question le rôle de leader de l'intervenant professionnel. Ces échanges sont vus comme de l'entraide entre participants qui ajoute vraiment à l'aide offerte par le professionnel. Heap (1987) illustre ce type d'approche moderne en rappelant que l'idée de base du travail de groupe (en travail social) est que les membres peuvent à la fois s'aider eux-mêmes et s'aider les uns les autres, en échangeant des idées, des suggestions et des solutions, en partageant des sentiments et des informations, en comparant des attitudes et des expériences ; le rôle de l'intervenant demeure toutefois essentiel et consiste alors à faciliter l'établissement du processus de groupe ou des échanges entre les membres, et ce, à toutes les étapes de la vie du groupe.

De façon générale, une première caractéristique des groupes de soutien est que le contrôle de l'existence même du groupe, tant la fondation que le maintien ou l'arrêt, est aux mains des professionnels. Le service offert répond à une lecture des besoins faite par l'institution et souvent à une logique organisationnelle liée au cadre de travail de l'animateur professionnel. Il faut souligner par exemple que la durée prédéterminée des groupes de soutien est généralement brève (Lavoie et Stewart, 1995), souvent moins de dix rencontres. Le groupe se dissout le plus souvent après cette période fixe de rencontres. Il y a cependant des exceptions : par exemple, on offre la possibilité à des grands brûlés de retourner selon leurs besoins à des rencontres (Cooper et Burnside, 1996).

Une deuxième caractéristique des groupes de soutien est la place laissée aux connaissances et aux habiletés de l'intervenant professionnel. Souvent le savoir privilégié par l'intervenant professionnel, par exemple sur les sources des problèmes et sur les solutions appropriées, provient des connaissances acquises lors de sa formation ou de son travail, ce qui peut être, reconnaissons-le, gage d'une intervention de qualité. On parle alors de connaissances spécialisées en comparaison des connaissances expérientielles fondées sur le fait de vivre le problème. Dans un groupe de soutien, le recours à ces connaissances spécialisées pourrait être le fait de montrer une technique de relaxation ou d'interpréter un comportement en se référant à des causes mentionnées dans la littérature spécialisée et qui ne seraient pas abordées naturellement par les membres présents. On peut rencontrer des groupes de soutien qui s'inspirent beaucoup de ce savoir spécialisé et qui en font la principale source de savoir sur le problème. C'est un type de groupes où les interventions des spécialistes se font plus nombreuses. Dans d'autres groupes de soutien, l'intervention du professionnel s'appuie moins sur un savoir technique concernant le problème partagé. Ce sont ses connaissances et ses habiletés comme animateur des discussions et comme promoteur de projet de groupe qui sont utilisées. L'objectif du groupe est alors davantage la recherche de soutien et moins le changement de comportement.

2. GROUPES DE SOUTIEN ET DIVERSITÉ DES CONTEXTES

Ces deux définitions et ces caractéristiques nous font voir que, sous les mots «groupes de soutien», se cachent en pratique diverses réalités. Ces expériences variées sont souvent influencées par l'appartenance professionnelle de l'animateur. Décrivant le modèle du courant central (*mainstream*) en intervention de groupe en service social, Papell et Rothman (1983) rapportent que le groupe de soutien y serait en effet vu avant tout comme un système d'aide mutuelle pour atteindre un objectif commun, le rôle du professionnel étant celui d'animateur et la poursuite des rapports entre les membres au-delà de l'expérience de groupe étant encouragée. En fait, si ce n'était de la présence du professionnel, une telle conception du groupe se rapprocherait de la conception des groupes d'entraide que nous verrons plus loin.

Dans le champ médical, le groupe éducatif où l'intervenant professionnel est la source prépondérante de connaissances et informe les patients est encore le plus usité. Le type de groupe de soutien permettant une place plus large au partage par les patients laissait même sceptique jusqu'à récemment. Le vent changea lorsque, pour la première fois, des chercheurs en médecine démontrèrent la capacité des échanges entre pairs à prolonger la vie et à améliorer la qualité de vie de participants à ces groupes. Les groupes de soutien ont en effet connu la célébrité lorsqu'une équipe de chercheurs en médecine (Spiegel, Bloom et Yalom, 1981) a non seulement montré, grâce à une étude utilisant un schème expérimental, que des participants à des groupes pour cancéreux retiraient des bénéfices psychosociaux plus élevés que ceux qui n'y participaient pas tout en recevant les mêmes soins médicaux, mais a également et surtout montré, dans une étude de suivi de dix ans, que ces participants vivaient plus longtemps (Spiegel, Bloom, Kraemer et Gottheil, 1989). Des études visant à reproduire cette recherche sont en cours. Ces premiers résultats allaient susciter beaucoup d'intérêt envers les groupes de pairs dans le domaine des soins de santé. Jusqu'à ce moment, on les jugeait, en ce qui a trait aux interventions médicales pour le cancer, plutôt comme une perte de temps, au mieux un ajout sympathique au traitement spécialisé, mais sans grande portée. Plusieurs questions demeurent cependant. En effet, le succès de ces expériences de groupe semble varier selon le problème (cancer du sein : Helgeson, Cohen, Schulz et Yasko, 1999 ; deuil lié au sida : Goodkin, Blaney, Feaster, Baldewicz, Burkhalter et Leeds, 1999). De plus, on ne sait pas à quel ingrédient attribuer l'amélioration. Par exemple, au sein de ces interventions de groupe, la place accordée aux échanges entre pairs est souvent minime et fait songer davantage à une modification superficielle des groupes éducatifs utilisés antérieurement en médecine ou en nursing et on ne peut donc attribuer aux seuls échanges entre pairs la source des améliorations. Dans un rapport sur un groupe de soutien de Montréal de dix rencontres, animé par deux professionnels et offert à des hommes atteints du cancer de la prostate, les professionnels semblent en effet jouer un rôle très important ; ils disent donner de l'information médicale sur la maladie et le traitement, s'attarder aux réactions psychologiques suivant la révélation du diagnostic de cancer et encourager chez les patients un comportement actif de prise en charge de leur santé, tout en laissant place à l'échange entre membres (Gregoire, Kalogeropoulos et Corcos, 1997).

Il ne semble pas, dans ces expériences très diverses du secteur de la santé, y avoir de valorisation du savoir du profane touché par le problème comme dans les groupes d'entraide, ni construction de l'intervention à partir des forces des gens. D'ailleurs, certains proposent l'expression groupe de soutien éducatif (Carlsson, Strang et Nygren, 1999) et non groupe de soutien. On aurait donc ajouté un peu d'échanges entre les membres à la tradition des groupes éducatifs permettant de disséminer l'information spécialisée. Des chercheurs québécois, devant le peu de résultats favorables documentés dans des enquêtes quantitatives menées dans des groupes de soutien pour des aidantes naturelles de personnes âgées, groupes axés sur la diffusion de connaissances spécialisées, mentionnent la nécessité d'interventions portant sur un plus large éventail de besoins et pour des périodes plus longues (Demers et Lavoie, 1996 ; Lavoie, 1995). Il faudra donc toujours se documenter sur les interventions offertes en réalité dans le groupe étudié, sur les caractéristiques de la clientèle (Spirig, 1998) et sur la place accordée aux échanges entre patients avant d'évaluer ces expériences et surtout de leur attribuer le vocable de groupes de soutien.

Il est loisible de penser que les interventions de groupe de soutien menées par les psychologues font face aux mêmes dilemmes, soit une approche hésitant entre l'éducation et le soutien et un contrôle plus ou moins grand de la part de l'intervenant. Zeitlin et Williamson (1997) offrent un excellent résumé de rencontres animées par une psychologue d'un groupe de soutien pour parents de bébés présentant un handicap. Ce groupe s'est réuni à 28 reprises, ce qui est atypique, mais permet de comprendre les besoins à plus long terme de participants à un groupe de soutien le plus souvent limité à une dizaine de rencontres.

Dans l'ensemble, on retrace des avantages à la participation à des groupes de soutien, entre autres un meilleur accès à l'information et la présence de soutien (Kurtz, 1997). Comme ces groupes sont sous la responsabilité d'institutions et animés par des intervenants salariés, ils peuvent présenter une plus grande stabilité que des expériences reposant sur le leadership d'une personne bénévole ou encore être davantage adaptés à des clientèles ayant moins d'habiletés sociales ou faisant face à une perte graduelle d'autonomie. La présence d'intervenants professionnels est souvent appréciée (Cooper et Burnside, 1996). Une limite maintes fois soulignée demeure l'accès restreint aux rencontres car souvent le groupe se dissout alors que la personne désirerait poursuivre plus longtemps ou encore revenir au besoin. Certaines solutions sont proposées afin de répondre à cette diversité de besoins (Kurtz, 1997).

En conclusion à cette section sur les groupes de soutien, il faut rappeler que des intervenants de toutes les disciplines ont déjà joué un rôle d'animateur au sein de « réels » groupes de soutien où il y avait partage entre membres. Si les recherches montrent l'importance de ce dernier ingrédient pour favoriser le changement ou le bien-être, il faudra s'assurer que davantage de professionnels acceptent de laisser plus de place aux échanges entre membres dans des groupes de soutien. Par ailleurs, pour les intervenants, il serait utile de clarifier le type de groupe offert, soit d'éducation, soit de soutien, et de bien comprendre les enjeux et les limites propres à chacun.

3. GROUPES D'ENTRAIDE : HISTOIRE ET DÉFINITION

L'entraide semble avoir de tout temps existé chez les humains. Kroptokin en 1914 décrit des expériences d'entraide associées aux premiers regroupements d'humains, et ce, dans toutes les sociétés, en période de paix comme de guerre. On parle au fil du temps de sociétés d'aide mutuelle, d'associations de corps de métiers, de secours mutuel, de coopératives. L'entraide est alors davantage d'ordre matériel ou financier en cas de difficultés, par exemple les coopératives funéraires qui ont survécu jusqu'à aujourd'hui, mais comprend également la mise sur pied d'occasions de réjouissances (Katz et Bender, 1990). L'État remplace progressivement ces organisations dans la première moitié du XXe siècle, entre autres parce qu'elles avaient une clientèle souvent restreinte aux travailleurs et qu'il fallait offrir des services à d'autres couches de la société. Certains voient dans ce remplacement des associations d'entraide par l'État une explication de la prolifération subséquente des professions d'aide qui se réservent alors le champ de l'intervention de soutien.

C'est seulement dans les années 1940 et 1950 qu'il semble y avoir une renaissance ou une multiplication d'expériences d'entraide et d'échanges entre pairs à l'intérieur de groupes, mais dans un tout autre registre que précédemment. En effet, on explore alors les avenues d'interventions utilisant le groupe afin d'aider à trouver des réponses à des problèmes personnels relevant davantage d'une détresse psychologique ou sociale que de soucis financiers. Les carences de l'intervention professionnelle auprès des individus et les ressources limitées offertes par les systèmes de santé ou de services sociaux étatiques ont joué un rôle dans la prolifération des nouvelles interventions de groupes, mais c'est surtout le potentiel du contexte de groupe qui a motivé les premiers instigateurs. Heap (1985) est un de ceux qui explique l'engouement passé et actuel pour l'approche de groupe en travail social par le fait qu'elle semble offrir des moyens pratiques pour utiliser davantage les ressources des clients afin de résoudre leurs problèmes d'après des solutions choisies par eux, ce qui favoriserait en plus leur estime de soi.

Ainsi, dès 1935 des clients du système traditionnel de santé manifestèrent leur désenchantement et cherchèrent de nouvelles avenues afin de répondre à leurs besoins liés à leurs problèmes d'alcoolisme. Leur idée de fond était que le partage entre gens vivant la même expérience ne pouvait qu'être bénéfique. De plus, l'expérience leur avait montré que la révélation de ses problèmes à un intervenant professionnel connaissant mal leur situation n'était pas la seule voie possible de changement. Ils étaient à la recherche d'une nouvelle formule afin d'avoir accès à des gens connaissant bien le problème et disponibles pour les épauler dans la vie quotidienne. Ils en vinrent à l'idée que la personne ayant elle-même le problème était un aidant potentiel pour une autre personne partageant ce problème. L'idée à la base du regroupement des Alcooliques anonymes (AA) était née. C'est non seulement un des premiers groupes d'entraide, mais c'est aussi le groupe qui eut la plus importante influence sur le développement des groupes d'entraide en fournissant un modèle organisationnel et conceptuel. En effet, plusieurs mentionnent qu'il y aurait de nos jours deux types de groupes d'entraide : ceux s'inspirant de la tradition des AA, et les autres, ce qui est en soi un indice de la notoriété des AA.

Dès les années 1940 et encore aujourd'hui, il faut souligner que, malgré la recherche d'autonomie vis-à-vis des services traditionnels, certains professionnels jouent un rôle de premier plan dans la mise sur pied de groupes d'entraide, soit en fondant un tel groupe, soit en épaulant les fondateurs. L'histoire du groupe *Recovery*, connu au Québec sous le nom de Rétablissement, en est un excellent exemple. Selon les propos de Lee (1995) qui décrit l'approche et commente les critiques faites jusqu'à maintenant sur *Recovery*, Abraham A. Low, un psychiatre ayant une formation psychanalytique, traitait en 1937 des gens ayant des troubles psychotiques mais prêts à retourner dans la communauté. Il colligea ses principes, fort proches des principes béhavioristes cognitifs à venir, dans un ouvrage écrit pour ses patients. Il s'engagea quelques années avant sa mort à faire en sorte que ses patients puissent continuer de se réunir dans un cadre structuré rassurant, d'animer eux-mêmes les réunions et d'appliquer cette méthode. Depuis 1954, ce groupe est ainsi devenu un groupe d'entraide autonome. La lecture du livre de base du groupe, *Mental Health through Will Training* (1950), fait voir à quiconque l'aspect novateur de l'approche de Low et sa volonté que la méthode soit accessible aux gens. On peut comprendre par cet exemple que le rôle du professionnel dans un groupe d'entraide se veut différent du rôle dans le groupe de soutien. L'autonomie du groupe d'entraide vis-à-vis du professionnel est rapidement recherchée ou planifiée dès les premiers pas du groupe.

Dans les années 1970, les groupes d'entraide connaissent un second envol avec les mouvements sociaux de revendication, par exemple le mouvement des femmes. Les groupes nés à cette époque sont, selon Borkman (1997), davantage critiques à l'égard des institutions et revendiquent souvent des changements sociaux, ce que ne faisaient pas les groupes fondés antérieurement. Suivirent également, selon cette auteure, des groupes formés pour répondre aux besoins de gens atteints de diverses maladies physiques, comme le sida pour lequel un groupe fut par exemple formé aux États-Unis en 1980. Les regroupements d'entraide actuels ont dans la majorité des cas été mis sur pied en vue de combler des besoins qui étaient sans réponse. Ils représentent donc assez souvent une critique implicite ou explicite du système établi. On en retrouve aujourd'hui pour diverses situations : les problèmes de dépendance (cocaïne, jeu, etc.), les problèmes psychosociaux à long terme (dépression, schizophrénie, etc.), les maladies physiques chroniques, les situations de crise (deuil d'un enfant, divorce, etc.), les situations de remise en question (liée au sexe, à l'âge, etc.) et finalement pour les proches de personnes ayant des problèmes (parents ou amis de gens présentant des troubles maniaco-dépressifs ou des problèmes de comportement, etc.) (Lavoie, 1983).

Voyons maintenant une définition afin de mieux cerner ce que sont les groupes d'entraide. L'auteur canadien Jean-Marie Romeder (1989) aborde ainsi la question : « Les groupes d'entraide sont de petits groupes autonomes et ouverts qui se réunissent régulièrement. Victimes d'une crise ou d'un bouleversement commun dans leur existence, les membres de ces groupes partagent un vécu commun de souffrance et un sentiment d'égalité. Leur activité primordiale est l'entraide personnelle qui prend souvent forme de soutien moral, par le partage d'expériences et d'information, et par la discussion. Souvent aussi les membres ont des activités orientées vers les changements sociaux. Leur activité est bénévole, autrement dit gratuite et libre » (p. 34). On notera l'absence de référence à l'intervention professionnelle.

La section suivante abordera plus en profondeur les caractéristiques des groupes d'entraide et aidera à comprendre les différences d'avec les groupes de soutien.

4. GROUPES D'ENTRAIDE : L'ORIGINALITÉ DE LEUR FONCTIONNEMENT ET DE LEUR PHILOSOPHIE

Afin de comprendre l'essence même des **groupes d'entraide**, il est important de décrire les principes de base de ces groupes sur le plan organisationnel et sur le plan de la philosophie. Sur le plan organisationnel, il y a deux principes primordiaux. Premièrement, les groupes d'entraide se veulent contrôlés par leurs membres et indépendants des professionnels ou des services traditionnels d'ordre social ou médical. Des intervenants professionnels peuvent toutefois participer au processus — à la demande du groupe et avec son approbation — tout en conservant cependant un rôle secondaire ou de consultant (Centre de références de Toronto, 1994). Deuxièmement, les groupes d'entraide favorisent la formation de petites structures au lieu de grandes structures hiérarchisées, le plus souvent sous la forme de rencontres de petits groupes, ce qui fournit l'occasion à plusieurs membres de jouer une variété de petits rôles importants pour le fonctionnement de la rencontre (responsable de la chaîne de rappel téléphonique, responsable du café, responsable de l'envoi des cartes de fête, etc.) et ainsi facilite leur participation active.

Sur le plan de la philosophie, trois principes guident les groupes d'entraide. Premièrement, il y a une très grande place laissée aux connaissances expérientielles. Il s'agit de partager sa propre expérience et ses réflexions personnelles lorsqu'on se trouve face au problème commun aux membres du groupe. Ces connaissances acquises à l'école de la vie s'avèrent bien différentes des connaissances des professionnels ou encore des opinions de la personne ordinaire n'ayant pas vécu la situation (Borkman, 1990). La grande qualité des groupes d'entraide est l'accueil fait à ces connaissances. À partir de ces échanges, ou alors des confessions dans les groupes s'inspirant de la tradition des groupes anonymes (Mäkelä, Arminen, Bloomfield, Eisenbach-Stangl, Bergmark et Kurube, 1996), les groupes peuvent élaborer une explication collectivement partagée sur le problème les rassemblant. On parle alors d'un deuxième principe philosophique, qui représente pour plusieurs le cœur même de l'expérience des groupes d'entraide, l'existence d'une vision du monde ou d'une idéologie propre à chaque groupe (Kennedy et Humphreys, 1994). Selon ces auteurs, il s'agirait d'un ensemble structuré de valeurs, d'attentes, de perception de soi ou des autres qui guident la façon d'appréhender le monde ou encore d'une approche face à la vie. Par exemple, les AA ayant l'intuition qu'une source des problèmes d'une personne alcoolique est une perception irréaliste du contrôle qu'elle exerce sur ses comportements, l'association amène ses membres à reconnaître qu'ils n'ont en fait pas de contrôle sur leur consommation d'alcool (Antze, 1979). Une telle idéologie qui s'exprime en plusieurs principes de vie est perçue comme un outil de changement essentiel. Un autre groupe, comme Rétablissement, dit s'adresser aux personnes nerveuses qui, au contraire des alcooliques, se sentiraient sans contrôle sur leur vie; la prise de position du groupe est alors d'encourager à l'action, les principes étant qu'il faut faire un pas à la fois pour avancer et qu'il faut dépasser ses craintes (Antze, 1979). Dans le cas des membres de l'organisme GROW rassemblant des gens ayant vécu des hospitalisations pour des troubles psychiatriques, le groupe leur a permis de changer leur perception d'eux-mêmes, évoluant d'une personne ne s'attribuant que des déficiences à une personne avec des qualités, et leur perception des relations avec autrui se transformant d'une source de stress à des occasions potentiellement gratifiantes (Kennedy et Humphreys, 1994). Les messages des trois groupes reflètent une certaine vision du monde et sont adaptés au vécu de leurs membres.

Un troisième principe philosophique inspire également leur démarche: le principe de l'entraidant. On entend par là que le membre, venu au début pour rechercher de l'aide auprès de ses pairs, pourra remettre plus tard ce qu'il a reçu en aidant à son tour d'autres personnes. De personne aidée, il est possible de devenir une personne aidante, ce qui est un changement de rôle tout à fait impossible dans un groupe de soutien ou de thérapie. Même si peu de gens le feront en fait, la possibilité clairement annoncée est un message revigorant pour plusieurs et invite à ne pas demeurer un consommateur passif de soins. Selon Riessman et Carroll (1995), cet effet du *Helper Therapy* (effet de l'aidant aidé) se traduirait chez les aidants par un sentiment immédiat de plaisir, une augmentation de l'énergie, une perception d'une meilleure estime de soi et de plus grand calme.

5. QUESTIONS SUR L'EFFICACITÉ DES GROUPES D'ENTRAIDE

Les promoteurs des groupes d'entraide défendent l'idée que ce type de groupe aide beaucoup les participants. Par contre, comme ces groupes d'entraide fonctionnent sans intervenant professionnel, ils suscitaient et suscitent encore la suspicion, beaucoup plus que les groupes de soutien. Ce texte n'a pas pour but de fournir une synthèse des travaux d'évaluation des groupes d'entraide ou de soutien. Les lecteurs intéressés à l'évaluation des groupes d'entraide pourront consulter le site Web sur les évaluations scientifiques des groupes d'entraide qui est régulièrement mis à jour (voir Références) ou encore les écrits de Powell (1987). Lavoie et Dufort (1995) ont également soulevé d'autres questions de recherche sur l'entraide qui pourraient intéresser les lecteurs.

Il faut se rappeler qu'évaluer est une entreprise complexe influencée par diverses variables. Ainsi le chercheur peut privilégier une démarche expérimentale ou encore une étude qualitative pour comprendre les retombées des groupes. S'inspirant des études en évaluation de programmes et des remarques de Fournier (1995), nous proposons cinq questions pouvant guider les évaluations de groupes d'entraide.

a) Au départ, quelles dimensions étudier pour évaluer les réussites d'un groupe d'entraide ? (Sur le plan personnel : trouble mental, réponse immunitaire, mortalité, estime de soi, sentiment de contrôle, habiletés de leadership, isolement social ? Ou encore sur le plan social : augmentation du leadership des citoyens, diffusion de l'innovation, nombre de membres, durée de vie du groupe ?)

b) De quel point de vue doit-on étudier l'efficacité du groupe : celui du spécialiste de la santé ou du consommateur, c'est-à-dire du membre ?

c) Quelle serait une bonne performance ou une performance idéale par rapport à ces dimensions ? (C'est-à-dire qu'est-ce qu'une bonne santé mentale dans un groupe d'ex-psychiatrisés, dans un groupe de personnes atteintes de cancer ? Qu'est-ce qu'une durée acceptable pour un groupe ?)

d) À quel point le groupe évalué atteint-il ce niveau de performance, quelle stratégie méthodologique est disponible pour mesurer cela ?

e) Finalement, quel jugement portons-nous sur le groupe ?

Les quelques exemples glanés dans la recension des écrits récents montrent que des traditions différentes d'évaluation se font face. Ainsi plusieurs études évaluatives préfèrent s'attarder à l'analyse de dimensions de la santé du point de vue des spécialistes de la santé (en utilisant des échelles de dépression dans le cas d'un groupe de veuves) au détriment de la mesure de la sérénité ou d'habiletés nouvelles, par exemple. Par ailleurs, il y a une grande diversité de critères pour juger le succès : un groupe est jugé efficace si les participants sont plus nombreux à être en vie après x années comparativement aux non-participants recevant des soins de santé semblables, alors qu'un autre groupe est perçu efficace si les membres rapportent retirer des bénéfices de leur participation. Ces choix conceptuels et méthodologiques mènent à bien des discussions mais sont peu décrits par les chercheurs comme influençant leur démarche. Rappaport (1993), un des rares à en discuter, décrit ainsi qu'il avait entrepris l'étude d'un groupe d'entraide pour ex-psychiatrisés, GROW, en l'approchant au départ comme s'il était une solution de remplacement aux services de santé usuels et il conclut que ce choix l'empêchait de saisir qu'en fait le groupe représentait plutôt une nouvelle communauté d'appartenance fournissant un cadre cognitif pour un changement d'identité sociale. Il adopta par la suite cette nouvelle perspective qui se révéla plus fructueuse pour rendre compte de l'expérience des membres.

À partir d'un survol des écrits en évaluation, nous proposons ici une description succincte des avantages de la participation à un groupe d'entraide sur le plan individuel puis sur le plan social. Une autre section traitera des limites.

5.1 Bénéfices personnels de la participation à un groupe d'entraide

Katz (1993), Lavoie (1989), Powell (1987) et Stewart (1990) ont répertorié les effets potentiels bénéfiques chez les participants aux groupes d'entraide à partir de recherches empiriques mais aussi d'écrits théoriques. On peut noter, parmi les bénéfices relevés par Lavoie et Stewart (1995), que certains sont également observés dans des groupes de soutien comme la possibilité d'atténuation du problème ou l'adaptation à une situation chronique, l'augmentation et la bonification du réseau de soutien, l'acquisition de nouvelles connaissances et habiletés, un sentiment accru d'espoir, une baisse du sentiment d'isolement.et de marginalisation, l'accès à de nouvelles ressources. D'autres bénéfices seraient plus typiques de l'expérience d'entraide, comme la satisfaction d'aider autrui, une nouvelle vision de son problème et de son potentiel, un plus grand sentiment de contrôle sur sa vie. Dans le cas des groupes du *National Alliance for the Mentally Ill* (groupes pour parents de personnes présentant un trouble mental), les retombées les plus marquantes sont d'avoir davantage de connaissances sur la maladie, au sujet des interventions les plus récentes et des services offerts et, enfin, de se sentir moins seuls face à leurs préoccupations et de savoir mieux défendre les intérêts de leur proche. Les membres de ces groupes ont apprécié obtenir des informations à partir de l'expérience des autres, recevoir du soutien et y trouver une occasion de se comprendre (Citron, Solomon et Draine, 1999). D'autres chercheurs étudiant le même type de groupes concluent à la présence de deux retombées, soit l'information (information, habiletés) et de meilleures relations interpersonnelles (Heller, Roccoforte, Hsieh, Cook et Pickett, 1997).

Pour certains membres, leur passage n'aura offert qu'un baume temporaire axé davantage sur l'établissement de nouveaux liens. Pour d'autres, ce sera l'occasion d'une transformation globale de leur vision du monde (Kennedy et Humphreys, 1994). Pour des parents d'enfants souffrant de cancer et qui ont à faire face aux méandres des services de santé, la participation à un groupe d'entraide permet non seulement la rencontre soutenante de semblables, mais aussi l'expression de leurs réactions émotives afin de trouver une certaine confiance en eux et également l'acquisition des habiletés pour modifier leur environnement (comment obtenir de l'aide des autres parents, comment faire face aux attitudes de l'entourage, comment percevoir leurs droits comme parents dans le système médical, comment jouer un rôle actif vis-à-vis de l'équipe médicale...) (Chesler et Chesney, 1995).

Récemment, des études de nature expérimentale ou quasi expérimentale utilisant des groupes de comparaison nous permettent de conclure à un apport substantiel de ces groupes d'entraide. Pour ne prendre que l'exemple des Alcooliques anonymes, ils sont jugés aussi efficaces que les traitements professionnels, et ce, à un moindre coût (Humphreys et Moos, 1996). Une méta-évaluation conclut également à leur efficacité (Emrick, Tonigan, Montgomery et Little, 1993). Il ne faut toutefois pas déduire que les AA sont efficaces pour toutes les personnes. D'autres évaluations rigoureuses ont été réalisées sur d'autres types de problèmes. On y a conclu que les groupes d'entraide sont également une composante qui ajoute à l'efficacité des programmes d'intervention pour cesser de fumer (Jason, Gruder *et al.*, 1987) ou sur la toxicomanie (McKay, Alterman *et al.*, 1994). Ils s'avèrent également utiles dans les cas de trouble mental, de veuvage, de deuils d'enfants, de diabète, de cancer, de scoliose. De telles études sont récentes et on peut s'attendre à ce que d'autres soient disponibles dans le futur.

Les groupes représentent également des occasions d'élaborer des façons innovatrices de répondre aux besoins, mais peu de recherches documentent leurs démarches et leurs valeurs. Comme exemple récent de prise en charge de sa guérison, on assiste actuellement à la mise sur pied de groupes pour «gens qui entendent des voix» (*Hearing Voices Support Group* — en fait, des groupes d'entraide) (National Empowerment, 1996) au sein desquels les membres souffrant de schizophrénie apprennent que certaines de leurs voix sont bienveillantes et utiles, contrairement à ce que leur diraient les professionnels. Madame Judi Chamberlin, maintenant intervenante et chercheuse responsable du Empowerment Center et ayant connu antérieurement des expériences d'hospitalisation en psychiatrie, nous convainc du point de vue exceptionnel que peuvent apporter les gens qui ont vécu ou vivent le problème. Goulet (1995), relatant les conclusions du Regroupement des ressources alternatives du Québec sur des expériences d'entraide, parle de valeurs à encourager dans les groupes comme l'inclusion de la différence, le droit à l'erreur, la mise en valeur des forces de chacun.

Une autre façon d'étudier l'expérience des groupes d'entraide est de se demander quels sont les facteurs aidants disponibles (Lavoie, 1983, 1989). Des études récentes s'arrêtent à cette question des facteurs importants en tenant compte du point de vue des membres. Ainsi Scattolon et Stoppard (1999) rapportent, dans une étude qualitative canadienne, des exemples de femmes déprimées qui se sont senties validées dans leurs expériences et leurs sentiments ainsi que rassurées par la présence des autres, tout en constatant qu'elles n'étaient pas seules à vivre cette situation. Une étude québécoise, fondée sur les opinions des membres d'un groupe offert en Abitibi aux patients psychiatriques sur le point de retourner dans la communauté, permet de saisir certaines nuances. Il faut rappeler que souvent les groupes offerts à des personnes présentant des troubles chroniques de santé mentale comptent sur une présence importante des professionnels, même s'ils s'affichent comme groupes d'entraide ; on les nomme alors des groupes hybrides. Caron et Bergeron (1995) indiquent ainsi que, parmi les éléments jugés importants par les membres, se trouve le soutien émotionnel des professionnels, ce qui peut surprendre dans un groupe d'entraide. Il s'avère que, face à des problèmes ayant un fort contenu émotionnel comme la colère ou les idées suicidaires, les membres trop bouleversés n'offrent pas le soutien nécessaire et que celui du professionnel prend alors plus d'importance, mais dans des moments bien circonscrits. On trouve en outre d'autres éléments, par exemple l'écoute et l'expression des émotions et le soutien des membres. Dans le cas des AA, la création d'une véritable communauté joue un rôle clé (Mäkelä *et al.*, 1996). On retiendra, de ces études sur les facteurs aidants, l'importance de créer un lieu d'expression et d'écoute des émotions et des expériences, afin de permettre de valider ce qu'ont vécu les participants. Cette approche s'avère donc différente du climat offert au sein des groupes de soutien, souvent orientés davantage vers l'information.

5.2 Retombées sur le plan social

Sur le plan social, l'existence de groupes d'entraide dans une collectivité peut créer une nouvelle dynamique au sein des services professionnels vu la critique dont sont porteurs maints groupes d'entraide face au savoir professionnel. Ces regroupements offrent également des occasions de développement de leadership et d'action politique.

Davantage que les groupes de soutien, les groupes d'entraide peuvent amener des changements sociaux. Les groupes d'entraide, ainsi que quelques groupes de soutien, qui privilégient les échanges, l'entraide et valorisent le savoir profane ou la connaissance expérientielle, ont le potentiel de faire émerger un sentiment de pouvoir d'agir (*empowerment*) chez leurs membres et de mettre en place un processus incitant ceux-ci à participer aux changements sociaux, systémiques et institutionnels. Ces bénéfices sociaux sont toutefois moins analysés, la majorité des études considérant que les membres recherchent avant tout une réponse à des besoins personnels. Chesney et Chesler (1993) s'arrêtent cependant à ce type d'expérience auprès des membres de huit groupes pour parents d'enfants cancéreux et ils notent que ces groupes font la promotion d'un activisme social. Ainsi les membres, davantage que des parents non membres, se perçoivent comme plus outillés et prêts à s'engager avec d'autres dans des revendications de changements dans les services de santé.

6. QUELQUES LIMITES DES GROUPES D'ENTRAIDE

Alary, Beausoleil, Guédon, Larivière et Mayer (1988) ont recensé des obstacles à l'établissement de pratiques de prise en charge par le milieu, dont certains concernent les groupes d'entraide. En plus de ces obstacles, nous aborderons un exemple de conséquences négatives résultant de la participation dans un groupe.

En premier lieu, les ressources des gens et des milieux varient. Certaines personnes faisant face à des problèmes multiples ou qui sont défavorisées sur plusieurs plans n'auront pas l'énergie nécessaire pour l'engagement dans des groupes d'entraide peu structurés. De même certains milieux, par exemple le milieu rural ou les petites villes, n'offriront pas un éventail de groupes spécialisés. Les groupes d'entraide ne sont donc pas une solution pour tout le monde. Deuxièmement, il existe des problèmes de continuité. Les groupes d'entraide peuvent être instables ou à la merci d'un leader. On parle aussi d'épuisement possible des leaders à cause, entre autres, du manque de relève. Troisièmement, dans certains cas, le groupe d'entraide ne parvient pas à devenir un groupe d'affiliation et de référence important pour ses membres, comme peuvent le faire les AA, ni à offrir une diversité d'expériences thérapeutiques permettant l'exploration de soi et, alors, les participants en retirent moins de bénéfices. Ce fut le cas pour un groupe de jeunes mères suivies par Lieberman (1990) et pour qui, probablement, la formule de groupe d'entraide n'apporta pas plus que celle d'un groupe de soutien. Finalement, les groupes sont aux prises avec tous les problèmes auxquels fait face tout regroupement (problèmes financiers, définition des objectifs, sélection et recrutement des membres, conflits, etc.). Comme illustration d'obstacles divers à la participation, l'encadré rapporte les résultats d'une étude faite auprès de groupes de personnes âgées de Toronto et de Montréal afin de comprendre leurs résistances à participer à des groupes d'entraide et de soutien (Lavoie et Stewart, 1999).

Obstacles à la participation des personnes âgées :
résultats d'enquête

tiré de F. Lavoie et M. Stewart, 1999

Les groupes de soutien et d'entraide sont sous-utilisés par les personnes âgées. Cette étude voulait repérer les raisons de leur peu de participation. Le recrutement des groupes se fit dans les régions urbaines de Toronto et de Montréal. Le groupe de soutien se distinguait du groupe d'entraide par le contrôle exercé par le professionnel. La moitié de la clientèle des groupes devait être composée de personnes âgées de cinquante-cinq ans et plus, cela étant gage que le type de groupe pouvait intéresser des personnes de l'âge visé. Un critère de sélection fut en plus la diversité des thèmes traités ; ainsi lorsqu'il y avait plusieurs groupes traitant du même thème et selon une même formule dans une collectivité, ils n'étaient pas tous retenus. Vu la difficulté de les recruter, les groupes anonymes ne furent pas sollicités. Finalement 25 groupes d'entraide et 4 groupes de soutien ont participé. La majorité des groupes traitaient d'un problème médical, les autres s'intéressaient à des problèmes divers dont le deuil, les handicaps physiques, la solitude, les droits des grands-parents. Vu le caractère exploratoire de l'étude, il fut choisi d'obtenir le point de vue des animateurs ou des responsables de groupes. La méthodologie d'enquête comprenait des groupes de discussion, des entrevues individuelles téléphoniques et face à face ainsi qu'un questionnaire. Des membres et d'autres personnes de la communauté comme des responsables des centres d'information sur les groupes se joignirent toutefois aux groupes de discussion et aux entrevues.

Parmi les raisons de non-participation associées aux personnes âgées elles-mêmes, le questionnaire mit en valeur que les problèmes de santé étaient l'obstacle principal, rapporté par plus de 75 % des responsables. En fait, il s'agissait davantage des problèmes reliés à la mobilité. Le tiers des responsables les mentionnaient, en plus des traits des personnes âgées comme la passivité ou leur refus de se révéler à l'intérieur d'un groupe. Environ un animateur sur quatre mentionnait comme obstacles la désapprobation de la famille, des problèmes d'audition, la préférence accordée à la recherche de distractions. Enfin 16 % percevaient que certaines personnes âgées pensent ne pas pouvoir changer.

Parmi les raisons de non-participation attribuées au mode d'organisation des groupes, plus des deux tiers des responsables mentionnaient dans le questionnaire la difficulté d'accès aux rencontres et même la méconnaissance du groupe. Dix-sept pour cent trouvaient que les activités sont vues comme trop exigeantes par des personnes âgées.

Les entrevues permirent de compléter ce tableau. Un premier thème est que, d'après les responsables, les raisons de non-participation sont fort variées. Les personnes âgées ont des profils de vie fort hétérogènes, tant sur le plan de leur personnalité, de leur santé que de leur style de vie. Ainsi en ce qui concerne la santé, certaines personnes âgées se rapportent en excellente santé et sans problèmes. Elles sont alors davantage à la recherche d'activités sociales ou d'engagement dans la collectivité. D'autres, à l'opposé, se disent trop malades ou trop occupées à prendre soin d'une autre personne et tout leur temps libre va à des traitements.

Un deuxième thème, mentionné par les responsables, est que certaines caractéristiques de la vie associative nuisent à l'intégration des personnes âgées dans les groupes. L'accueil et le suivi lors des premières démarches d'intégration seraient particulièrement importants pour les gens de cet âge et sont souvent déficients. Par ailleurs, des styles de leadership dominateurs ont un net effet de repoussoir.

Un troisième thème reprend l'idée que quatre caractéristiques personnelles associées à l'âge ou à la cohorte actuelle des personnes âgées expliquent leur non-participation.

– Une réticence à demander de l'aide. La famille peut être perçue comme la seule source acceptable d'aide, en particulier dans certains groupes ethniques. De plus, la recherche d'indépendance étant fort importante, on peut désirer se tenir loin des groupes disponibles.
– Un manque d'expérience de la vie de groupe. Cela peut augmenter la méfiance vis-à-vis des formules de groupes. La révélation de soi peut être difficile dans un contexte de groupe. Il y a aussi crainte de rejet et de jugement de la part du groupe.
– Une difficulté à prendre des engagements à moyen ou à long terme. La participation régulière aux rencontres est souvent remise en question par des projets de loisirs ou des problèmes de santé.
– La motivation principale d'intégration à un groupe serait la recherche d'information. Chez les personnes âgées, la motivation la plus forte en période de difficulté va vers la recherche d'information plutôt que vers le soutien de semblables partageant cette difficulté.

Un quatrième thème indique que, selon les responsables, on peut noter une certaine résistance face à la philosophie de l'entraide. Certaines personnes âgées disent qu'il est temps pour elles de recevoir car elles ont suffisamment donné. Des personnes âgées refusent de s'engager à jouer un rôle d'aidant. D'autres ne veulent pas se définir comme membres d'un groupe qui met l'accent sur un problème ou encore voir leur identité confinée à ce problème.

Finalement, à la suite des témoignages des responsables des groupes, on peut voir que rarement la personne âgée choisirait ou aurait le choix entre un groupe d'entraide ou un groupe de soutien. On pourrait distinguer quatre scénarios de prise de contact avec les groupes de soutien ou d'entraide. Il y aurait le membership captif, l'absence de choix, la primauté géographique et l'amateur de groupes d'entraide. Le membership captif fait référence aux cas où une institution offre un groupe à sa propre clientèle bien définie. L'absence de choix décrit la situation de personnes âgées ayant une maladie rare par exemple et ne trouvant qu'un seul groupe disponible. La primauté géographique concerne les personnes choisissant avant tout un groupe dans leur voisinage plutôt qu'une formule de groupe d'entraide ou de soutien. L'amateur de groupe d'entraide, souvent à cause d'expériences antérieures dans des groupes d'entraide, recherche activement cette formule.

Somme toute, avant de participer à de tels groupes les personnes âgées de plus de cinquante-cinq ans, comme les gens plus jeunes, doivent non seulement faire face à des difficultés mais les reconnaître et percevoir qu'une expérience de groupe est un lieu approprié et utile pour trouver une solution, c'est-à-dire de l'information et du soutien. Les deux formules de groupe, d'entraide ou de soutien, peuvent s'avérer attirantes pour les personnes âgées pour des raisons différentes. Le groupe de soutien répond sans doute davantage aux besoins des cohortes actuelles de personnes âgées par la moindre place laissée à la révélation de soi et par la durée limitée de participation. Les groupes d'entraide pourraient être davantage recherchés dans l'avenir par des gens ayant déjà participé à des groupes et valorisant un plus grand engagement. On doit dès maintenant trouver des solutions aux problèmes de mobilité et d'audition ainsi qu'analyser les obstacles à la participation liés aux influences culturelles afin de faciliter l'accès à ces ressources. Malgré l'intérêt d'avoir ces opinions de personnes expérimentées, il faudrait compléter leur point de vue par celui de personnes âgées.

On peut se demander finalement si la participation à des groupes peut s'avérer nuisible pour certains. Quelques exemples sont rapportés mais il s'agit, comme pour toute intervention professionnelle, de certaines personnes qui ne trouvent pas réponse à leurs besoins précis. Dans le cas des groupes du *National Alliance for the Mentally Ill* (groupes pour parents de personnes présentant un trouble mental), une enquête de Citron, Solomon et Draine (1999) indique que 20 % des membres se jugent moins compétents pour répondre aux besoins de leurs proches et que 18,5 % se sentent davantage dépassés. Ce serait en écoutant les membres de longue date parler du futur que ces gens perdent quelque peu confiance. Une telle information doit être prise en compte pour améliorer le fonctionnement du groupe.

7. LES DÉFIS POUR LES INTERVENANTS VOULANT S'ENGAGER DANS LES GROUPES D'ENTRAIDE

Nous terminons en abordant quelques défis pour les intervenants professionnels voulant aider à la mise sur pied ou au maintien de groupes d'entraide. Il va de soi que, comme personne atteinte d'une maladie ou vivant un problème, tout individu peut s'engager dans le démarrage d'un groupe. Nous aborderons davantage ce défi dans le cas d'une personne non touchée par le problème et qui veut s'engager dans son travail ou dans un cadre bénévole. Un trop grand nombre d'intervenants passent trop rapidement à la recherche de moyens infaillibles pour démarrer un groupe d'entraide. Il faudrait avant tout prendre un certain recul afin de comprendre ses propres motivations et les pressions de son milieu de travail avant de s'engager dans une telle direction (Lavoie et Saint-Onge, 1988). En plus d'acquérir une formation sur les groupes d'entraide et sur la consultation auprès d'organismes bénévoles, l'intervenant ou l'intervenante doit connaître les ressources de sa région, en particulier les groupes disponibles, revoir ses valeurs et la place qu'il ou elle accorde aux connaissances expérientielles.

De plus, l'intervenant ou l'intervenante doit réfléchir au rôle qu'il ou elle désire jouer et au rôle que le groupe veut lui attribuer. Comme il existe une grande variété d'organisations d'entraide, certaines limitées à un seul groupe, d'autres regroupées sous forme d'associations nationales, les attentes des groupes sont variées. Par ailleurs, on peut noter l'existence de groupes hybrides, prônant les valeurs des groupes d'entraide mais où la coanimation par un professionnel bénévole est perçue comme essentielle. La définition du rôle de celui-ci est donc un enjeu principal. Le rôle peut être celui d'aide au démarrage, de consultant auprès d'un leader, de coanimateur, de personne liaison mettant en contact des membres potentiels avec le groupe, etc. Saintonge (1995) offre une description passionnante des dilemmes d'une infirmière jouant ce rôle de coanimatrice dans un groupe d'entraide hybride pour parents. Bien souvent, il faut reconnaître que les groupes d'entraide ne demandent qu'une aide technique passagère, comme le prêt d'un local ou une mise en communication avec des membres potentiels ou encore la reconnaissance de leur apport. Comme le recrutement de membres et les problèmes financiers représentent deux difficultés récurrentes, un tel appui est néanmoins très important.

Parmi bien d'autres remises en question, l'intervenant ou l'intervenante doit, tout en respectant les principes de la déontologie de sa profession, respecter l'autonomie du groupe. Les quelques suggestions qui suivent sont tirées d'un symposium réunissant des responsables de groupes d'entraide et des spécialistes de plusieurs pays abordant le thème des relations entre groupes et spécialistes (Lavoie, Farquharson et Kennedy, 1994). L'intervenant doit ainsi laisser le processus de prise de décision du groupe aux mains des membres. De plus, il lui faut même réévaluer la nécessité de sa présence, comme coanimateur ou consultant, et accepter de se retirer. Ses échanges et ses recommandations doivent tenir compte des normes de fonctionnement du groupe avec lequel il y a collaboration. Ainsi, il n'est pas sain de vouloir soumettre le groupe à des normes professionnelles ou d'imposer ses connaissances de façon unilatérale. Le respect des traditions du groupe est de mise. Les membres du groupe ne devraient pas, par ailleurs, être perçus comme des clients.

Le respect de la confidentialité doit aussi guider ces démarches (Lavoie, Farquharson et Kennedy, 1994). En même temps, il doit y avoir une réflexion sur les responsabilités des spécialistes face à des pratiques de groupes qu'ils peuvent désapprouver, par exemple l'arrêt de la médication ou des techniques de suggestion. Une démarche éthique et des discussions avec des collègues et des représentants de groupes d'entraide ou de centres d'information sur l'entraide devraient alors inspirer leur intervention. Il va sans dire que ces quelques propositions ne recouvrent pas la totalité des défis attendant les intervenants.

8. CONCLUSION

Comme nous l'avons vu, les groupes d'entraide et les groupes de soutien ont chacun leurs avantages et désavantages et surtout leurs défenseurs. Nous croyons que c'est davantage dans le dialogue qu'on arrivera à offrir de nouvelles structures favorisant le développement optimal des personnes et leur participation au changement personnel et social. Il ne suffit plus d'opposer vainement ces deux types de structures, l'informelle et la formelle, il faut voir les multiples liens sans perdre de vue l'originalité potentielle de chacune. Le principal débat vient du fait que certains « glorifient » le savoir profane ou expérientiel en rejetant le savoir professionnel, alors que d'autres « glorifient » le savoir professionnel niant la possibilité même qu'il y ait un savoir profane. Plus prosaïquement, la démonstration de la contribution de groupes de soutien ou d'entraide devrait mener à la mise sur pied d'un plus grand nombre de ces groupes. Mais les psychologues et les intervenants communautaires sont-ils prêts ? Sauront-ils respecter les conditions particulières au contexte des deux groupes ? Quant à la prise en compte des savoirs expérientiels, cela veut-il dire nécessairement la négation du savoir « savant » ou du spécialiste ? Quel peut être un *modus vivendi*, source de créativité ? Le lien « d'autorité » vis-à-vis du client ou du patient doit être redéfini. La notion du pouvoir d'agir (*empowerment*) est au cœur de ce débat.

RÉFÉRENCES
RÉFÉRENCES

Articles sur des évaluations de groupes d'entraide. Consulter sur Internet le site : http://mentalhelp.net/articles/selfres.htm

ALARY, J., J. BEAUSOLEIL, M.-C. GUÉDON, C. LARIVIÈRE et C. MAYER (1988), *Solidarités. Pratiques de recherche-action et de prise en charge par le milieu*, Montréal, Boréal.

ANTZE, P. (1979), « Role of ideologies in peer psychotherapy groups », dans Lieberman, M.A. et L.D. Borman & Associates, *Self-help groups for coping with crisis*, San Francisco, Jossey-Bass, p. 272-304.

BORKMAN, T. (1990), « Experiential, professional, and lay frames of reference », dans Powell, T.J. (dir.), *Working with self-help*, Silver Spring, MD, NASW Press, p. 3-30.

BORKMAN, T. (1997), « A selective look at self-help groups in the United States », *Health and Social Care in the Community*, 5 (6), 357-364.

CARLSSON, M.E., P.M. STRANG et U. NYGREN (1999), « Qualitative analysis of the questions raised by patients with gynecologic cancers and their relatives in an educational support group », *Journal of Cancer Education*, été, 14 (1), 41-46.

CARON, J. et N. BERGERON (1995), « Les aspects d'un groupe d'entraide de type partenariat qui apparaissent bénéfiques à des personnes ayant connu une hospitalisation en psychiatrie : une étude exploratoire », *Santé mentale au Canada*, 43 (2), 22-32.

Centre de références de Toronto (1994), *A directory of self-help/mutual aid groups in Metropolitan Toronto*.

CHESLER, M.A. et B.K. CHESNEY (1995), *Cancer and self-help : Bridging the troubled waters of childhood illness*, Madison, WI, University of Wisconsin Press.

CHESNEY, B.K. et M.A. CHESLER (1993), « Activism through self-help membership : Reported life changes of parents of children with cancer », *Small Group Research*, 24 (2), 258-273.

CITRON, M., P. SOLOMON et J. DRAINE (1999), « Self-help groups for families of persons with mental illness : perceived benefits of helpfulness », *Community Mental Health Journal*, 35 (1), 15-29.

COOPER, R. et I. BURNSIDE (1996), « Three years of an adult burns support group : an analysis », *Burns*, 22 (1), 65-68.

DEMERS, A. et J.P. LAVOIE (1996), « Effect of support groups on family caregivers to the frail elderly », *Canadian Journal on Aging*, 15 (1), 129-144.

EMRICK, C.D., J.S. TONIGAN, H. MONTGOMERY et L. LITTLE (1993), « Alcoholics Anonymous : What is currently Known ? », dans McCrady, B.S. et W.R. Miller (dir.), *Research on Alcoholics Anonymous : Opportunities and alternatives*, New Brunswick, Rutgers Center of Alcohol Studies, p. 41-75.

FOURNIER, D.M. (1995), *Establishing evaluative conclusions : A distinction between general and working logic*, New Directions for Evaluation, n° 68, 15-32, San Francisco, Jossey-Bass.

FREUDENBERG, N., E. ENG, B. FLAY, G. PARCEL, T. ROGERS et N. WALLERSTEIN (1995), « Strenghtening individual and community capacity to prevent disease and promote health : In search of relevant theories and principles », *Health Education Quarterly*, 22 (3), 290-306.

GOODKIN, K., N.T. BLANEY, D.J. FEASTER, T. BALDEWICZ, J.E. BURKHALTER et B. LEEDS (1999), «A randomized controlled clinical trial of a bereavement support group intervention in human immunodeficiency virus type 1-seropositive and -seronegative homosexual men», *Archives of General Psychiatry*, 56 (1), 52-59.

GOULET, S. (1995), «Réflexion d'un entraidant sur l'entraide dans les groupes d'entraide en santé mentale au Québec», *Revue canadienne de santé mentale communautaire*, 14 (2), 101-111.

GREGOIRE, I., D. KALOGEROPOULOS et J. CORCOS (1997), «The effectiveness of a professionally led support group for men with prostate cancer», *Urologic Nursing*, 17 (2), 58-66.

HEAP, K. (1985), *La pratique du travail social avec les groupes*, traduit par Pierrette Brosset (1987), Paris, Les Éditions ESF.

HELLER, T., J.A. ROCCOFORTE, K. HSIEH, J.A. COOK et S.A. PICKETT (1997), «Benefits of support groups for families of adults with severe mental illness», *American Journal of Orthopsychiatry*, 67 (2), 187-198.

HELGESON, V.S., S. COHEN, R. SCHULZ et J. YASKO (1999), «Education and peer discussion group interventions and adjustment to breast cancer», *Archives of General Psychiatry*, 56 (4), 340-347.

HUMPHREYS, K. et R.H. MOOS (1996), «Reduced substance abuse related health care costs among voluntary participants in Alcoholics Anonymous», *Psychiatric Services*, 47, 709-713.

JASON, L.A., C.L. GRUDER *et al*. (1987), «Work site group meetings and the effectiveness of a televised smoking cessation intervention», *American Journal of Community Psychology*, 15, 57-77.

KATZ, A.H. et E.I. BENDER (1990), *Helping one another. Self-help groups in a changing world*, Oakland, CA, Third Party Publishing Company.

KATZ, A.H. (1993), *Self-help in America: A social movement perspective*, New York, NY, Twayne Publishers.

KENNEDY, M. et K. HUMPHREYS (1994), «Understanding worldview transformation in members of mutual help groups», dans Lavoie, F., T. Borkman et B. Gidron (dir.), *Self help and mutual aid groups: International and multicultural perspectives*, New York, NY, Haworth Press, p. 181-198.

KROPOTKIN, P. (1914), *Mutual Aid. A factor of evolution*, édité en 1972 par Paul Avrich, New York, New York University Press.

KURTZ, L.F. (1997), *Self-help and support groups. A handbook for practitioners*, Thousand Oaks, CA, Sage.

LAVOIE, F. (1983), «Les groupes d'entraide», dans Arseneau, J., C. Bouchard, M. Bourgon, G. Goupil, J. Guay, F. Lavoie et R. Perreault (dir.), *Psychothérapies: attention!*, Sillery, Québec Science éditeur, p. 181-201.

LAVOIE, F. (1989), « L'évaluation des groupes d'entraide », dans Romeder, J.M., H. Balthazar, A. Farquharson et L. Lavoie (dir.), *Les groupes d'entraide et la santé. Nouvelles solidarités*, Ottawa, Le Conseil canadien de développement social, p. 77-98.

LAVOIE, F. et F. DUFORT (1995), « La recherche avec les groupes d'entraide : les difficultés méthodologiques et les défis », *Revue canadienne du vieillissement*, 14, 177-200.

LAVOIE, F., A. FARQUHARSON et M. KENNEDY (1994), *Ethical issues in professional and self-help group collaboration*, n° 1994-159, Les Cahiers de recherche de l'École de psychologie, Université Laval, 23 pages, juin (également publié par Entraide Canada).

LAVOIE, F., A. FARQUHARSON et M. KENNEDY (1994), « Workshop on "Good Practice" in the collaboration between professionals and mutual aid groups », dans Lavoie, F., T. Borkman et B. Gidron (dir.), *Self help and mutual aid groups : International and multicultural perspectives*, New York, NY, Haworth Press, p. 303-314.

LAVOIE, F. et M. ST-ONGE (1988), « Non-ingérence, non-indifférence : L'implication des intervenant-e-s professionnel-le-s auprès des groupes d'entraide en santé mentale », *Santé mentale au Québec*, 23 (1), 203-207.

LAVOIE, F. et M. STEWART (1995), « Les groupes d'entraide et les groupes de soutien : une perspective canadienne », *Revue canadienne de santé mentale communautaire*, 14 (2), 13-21.

LAVOIE, F. et M. STEWART (1999, juin), *Barriers to the use of self-help/mutual aid and support groups by seniors*, 7th Biennial Conference of the Society for Community Research and Action, New Haven, Connecticut.

LAVOIE, J.P. (1995), « Support group for informal caregivers don't work ! Refocus the groups or the evaluations ? », *Revue canadienne du vieillissement*, 14 (3), 580-603.

LEE, D.T. (1995), « Professional underutilization of Recovery Inc. », *Psychiatric Rehabilitation Journal*, 19 (1), 63-70.

LIEBERMAN, M.A. (1990), « Understanding how groups work : A study of homogeneous peer group failures », *International Journal of Group Psychotherapy*, 40 (1), 31-52.

LIEBERMAN, M.A., I. YALOM et M. MILES (1973), *Encounter Groups : First facts*, New York, NY, Basic Books.

MÄKELÄ, K., I. ARMINEN, K. BLOOMFIELD, I. EISENBACH-STANGL, K.H. BERGMARK et N. KURUBE (1996), *Alcoholics Anonymous as a mutual-help movement : A study in eight societies*, Madison, WI, The University of Wisconsin Press.

MATON, K.I. et D.A. SALEM (1995), « Organizational characteristics of empowering community settings : a multiple case study approach », *American Journal of Community Psychology*, 23 (5), 631-656.

McKay, J.R., A.I. Alterman *et al.* (1994), « Treatment goals, continuity of care, and outcome in a day hospital substance abuse rehabilitation program », *American Journal of Psychiatry*, 151 (2), 254-259.

National Empowerment (1996), *National Empowerment Center Newsletter, Summer.*

Papell, C. et B. Rothman (traduction de 1983), « Le modèle du courant central du service social des groupes en parallèle avec la psychothérapie et l'approche du groupe structuré », *Service social*, 32 (1-2), 11-31. En anglais : « Relating the mainstream model of social work with groups to group psychotherapy and the structured group approach » (1980), *Social Work with Groups*, 3 (2), 5-23.

Powell, T.J. (1987), *Self-help organizations and professional practice*, Silver Spring, MD, National Association of Social Workers.

Rappaport, J. (1993), « Narrative studies, personal stories, and identify transformation in the mutual help context », *Journal of Applied Behavioral Science*, 29, 239-256.

Riessman, F. et D. Carroll (1995), *Redefining self-help : Policy and practice*, San Francisco, CA, Jossey-Bass Inc.

Romeder, J.-M. avec la collaboration de H. Balthazar, A. Farquharson et L. Lavoie (1989), *Les groupes d'entraide et la santé. Nouvelles solidarités*, Ottawa, Conseil canadien de développement social.

Saintonge, L. (1995), « L'expérience d'une professionnelle dans un groupe de soutien pour parents », *Revue canadienne de santé mentale communautaire*, 14 (2), 71-80.

Scattolon, Y. et J.M. Stoppard (1999), « Getting on with life : women's experiences and ways of coping with depression », *Canadian Psychology*, 40 (2), 205-219.

Schopler, J.H. et M.J. Galinsky (1995), « Group practice overview », dans Edwards, R.L., J.G. Hoops *et al.* (dir.), *Encyclopedia of social work*, Washington, DC, National Association of Social Workers, p. 1129-1142.

Spiegel, D., J.R. Bloom et Y. Yalom (1981), « Group support for patients with metastatic cancer : A randomized prospective outcome study », *Archives of General Psychiatry*, 38, 527-533.

Spiegel, D., J.R. Bloom, H.C. Kraemer et E. Gottheil (1989), « Effect of psychosocial treatment on survival of patients with metastatic breast cancer », *The Lancet*, 14 oct., 888-891.

Spirig, R. (1998), « Support groups for people living with HIV/AIDS : A review of literature », *Journal of the Association of Nurses in AIDS Care*, 9 (4), 43-55.

Stewart, M.J. (1990), « Expanding theoretical conceptualization of self-help groups », *Social Science and Medicine*, 31 (9), 1057-1066.

Zeitlin, S. et G.G. Williamson (1997), *Coping in young children. Early intervention practices to enhance adaptive behavior and resilience*, Baltimore, Paul H. Brookes, p. 287-290.

LE CHOIX D'UN MODÈLE DE CONSULTATION SELON UNE PERSPECTIVE COMMUNAUTAIRE

chapitre 6

Réjeanne Laprise
Université Laval

Maurice Payette
Université de Sherbrooke

L A consultation s'avère l'une des principales méthodes de changement social dont disposent les psychologues communautaires (Kelly, 1993 ; Orford, 1992). Elle constitue un type d'intervention qui amène un professionnel à interagir avec une personne, un groupe, une organisation ou une communauté dans le but de modifier une situation en exerçant différents rôles et en utilisant des stratégies appropriées. Le premier modèle théorique a pris origine vers le début des années 1960 et a été suivi par d'autres modèles et travaux de recherche dans les années 1970 et 1980. De nos jours, la consultation est largement pratiquée dans plusieurs milieux, et par plusieurs professionnels (Brown, Pryzwansky et Schulte, 1995 ; Lescarbeau, Payette et St-Arnaud, 1991). Toutefois, elle demeure une méthode d'intervention encore peu connue (Froehle et Rominger III, 1993 ; Gallessich, 1985). En effet, moins de cinq recherches par année sont publiées dans ce domaine (Fuchs, Fuchs, Dulan, Roberts et Ferstrom, 1992). Nous souhaitons que ce chapitre encourage les psychologues à pratiquer la consultation selon une perspective communautaire et les stimule à développer leurs propres conceptions théoriques afin de faire avancer ce domaine d'intervention. La pratique et la recherche en consultation comportent des défis d'envergure auxquels les psychologues communautaires devront porter attention (Sarason, 1998) s'ils veulent augmenter le pouvoir d'action des citoyens, des organisations communautaires et des communautés.

Ce chapitre comprend quatre sections. La première illustre l'intervention d'un consultant en milieu communautaire. Dès le départ, le lecteur est familiarisé avec une application concrète des activités liées à ce type d'intervention. La deuxième section rapporte les principales approches de consultation. Pour ce faire, certains modèles théoriques sont discutés et des encadrés résument l'apport de chacun d'entre eux à la consultation selon une perspective communautaire. La troisième section présente les résultats d'une recherche ayant porté sur les préférences de consultation en matière d'expertise auprès de personnes-soutien de personnes âgées dépressives. La question explorée était de savoir si ces personnes-soutien préféraient que le consultant privilégie une *expertise de prescription*, c'est-à-dire définisse et trouve des solutions aux problèmes décelés dans la situation d'aide ou, au contraire, adopte une *expertise de processus*, c'est-à-dire vise à développer les habiletés des personnes-soutien afin que celles-ci soient en mesure de trouver leurs propres solutions. Enfin, la quatrième section conclut sur les éléments auxquels il faut porter attention pour exercer une pratique de consultation correspondant aux postulats de la perspective communautaire.

1. L'INTERVENTION D'UN CONSULTANT EN MILIEU COMMUNAUTAIRE

L'analyse d'une intervention communautaire (voir Payette, 1991) paraît une illustration pertinente pour saisir concrètement une approche de consultation qui est cohérente avec les valeurs et les principes généralement reconnus en psychologie communautaire. Il s'agit d'une intervention effectuée dans un milieu populaire d'une ville de moyenne importance. Le consultant que nous nommerons ici Alain est professeur de psychologie sociale dans un établissement public; il est particulièrement intéressé par le développement communautaire et travaille régulièrement avec des groupes de citoyens engagés dans leur communauté. Deux personnes représentant quelques citoyens d'un quartier plutôt défavorisé viennent un jour rencontrer Alain pour lui exposer une demande formulée ainsi: « Pourriez-vous nous donner un cours sur le leadership? ».

Cette demande laisse entendre que les citoyens s'attendent à recevoir un produit ou un contenu qui deviendra une solution à leur problème de « seconds violons ». Mais Alain s'appuie sur un modèle de consultation privilégiant la responsabilisation et le développement de l'autonomie; il proposera à ses interlocuteurs une démarche structurée autour de quatre étapes à travers lesquelles il veut associer ses partenaires aux décisions à prendre et leur permettre de prendre en main le développement de leur communauté. Cette façon de répondre à la demande des citoyens s'inspire du modèle intégré de consultation qui sera exposé ultérieurement.

1.1 L'entrée

En exerçant un rôle de consultant plutôt que de professeur ou de formateur, Alain accueille ses interlocuteurs et s'engage dans l'exploration de leur demande. Qui sont les personnes qui composent le groupe que les demandeurs représentent? Qu'est-ce qui les amène à demander un cours sur le leadership? Qu'attendent-ils de ce cours et du professeur qui en serait responsable? Quels besoins veulent-ils combler? Quels seraient les résultats concrets que l'on pourrait observer à la fin du cours?

« Nous sommes un groupe de personnes qui ne sont pas allées à l'école longtemps mais qui sont très engagées dans toutes sortes d'activités dans notre quartier; nous avons beaucoup de responsabilités et nous travaillons avec plusieurs professionnels comme des travailleurs de quartier, des prêtres de paroisse, des organisateurs communautaires. Mais quand on est entre nous, on échange nos idées et on trouve qu'on est toujours des seconds violons. Et d'après ce qu'on nous dit, ce qui nous manque c'est du leadership. On ne sait pas au juste ce que c'est, mais on voudrait apprendre en suivant un cours d'un bon professeur. De plus, on est allé se chercher une subvention auprès de l'éducation aux adultes pour engager un prof. Au fond, ce qu'on voudrait, c'est prendre plus de responsabilités dans notre quartier. » En poussant plus loin son analyse, Alain se rend compte que les besoins de ces gens se situent principalement sur le plan des compétences de base pour exercer une influence en situation de groupe: s'exprimer devant un groupe, savoir quand et comment intervenir dans une discussion, comprendre ce qui se passe, maîtriser certaines règles de fonctionnement dans un groupe, etc.

1.2 L'entente

Alain exprime son intérêt pour répondre à la demande des représentants du groupe tout en leur précisant son intention d'adapter ce qu'il fera à la situation du groupe. Il demande un temps de réflexion pour penser à une façon de travailler qui convienne au groupe et qui lui convienne et, ensuite, préparer une proposition concrète. Quelques jours plus tard, il revoit ses interlocuteurs et leur propose de préparer et d'animer des activités de formation en groupe qui consisteraient en mises en situation (des jeux !) qui permettraient d'apprendre en agissant et en réfléchissant sur ce qui se passe. Alain s'inspirait ainsi de la méthode de laboratoire. Une telle approche qu'Alain maîtrise bien paraît appropriée ; une situation peu menaçante mais stimulante où les participants peuvent prendre des risques et découvrir progressivement qu'ils ont des ressources et des capacités qui peuvent se développer et augmenter leur confiance en eux-mêmes. De plus, ces activités pourraient se dérouler dans le quartier plutôt que dans une salle de cours, question de se retrouver dans l'environnement familier des participants. Il s'agirait d'une série de quinze rencontres qui auraient lieu en soirée, une fois par semaine. Un peu surpris par cette proposition, les deux représentants acceptent de la présenter au groupe. Une semaine plus tard, on informe Alain que le groupe accepte de s'engager dans ce genre d'activités et on s'entend avec lui sur le jour, l'heure et le lieu de la première rencontre.

1.3 Les activités de formation

Alain planifie un ensemble de quinze activités adaptées aux participants et prépare le matériel pédagogique nécessaire. Dès la première rencontre, les quinze participants s'engagent avec un certain enthousiasme dans l'activité proposée et acceptent de faire un retour sur ce qui s'est passé, ce qu'ils ont vécu, ce qu'ils ont découvert et appris. Alain utilise cet échange pour introduire, de façon très accessible, des notions sur la nature des interactions qui se font dans un groupe, les comportements et les stratégies à développer pour y apporter sa propre contribution. Progressivement, au fil des autres rencontres, les participants acquièrent plus de confiance, apprennent à écouter et à intervenir en s'exprimant clairement mais avec leurs propres mots. Les principales dimensions de la dynamique d'un groupe sont abordées par les mises en situation et les retours animés par Alain. Au moment d'entreprendre l'évaluation de la démarche et de préparer son départ, Alain a la surprise de faire face à une demande unanime et pressante : « On veut continuer, on ne fait que commencer, et tu ne peux pas nous lâcher ». À l'appui de cette requête, un ouvrier de la construction a apporté un témoignage émouvant. À l'occasion d'une réunion syndicale, cette personne s'est mise à poser des questions et à manifester son opposition à certaines opinions ; à son voisin surpris de ce changement inattendu, il a fourni avec fierté l'explication suivante : « Moi, je suis des cours de leadership avec un grand professeur ».

1.4 Apprendre dans l'action

Touché par les témoignages exprimés, Alain accepte de continuer mais propose une nouvelle stratégie pour enraciner les apprentissages : s'engager comme groupe dans un projet communautaire à choisir, à élaborer et à réaliser. Soucieux de favoriser l'autonomie et la responsabilisation du groupe et des personnes, Alain propose à ses partenaires de modifier son rôle : il serait le *coach* du groupe et ce dernier aurait l'entière responsabilité de prendre les décisions et de les exécuter ; il serait toujours là pour accompagner et soutenir les personnes et le groupe, tout en étant le gardien des apprentissages à faire à travers la réflexion sur les actions posées par le groupe. Chaque rencontre serait à l'avenir animée par un membre du groupe et cet animateur changerait chaque semaine. Mais il serait important de réserver un temps pour faire un retour sur la réunion. On accepte avec empressement la démarche proposée et on se met rapidement au travail. Comme première étape, il faut s'entendre sur le projet à réaliser. Deux rencontres sont nécessaires pour inventorier les besoins de la communauté et choisir un projet qui répondrait à certains de ces besoins. Un consensus finit par s'établir et on s'entend pour organiser une exposition d'artisanat populaire afin de mettre en valeur les nombreux artisans plus ou moins obscurs du quartier ; on fournirait ainsi une occasion aux gens du quartier de se rencontrer, de se connaître et de développer leur fierté. Les participants ont pris la direction des opérations de planification et de réalisation du projet en se partageant les responsabilités et en créant des comités. Bien organisé, le projet remporte un succès au-delà des attentes : 40 exposants attirent durant deux jours plus de 2 000 personnes issues du quartier et des alentours. Les médias locaux couvrent bien l'événement ; l'évêque et le maire font une visite bien appréciée.

1.5 Terminaison

Euphoriques, les membres du groupe se font une fête pour célébrer leur succès, évaluer leur progrès et remercier Alain. « C'est la première fois qu'on fait quelque chose par nous-mêmes dans le quartier ; ce ne sera pas la dernière parce que maintenant on sait qu'on est capable même si on n'est pas allé à l'école longtemps. » Alain partage la joie et la fierté de ses partenaires et en profite pour faire brièvement son premier et son seul exposé sur le leadership : « Savez-vous maintenant ce que c'est le leadership ? C'est ce que vous venez de faire dans le quartier : entraîner vos concitoyens, les mobiliser, stimuler leur créativité, valoriser leurs œuvres et éveiller leur fierté ».

2. LES APPROCHES DE CONSULTATION

La section précédente illustre ce que peut être la consultation s'inscrivant dans une perspective communautaire : un processus de changement qui repose sur une approche de résolution de problèmes s'instaurant entre un consultant et un système-client, c'est-à-dire un ensemble de personnes issues d'une même organisation ou d'une communauté, afin de modifier une situation non désirée en une situation plus souhaitable (Lescarbeau, Payette et St-Arnaud, 1991). En optant pour un rôle de consultant, Alain savait qu'au-delà des changements individuels positifs suscités il pouvait créer une synergie des ressources susceptible d'amener des retombées positives dans la communauté. Le groupe de citoyens n'anticipaient pas une telle possibilité. Pourtant, les ressources de ces citoyens, jointes à l'action d'Alain à titre de consultant, ont permis de libérer le pouvoir d'action de ces derniers afin qu'ils deviennent plus actifs dans leur communauté. Pour mener un tel processus, un consultant doit repérer et adopter les éléments qui favorisent le développement des personnes et des groupes de la communauté. Afin de mettre en relief ces éléments, les principaux modèles théoriques existants sont abordés et les contributions de chacun d'entre eux sont insérées dans un encadré. Le lecteur peut ainsi construire progressivement un modèle de consultation selon une perspective communautaire.

2.1 Le modèle de consultation en santé mentale

Le modèle de consultation en santé mentale (Caplan, 1964, 1970 ; Caplan et Caplan, 1993) s'avère le premier modèle théorique de consultation. Il est tributaire des idées débattues par plusieurs praticiens et chercheurs qui se préoccupaient de développer des services de santé mentale adaptés à la communauté (Mannino et Trickett, 1987). Selon ce modèle, l'amélioration des services de santé mentale n'est possible que si les professionnels possédant le plus d'expertise, c'est-à-dire les consultants, partagent leurs connaissances et leurs habiletés avec des intervenants qui en possèdent moins. En milieu scolaire, le consultant peut intervenir auprès d'enseignants ou de toutes personnes concernées par la situation (directeur, éducateurs, parents, bénévoles, etc.). En milieu de santé, le consultant peut intervenir auprès de professionnels, d'infirmières, de préposés aux malades ou à l'entretien ménager, de bénévoles, etc. En milieu communautaire, le consultant peut intervenir auprès des familles, des personnes-soutien, des personnes-ressources, des bénévoles, des organismes communautaires ou des communautés. Les objectifs poursuivis sont d'aider les personnes, les groupes, les organisations, les communautés à comprendre et à contrôler les difficultés auxquelles ils sont confrontés afin d'augmenter leurs capacités à maîtriser des situations semblables dans le futur (Caplan, 1970).

Ce modèle définit quatre sous-modèles selon que la cible est le client en difficulté, l'intervenant responsable d'assurer de l'aide à la personne en difficulté, le programme ou l'agence de services ou le gestionnaire de programmes. Bien que plusieurs sous-modèles existent, le modèle de santé mentale est reconnu surtout pour la consultation orientée vers le client en difficulté ou l'intervenant (Meyers, Brent, Faherty et Modaferri, 1993). En outre, le processus de consultation varie grandement selon la cible choisie (Erchul, 1993). En effet, lorsque la cible est le client en difficulté, l'objectif du consultant est de solutionner les problèmes de ce dernier. Pour ce faire, le consultant évalue le client et fournit des recommandations précises à l'intervenant. De façon différente, lorsque la consultation est orientée vers l'intervenant, l'objectif du consultant est d'améliorer le fonctionnement et les habiletés de ce dernier afin qu'il maîtrise mieux des situations semblables dans le futur. Donc, selon la cible, la consultation en santé mentale peut privilégier une expertise de prescription, c'est-à-dire que le consultant trouve lui-même des solutions aux problèmes et est directif dans ses recommandations ou, au contraire, adopte une expertise de processus, c'est-à-dire qu'il stimule le développement des capacités de l'intervenant afin qu'il trouve lui-même des solutions au problème décelé.

Il est généralement admis que le modèle de santé mentale privilégie l'expertise de processus en raison de la valeur accordée à la collaboration et au développement des capacités des intervenants (Gallessich, 1985). Erchul (1993), pour sa part, souligne deux autres éléments de ce modèle qu'il attribue à l'expertise de processus : la nécessité reconnue que les consultants utilisent des évaluations adaptées au contexte et aux problèmes soulevés et le fait que les personnes concernées conservent les responsabilités d'instaurer les changements souhaités afin d'améliorer la situation. À notre avis, hormis l'importance accordée à la relation de collaboration, les éléments liés à l'expertise de processus sont insuffisamment élaborés dans ce modèle.

Par ailleurs, outre ces éléments d'expertise, ce modèle définit quatre dimensions d'intervention qu'il convient de cibler : diffuser de l'information, favoriser la pratique d'habiletés, susciter la valorisation personnelle et pallier le manque d'objectivité professionnelle. Pour pallier le manque de connaissances, *le consultant fournit de l'information*. Il échange avec les personnes concernées, leur remet des documents d'information, les renseigne sur les ressources existantes (organismes communautaires, groupes de soutien, associations, etc.). *Pour développer les habiletés*, le consultant examine avec les personnes concernées ce qui a été réalisé et tente de trouver d'autres avenues de solution. Il encourage ces dernières à adopter de nouveaux comportements si cela est justifié. Par exemple, le consultant peut viser à accroître les habiletés des personnes afin que celles-ci soient plus en mesure de demander de l'aide, de prendre leur place, de décider des orientations à privilégier, etc. *Pour maintenir et développer la confiance en soi*, le consultant apporte un soutien affectif en valorisant les personnes sur le plan de leurs compétences personnelles et de leurs compétences d'aidants. Enfin, *le consultant vise à diminuer le manque d'objectivité professionnelle*. Selon Caplan, un tel manque est attribuable à un engagement personnel trop important, à des erreurs de perception, à des attentes irréalistes provenant de facteurs culturels ou idéologiques, à des thèmes d'interférence, c'est-à-dire à des sujets difficiles à aborder parce qu'ils sont liés à des événements vécus antérieurement. Caplan émet l'hypothèse que les aidants professionnels peuvent être incapables de conserver une «distance professionnelle» adéquate avec la personne aidée et, pour cette raison, manquent de jugement et d'efficacité au travail. Pour contrer le manque d'objectivité professionnelle, le consultant explore les perceptions, les attentes et les croyances des personnes faisant appel à son aide ; il favorise l'établissement d'une meilleure communication entre les personnes concernées.

La valeur de ces quatre dimensions est corroborée par Gutkin (1981) qui précise que des enseignants éprouvent des difficultés correspondant à ces dimensions. Toutefois, malgré ces résultats, la dimension d'objectivité professionnelle fait l'objet de plusieurs critiques (Orford, 1992). Meyers *et al.* (1993) sont d'avis qu'une description béhavioriste des conflits, c'est-à-dire une description des manifestations comportementales et environnementales des conflits, est une façon plus adéquate d'aborder et de traiter ce problème. Cette critique trouve écho chez d'autres chercheurs qui considèrent que ce concept psychanalytique est difficilement mesurable (Gallessich, 1985) et qu'il ne rend pas compte des situations où la personne qui consulte n'assume pas de rôle professionnel (Brown *et al.*, 1995), telle une personne-soutien. Meyers *et al.* (1993) trouvent aussi que ce modèle ne tient pas suffisamment compte des facteurs environnementaux. Pour pallier certaines de ces critiques, et rendre ce modèle applicable au contexte communautaire, Laprise, Dufort et Lavoie (1999a) ont remplacé la dimension d'« objectivité professionnelle » par celle de « travail sur les difficultés relationnelles ». Les résultats obtenus appuient la valeur de cette nouvelle dimension auprès des personnes-soutien de personnes âgées. L'encadré qui suit comporte les apports du modèle de consultation en santé mentale.

> **Les apports du modèle de santé mentale à la consultation selon une perspective communautaire :**
> - Des cibles d'intervention variées : les personnes en difficulté, les intervenants, les gestionnaires de programmes ou les agences de services.
> - Un processus de consultation qui repose sur une relation de collaboration.
> - Quatre dimensions d'intervention à privilégier : diffuser de l'information, favoriser la pratique d'habiletés, stimuler le développement de la confiance en soi et pallier les difficultés relationnelles (adaptation du concept d'objectivité professionnelle suggérée par Laprise *et al.*, 1999a).

2.2 Le modèle béhavioriste de consultation

Le modèle béhavioriste de consultation se base sur les théories de l'apprentissage, du conditionnement opérant et classique, de l'observation par modelage et des approches écologiques et cognitives (Vernberg et Reppucci, 1987). Le consultant adoptant ce modèle privilégie l'observation directe de la personne en difficulté, une définition du problème en des termes mesurables, une cible de changement qui est le comportement de la personne en difficulté. Ce modèle est l'un des premiers à reconnaître que la consultation comporte des étapes définies, telles l'identification du problème, l'analyse du problème, l'intervention et l'évaluation (Bergan et Tombari, 1976). Par contre, une critique est souvent formulée à l'endroit de ce modèle. On conteste le fait que la cible principale est la personne en difficulté plutôt que la personne responsable d'assurer de l'aide, que ce soit un intervenant, un proche ou une personne-soutien. Ce faisant, ce modèle privilégie les services directs au détriment des services indirects. Pourtant, plusieurs théoriciens sont d'avis que la consultation devrait comporter principalement des services indirects (interventions auprès des personnes responsables d'assurer de l'aide) auxquels se greffent, ou non, des services directs (interventions auprès des personnes en difficulté) (Dustin et Blocher, 1984; Gallessich, 1985; Orford, 1992). Lorsque le consultant fournit principalement des services directs, son apport au développement des ressources des citoyens et de la communauté est faible. Le consultant ne peut espérer potentialiser les ressources des citoyens puisque ses interventions visent surtout à solutionner une situation difficile.

Les connaissances spécialisées utilisées dans le modèle béhavioriste confinent souvent le consultant à se centrer principalement sur la personne en difficulté plutôt que sur la personne responsable d'assurer de l'aide (Hawryluk et Smallwood, 1986). Le consultant est donc perçu comme un expert définissant et solutionnant les problèmes soulevés à son attention, malgré qu'il poursuive aussi l'objectif secondaire de développer les connaissances et les habiletés de la personne responsable d'assurer de l'aide (Hawryluk et Smallwood, 1986). Gallessich (1985) critique ce modèle en soulignant l'accent trop important mis sur le comportement de la personne en difficulté et sur la relation entre l'intervenant et la personne en difficulté, plutôt que sur la relation entre le consultant et l'intervenant. Somme toute, le modèle béhavioriste de consultation privilégie souvent l'expertise de prescription au détriment de l'expertise de processus. Pour cette raison, il présente un potentiel restreint à développer les ressources des citoyens et de la communauté. L'encadré qui suit présente ces quelques apports.

Les apports du modèle béhavioriste à la consultation selon une perspective communautaire :
- L'utilisation des principes relevant des théories de l'apprentissage, du conditionnement opérant et classique, de l'observation par modelage et des approches écologiques et cognitives.
- La reconnaissance d'étapes circonscrites dans le processus de consultation.

2.3 Le modèle intégré de consultation

Le modèle intégré de consultation (Lescarbeau *et al.*, 1991 ; Lescarbeau, Payette et St-Arnaud, 1997) répond aux besoins d'intervention auprès d'individus, de systèmes simples (groupes restreints) et de systèmes complexes (organisations, communautés, sociétés). L'objectif est de transformer une situation non désirée en une situation plus souhaitable. Selon Lescarbeau *et al.* (1991), la consultation constitue un processus, qui s'avère « une suite dynamique et rigoureuse d'opérations accomplies selon un mode défini, dans le but de transformer de la matière ou de l'information » (p. 18).

La première section de ce chapitre constitue une bonne illustration de ce modèle. Ce qui se passe pendant la consultation est aussi important que l'objectif visé. Le consultant Alain n'adopte pas une expertise de prescription, il vise plutôt à aider les citoyens à intervenir dans la communauté. Pour ce faire, Alain élabore et gère un processus ou un ensemble d'étapes interreliées qui viseront un changement dans la communauté : passer d'une situation X (manque de fierté collective par rapport aux réalisations artisanales) à une situation Y (reconnaissance publique et fierté collective). Alain est ainsi un gestionnaire de processus. La recherche de correctifs ou d'apprentissages l'amène à faire évoluer tous les facteurs susceptibles de contribuer au changement désiré. Il collabore plutôt qu'il ne trouve une solution, il favorise la concertation. Le consultant stimule chaque membre du système-client à occuper son champ de responsabilités et à respecter celui des autres membres du système. L'un des objectifs principaux du consultant est de potentialiser les ressources des personnes concernées afin de les rendre plus aptes à solutionner leurs difficultés.

Le consultant doit donc pouvoir assumer des rôles variés. Ainsi, Alain a assumé des rôles aussi variés que celui d'animateur, de formateur, d'agent de rétroactions et de conseiller.

Selon le modèle intégré, le consultant doit aussi prêter attention à quatre composantes théoriques. Ces quatre composantes s'intègrent les unes aux autres de façon à rendre l'intervention du consultant cohérente. Il doit établir et maintenir une relation coopérative (composante relationnelle), gérer rigoureusement un processus d'intervention (composante méthodologique), utiliser des instruments appropriés (composante technique), développer des compétences et canaliser les énergies des personnes et des groupes qui participent à l'intervention (composante synergique).

La composante relationnelle met l'accent sur le développement et le maintien d'une relation coopérative entre le consultant et les personnes avec qui il interagit. Trois conditions sont requises pour y arriver. D'abord, il y a le choix et la poursuite d'objectifs communs. Il s'agit non seulement du but général d'une intervention, mais aussi des objectifs à atteindre à chaque étape ou activité. Ainsi, Alain et les citoyens du quartier ont choisi d'organiser une exposition d'artisanat et ont concerté toutes leurs énergies à réaliser ce projet. La seconde condition, la relation coopérative, exige que les partenaires d'une intervention ou d'une activité reconnaissent et respectent les champs de compétence propres à chacun. Alain a reconnu que les citoyens étaient les plus compétents pour inventorier les besoins de la communauté. Les citoyens, pour leur part, ont eu recours aux compétences méthodologiques du consultant dans la réalisation de leur projet. La troisième condition concerne le partage du pouvoir et des responsabilités. Alain aurait été mal venu de s'arroger à peu près tout le pouvoir décisionnel alors que les citoyens désiraient justement apprendre à prendre leur place et à exercer leur leadership dans la communauté; la relation coopérative repose sur la capacité de s'interinfluencer et de partager les responsabilités.

La composante méthodologique fait référence à la gestion des processus ou à l'enchaînement des différentes étapes et activités de l'intervention. C'est la science du « comment faire ». Le consultant doit maîtriser une méthodologie d'intervention s'il désire être efficace. Lescarbeau *et al.* (1991, 1997) conçoivent le processus de consultation comme un système de traitement d'informations comportant six étapes qui sont l'entrée, l'entente, l'orientation, la planification, la réalisation et la terminaison. L'exemple présenté plus haut illustre l'importance de l'étape de l'entrée. À cette étape,

Alain a su cerner les besoins des citoyens avant de passer à l'étape suivante. Ses connaissances et son savoir-faire, de même que les ressources des citoyens sont les éléments présents au début du processus de consultation (*input*) ; le traitement est représenté par les activités que les citoyens et Alain réalisent en cours d'étape alors que l'extrant (*ouput*) représente le résultat final. Alain et les citoyens se sont activement engagés dans le processus de changement et ces derniers sont parvenus à prendre progressivement plus de responsabilités et de pouvoir sur les activités en cours.

La composante technique fait référence au choix et à l'utilisation des instruments d'intervention. Il s'agit tout aussi bien d'outils de collecte et de traitement d'informations, d'instruments de planification, de mesure, d'évaluation, etc. Grâce à un « coffre à outils » bien diversifié, le consultant favorise la rigueur des opérations à entreprendre et permet à ses partenaires de se familiariser avec un matériel qu'ils peuvent utiliser eux-mêmes. Avec le soutien d'Alain, les citoyens ont pu mener différentes activités à travers lesquelles ils ont appris à utiliser des outils de travail qui leur serviront dans d'autres circonstances.

La composante synergique est particulièrement pertinente dans une intervention communautaire. Elle repose sur la philosophie illustrée par le proverbe chinois : « Si quelqu'un te demande à manger et que tu lui donnes un poisson, tu le nourris pour une journée ; si tu lui apprends à pêcher, tu le nourris pour la vie ». Le professionnel qui intervient dans une communauté a tendance à « faire à la place de » plutôt que de « faire avec » ou « aider à faire ». Cette composante postule que les personnes concernées possèdent les compétences nécessaires pour analyser et apporter les correctifs qu'exige à la situation jugée problématique. Ces compétences reposent sur des valeurs de participation, de responsabilisation, de prise en charge personnelle et collective, de coopération, de respect des différences et de partage du pouvoir en fonction des compétences. La composante synergique est tributaire des ressources du milieu où se fait la consultation. Quatre actions du consultant permettent de réaliser la synergie des ressources du milieu : l'effet catalyseur, la mobilisation des ressources du milieu, l'acquisition de nouvelles compétences chez le client et la responsabilisation des membres du système-client.

L'effet catalyseur consiste à stimuler les ressources du milieu en établissant un partage clair des compétences du client et du consultant. Les compétences du consultant sont de gérer des processus de changement, de faciliter les relations interpersonnelles alors que celles des membres du système-client sont d'évaluer leur mode de fonctionnement, de repérer leurs forces, leurs faiblesses et les pistes de changement possibles. En jouant le rôle de catalyseur plutôt que d'expert des contenus, Alain a réussi à susciter l'énergie, à canaliser les ressources et à développer les compétences non manifestes de la communauté pour amener les gens à prendre conscience qu'ils sont vraiment capables de mener des projets et de consolider leur communauté.

La deuxième action synergique du consultant consiste à mobiliser les ressources du milieu en les associant aux processus d'intervention et aux prises de décisions. Ces personnes sont invitées à partager leurs connaissances du milieu, leurs perceptions des faits, leurs priorités de changement ainsi que leurs positions concernant l'atteinte des objectifs visés.

La troisième action synergique vise le développement de compétences chez les membres du système-client. La mobilisation des ressources peut ne pas être suffisante pour assurer le suivi de l'intervention. Dans ce cas, trois possibilités s'offrent au consultant et aux membres du système-client : le consultant peut se charger lui-même de certaines tâches, des ressources externes peuvent être engagées, ou les membres peuvent assumer de nouvelles tâches grâce à l'acquisition de compétences. C'est ce dernier choix que privilégie le modèle intégré. Le consultant fournit l'occasion au client d'observer sa façon de préparer des rencontres et des documents, de discuter, d'introduire de nouvelles questions, de négocier et de planifier. Le client établit ainsi des liens entre l'efficacité de l'intervention et les façons d'agir et la gestion des processus de changement. Bref, il peut s'approprier le pouvoir dans l'action.

La quatrième action synergique vise à responsabiliser les membres du système-client face aux changements produits et, surtout, à les rendre capables de les poursuivre. La responsabilisation n'est pas une entreprise facile. Plusieurs obstacles peuvent se présenter : notamment, les membres du système-client peuvent vouloir se décharger d'un surcroît de travail ou adopter une attitude passive en raison de sentiments d'impuissance vécus. Le consultant, pour sa part, peut être tenté de prendre en charge les problèmes du milieu. Il doit éviter de se rendre indispensable et préparer son départ dès son arrivée. La reconnaissance que la situation appartient au milieu et la nécessité d'une participation active des citoyens ont aidé Alain à effectuer cette responsabilisation. L'encadré qui suit présente les apports de ce modèle intégré.

> **Les apports du modèle intégré à la consultation selon une perspective communautaire :**
> - Le consultant est un gestionnaire des processus de changement plutôt qu'un expert de contenu. L'expertise de processus est préférée à l'expertise de contenu.
> - Le processus de consultation tient compte d'une méthodologie d'intervention et des interactions survenant entre les personnes engagées.
> - Quatre composantes théoriques sont définies :
>   - la composante relationnelle (attitudes et comportements favorisant la collaboration) ;
>   - la composante méthodologique (élaboration et gestion des étapes d'un processus rigoureux) ;
>   - la composante technique (outils et instruments favorisant l'efficacité) ;
>   - la composante synergique (actions menées afin de potentialiser les forces des citoyens et de la communauté).

Parmi les modèles abordés, le modèle intégré est celui dont les éléments liés à l'expertise de processus sont le plus explicitement formulés. La façon dont Alain agit à titre de consultant correspond à ce modèle. Celui-ci utilise et instaure divers éléments en cours de consultation afin de susciter des changements positifs durables chez les citoyens et dans la communauté.

Toutefois, il faut se demander si cette conception de la consultation est cohérente avec les préférences des citoyens faisant appel à un consultant. Selon Fuchs *et al.* (1992), répondre à une telle question constitue l'un des défis principaux de la recherche en consultation. En effet, il importe de savoir pour qui, quand et à quel moment un consultant doit privilégier une expertise de processus ou une expertise de prescription. Cette question a été explorée auprès des personnes-soutien[1] de personnes âgées dépressives. Des résultats sommaires sont rapportés ci-après afin d'enrichir le débat quant à l'utilisation de l'expertise de processus et de prescription. D'autres études pourraient être menées en ce sens.

---

1. Les auteurs sont d'avis que le terme aidant naturel ne rend pas justice à l'ampleur des responsabilités de soutien assumées auprès des personnes âgées présentant un problème de santé. À l'instar de Paquet (1996), le terme personne-soutien est utilisé en remplacement de celui d'aidant naturel.

3. LES PRÉFÉRENCES DE CONSULTATION EN MATIÈRE D'EXPERTISE[2] : UNE ÉTUDE EXPLORATOIRE

Les préférences d'une personne se déterminent lorsque celle-ci peut marquer son inclination, son choix en faveur d'une chose plutôt que d'une autre (Hachette, 1991). Les préférences de consultation des personnes-soutien peuvent concerner différents aspects de la consultation. D'une part, il est logique d'émettre l'hypothèse qu'une consultation devrait être plus efficace s'il y a cohérence entre les préférences de la personne qui fait appel au consultant et ce qui est vécu lors des consultations (Brown *et al.*, 1995). D'autre part, il faut conserver à l'esprit que les préférences ne sont pas statiques et évoluent au cours du processus de consultation. Le psychologue communautaire peut, dans un premier temps, répondre à des préférences pour une expertise de prescription parce qu'il réalise que les personnes sont animées d'un sentiment d'impuissance. Dans un deuxième temps, il peut progressivement amener ces dernières à modifier leurs préférences de consultation pour une expertise de processus afin de développer leur pouvoir d'agir, de miser sur des valeurs privilégiées par la perspective communautaire.

Une portion de l'étude doctorale de Réjeanne Laprise (1996) visait à explorer les préférences de consultation en matière d'expertise auprès de personnes-soutien de personnes âgées dépressives. Malgré qu'il soit démontré que ces personnes-soutien vivent beaucoup de difficultés (Hinrichsen, 1991), celles-ci utilisent peu les services de consultation. Une telle situation peut s'expliquer, en partie, par l'expertise utilisée par les consultants. Un consultant qui adopte l'expertise de prescription vise surtout à solutionner les problèmes de la personne âgée dépressive. Au contraire, un consultant qui privilégie une expertise de processus favorise le développement des habiletés de la personne-soutien.

En examinant les discours professionnels, il est possible de circonscrire les paradigmes sous-tendant les pratiques de consultation (Skrtic, 1991). Une telle analyse permet de constater que la consultation en santé mentale a d'abord été définie comme une

---

2. Résultats préliminaires d'une portion de l'étude doctorale de Réjeanne Laprise (1996), présentés dans le but d'illustrer comment les préférences en matière de consultation peuvent être mieux cernées.

intervention orientée vers le traitement clinique (Mannino et Shore, 1987), à savoir une intervention dispensée directement à la personne en difficulté (expertise de prescription). Malgré l'évolution des modèles, un tel modèle de consultation semble encore très répandu en psychogériatrie. En effet, les services de consultation sont définis selon les besoins des personnes âgées, et peu en fonction de ceux des personnes-soutien. Les droits légaux qu'ont les personnes-soutien à influencer les services d'aide sont aussi peu reconnus (Dening et Lawton, 1998). De même, ce n'est que récemment que des groupes concernés par les droits des personnes-soutien (Association canadienne de soins et de services communautaires, 1999) revendiquent la nécessité que les services d'aide soient prodigués en fonction des besoins de ces dernières, et non pas juste en fonction de ceux des personnes âgées. Il est donc opportun de se demander si c'est l'expertise de prescription que souhaitent les personnes-soutien, si celle-ci stimule leur participation. Pour clarifier cet aspect, il convient d'estimer leurs préférences de consultation en matière d'expertise. En effet, c'est une façon de parvenir à établir une meilleure cohérence entre les perceptions de la personne qui consulte et le consultant (Conoley, Conoley, Ivey et Scheel, 1991). Cela s'avère un élément important d'efficacité.

Les travaux font ressortir deux types principaux d'expertises : l'expertise de prescription et l'expertise de processus (Schein, 1978 ; Rockwood, 1993). Selon l'expertise de prescription, le consultant fournit une information particulière, pose un diagnostic et fait des recommandations précises (Gallessich, 1982 ; Schein, 1978 ; Rockwood, 1993). Ici l'objectif à court terme, soit la résolution du problème exprimé par la personne qui consulte, est favorisé. Le consultant assume beaucoup de responsabilités pour atteindre cet objectif. *C'est une approche de consultation orientée vers l'expertise du consultant.* De façon différente, les modèles adoptant l'expertise de processus favorisent l'objectif à long terme qui est de développer les habiletés de la personne responsable d'assurer de l'aide, telle une personne-soutien. Pour ce faire, le consultant stimule le partage des responsabilités avec la personne qui consulte tout au long du processus de consultation. Il établit une relation de collaboration et de facilitation (Lescarbeau *et al.*, 1991 ; Lippit et Lippit, 1980). *C'est une approche de consultation orientée vers les ressources de la personne responsable d'assurer de l'aide.*

Les résultats d'une méta-analyse portant sur 54 recherches (Medway et Updike, 1985) montrent que le modèle béhavioriste, qui adopte principalement l'expertise de prescription, est plus efficace pour résoudre un problème immédiat, changer les comportements de la personne en difficulté ou ayant un problème de santé (Medway et Updike, 1985). Ce modèle est efficace pour susciter des changements de comportement chez un étudiant ou une personne âgée dépressive, par exemple. De façon différente, le modèle de santé mentale qui adopte l'expertise de processus est plus efficace pour changer les attitudes et les perceptions, développer les habiletés de la personne qui assure de l'aide à une tierce personne (Medway et Updike, 1985), telle une personne-soutien. La nature des changements suscités par l'expertise de processus rejoint les objectifs ciblés par les politiques canadiennes de santé (Santé et Bien-Être social Canada, 1991) auprès des personnes-soutien. Les consultants psychogériatriques devraient donc utiliser davantage ce type d'expertise. Toutefois, c'est la situation inverse qui prévaut actuellement (Laprise, Dufort et Lavoie, 1999b). Il paraît donc opportun de stimuler l'instauration d'une pratique de consultation correspondant davantage à l'expertise de processus. Pour ce faire, il faut préciser le rôle de l'expertise en consultation et repérer les facteurs influents. Les caractéristiques sociodémographiques et celles qui sont liées à la situation d'aide sont susceptibles d'affecter les préférences de consultation en matière d'expertise de processus des personnes-soutien. Leurs répercussions sont explorées au moyen des deux questions de recherche suivantes :

1. Les personnes-soutien de personnes âgées dépressives présentent-elles des préférences de consultation en matière d'expertise de processus plus élevées que pour l'expertise de prescription ?

2. Les caractéristiques sociodémographiques et celles qui sont liées à la situation d'aide sont-elles associées aux préférences de consultation en matière d'expertise de processus ?

Méthode

Participants

Quatre-vingts personnes âgées de 50 ans et plus présentant des symptômes dépressifs et leurs personnes-soutien ont été sollicitées pour participer à cette étude. Soixante-quatorze dyades de personnes âgées dépressives et leurs personnes-soutien ont effectivement accepté. Le taux de participation a été de 79 %. La population des personnes-soutien est constituée de 46 femmes et de 28 hommes âgés de 24 à 79 ans et présentant une moyenne d'âge de 54 ans. Treize personnes-soutien possèdent une scolarité de niveau primaire ; 31, une scolarité de niveau secondaire ; 14, une scolarité de niveau collégial et 16, une scolarité de niveau universitaire. Trente-neuf personnes-soutien sont des conjoints alors que 35 sont des parents adultes. Vingt-cinq présentent un revenu familial faible (moins de 30 000 $) ; 25, un revenu modéré (de 30 000 $ à 49 999 $) et 19, un revenu élevé (50 000 $ et plus).

Sélection des milieux et sollicitation des participants

Quatre milieux des régions de Québec et de Chicoutimi offrant des services psychogériatriques ont accepté de collaborer à cette étude. C'est la stratégie boule de neige qui a été utilisée afin de recruter les personnes âgées dépressives et les personnes-soutien (Lincoln et Guba, 1985). Les règles d'éthique ne permettant pas de contacter directement les personnes-soutien, leur identification a été précédée de celle des personnes âgées dépressives. Les psychiatres et les psychogériatres participants ont invité ces dernières à prendre part à l'étude. Des informations sur leur participation et celle de leurs personnes-soutien étaient fournies. Lorsque la personne âgée dépressive acceptait de participer, un contact téléphonique était rapidement établi avec la personne-soutien afin d'obtenir sa collaboration.

Instruments de mesure
Les préférences de consultation
en matière d'expertise de processus

Démarche de construction et de validation. Six étapes ont été réalisées afin d'élaborer et de valider l'échelle de préférences de consultation en matière d'expertise de processus. C'est, d'une part, pour appuyer les qualités métrologiques de cette échelle et, d'autre part, pour enrichir le débat en cours sur l'utilisation de l'expertise de prescription et de processus que la démarche de construction et de validation est rapportée en détail. Une première étape a consisté à faire une recension des travaux théoriques et empiriques afin de faire ressortir les caractéristiques distinguant l'expertise de prescription et l'expertise de processus (voir le tableau 1).

Une deuxième étape a consisté à répertorier les échelles de consultation estimant ces types d'expertises. Seule l'échelle de

Babcock et Pryzwansky (1983) en tenait compte. Cependant, les énoncés étant adaptés pour des enseignants, cette échelle n'a pas été retenue.

Une troisième étape a permis d'établir la validité conceptuelle de l'échelle de préférences. Sur la base des travaux distinguant l'expertise, soixante-dix énoncés ont été élaborés en contrôlant la variance, à la fois selon les types d'expertises (de prescription et de processus) et les quatre dimensions d'intervention du modèle de santé mentale (diffusion de l'information, pratique d'habiletés, développement de la confiance en soi et travail sur les difficultés relationnelles). En procédant ainsi, la variance liée à l'expertise a été mieux contrôlée.

Tableau 1
Caractéristiques des types d'expertises en consultation

Caractéristiques distinguant les deux types d'expertises	Expertise de prescription	Expertise de processus
Cibles	Principalement la personne en difficulté ou malade	Principalement la personne responsable d'assurer de l'aide
Objectifs	Solutionner le problème soulevé Développer les habiletés de la personne responsable d'assurer de l'aide	Développer les habiletés de la personne responsable d'assurer de l'aide Solutionner le problème soulevé
Moyens privilégiés	Interventions directes (auprès de la personne en difficulté ou malade)	Interventions indirectes (auprès de la personne responsable d'assurer de l'aide)
Responsabilités du consultant	Assume beaucoup de responsabilités afin de résoudre les problèmes soumis à son attention	Responsabilités conservées à la personne responsable d'assurer de l'aide
Attitudes du consultant	Directive	Facilitation et collaboration
Nature des résultats	Diminution des troubles de comportement de la personne en difficulté ou malade Solution rapide aux problèmes soulevés	Changement des perceptions et des attitudes, développement des habiletés des personnes responsables d'assurer de l'aide

Une quatrième étape a consisté à mesurer la validité du contenu de l'échelle. Les énoncés ont été soumis à l'évaluation de six juges experts en matière de théorie et de pratique de la consultation. Ceux-ci ont évalué l'appartenance des énoncés aux dimensions d'expertise. Le coefficient de corrélation intra-classe obtenu pour l'ensemble des énoncés est de 0,54.

Une cinquième étape a consisté à élaborer la version finale de l'échelle de préférences. Sur la base de l'évaluation faite auprès des juges, une version comportant 32 paires d'énoncés dichotomiques a été construite.

Une sixième étape a permis d'estimer les indices psychométriques de cette échelle. Deux études ont été réalisées auprès de personnes-soutien de personnes âgées démentes et de personnes âgées dépressives (N = 140). Le coefficient alpha obtenu est de 0,64, ce qui appuie la fiabilité acceptable de cette échelle.

Description de l'échelle de préférences en matière d'expertise de processus (Laprise, 1996). Cette échelle comporte 32 paires d'énoncés. Chaque paire s'oppose selon deux dimensions d'expertise et quatre dimensions d'intervention. Cependant, seuls les résultats de l'expertise de processus sont comptabilisés. L'expertise est représentée selon un continuum, partant du pôle de l'expertise de prescription vers le pôle de l'expertise de processus. En raison de la nature dichotomique des énoncés, la connaissance des préférences pour l'expertise de processus permet de connaître aussi les préférences pour l'expertise de prescription. Les résultats peuvent s'étendre de 0 à 32. Un résultat élevé indique des préférences de consultation élevées pour l'expertise de processus alors qu'un résultat faible montre des préférences pour l'expertise de prescription. Afin de rendre cette échelle plus explicite au lecteur, les directives données au répondant et trois paires d'énoncés sont rapportées dans l'encadré ci-après.

Extraits de l'échelle de préférences en matière de consultation

Voici une liste de paires d'énoncés (deux énoncés à la fois) qui montrent différentes façons d'agir d'un consultant. Certaines façons de faire peuvent vous convenir mieux que d'autres. Pour chaque paire d'énoncés, encerclez toujours, parmi les deux énoncés, celui qui correspond le plus à ce que vous aimeriez qu'un consultant fasse pour vous aider dans votre situation personnelle d'aidant.

Actuellement, compte tenu de mes besoins et de mes difficultés rencontrées dans ma situation personnelle d'aidant, je préférerais un consultant qui...

1. 1. Rencontre mon parent malade pour discuter de la communication difficile entre nous deux.
   2. M'encourage à prendre des décisions.

2. 1. Rencontre mon parent malade pour discuter des problèmes liés à la situation d'aide.
   2. M'amène à prendre confiance dans les gestes que je pose pour aider mon parent malade.

3. 1. M'aide à réaliser ma valeur afin que, dans le futur, je me fasse davantage confiance.
   2. M'informe du type d'aide dont mon parent malade a actuellement besoin.

Les caractéristiques sociodémographiques et les facteurs liés à la situation d'aide

Les caractéristiques sociodémographiques tels l'âge, le niveau de scolarité, le statut familial, le revenu familial et le statut de travailleur ont été notées. De plus, des questions ont été posées sur l'utilisation passée, actuelle et future des services de consultation.

Le questionnaire utilisé auprès des personnes âgées dépressives

Le questionnaire comporte l'échelle de dépression gériatrique (EDG; Bourque, Blanchard et Vézina, 1990) estimant la sévérité des symptômes dépressifs. Aussi, des informations portant sur le diagnostic de dépression majeure (DSM-IV; APA, 1994), les autres diagnostics médicaux et une cote de dysfonctionnement psychosocial (GAS; Endicott, Spitzer, Fleiss et Cohen, 1975) ont été fournies par les psychiatres et les psychogériatres participants afin d'estimer l'état de santé psychologique, physique et fonctionnelle des personnes âgées participantes.

Résultats rapportés en fonction des questions de recherche

Les personnes-soutien de personnes dépressives rapportent-elles des préférences de consultation en matière d'expertise de processus plus élevées que pour l'expertise de prescription ?

Un score de 16 représente l'égalité des préférences en matière d'expertise de processus et d'expertise de prescription. Le score moyen pour les préférences de consultation en matière d'expertise de processus est de 19,36 (*é.t.* = 3,55) sur un total possible de 32. Ces résultats montrent que les personnes-soutien préfèrent l'expertise de processus à l'expertise de prescription.

Quels facteurs parmi les caractéristiques sociodémographiques et celles qui sont liées à la situation d'aide sont le plus associés aux préférences de consultation en matière d'expertise de processus ?

Des tests T montrent qu'aucune différence significative ne ressort selon le statut familial et le sexe. Par contre, les personnes-soutien qui ne travaillent pas à l'extérieur de la maison présentent des préférences de consultation plus élevées pour l'expertise de processus comparativement aux personnes-soutien travaillant à l'extérieur de la maison (T (1,72) = 2,33 ; p = 0,02). Les analyses de variance univariées montrent aussi que le revenu familial et le niveau de scolarité n'influencent pas les préférences de consultation. Par ailleurs, des analyses corrélationnelles montrent que les préférences de consultation en matière d'expertise de processus ne sont associées ni à l'âge, ni à la sévérité des symptômes dépressifs, ni aux troubles de fonctionnement psychosocial de la personne âgée dépressive.

Des tests T ont aussi permis d'explorer les liens entre les préférences de consultation et l'utilisation passée, actuelle et future des services de consultation. Un seul résultat ressort comme étant significatif. Les personnes-soutien qui pensent que des services de consultation peuvent leur être utiles dans le futur présentent plus de préférences en matière d'expertise de processus (T (1,70) = 2,17 ; p = 0,03) que celles qui pensent que de tels services ne peuvent leur être utiles.

Résultats de l'étude

Une première question consistait à déterminer si les personnes-soutien présentaient des préférences de consultation en matière d'expertise de processus plus élevées que pour l'expertise de prescription. La réponse est affirmative. En général, les personnes-soutien préfèrent des consultations où elles peuvent être plus actives, participer davantage à résoudre le problème vécu dans la situation d'aide. Il est donc possible que la participation mitigée des personnes-soutien aux services de consultation s'améliore si les consultants utilisent davantage ce type d'expertise.

Une deuxième question de recherche visait à préciser si les caractéristiques sociodémographiques et celles qui sont liées à la situation d'aide sont associées aux préférences de consultation en matière d'expertise de processus. L'âge, le sexe, le niveau de scolarité, le revenu familial ne sont pas associés aux préférences de consultation en matière d'expertise de processus. Il semble donc qu'être une personne-soutien adulte ou âgée, une femme ou un homme, détenir ou non un niveau de scolarité plus élevé n'affecte pas les préférences en matière d'expertise de processus. Il y a seulement le fait de travailler à l'extérieur de la maison qui est associé à des préférences de consultation plus faibles pour l'expertise de processus que pour l'expertise de prescription. Ce constat s'explique probablement par le fait que les personnes-soutien travaillant à l'extérieur de la maison assument plus de responsabilités liées à des rôles sociaux variés et ont moins de temps disponible. Pour cette raison, elles peuvent préférer des consultations où elles ont moins besoin de s'engager en raison d'une surcharge de responsabilités. Un consultant intervenant auprès de cette population de personnes-soutien devrait viser à promouvoir des règles organisationnelles afin de mieux les soutenir dans leurs difficultés. Par exemple, les consultations pourraient se faire au domicile de la personne-soutien, le soir ou les fins de semaine, afin de faciliter la participation de cette dernière aux consultations.

En ce qui concerne la gravité des symptômes dépressifs et le fonctionnement psychosocial de la personne âgée, ceux-ci ne sont pas associés aux préférences d'expertise de processus des personnes-soutien. Les consultants intervenant auprès de cette population ne peuvent donc justifier l'utilisation d'une expertise de prescription en fonction de la gravité du problème de la personne âgée. Les résultats de cette étude vont à l'encontre des résultats obtenus par Gutkin, Singer et Brown (1980) qui montrent que la sévérité du problème d'un étudiant suscite chez les enseignants un désir moins important de s'engager dans la consultation, donc à préférer l'expertise de prescription. Les résultats de la présente étude montrent que les personnes-soutien sont réceptives à l'expertise de processus, peu importe leur contexte socio-économique et la sévérité du problème de santé de la personne âgée. Un tel constat milite en faveur d'une pratique de consultation selon une perspective communautaire.

La présente étude apporte quelques contributions. Premièrement, elle illustre le bien-fondé d'une démarche empirique pour faire avancer la pratique de la consultation. Deuxièmement, elle permet de s'attarder à un élément fondamental de la consultation, l'expertise, et ce, auprès d'une population encore jamais étudiée, celle des personnes-soutien de personnes âgées. Troisièmement, cette étude souligne l'intérêt à ce que le consultant prête attention au type d'expertise utilisé s'il veut favoriser la participation et le développement des habiletés des personnes-soutien.

Par ailleurs, cette étude comporte des limites qui diminuent la généralisation des résultats obtenus. Le nombre de participants est restreint. De plus, ceux-ci ont été invités à participer à cette étude par l'entremise des professionnels leur prodiguant des services de santé. Cette population présente donc peut-être des biais qui sont liés au nombre limité de participants et à la procédure de recrutement. En outre, la structure factorielle de l'échelle construite reste à explorer. D'autres études doivent être entreprises avant d'établir si la tendance à préférer l'expertise de processus est généralement présente. Si tel était le cas, cela militerait en faveur d'une plus grande utilisation de l'expertise de processus par les consultants.

4. CONCLUSION

Ce chapitre a permis de faire un survol des principaux modèles de consultation existants. Pour un psychologue communautaire qui désire exercer un rôle de consultant dans sa pratique professionnelle, le choix d'un modèle théorique s'avère un enjeu important. Nous pensons qu'un tel choix devrait s'appuyer sur certains critères que nous nous permettons de suggérer.

Comme nous l'avons démontré précédemment, tout modèle de consultation repose sur des valeurs et des croyances qui sont généralement connues ou que l'on peut déduire en examinant les approches et les stratégies privilégiées par chaque modèle. Le psychologue communautaire s'inspire dans sa pratique d'une conception de la personne, des rapports sociaux et du sens communautaire. La façon dont il veut exercer le rôle de consultant auprès d'une communauté ou de groupes communautaires doit être cohérente avec ses propres valeurs. Payette (1991) prétend que la différence entre un consultant qui fait du développement organisationnel et un autre qui fait du développement communautaire s'établit principalement sur le plan des valeurs. En effet, le psychologue communautaire doit adopter une attitude créative dans sa pratique de consultation, ce qui donne un poids considérable aux valeurs privilégiées. Les valeurs préconisées par le modèle intégré paraissent particulièrement cohérentes avec le paradigme de la psychologie communautaire. Ce modèle explicite plusieurs éléments qui se rattachent à l'expertise de processus et favorisent la prise de pouvoir des citoyens et des groupes de la communauté dans l'action : « aider à faire » plutôt que « de faire à la place de ». De même, le modèle intégré exploite à fond la notion de système. Sarason (1998) souligne l'importance que les psychologues communautaires exploitent davantage la notion de système afin de soutenir les individus et les organisations dans leur communauté et d'exercer un rôle d'activiste social. En adoptant la notion de système, le modèle intégré reconnaît l'interdépendance des individus et de l'environnement.

Un second critère pourrait être les préférences des personnes et des groupes qui demandent à un consultant communautaire de leur venir en aide. La recherche de Laprise (1996), dont certains résultats ont été exposés précédemment, fournit à cet égard des indications dont il faut tenir compte. Les personnes et les groupes qui demandent à un psychologue communautaire d'intervenir ont de plus en plus tendance à préserver leur autonomie dans leur interaction avec celui-ci. Par exemple, ces derniers s'attendent à ce que la contribution du psychologue consiste surtout à faciliter la résolution des problèmes et le développement de leurs compétences. La connaissance des préférences du client devrait inciter l'intervenant communautaire à opter pour un modèle de consultation qui fasse de lui un catalyseur des ressources de la communauté plutôt qu'un leader ou un expert qui prétend savoir ce qui est bon pour la communauté et tente d'entraîner celle-ci à le suivre. Dans le cas des cours sur le leadership, le consultant Alain a bien répondu aux préférences manifestées par les membres du groupe, tout en les faisant évoluer. Ces derniers sont parvenus à prendre toute la responsabilité de choisir et d'organiser une exposition d'artisanat populaire grâce à l'accompagnement approprié du consultant.

L'efficacité d'un modèle pour induire un changement et produire des effets durables est un autre critère à considérer dans le choix d'un modèle. L'intervention communautaire ne consiste pas seulement à passer de bons moments ensemble ou à conscientiser la communauté par rapport à certaines problématiques sociales. Il s'agit surtout de donner à une communauté ou à un groupe populaire les moyens de se prendre en main, de choisir eux-mêmes les orientations de développement et d'implanter les changements requis (Payette, 1984). L'efficacité d'une intervention peut se mesurer par les effets à long terme, le pouvoir d'agir et la rentabilité des efforts et des coûts.

Le choix d'un modèle est un paradoxe (Lescarbeau *et al.*, 1997). La plupart des intervenants professionnels chevronnés diront que le meilleur modèle est celui que chaque intervenant élabore à travers son expérience sur le terrain et la réflexion qu'il s'impose de faire sur sa propre pratique. Pourquoi alors enseigner des modèles théoriques ? Parce qu'ils sont très utiles sinon nécessaires pour apprendre et amorcer une pratique ; c'est une source d'inspiration en début de carrière. Mais il est dangereux de devenir prisonnier de son modèle en appliquant ses prescriptions de façon rigide. Un bon modèle, c'est comme une bonne recette de cuisine : c'est un point de départ qui rassure et qui oriente. Les premières fois qu'on exécute la recette, on s'y applique scrupuleusement et à la lettre. Progressivement on s'en éloigne et on prend des libertés en ajoutant certains ingrédients ou en modifiant la marche à suivre. Ce faisant, on invente une recette qu'on est seul à exécuter. En réfléchissant sur sa propre pratique et en y jetant constamment un regard critique, le psychologue communautaire qui exerce le rôle de consultant développe son style d'intervention et crée son propre modèle d'action. Une conceptualisation flexible de la consultation peut permettre à l'intervenant d'agir de façon plus cohérente en fonction des ressources existantes et des besoins exprimés par les personnes et les communautés engagées dans le processus.

RÉFÉRENCES
RÉFÉRENCES

American Psychiatric Association (1994), *Diagnostic and Statistical Manual of Mental Disorders* (4th ed.), Washington, DC, Author.

Association canadienne de soins et services communautaires (1999), *Rapport du projet national de soins de relève*, Ottawa.

BABCOCK, N.L. et W.B. PRYZWANSKY (1983), « Models of consultation preferences of educationals at five stages of service », *Journal of School Psychology*, 21, 359-366.

BERGAN J. et M. TOMBARI (1976), « Consultant skill and efficiency and the implementation and outcome of consultation », *Journal of School Psychology*, 14 (3), 3-14.

BOURQUE, P., L. BLANCHARD et J. VÉZINA (1990), « Étude psychométrique de l'échelle de dépression gériatrique », *La revue canadienne du vieillissement*, 9, 348-355.

BROWN, D., W.B. PRYZWANSKY et A.C. SCHULTE (1995), *Psychological consultation. Introduction to theory and practice* (third ed.), Boston, Allyn and Bacon.

CAPLAN, G. (1964), *Principles of preventive psychiatry*, New York, Basic Books.

CAPLAN, G. (1970), *Theory and practice of mental health consultation*, New York, Basic Books.

CAPLAN, G. et R.B. CAPLAN (1993), *Mental health consultation and collaboration*, San Francisco, Jossey Bass.

CONOLEY, C.W., J.C. CONOLEY, D.C. IVEY et M.J. SCHEEL (1991), « Enhancing consultation by matching the consultee's perspectives », *Journal of Counseling & Development*, 69, 546-549.

DENING, T. et C. LAWTON (1998), « The role of careers in evaluating mental health services for older people », *International Journal of Geriatric Psychiatry*, 13, 863-870.

DUSTIN, D. et D.H. BLOCHER (1984), « Theories and models of consultation », dans Brown, S.D. et R.W. Lent (dir.), *Handbook of Counseling Psychology*, New York, John Wiley and Sons, p. 751-781.

ENDICOTT, J., R.L. SPITZER, J. FLEISS et J. COHEN (1975), « The Global Assessment Scale. A procedure for measuring overall severity of psychiatric disturbance », *Archives General of Psychiatry*, 33, 766-771.

ERCHUL, W.P. (1993), « Reflections on Mental Health Consultation : An interview with Gerald Caplan », dans Erchul, W.P. (dir.), *Consultation in community, school, and organizational practice*, Washington, Taylor and Francis, p. 57-71.

FROEHLE, T. et R.L. ROMINGER III (1993), « Directions in consultation research : Bridging the gap between science and practice », *Journal of Counseling & Development*, 71, 693-699.

FUCHS, D., L.S. FUCHS, J. DULAN, H. ROBERTS et P. FERSTROM (1992), « Where is the research on consultation effectiveness ? », *Journal of Educational and Psychological Consultation*, 3 (2), 151-174.

GALLESSICH, J. (1982), *The profession and practice of consultation*, San Francisco, Jossey-Bass Publishers.

GALLESSICH, J. (1985), « Toward a meta-theory », *The Counseling Psychologist*, 13, 336-354.

GUTKIN, T.B. (1981), « Teacher perceptions of consultation services provided by school psychologists », *Professional Psychology*, 11, 637-642.

GUTKIN, T.B., J.H. SINGER et R. BROWN (1980), « Teacher reactions to school-based consultation services : A multivariate analysis », *Journal of School Psychology*, 18, 126-134.

HACHETTE (1991), *Le dictionnaire en couleurs*, Paris, Spadem, Adagp.

HAWRYLUK, M.K. et D.L. SMALLWOOD (1986), « Assessing and adressing consultee variables in school-based behaviorist consultation », *School Psychology Review*, 15, 126-134.

HINRICHSEN, G.A. (1991), « Adjustment of caregivers to depressed older adults », *Psychology and Aging*, 6, 631-639.

KELLY, J.G. (1993), « Gerald Caplan's paradigm : Bridging psychotherapy and public health practice », dans Erchul, W.E. (dir.), *Consultation in community, school, and organizational practice*, Washington, Taylor and Francis, p. 75-86.

LAPRISE, R. (1996), *Rapport évolutif du projet de thèse : les attentes et les préférences de consultation des aidants naturels*, document inédit, Université Laval.

LAPRISE, R., F. DUFORT et F. LAVOIE (1999a), *Construction et validation d'une échelle d'attentes en matière de consultation psychosociale auprès des aidants de personnes âgées*, document inédit, Université Laval.

LAPRISE, R., F. DUFORT et F. LAVOIE (1999b), *Les attentes de consultation des aidants de personnes âgées déprimées : étude d'un modèle*, document inédit, Université Laval.

LESCARBEAU, R., M. PAYETTE et Y. ST-ARNAUD (1997), *Profession : Consultant*, 3ᵉ éd., Montréal, Les Presses de l'Université de Montréal.

LESCARBEAU, R., M. PAYETTE et Y. ST-ARNAUD (1991), *Profession : Consultant*, 2ᵉ éd., Montréal, Les Presses de l'Université de Montréal.

LINCOLN, Y. et E. GUBA (1985), *Naturalistic inquiry*, Beverly Hills, CA, Sage.

LIPPITT, G. et R. LIPPITT (1980), *La pratique de la consultation*, Victoriaville, NHP éditions.

MANNINO, F.V. et M.F. SHORE (1987), « History and development of mental health consultation », dans Mannino, F.V., E.J. Trickett, M.F. Shore, M.G. Kidder et G. Levin (dir.), *Handbook of Mental Health Consultation*, Rockville, MD, National Institute of Mental Health, p. 3-28.

MANNINO, F.V. et E.J. TRICKETT (1987), « History and development of mental health consultation », dans Mannino, F.V., E.J. Trickett, M.F. Shore, M.G. Kidder et G. Levin (dir.), *Handbook of Mental Health Consultation*, Rockville, MD, National Institute of Mental Health, p. 3-28.

MEDWAY, F.J. et J.F. UPDIKE (1985), « Meta-analysis of consultation outcomes studies », *American Journal of Community Psychology*, 13 (5), 489-505.

MEYERS, J., D. BRENT, E. FAHERTY et C. MODAFERRI (1993), « Caplan's contributions to the practice of psychology in schools », dans Erchul, W.E. (dir.), *Consultation in community, school, and organizational practice*, Washington, DC, Taylor and Francis, p. 99-122.

ORFORD, J. (1992), « Sharing psychology with workers in human services », dans Orford, J. (dir.), *Community psychology. Theory and practice*, New York, John Wiley, p. 137-153.

PAQUET, M. (1996), « La réticence des aidants de personnes âgées dépendantes vis-à-vis l'utilisation des services de soutien formels : un défi pour le milieu de la recherche et de l'intervention », *La revue canadienne du vieillissement*, 15, 442-462.

PAYETTE, M. (1984), « Du concept de prise en charge communautaire à celui de développement collectif autogéré », *Revue québécoise de psychologie*, 2 (1), 21-30.

PAYETTE, M. (1991), « Développement communautaire et développement organisationnel », dans Tessier, R. et Y. Tellier (dir.), *Changement planifié et développement des organisations*, Montréal, Les Presses de l'Université du Québec.

ROCKWOOD, G.F. (1993), « Edgar Schein's process versus content consultation models », *Journal of Counseling & Development*, 71, 636-638.

Santé et Bien-Être social Canada (1991), *Troubles mentaux chez les personnes âgées au Canada*, Ottawa, ministère des Approvisionnements et des Services.

SARASON, S.B. (1998), « Taking the concept of system seriously », *The Community Psychologist*, 31 (4), 34-35.

SCHEIN, E.H. (1978), « The role of the consultant: Content expert or process facilitator? », *Personal and Guidance Journal*, 56, 339-343.

SKRTIC, T.M. (1991), *Behind special education: A critical analysis of professional culture and school organization*, Denver, Love.

VERNBERG E.M. et D. REPPUCCI (1987), « Behavioral consultation », dans Mannino, F.V., E.J. Trickett, M.F. Shore, M.G. Kidder et G. Levin (dir.), *Handbook of Mental Health Consultation*, Rockville, MD, National Institute of Mental Health, p. 49-80.

LA PRÉVENTION ET LA PROMOTION DE LA SANTÉ MENTALE : DES INCONTOURNABLES EN PSYCHOLOGIE COMMUNAUTAIRE

chapitre
7

Lucie Fréchette
Université du Québec à Hull

1. UN CHAMP PARTAGÉ PAR DIVERSES DISCIPLINES OU LA PLACE DE LA PSYCHOLOGIE COMMUNAUTAIRE EN PRÉVENTION

L A prévention est un champ d'intervention qui fait appel à un vaste bassin de connaissances issues de plusieurs disciplines. Ce sont principalement les professionnels de la santé mentale qui ont ponctué l'évolution des pratiques préventives. Ils ont forcé une décentration de l'intervention qui traitait alors quasi uniquement de la pathologie dans une perspective individuelle. L'arsenal classique des interventions cliniques auprès des individus puis des familles a été remis en question pour en arriver à prendre en considération des facteurs environnementaux et la question des inégalités sociales comme facteurs affectant la santé mentale. Les revendications d'ex-psychiatrisés et de leurs proches allaient dans le même sens. L'élargissement de la perspective d'analyse et l'introduction de la notion de déterminants de la santé ont fait en sorte que la psychologie, le travail social, les sciences de la santé et d'autres disciplines se sont intéressés de plus près à la prévention. Lindsay (1993) retrace les champs de connaissance mis à profit en prévention selon l'angle sous lequel est conçue la prévention. On y retrouve des domaines aussi variés que la santé, le droit, les sciences administratives, l'éducation, le travail social et la psychologie communautaire.

La psychologie est une discipline se situant sur un axe du normal au pathologique et du biologique au social. La prévention y a fort longtemps fait figure de parent pauvre. C'est finalement surtout en psychologie communautaire que la prévention a pris tout son sens. Les travaux d'Albee (1982, 1985) et de Pransky (1991) sur les facteurs favorisant la santé mentale et le bien-être, ceux de Rappaport (1981, 1987) sur l'*empowerment*, et, au Québec, les travaux de Guay (1984, 1987) et de Bouchard (1989, 1991) ont contribué à ce rapprochement entre la prévention, la santé mentale et la psychologie communautaire. Le contexte de lutte à la pauvreté des années 1960 aux États-Unis ayant créé un climat favorable à l'essor de la psychologie communautaire, il devenait difficile de se centrer uniquement sur la santé mentale classique et de ne pas s'intéresser aux facteurs sociaux et économiques comme déterminants de la santé[1].

La prévention donne un cadre d'analyse aux problèmes des personnes, des groupes et des sociétés et un cadre de mise en relais de diverses pratiques psychologiques et sociales visant le renforcement des personnes et des communautés. Elle ne peut être réduite à une seule méthode ni à une seule stratégie. Toutefois, les actions préventives se distinguent de l'action thérapeutique par l'antériorité de l'action, le caractère proactif de l'intervention et la dimension communautaire du registre d'action (Blanchet, Laurendeau, Paul et Saucier, 1993 ; Chamberland *et al.*, 1993 ; Pransky, 1991). Comme on peut facilement le dégager de ces trois caractéristiques, le but ultime de l'action préventive est donc la réduction de l'incidence des problèmes plutôt qu'un traitement suivant leur apparition. Dès lors, il n'est pas surprenant que, parmi les disciplines s'intéressant à la prévention, la psychologie communautaire en soit une qui lui accorde une place de choix.

2. DÉFINIR LA PRÉVENTION ET SES CONCEPTS CLÉS

2.1 La prévention et la promotion

Le terme prévention n'est pas nouveau dans le langage populaire ni dans le discours scientifique. « Mieux vaut prévenir que guérir » est une expression courante qui n'a pour ainsi dire pas d'âge.

---

1. Au sujet du lien entre la prévention et la santé mentale aux États-Unis, se référer à : « Reducing risks for mental disorders », National Academy Press, Washington, 1994. Ce document résume les principaux repères historiques.

Denis Lafortune et Margar Kiely (1994) indiquent même que la prévention serait un thème d'âge respectable qui remonte à la mythologie grecque. Ce thème a évolué au fil du temps, et chez nos contemporains, des travaux récents ont donné lieu à l'élargissement de la prévention en prévention/promotion. Un groupe de travail issu du Comité de la santé mentale du Québec (Blanchet *et al.*, 1993) a produit des définitions des deux termes de l'expression :

> La prévention vise la réduction de l'incidence des problèmes de santé mentale en s'attaquant aux facteurs de risque et aux conditions pathogènes. Elle s'adresse à la population en général ou à certains groupes particuliers exposés à de tels facteurs ou conditions.
>
> La promotion vise l'accroissement du bien-être personnel et collectif en développant des facteurs de robustesse et les conditions favorables à la santé mentale. Son action porte sur les déterminants de la santé plutôt que sur des facteurs de risque, et vise la population en général et des sous-groupes particuliers.

Dans l'univers des services sociaux et des services de santé, la prévention n'est plus dirigée uniquement vers la réduction de facteurs de risque et la réduction des fragilités individuelles. On parle maintenant de prévention-promotion, concept où les déterminants de la santé deviennent des éléments clés pour saisir le caractère social de la prévention et sa nature collective. Elle se décentre des seuls individus et de leur vulnérabilité. Elle se recentre sur les problèmes sociaux, ce qui ne peut se concevoir sans envisager une réponse collective aux problèmes, laquelle passe par la promotion de saines conditions de vie et la qualité du tissu social des communautés locales concernées.

Prévention et promotion devraient-elles être distinctes ? La prévention peut-elle exister sans promotion ? Ces questions sont encore sujet de débats. L'observation des pratiques révèle que, dans leur discours, la majorité des intervenants prônent le travail sur les conditions de vie et la promotion de conditions sociales et économiques associées au bien-être. Toutefois, les mandats de chacun, le registre d'actions possibles pour les intervenants et la rareté de réels contextes de mise en réseau font que la pratique renvoie plus souvent à des actions préventives de portée plus limitée. Dans ce contexte, il m'apparaît que l'on devrait envisager la prévention et la promotion sur un continuum d'actions portées par un système de valeurs et une analyse commune des enjeux psychosociaux concernés.

2.2 À propos de quelques concepts clés en prévention

Parler de prévention, c'est donc aussi se référer à un certain nombre de concepts clés tournant autour des facteurs de risque et des facteurs de robustesse, du pouvoir d'agir et de l'approche proactive ou communautaire. On entend généralement par facteur de risque une situation menaçante plus ou moins prévisible qui rend vulnérable la personne qui en est affectée. L'utilisation de la notion de « facteur de risque » a suscité une approche par groupe cible ou clientèle à risque. On repère des personnes ou des populations soumises à des conditions qui font qu'on leur attribue une plus grande probabilité qu'aux autres d'éprouver des problèmes de santé mentale. La difficulté de cette façon de voir les choses est de négliger le facteur ou la condition à modifier en concentrant trop l'attention sur la personne qui souffre à cause de cette condition. Ainsi, on peut travailler avec les pauvres en oubliant de s'attaquer aux conditions appauvrissantes ou encore aider les prédélinquants sans vérifier les dispositifs de loisirs ou d'aide scolaire sur le territoire où ils vivent. L'intervention a parfois pour effet pervers de renforcer un sentiment de marginalité ou d'accélérer un processus d'exclusion, du simple fait de mettre en évidence les personnes fragilisées plutôt que de s'attaquer aux conditions débilitantes en soi selon une approche plus globale. Pour éviter ce piège de la stigmatisation de personnes aux prises avec des conditions « à risque », des chercheurs ont mené des travaux pour retracer les facteurs contribuant à l'état de santé des personnes et des populations. On parle alors des déterminants de la santé. Il faut ici se méfier d'un vocabulaire qui nous propulserait dans un déterminisme univoque. Au contraire, le cadre écologique d'analyse de la prévention avance l'idée que les problèmes psychologiques et sociaux résultent d'une interaction sans cesse en évolution entre des facteurs relevant des personnes, des milieux de vie et de la condition socio-économique et culturelle des milieux dans lesquelles elles vivent.

Le groupe d'experts du Comité de la santé mentale du Québec (CSMQ) ayant abordé l'interaction entre la pauvreté et la santé mentale, leurs travaux font état d'une classification large des risques qui mettent en péril la santé mentale. Ils les classent par risques individuels (ex.: le bagage génétique, les sentiments personnels dévalorisants), risques relationnels (ex.: divers facteurs de perturbation de la relation entre les parents et les enfants) et risques environnementaux (ex.: la faiblesse du soutien social, l'anomie des quartiers, le chômage – Robichaud, Gagnon, Collin, et Pothier, 1994). Les facteurs de robustesse parfois aussi appelés facteurs de protection sont un peu l'envers positif des facteurs de risque. Ils renvoient à un ensemble de conditions qui diminuent la probabilité que des individus ou un groupe développent des difficultés sévères en santé mentale. Ils renvoient aussi à des facteurs qui outillent les individus et les groupes pour affronter des contextes stressants ou agressants dans leur environnement social. Les psychologues sont de ceux qui abordent souvent la prévention en misant sur une relation d'aide axée sur la construction de facteurs de robustesse. Forts de la psychologie du développement, ils valorisent la stimulation précoce, l'enrichissement des milieux familiaux et le développement des compétences chez les enfants, les jeunes et les adultes. Leur action est encore trop souvent dirigée uniquement vers les individus et les familles et néglige de prendre en compte les facteurs de protection à plus large échelle. Pourtant, il est démontré que les liens sont importants entre la pauvreté et les problèmes psychosociaux de toutes sortes, entre le chômage et la détresse psychologique, entre l'isolement et l'exclusion ou les problèmes de violence familiale (Robichaud *et al.*, 1994; Favreau et Fréchette, 1995; Tousignant, 1989; Fortin, 1989). Leur action aurait avantage à être alimentée un peu plus à une analyse macrosociale qui prend en compte des déterminants globaux de la santé des populations. Ils intégreraient ainsi plus facilement à leur pratique des éléments propres à la dimension communautaire de la prévention ou s'adonneraient plus facilement à des pratiques exigeant l'interdisciplinarité pour répondre au caractère multidirectionnel de la prévention/promotion.

Une autre notion clé en prévention est celle de l'*empowerment* dont la fluidité du concept provoque un foisonnement des définitions (Rappaport, 1981, 1987; Le Bossé et Lavallée, 1993). Le terme *empowerment* doit son introduction en psychologie communautaire en grande partie grâce à Rappaport (1987), qui le définit succinctement comme un processus par lequel des gens, des organisations ou des communautés gagnent de la maîtrise sur leurs affaires. L'auteur le campe comme concept central en psychologie communautaire en réaction à une approche préventive qu'il jugeait réductrice. Le discours dans plusieurs disciplines a repris cette notion d'*empowerment*. La langue française n'a cependant pas encore réussi à ciseler un terme qui corresponde exactement au mot anglais. L'expression qui s'en rapproche le plus est celle de Le Bossé (1999), soit le pouvoir d'agir.

Le lecteur peut approfondir le sujet de l'*empowerment* et son application en psychologie communautaire au chapitre trois du volume. Limitons-nous ici à souligner qu'en prévention la notion d'*empowerment* opère une jonction intéressante entre les interventions de construction du potentiel personnel et celles envisageant la modification des milieux de vie et de leurs conditions sociopolitiques. Le changement social n'est plus alors envisagé comme la seule responsabilité des individus mais encore celle des institutions locales comme les CLSC et les écoles et celle des pouvoirs publics. Il doit passer par la transformation des environnements ou des dispositifs qui entretiennent les inégalités sociales entravant le développement optimal des individus et des familles et la qualité de vie des communautés locales.

En prévention, on ne peut se limiter aux dimensions personnelles et interpersonnelles de l'*empowerment* et l'on doit s'engager dans des actions préventives de réorganisation des communautés qui supposent des modifications structurelles et la vitalisation du tissu communautaire. Adopter la perspective de l'*empowerment*, c'est croire dans le potentiel de changement social qu'ont les stratégies personnelles d'apprivoisement de l'exercice du pouvoir et faire en sorte que l'exercice du pouvoir devienne un processus de groupe ou collectif pour influencer les autres et pour réduire les frontières de l'oppression et des inégalités sociales (Lord et Dufort, 1996). Le pouvoir d'agir ou *empowerment* doit ainsi se traduire en une expérience de transformation démocratique de l'environnement sociopolitique.

3. QUI FAIT QUOI ? LES PRINCIPAUX MODÈLES EN PRÉVENTION ET LES INTERVENTIONS QUI EN DÉCOULENT

Les pratiques de prévention s'inspirent de différents modèles théoriques. L'adhésion à un modèle conceptuel ou à un autre explique la diversité des cibles et des stratégies que chacun adopte en fonction de sa compréhension de l'étiologie des problèmes.

L'étude de l'évolution des pratiques préventives nous renvoie à plusieurs tentatives d'élaboration de modèles en prévention. On a souvent recours à deux catégorisations. L'une départage la prévention en trois modèles : le modèle biomédical, le modèle de la santé communautaire et le modèle écologique ; l'autre ordonne les pratiques préventives selon trois niveaux : primaire, secondaire et tertiaire. Ces modèles participent d'orientations différentes et parfois même divergentes quant aux cadres d'analyse des problèmes psychologiques et sociaux et quant aux pratiques qui en découlent.

3.1 Un découpage de la prévention en trois volets

Une façon d'envisager la prévention qui a fortement influencé l'organisation de l'intervention est décrite à partir de repères chronologiques et découpée en trois volets : la prévention primaire, secondaire et tertiaire. Cette typologie a surtout été popularisée à partir des écrits de Caplan en santé mentale (1964). Selon ce modèle, la prévention primaire consiste à intervenir bien avant l'apparition des problèmes. Il s'agit de réduire le taux d'apparition de nouveaux cas problèmes, c'est-à-dire réduire le taux d'incidence. On vise à créer chez les gens les conditions favorisant la santé globale. Les intervenants s'attaquent aux facteurs prédisposant aux conditions pathogènes. La prévention secondaire s'amorce dès qu'apparaissent les premiers symptômes ou signes de dysfonctionnement pour éviter l'aggravation de la situation. Il s'agit alors de réduire le nombre de cas en développement ou existants, soit réduire le taux de prévalence. On a recours au dépistage et à l'intervention précoce. La prévention tertiaire est dirigée vers le retour au fonctionnement normal chez les gens aux prises avec des problèmes. Elle réduit les séquelles et le taux de récidive. L'intervention y est essentiellement clinique et curative.

Ce triple découpage est discutable car la prévention devient un concept fourre-tout trop dilué, incluant presque toutes les interventions de relation d'aide depuis l'organisation communautaire jusqu'à l'intervention clinique curative. La prévention ainsi envisagée perd son caractère d'antériorité de l'action et ne s'oriente pas vers une action de portée collective.

3.2 Le passage d'un modèle médical à un modèle issu de la santé communautaire

On a d'abord envisagé la prévention en transférant à la santé mentale une partie du modèle utilisé en santé physique. Le modèle biomédical est essentiellement épidémiologique. Les problèmes à affronter et la détérioration de la santé s'expliquent par l'apparition d'un agent pathogène qui est mis en présence d'un hôte ou d'un individu prédisposé à la maladie. De façon succincte, on peut dire que l'intervention, après avoir détecté les gens malades, consiste à retracer la ou les causes de la maladie pour ensuite entreprendre une action destinée à les éliminer ou les neutraliser et pour renforcer la capacité de la personne à lutter contre la maladie. Même en considérant la présence de facteurs de risque augmentant la vulnérabilité des individus, le modèle médical se centre surtout sur les facteurs génétiques et commande une intervention clinique avec le traitement le plus efficace possible pour éradiquer la maladie et ses causes. Le modèle biomédical est approprié surtout en ce qui concerne la prévention de la maladie physique. Il s'avère incomplet et même souvent inadéquat dans le domaine de la santé mentale, à plus forte raison quand il est question des problèmes sociaux.

Le modèle de la santé communautaire a dépassé l'approche centrée sur les individus et la prépondérance des facteurs génétiques caractérisant le modèle biomédical. Il raffine le concept de facteurs de risque en distinguant les facteurs prédisposants (caractéristiques des individus et des milieux de vie) des facteurs précipitants (crises et événements stressants). Il intègre la présence de facteurs de robustesse ou de protection qui agissent comme agents réducteurs des problèmes ou de la vulnérabilité des individus et des milieux de vie. L'intervention préventive s'adresse alors non seulement aux personnes ou aux familles mais aux autres milieux de vie des individus vulnérables, tels l'école ou le milieu de travail. On a aussi porté une attention particulière aux personnes qui résistaient à l'influence des facteurs de risque. Ce qui a entraîné des études sur la résistance ou *résilience* (Cowen et Work, 1988 ; Royer et Provost, 1995). Appliqué à la santé mentale, ce modèle considère qu'il faut cibler les contextes proximaux freinant ou facilitant l'adaptation des personnes à leur milieu.

Dans le modèle de la santé communautaire, l'action préventive intervient tôt dans la genèse d'un problème. Le dépistage, l'intervention précoce et l'intervention de crise sont des pratiques courantes. Les psychologues utiliseront aussi la psychologie du développement pour élaborer des stratégies d'acquisition des compétences chez les individus dans la perspective du renforcement des facteurs de robustesse et de la diminution de la vulnérabilité au stress. D'autres, surtout des travailleurs sociaux, dirigeront leur action préventive vers le soutien social pour contrer les vulnérabilités et créer dans les milieux des contextes relationnels ou des dispositifs d'entraide pour faire face aux événements stressants. L'organisation de groupes d'entraide et le soutien aux aidants de la communauté participent de cette dynamique de relation d'aide centrée non plus sur les seules ressources des individus mais aussi sur les ressources et les forces qui peuvent se développer dans leur milieu de vie (Katz et Hermalin, 1986 ; Spiegel, 1992 ; Lavoie, 1989 ; Guay, 1998).

Le modèle de la santé communautaire est fréquemment adopté par les professionnels de la psychologie et d'autres disciplines d'intervention psychosociale, spécialement dans les institutions du domaine de la santé publique. Au Québec, il est préconisé par les directions de santé publique et plusieurs CLSC l'utilisent. Les cours prénataux en CLSC animés par des professionnels de diverses disciplines en sont un bon exemple, de même que les programmes de prévention du suicide chez les jeunes (Raymond, 1990). On y travaille de façon évidente à éliminer ou à réduire les facteurs de risque et à renforcer les facteurs de robustesse. La dimension collective des programmes s'inspirant de la santé communautaire s'exprime souvent par l'élargissement de la population ciblée par l'intervention. Des campagnes contre le tabagisme ou la propagation des MTS en sont un bon exemple. La publicité sociétale et les messages largement diffusés sont des outils d'intervention prisés. Ailleurs au Canada, ce modèle est le fait de divers professionnels dans les centres de santé communautaire. Il ne faut pas oublier que la fameuse Charte d'Ottawa à laquelle on se réfère souvent en prévention est issue d'une conférence dans le domaine de la santé et que les cadres de référence de plus d'une instance politique en matière de santé font directement le lien entre la santé et ses déterminants économiques ou sociaux (Epp, 1986 ; MSSSQ, 1992 ; Shah, Sunil, Shah et Marilyn, 1995). On peut ainsi établir un lien entre le modèle de la santé communautaire et l'approche écologique. On verra toutefois que, de façon nuancée mais bien réelle, on trouve des différences entre les deux modèles quant aux angles d'attaque de l'action et au cadre d'analyse et de valeurs.

Le modèle de la santé communautaire ou de la santé publique n'est pas que nord-américain. Il inspire nombre de pratiques en Europe ou ailleurs dans le monde. Par exemple, en France, les centres de protection maternelle et infantile, les centres d'action médico-sociale précoce offrent des programmes préventifs misant sur le renforcement des compétences et sur la diminution des facteurs de risque par la stimulation précoce, l'alphabétisation, les programmes contre l'alcoolisme et les autres toxicomanies, les activités dans les lieux d'accueil parent-enfant et les associations de quartiers (Eme, 1993). En Belgique, les activités de prévention que l'on peut recenser dans les programmes psychosociaux des mutuelles et celles de centres de consultation ou d'organisation communautaire ciblant la petite enfance s'apparentent aussi au modèle de la santé communautaire (Born et Lionti, 1996). La préoccupation pour la dimension collective s'y traduit là aussi par de vastes campagnes visant à contrer des problèmes tels la violence, les toxicomanies ou encore l'abandon scolaire.

3.3 L'apport du courant écologique

Le courant écologique, tout en ne rejetant pas la notion de facteur de risque ou de facteur de protection, a développé une analyse des situations problèmes qui insiste sur l'examen des relations complexes qui relient l'individu à son environnement et qui reconnaît explicitement la capacité de l'être humain d'agir sur les systèmes sociaux. En prévention, le modèle écologique met donc l'accent sur la dimension environnementale de l'intervention (Bronfenbrenner, 1979; Catalano, 1979; Chamberland *et al.*, 1996). Il envisage les problèmes de santé mentale et les problématiques psychologiques ou sociales de façon large, en tenant compte à la fois de la souffrance des individus, des milieux vulnérables et des contextes socio-environnementaux dans lesquels émergent les problèmes psychosociaux. La détresse est traitée en lien avec la composition des réseaux familiaux ou professionnels des personnes touchées et analysée en fonction du contexte social, économique et politique dans lequel elle s'exprime. L'analyse et l'intervention prennent en compte les conditions socio-économiques des personnes et des communautés. L'action préventive devient une action multidirectionnelle qui prend en compte la dimension collective et structurelle des problèmes.

Des influences comme celle d'Albee (1982, 1985) et celle d'Elias (1987) permettent de discerner les facteurs associés à l'incidence des difficultés de santé mentale. Albee souligne que les habiletés d'adaptation combinées au soutien social et à l'estime de soi sont les facteurs atténuants tandis que les diverses formes de stress, l'exploitation et la vulnérabilité physique favorisent l'incidence des désordres psychologiques. Les équations suivantes illustrent les propos des chercheurs cités plus haut : les facteurs favorisant l'apparition de problèmes se trouvent sur la partie supérieure ; les facteurs de protection freinant ou contrant l'évolution d'un problème figurent dans la partie inférieure (Gullotta, 1997).

$$\text{Incidences des désordres psychologiques (Albee)} = \frac{\text{vulnérabilité physique} \times \text{stress} \times \text{exploitation}}{\text{habiletés de } coping \times \text{soutien social} \times \text{estime de soi}}$$

Elias enrichit l'équation en soutenant que l'amélioration des pratiques de socialisation et des systèmes de soutien social de même que l'augmentation des sources institutionnelles d'estime de soi diminuent la probabilité que les membres d'une communauté développent des difficultés psychosociales en raison de l'exposition à des stresseurs environnementaux. Dans la troisième équation, Pransky (1991) élargit encore le spectre d'analyse.

$$\text{Probabilité de désordre dans une population (Elias)} = \frac{\text{stresseurs} \times \text{facteurs de risque dans l'environnement}}{\text{pratiques de socialisation} \times \text{ressources de soutien social} \times \text{possibilités de liens sociaux}}$$

$$\text{Incidence (Pransky)} = \frac{\text{attentes culturelles} \times \text{manque de possibilités} \times \text{stress} \times \text{facteurs organiques} \times \text{dysfonctionnement familial}}{\text{perception de soi} \times \text{compétences} \times \text{information} \times \text{soutien social}}$$

Les modèles de santé communautaire et écologique ont influencé plus d'un chercheur ou praticien ayant proposé des modèles simplifiés de prévention. Ainsi Durlak (1995), à partir de ses travaux en milieu scolaire, propose une approche conceptuelle de la prévention primaire distinguant les activités préventives centrées sur les personnes de celles qui sont centrées sur l'environnement. Il l'illustre à partir d'une matrice simple introduisant six dimensions à la prévention primaire en fonction du niveau d'intervention et de la population cible de l'intervention. Les dimensions ne sont pas mutuellement exclusives et on peut en retrouver plus d'une dans un programme de prévention.

Centration de l'intervention

	personne	environnement
C Intervention **I** universelle		
B Groupes à **L** risque		
E Gens qui vivent des transitions		

Les modèles évoluent et ceux qui ont une proximité de valeurs s'interinfluencent. Ainsi les modèles de la santé communautaire et les modèles écologiques offrent des zones de recoupement et des zones grises qui rendent complexe le travail de classification des interventions dans l'un ou l'autre modèle. Par exemple, parmi les auteurs en santé publique, Hamilton et Bhatti (1996) ont mis au point un modèle de promotion de la santé de la population qui met en évidence les déterminants socio-économiques et psychosociaux de la santé proches de ceux qui font l'objet des préoccupations des tenants des approches écologiques. Les modèles sont utiles pour offrir des points de repère et des substrats à l'analyse et deviennent des carcans s'ils freinent l'innovation.

Pour illustrer nos propos, on peut se référer à l'expérience de *La Parentèle*, lancée dans la région de Laval, une intervention qui a débuté par des activités de soutien individuel des habiletés parentales avec de l'accompagnement des parents et des visites à domicile, du soutien à l'organisation matérielle dans la perspective de l'amélioration des relations parents-enfants, de la socialisation des enfants, du répit aux parents. Puis des activités collectives surtout de type loisirs se sont développées pour créer un terrain propice à l'émergence des mécanismes d'entraide et à la mise sur pied de services collectifs. On mise sur l'acquisition de compétences et la mise en réseau d'entraide pour réduire les facteurs de stress et les situations de crise dans les familles aux prises avec des difficultés sociales, économiques ou psychologiques.

Planification de l'intervention de la parentèle* (Carrier, 1993)

	1987 septembre	1989 juin	1989 février	1989 octobre	1990 septembre (fin du projet)
Mesures individuelles Action sur le microsystème («Le reaching out»)	• Soutien aux habiletés parentales • Accompagnement et visites à domicile • Relation d'aide	Poursuite et développement des interventions individuelles			
Mesures collectives Action sur le mésosystème (La prise en charge)		• Organisation d'activités collectives (loisirs familiaux, fêtes...) • Mise en place de conditions favorisant l'entraide • Détermination des besoins collectifs des familles et mobilisation en fonction de ces besoins	• Ouverture de la première halte-garderie • Multiplication des activités collectives	• Ouverture d'une halte parents-enfants (service de répit, lieu de regroupement, activités de socialisation pour les enfants, entraide) • Visibilité dans le milieu	Ajout des services suivants: • Dépannage alimentaire • Groupe «Mère-Plus» • Soutien périnatal: infirmière du CLSC
Action communautaire Action sur le mésosystème et sur l'exosystème (L'autonomie)			• Sensibilisation des dispensateurs de services: épiceries, clinique pédiatrique, CLSC • Concentration des activités dans un secteur • Amorce de l'organisation communautaire	• Sensibilisation des pouvoirs publics sur la pauvreté dans le secteur • Collaboration dans le suivi des familles avec CLSC et clinique médicale • Collaboration avec les écoles • Prise en charge formelle par le milieu • Présence active dans le milieu	Passage des responsabilités du Groupe Promoteur au conseil d'administration • Recherche de financement • Intégration au réseau des organismes communautaires

* Personnel: 1 coordonnatrice et 6 travailleuses de quartier à 3 jours par semaine – Soutien aux membres du Groupe Promoteur.
Apprentissage et socialisation, volume 16, numéros 1 et 2, hiver et été 1993.

L'organisation communautaire prend ensuite plus d'importance pour dépasser l'organisation de services et amorcer la sensibilisation aux causes et aux effets de la pauvreté dans le quartier et à la piètre réponse des services publics. La mobilisation des familles et l'éducation populaire s'ajoutent à la gamme de services du projet. Finalement, on passe à un autre niveau d'organisation avec la création d'un conseil d'administration et la transformation du projet expérimental en organisme communautaire. La recherche de Carrier (1993) démontre la progression de l'intervention, son cadre écologique et ses valeurs tout en intégrant des interventions que l'on aurait pu classer en santé communautaire.

Les modèles d'intervention en prévention s'appuient sur des fondements scientifiques et des visions diversifiées de la société et du bien-être des gens. L'adhésion à l'un ou l'autre des modèles n'est pas empreinte de neutralité. Elle relève d'un ensemble complexe de facteurs parfois difficiles à isoler, dont la mission de l'organisme ou de l'établissement employeur, la formation des intervenants, le mandat qui leur est conféré au travail, les dispositions personnelles, etc. Des psychologues qui s'identifient au courant communautaire font la promotion de la prévention comme mode d'intervention que les professions ont avantage à adopter et que les gouvernements ont avantage à financer dans les années à venir (Bouchard *et al.*, 1991; Prilleltensky et Laurendeau, 1994; Fréchette, 1996a; Pransky, 1991).

4. PASSER À L'ACTION OU LA PRATIQUE EN PRÉVENTION/PROMOTION

Parce que la prévention s'attaque aux problèmes psychologiques et sociaux sous des angles multiples, on pourrait être tenté d'y inclure toutes les pratiques de relation d'aide antérieures à la crise, toutes les formes d'entraide et l'ensemble des stratégies d'organisation communautaire et de développement local. On créerait alors l'illusion d'une panacée. La prévention sociale et la promotion offrent plutôt un cadre de travail où s'inscrivent diverses pratiques psychologiques et sociales avec leurs méthodes et leurs choix stratégiques propres, pratiques qui, de façon optimale, devraient se compléter et s'arrimer les unes aux autres. En effet, à l'une des extrémités du continuum on trouve des pratiques visant le pouvoir d'agir des personnes et l'acquisition de compétences personnelles ; à l'autre extrémité, les pratiques de développement des communautés locales.

4.1 Les stratégies en prévention et promotion

Un texte souvent cité en prévention est la Charte d'Ottawa pour la promotion de la santé, document issu de la première Conférence internationale pour la promotion de la santé qui s'est tenue à Ottawa en 1986. On s'y réfère surtout en fonction de la façon dont elle envisage l'intervention en promotion de la santé sous forme de cinq grandes stratégies : à savoir 1) élaborer une politique publique saine, 2) créer des milieux favorables, 3) renforcer l'action communautaire, 4) acquérir des aptitudes individuelles et 5) renforcer les services de santé.

Le passage à l'action en prévention relève de stratégies d'ensemble où plusieurs actions agissent sur divers plans pour affronter les problèmes sociaux ou de santé mentale. Des initiatives en relais depuis l'action préventive jusqu'au développement local nous apprennent que leurs visées et stratégies sont pertinentes pour 1) contrer la rupture ou l'affaiblissement des liens familiaux ; 2) réduire l'isolement des personnes et l'affaiblissement des liens sociaux ; 3) accroître la compétence des personnes et des groupes ; 4) favoriser la réinsertion sociale des exclus ou des personnes en voie d'exclusion, notamment chez les jeunes ; 5) contribuer à la formation qualifiante des populations résidantes ; 6) reconquérir le contrôle des communautés sur leur développement (Favreau et Fréchette, 1995).

En 1992, le gouvernement du Québec a présenté six stratégies pour agir sur les déterminants de la santé dans sa politique de la santé et du bien-être : 1) favoriser le renforcement du potentiel des personnes, 2) soutenir les milieux de vie et développer des environnements sains et sécuritaires, 3) améliorer les conditions de vie, 4) agir pour et avec les groupes vulnérables, 5) harmoniser les politiques publiques et les actions en faveur de la santé et du bien-être, 6) orienter le système de santé et de services sociaux vers la recherche des solutions les plus efficaces et les moins coûteuses. La proximité de la Charte d'Ottawa est évidente et il est clair que l'action préventive est conçue en termes d'actions auprès des personnes, des milieux de vie et des communautés locales. De plus, les stratégies énoncées font référence beaucoup moins à un travail de réduction de séquelles qu'à un travail pour contrer des facteurs débilitants et promouvoir des conditions favorisant la vitalité des personnes, des institutions et des communautés locales. Elles s'arriment à un modèle de résolution de problèmes de type préventif, c'est-à-dire qui agit avant l'apparition du problème, qui a une vision large des problèmes et qui cible des ensembles ou populations et non des individus.

On retrouve un grand nombre de psychologues du côté des stratégies de renforcement du potentiel des personnes et des stratégies de soutien aux milieux de vie. Par exemple, en CLSC ou dans des organismes communautaires, ils établissent des programmes d'acquisition de compétences parentales pour de jeunes parents ou encore des ateliers de stimulation précoce qui mettent en interaction des parents et des enfants. Le travail est pensé dans l'optique du renforcement du lien d'attachement entre parent et enfant et de la mise en place de conditions pour prévenir l'apparition de la violence familiale. Ces ateliers offrent aussi de l'information sur le développement de l'enfant. La stratégie se fait alors éducative pour instrumenter les parents en fonction de l'éducation et du développement des enfants. Les intervenants tentent de créer un milieu favorable aux échanges entre parents afin de stimuler l'établissement de liens entre jeunes parents et de réduire l'isolement des mères. L'objectif est de prévenir l'isolement des jeunes parents et de leur faire acquérir des réflexes d'entraide entre eux. La perspective est préventive puisque, tôt dans la vie des enfants, les activités proposées favorisent l'acquisition d'habiletés dans le domaine de la cognition, de la motricité ou des relations interpersonnelles. Un programme fort connu d'intervention précoce ciblant l'acquisition de compétences pour réduire les risques de difficultés psychosociales à long terme est le Perry Preschool Project. Il a fait l'objet d'un suivi et d'une évaluation récurrente (Weikart et Schweinhart, 1997; Schweinhart *et al.*, 1993). Les programmes Head Start ont aussi fait l'objet de nombreuses observations (Collins, 1993; Greenberg, 1990; Oyemade et Washington, 1989).

La prévention de la détérioration des rapports familiaux et des comportements de violence passe souvent par des expériences de rapprochement familial pour favoriser des relations interpersonnelles et familiales de qualité qui agissent comme facteur de robustesse ou de protection face aux difficultés. Les liens d'attachement mutuel se développent au fil d'interactions régulières, mettant parents et enfants en situation d'échange réciproque satisfaisant (Bronfenbrenner, 1992). La faiblesse des liens d'attachement entre les membres d'une famille, le manque d'activités communes et la prépondérance des modèles de résolution des conflits par la violence ou le mépris entravent l'apprentissage de la gestion pacifique en milieu familial (Bouchard, 1993). L'agressivité, l'indifférence et l'absence prédisposent à des conduites non propices au développement des personnes et de la famille. À l'inverse, la stimulation des liens d'attachement par des activités communes favorise un équilibre familial où les besoins individuels et les besoins collectifs de la famille y trouvent leur compte. Les bases d'un comportement prosocial se tissent tôt dans la vie des enfants et renvoient au lien familial par l'intermédiaire des expériences vécues entre membres de la cellule familiale.

La Maison de la famille de la Vallée-de-la-Lièvre, en collaboration avec le CLSC, la commission scolaire et les municipalités environnantes, a mis sur pied des cours de karaté pour parents et enfants, complétés par la lecture d'un conte (Fréchette, 1996b). Plutôt que de diriger les interventions vers l'acquisition de compétences personnelles, dans le programme de karaté on expérimente un contexte relationnel prédisposant aux liens positifs entre parents et enfants dans une intervention basée sur autre chose que la parole. Parallèlement à l'apprentissage de la maîtrise de soi et de l'évacuation des tensions, la visée préventive repose sur l'idée que plus les enfants et les parents seront exposés à des occasions de partager des activités leur procurant du plaisir, plus ils développeront des modes de socialisation positifs. L'intervention se situe dans un cadre de vie naturel, celui des activités de loisirs d'une communauté locale, hors du champ des services sociaux. Elle évite ainsi la référence à un problème, n'est plus associée à un rapport de service et offre une nouvelle marge de manœuvre à l'intervenant qui s'y engage.

Plusieurs Maisons de la famille ou des maisons de quartier offrent des services destinés à renforcer les compétences parentales, à stimuler le développement des enfants et des jeunes et à soutenir la famille comme milieu de vie. La **Maison de la famille de la Vallée-de-la-Lièvre** en Outaouais offre une série de programmes : des ateliers de jeu parents-enfants, des sessions de stimulation précoce, des services de répit aux parents, des pauses détente favorisant les échanges entre parents, des cours de karaté parents-enfants, une cuisine collective pour l'alimentation des bébés, le jumelage de mamans, une halte-garderie, etc. La **Maison de la famille de Matane** offre du soutien aux familles endeuillées, de la stimulation précoce, l'aide aux devoirs, des camps de jour, des déjeuners communautaires, des activités de promotion de la sécurité en vélo.

L'expérience d'**Entraide grands-parents** à Montréal et à Joliette a mis en interaction des aînés et des jeunes parents d'enfants de 0-5 ans pour réduire les facteurs de risque de difficultés familiales et renforcer les compétences parentales. Échanges, moments de répit, conseils divers et activités auprès des enfants ont renforcé les liens intergénérationnels et le sentiment d'utilité (Perreault, Grondin et Forest, 1996).

Le soutien aux milieux de vie est une stratégie bien développée aussi en milieu scolaire et en milieu de travail. Le psychologue scolaire travaille non seulement à dépister les difficultés d'apprentissage et de comportement, mais s'engage avec d'autres professionnels dans des actions préventives à plus large spectre comme des campagnes d'éducation sur des sujets proches des jeunes, la promotion de la saine relation amoureuse chez les jeunes ou la lutte contre le décrochage scolaire. Dans ce dernier cas, plusieurs activités centrées sur des stratégies variées se conjuguent : dépistage des jeunes à risque de décrocher, acquisition de compétences cognitives ou sociales, pairage avec des élèves intéressés au rôle d'entraidant, sensibilisation du corps professoral, ouverture des activités sur la communauté. L'action peut se poursuivre hors des murs de l'école avec une coopérative jeunesse de services qui initie ces jeunes au travail. On peut aussi mobiliser des gens du quartier pour offrir aux jeunes un petit travail rémunéré en dehors des heures de classe. D'autres programmes canadiens de prévention de la violence sont orchestrés à partir du milieu scolaire tout en impliquant des dimensions communautaires (Larson, 1994 ; Sudermann et Jaffe, 1998).

Né d'une initiative du CLSC Villeray en concertation avec le milieu scolaire et le secteur communautaire, **Motivation-Jeunesse 16-18** est un organisme communautaire implanté dans une école secondaire de Montréal comptant plus de 2000 élèves. Il a pour objectif de contrer le décrochage scolaire et ses conséquences. Le projet permet aux jeunes d'acquérir une expérience de travail rémunéré dans des entreprises du quartier à raison de deux jours par semaine en poursuivant leurs études. Au travail s'ajoutent des services de référence et des services psychosociaux pour ceux qui le désirent.

On consultera des recueils tels ceux d'Albee et Gullotta (1997), de Pransky (1991), de Bond et Wagner (1988) et les travaux de Durlak (1995) qui réservent plusieurs textes à des projets à visée préventive en milieu familial ou en milieu scolaire expérimentés aux États-Unis et parfois au Canada. En milieu de travail, le soutien prend souvent forme de programmes d'aide aux employés. Plutôt que d'adopter une orientation clinique et de se limiter à une relation d'aide ponctuelle, des organisations forment des pairs aidants ou des comités où collaborent les délégués sociaux syndicaux et des professionnels de l'entreprise (souvent des psychologues). Les aidants formés offrent un soutien en situation de crise, organisent des campagnes de promotion de la qualité de vie en s'attaquant à des conditions comme le tabagisme, l'inégalité dans les rapports de sexe, l'alphabétisation.

D'autres psychologues travaillent en santé mentale communautaire auprès de personnes dans des milieux de vie vulnérables. Les approches proactives (Guay, 1996), parfois appelées approches milieu, combinent la relation d'aide auprès des personnes fragilisées, le soutien et la formation d'aidants de la communauté et la mise en branle de mécanismes d'entraide dans le quartier ou le village, participent de l'action préventive multidirectionnelle soutenue par une analyse écologique. Le psychologue y joue un rôle tout comme le travailleur social, l'organisateur communautaire, l'élu municipal et les voisins désireux de s'engager dans l'amélioration de leur qualité de vie et de celle de leurs concitoyens plus vulnérables. Des organismes d'aide aux personnes ayant vécu des difficultés de santé mentale orientent aussi leur travail selon une perspective de promotion de la qualité de vie des personnes et des communautés locales. Par exemple, dans l'Outaouais, autour de l'organisme de développement et d'entraide communautaire (ODEC) gravitent un ensemble de services qui en font un milieu d'animation et de soutien pour des personnes éprouvant des difficultés de santé mentale, un milieu stimulant l'insertion dans la communauté et l'entraide. Les programmes vont de l'accompagnement et de la relation d'aide auprès des personnes vulnérables à des ateliers visant l'acquisition de compétences. On y trouve un café communautaire et depuis peu un service d'hébergement. L'organisme participe activement aux activités du secteur communautaire de la localité et de la région et s'engage à la mesure de ses moyens dans des activités d'économie sociale (Beaudoin, Duguay et Fréchette, 1998).

Les stratégies préventives/promotionnelles ne sont pas des avenues parallèles d'intervention. La prévention doit associer les unes aux autres les diverses stratégies d'action et faire en sorte que les relais s'organisent d'une intervention à l'autre. On établit ainsi des passerelles entre des activités au départ plus centrées sur des individus et des milieux proximaux de vie et des activités ciblant les communautés locales.

**De l'acquisition de compétences au développement communautaire :
Les Tabliers en folie**

Sous l'initiative d'une intervenante communautaire du CLSC se développe à Richmond (3100 habitants) la cuisine collective *Les Tabliers en folie*. Douze groupes de cinq à six personnes s'y réunissent, deux jours par mois, pour cuisiner ensemble. S'y ajoutent des cuisines pour des jeunes de 8 à 16 ans. On y trouve une garderie, un service de récupération alimentaire avec congélation des mets, de petits prêts de dépannage, des activités sociales et des activités socio-éducatives comme la participation à la marche des femmes.

Incorporée depuis 1991, la cuisine est gérée par un conseil d'administration de cinq membres. Elle compte depuis 1995 deux professionnelles (direction et animation) appuyées par une vingtaine de bénévoles. Elle bénéficie du soutien financier d'organismes gouvernementaux, d'institutions financières, de fondations, d'un syndicat et de dons des communautés religieuses et de particuliers auxquels s'ajoutent des activités d'autofinancement. Elle profite depuis ses débuts du soutien d'une organisatrice communautaire et d'une infirmière du CLSC. La cuisine est membre des regroupements régional et national de cuisines, de la Table de concertation sur la pauvreté et du Regroupement des organismes communautaires de l'Estrie.

On va à la cuisine pour faire des économies, nourrir sa famille et rencontrer des gens. Le sentiment d'isolement diminue. On commence à échanger de menus services (garde d'enfants, covoiturage, peinture). On se soutient en période difficile. On se parle de ses préoccupations et des projets familiaux. La garderie emploie des femmes de la cuisine qui ont appris à organiser des activités pour les enfants. Des membres s'initient à faire des budgets et à gérer la vente de produits destinés à l'autofinancement des cuisines. D'autres personnes, devenues conscientes des contraintes de leur sous-scolarisation, retournent aux études. Tout en développant les compétences des membres, la cuisine induit donc une dynamique d'entraide et de mise en réseau à portée préventive.

L'organisme et d'autres partenaires ont mis sur pied un réseau local où des personnes échangent des biens et des services entre elles. L'entraide devient en quelque sorte institutionnalisée dans la communauté. Des services aussi variés que le traitement de texte, le gardiennage, l'entretien domestique, la couture, le lavage de voiture, l'accompagnement de personnes handicapées, l'entretien de terrain et d'autres y sont offerts en plus de l'échange sur place de biens (vêtements, articles ménagers, mets congelés, meubles). La cuisine est ainsi engagée dans le développement de la communauté locale et participe à l'économie sociale (Fréchette, 1997).

L'intervention de quartier est un bel exemple de la mise en œuvre de la stratégie d'organisation communautaire en contexte écologique où des psychologues peuvent être mis à contribution. L'organisation communautaire a développé avec les années son corpus de connaissances et ses modèles d'intervention dans la perspective d'une intervention planifiée de changement social dans les communautés locales en vue de la réduction des inégalités sociales (Doucet et Favreau, 1991). L'organisation communautaire prend appui sur l'analyse macrosociale et prend en compte le lien entre les conditions socio-économiques et la santé mentale en rappelant le lien entre la pauvreté et la santé mentale, le lien entre le soutien social, la solidarité, l'exercice du pouvoir et la santé mentale (Tousignant, 1989 ; Favreau et Fréchette, 1995 ; Fréchette, 1995 ; Robichaud *et al.*, 1994 ; Orford, 1993). La prévention qui s'en inspire devient alors vraiment multidirectionnelle. Des maisons de quartier émergent ; des cuisines collectives se forment ; des Maisons de la famille s'installent ; des clubs de devoir, des camps de jour, des clubs de lecture mobilisent les enfants ; des aînés organisent des repas communautaires, des coopératives de santé ou de maintien à domicile sont créées, des entreprises d'insertion voient peu à peu le jour dans le quartier. La prévention s'y fait avec l'*empowerment* des personnes et des collectivités à travers une démarche qui s'étend sur quelques années.

**Prévention et intervention de quartier :
le cas du quartier Jean-Dallaire à Hull**

Plus de 600 personnes, en majorité prestataires de la sécurité du revenu, vivent dans un quartier structuré autour de trois projets résidentiels. On en dit dans les années 1980 qu'il offre un milieu physique déprimant, une piètre qualité de logement, un taux de vandalisme élevé, un fort pourcentage de familles aux prises avec des problèmes d'endettement, de toxicomanie, de délinquance, de prostitution, de négligence envers les enfants, etc. Les gangs de rue y ont émergé et la peur s'est installée. Ce quartier remportait la palme municipale du plus haut taux de délinquance, de décrochage scolaire et de violence (Godbout dans Dion, 1997). On a honte d'y vivre.

Le CLSC décide de « communautariser » l'intervention dans le quartier. À la fin des années 1980, en lien avec des femmes du milieu, on crée des occasions de contacts (pièce de théâtre, atelier de cuisine, café-rencontre), on ouvre un lieu de rencontre dans un logement offert par l'Office municipal d'habitation. Les interventions s'y orientent d'abord auprès des enfants. D'autres partenaires interviennent ponctuellement dans le quartier : le Centre de réadaptation des jeunes de l'Outaouais, les services communautaires de la police de Hull, l'Association de défense des droits des assistés sociaux, une petite communauté religieuse et l'ACEF.

Après quelques années d'immersion pour comprendre la dynamique du quartier et établir la confiance, le CLSC entreprend avec les résidants des activités pour améliorer la vie familiale et les conditions de vie du quartier. Pour les enfants, on démarre les Bouts de choux, la halte-garderie, des activités sportives, de l'intervention de rue. Pour les adolescents, on cible la communication adolescents-parents, la prévention de la toxicomanie. Les adultes ont leur café-rencontre, des soirées conférences et une activité d'alphabétisation et de socialisation offerte au centre d'éducation des adultes. Il ne s'agit pas simplement de doter le quartier de services mais d'y réactiver la solidarité par le renforcement du pouvoir de ses habitants. On expérimente qu'il est possible de s'en sortir. En 1991, naît la première des trois cuisines collectives du quartier. En 1992, on lance, avec des écoles, des paroisses et un dépanneur, des clubs de devoirs et une animation de l'éducation aux adultes.

L'équipe pluridisciplinaire du CLSC travaille à « l'appropriation du quartier par les gens qui y vivent ». La maison de quartier inaugurée en 1993 renforce l'appartenance au quartier et active l'entraide, crée des liens et encourage la collaboration entre les leaders du milieu. On y met sur pied un comité de résidants responsable de l'administration et de l'organisation des activités dans le quartier ; il devient l'interlocuteur du CLSC et des autres organismes actifs à Hull. Le comité prend conscience qu'il faut non seulement que le quartier se dote de services mais que s'y développe une dynamique ayant pour effet de raviver la citoyenneté. En 1997, ce comité s'inscrit dans l'inter-quartier regroupant des quartiers engagés dans une dynamique de développement local (Bertrand, 1994).

4.2 Les facteurs de réussite des interventions préventives

On a souvent dit que le principal problème avec la prévention est qu'il est presque impossible de l'évaluer et que la réussite en prévention participe à la limite de l'utopie de la disparition des problèmes. Il ne faut toutefois pas croire que l'action préventive relève de l'improvisation et qu'il n'est pas possible d'en tracer les grandes lignes pour ensuite en évaluer les retombées ou l'adéquation en fonction des problèmes auxquels elle s'adresse. Au contraire, des projets de prévention, même s'ils ne sont pas encore très nombreux, ont fait l'objet d'une recherche évaluative. De plus, par l'intermédiaire de devis de recherche qualitative, des chercheurs ont analysé des projets et des itinéraires d'intervenants en prévention et ont dégagé des conditions favorisant la portée la plus efficace possible des actions préventives.

Geller (1986), sans faire une étude exhaustive de la réussite en prévention, indique que le choix des interventions en prévention, au sens écologique du terme, doit être précédé d'une analyse où entrent en considération des dimensions sociales, économiques et environnementales. Ces interventions doivent bénéficier de la participation des gens du terrain, depuis la famille jusqu'à des membres de la communauté locale. Elles doivent se situer dans une perspective à long terme et inclure une évaluation de leurs retombées tant sur le plan microsocial que macrosocial. Au Québec, Blanchet et ses collaborateurs (1993) ont recherché les caractéristiques des programmes efficaces et Chamberland et ses collègues (1996) ont étudié 307 projets jugés positifs. Les résultats ont permis de recenser les cinq facteurs les plus souvent choisis par les intervenants comme conditions favorisant la réussite. Ces facteurs ont trait à un projet 1) qui mise sur les forces des gens et valorise les ressources et les acquis locaux, 2) qui possède une démarche planifiée d'intervention avec des objectifs clairs et qu'il est possible d'atteindre, 3) qui établit des alliances avec la communauté locale, intervient en concertation et laisse un pouvoir de décision aux gens concernés, 4) qui enrichit les compétences, l'autonomie et le pouvoir de décision et 5) qui utilise différentes stratégies d'intervention et plusieurs ressources d'aide à l'intérieur et à l'extérieur du projet ou du groupe concerné.

Il est difficile de cerner ce que signifie la réussite en prévention puisque, à la limite, elle équivaudrait à l'absence de maladies, de désordres psychologiques et de problèmes sociaux. Au terme de plusieurs études sur le sujet, j'en conclus plutôt qu'il importe de savoir dans quelles conditions les interventions psychologiques et sociales participent de la prévention et de la promotion. Il importe d'isoler les facteurs et les conditions qui dynamisent les actions préventives et en augmentent les chances de retombées microsociales et macrosociales sur différents systèmes concernés par les problèmes auxquels ces interventions s'adressent.

On ne peut parler de renouvellement des pratiques sociales en matière de prévention-promotion sans réaffirmer la mutidirectionnalité de l'intervention préventive. Elle s'arrime à des champs d'action couvrant de nombreuses problématiques dans le domaine de la santé mentale, du développement local et des services sociaux. On peut toutefois discerner, dans l'ensemble des pratiques, des caractéristiques qui leur sont communes et que nos recherches commencent à désigner comme des contributions significatives à la viabilité des pratiques de prévention et de promotion. Le tableau suivant en reprend les principales caractéristiques.

Les éléments constitutifs de la vitalité des interventions en prévention/promotion

La multidirectionnalité de l'action préventive. L'action préventive s'attaque à des problèmes complexes et veut accroître la qualité des conditions de vie des personnes et des communautés. Elle comporte nécessairement plusieurs stratégies complémentaires et ses interventions prennent le relais les unes des autres. La multidirectionnalité de la prévention induit aussi la multidisciplinarité tant dans ses apports théoriques que dans son application.

Le soutien d'une analyse macrosociale. Les intervenants en prévention doivent tenir compte du contexte politique, social, psychologique, économique, démographique et culturel des groupes et des milieux où ils agissent. Le renouvellement des pratiques préventives passe par une analyse macrosociale.

L'aménagement de portes d'entrée dans un milieu. Mobiliser les gens et aménager des portes d'entrée non menaçantes dans les milieux est un préalable à une action préventive de portée communautaire. Aborder les enfants, miser sur des complicités de voisinage, activer des réseaux d'entraide favorisent la création de rapports positifs dans des milieux réfractaires à l'intervention psychosociale.

Le rapport aux gens marqué du sceau de l'*empowerment*. La prévention qui participe de la réelle transformation des milieux et du développement de la qualité de vie des personnes mise sur un rapport aux gens et aux groupes caractérisé par la valorisation des forces des gens et des acquis dans les communautés locales. On reconnaît là des ingrédients essentiels de l'*empowerment*.

L'action dans la durée. Le changement des conditions de vie, le processus d'*empowerment*, la transformation des déterminants structurels de la santé exigent du temps. Celui de la mobilisation, de la promotion des idées et des projets, le temps de l'établissement des complicités, des alliances et des partenariats, celui de la planification, des activités se jouxtant les unes aux autres, celui de l'évaluation.

L'établissement de relais. Si la prévention ne se limite pas à une activité circonscrite et se réalise sur un continuum d'interventions, on s'attend à ce que s'opèrent des jonctions et des relais. Les relais s'établissent autant entre des expertises qu'entre des interventions. C'est là un avantage de l'interdisciplinarité bien comprise et de la concertation bien orchestrée sur un territoire.

Le caractère de transférabilité d'un projet. Les idées novatrices et les projets préventifs prometteurs sont souvent d'abord expérimentés à petite échelle. Ces projets doivent exercer un pouvoir d'attraction et faire preuve de flexibilité de façon à ce qu'ils puissent être reproduits et adaptés ailleurs et dans des contextes plus larges. Le caractère d'exemplarité d'un projet a de la valeur en autant qu'on lui confère en même temps la capacité de se reproduire.

L'octroi des ressources requises par les pouvoirs publics. Sous un angle pratique, une intervention psychologique ou sociale, si prometteuse soit-elle, ne peut s'actualiser sans les ressources nécessaires. On parle ici de ressources financières et des ressources humaines requises. Intervenir en psychologie communautaire exige que l'on accorde aux professionnels le temps et les moyens pour travailler en prévention, que l'on prévoie le recours d'aidants et, dans la perspective de l'*empowerment*, que l'on transforme les aidés en participants à la résolution de problèmes et au développement de leur milieu.

L'organisation de l'intervention. La prévention ne relève pas de l'improvisation. Une étude de besoins ou une évaluation de situation prévalent à l'élaboration d'objectifs pertinents et qu'il est possible d'atteindre et à la planification d'une démarche méthodique d'intervention toutefois empreinte de souplesse grâce à un processus continu d'évaluation au sein même de la démarche.

L'activation de la dimension communautaire. La prévention est une intervention qui vise une portée collective. Les psychologues communautaires peuvent inscrire leur activité dans le contexte de l'approche communautaire des problèmes ou de l'approche territoriale. Le travail terrain avec les milieux familiaux ou les groupes vulnérables s'y inscrit dans une dynamique large incluant l'utilisation des réseaux sociaux, la valorisation des aidants et la réactivation de la citoyenneté.

Le soutien de la recherche. La recherche scientifique alimente la vitalité des pratiques préventives. Elle permet aux intervenants d'adapter leur stratégie d'intervention et de renouveler leur analyse en fonction de l'évolution des problèmes sociaux et de l'évolution des connaissances.

L'activation d'une volonté politique de changement. Le travail communautaire et l'*empowerment*, en élargissant le pouvoir d'agir des personnes et des communautés, doivent favoriser l'émergence d'une volonté politique de changement. L'extension de l'action dans le champ des politiques sociales et des pouvoirs publics est une des caractéristiques qui confère à la prévention sa dimension collective en rapport avec la citoyenneté active.

5. EN GUISE DE CONCLUSION : DE LA PSYCHOLOGIE À LA SPHÈRE POLITIQUE

L'association de la psychologie au terrain politique est inusitée. Pourtant, pour que la prévention soit inscrite au chapitre des priorités en matière d'intervention au sein des politiques de santé et de bien-être et pour que le mandat des intervenants du secteur public inclue l'action préventive et pour que les ressources humaines et financières requises soient accordées, il faut une volonté ferme des pouvoirs publics. L'expérience du Vermont en ce sens est fort intéressante (Pransky, 1991) avec l'adoption d'une loi sur la prévention. On y trouve, entre autres choses, l'insertion dans la loi d'une définition de la prévention primaire, la mise sur pied d'un conseil pour la prévention auprès de la famille et des enfants et la création d'un fonds pour développer les actions et programmes préventifs. Au Canada, les pouvoirs publics s'ouvrent timidement à l'action préventive en dépit d'un discours reconnaissant son importance. Des initiatives sont toutefois à souligner, comme la mise sur pied du Programme d'action communautaire auprès des enfants (PACE) du gouvernement canadien, le programme Partir d'un bon pas pour un avenir meilleur, soutenu par le gouvernement de l'Ontario (Sylvestre *et al.*, 1994).

La prévention gagne du terrain quand les pratiques sont convaincantes mais encore plus lorsque le discours public se «démédicalise» et s'élargit pour associer le bien-être à la santé et inclure la prévention et la promotion au registre des stratégies fondamentales adoptées pour améliorer la santé et le bien-être des populations. Finalement, la prévention et la promotion doivent étendre leur champ d'action à la revendication ou à l'élaboration de politiques sociales conditionnant la redistribution de la richesse collective, la réduction des inégalités sociales et le soutien aux personnes et groupes vulnérables ou fragilisés, ce qui se situe directement dans le champ du politique (voir à cet égard le chapitre 11 dans le présent ouvrage). C'est ainsi qu'elles participent de grandes valeurs prévalentes en psychologie communautaire pour faire reculer les frontières de l'oppression (Prilleltensky et Nelson, 1997; Prilleltensky, 1996), dont l'autodétermination, la participation, le respect de la diversité et la justice sociale.

RÉFÉRENCES
RÉFÉRENCES

ALBEE, G.W. (1985), «The argument for primary prevention», *Journal of Primary Prevention*, 5, 213-219.

ALBEE, G.W. (1982), «Preventing psychopathology and promoting human potential», *American Psychologist*, 37 (9), 1043-1050.

ALBEE, G.W. (1982), «The politics of nature and nurture», *American Journal of Community Psychology*, 10 (1), 4-36.

ALBEE, G.W. et T.P. GULLOTTA (1997), *Primary prevention works*, Thousand Oaks, CA, Sage publications.

Beaudoin, L., P. Duguay et L. Fréchette (1998), « Une expérience d'entraide en santé mentale enracinée dans la communauté locale. Le cas de l'ODEC », *Revue canadienne de santé mentale communautaire* (à paraître).

Bertrand, L. (1994), *Le quartier Jean-Dallaire-Front. De ghetto à milieu d'appartenance*, Communication présentée au Colloque du RQIIAC, Sherbrooke (inédit).

Blanchet, L., M.C. Laurendeau, D. Paul et J.F. Saucier (1993), *La prévention et la promotion en santé mentale. Préparer l'avenir*, Boucherville, Gaëtan Morin éditeur.

Bond, L.A. et B.M. Wagner (1988), *Families in transition. Primary prevention programs that work*, Newbury Park, Sage.

Born, M. et A.M. Lionti (1996), *Famille pauvre et intervention en réseau*, Paris, L'Harmattan.

Bouchard, C. (1989), « Lutter contre la pauvreté ou ses effets ? Les programmes d'intervention précoce », *Santé mentale au Québec*, 14 (2), 138-149.

Bouchard, C. (1993), « Les comportements pacifiques en milieu familial : une définition », *Compte rendu du colloque. Les comportements pacifiques en milieu familial*, Secrétariat à la famille, Québec, gouvernement du Québec.

Bouchard, C. et al. (1991), *Un Québec fou de ses enfants*, Rapport du Groupe de travail pour les jeunes, Québec, ministère de la Santé et des Services sociaux.

Bronfenbrenner, U. (1979), *The ecology of human development*, Cambridge, MA, Harvard University Press.

Bronfenbrenner, U. (1992), « Évolution de la famille dans un monde en mutation », *Apprentissage et socialisation*, 15 (3), 181-193.

Caplan, G. (1964), *Principles of preventive psychiatry*, New York, NY, Basic Books.

Carrier, A. (1993), « La parentèle : une intervention écologique planifiée de prévention de la négligence », *Apprentissage et socialisation*, 16 (1-2), 21-32.

Catalano, R. (1979), *Health behavior and the community : An ecological perspective*, Pergamon Press, 1974.

Chamberland, C., N. Dallaire, L. Fréchette, J. Lindsay, J. Hebert et S. Cameron (1996), *Promotion du bien-être et prévention des problèmes sociaux chez les jeunes et leur famille : portrait des pratiques et analyse des conditions de réussite*, Rapport de recherche, ministère du Développement des ressources humaines Canada.

Chamberland, C., N. Dallaire, S. Cameron, L. Fréchette, J. Hebert et J. Lindsay (1993), « La prévention des problèmes sociaux : réalité québécoise », *Service social*, 42 (3) 55-82.

Collins, R.C. (1993), « Head Start : Steps toward a two-generation program strategy », *Young Children*, 48 (2), 25-33 et 72-73.

COWEN, E.L. et W.C. WORK (1988), « Resilient children, psychological wellness, and primary prevention », *American Journal of Community Psychology*, 16, 591-607.

DION, M. (1997), *Étude de cas quartier Jean-Dallaire*, document inédit.

DOUCET, L. et L. FAVREAU (dir.) (1991), *Théories et pratiques en organisation communautaire*, Sainte-Foy, Presses de l'Université du Québec.

DURLAK, J.A. (1995), *School-Based Prevention Programs for children and adolescents*, Developmental clinical psychology and psychiatry, 34 London, Sage.

ELIAS, M.J. (1987), « Establishing enduring prevention programs : Advancing the legacy of Swampscott », *American Journal of Community Psychology*, 15 (5), 539-553.

EME, B. (1993), *Des structures intermédiaires en émergence, les lieux d'accueil enfants-parents de quartier*, C.R.I.D.A./CDC, Fondation de France, FAS.

EPP, J. (1986), *La santé pour tous : un cadre de référence pour la promotion de la santé*, Ottawa, ministère de la Santé et du Bien-Être social Canada.

FAVREAU, L. et L. FRÉCHETTE (1995), « Pauvreté urbaine et exclusion sociale. Les nouvelles figures du travail social auprès des personnes et des communautés locales en difficulté », *Service social*, 44 (3), 71-93.

FORTIN, D. (1989), « La pauvreté et la maladie mentale : est-ce que les pauvres sont plus malades et si oui pourquoi ? », *Santé mentale au Québec*, 14 (2), 104-113.

FRÉCHETTE, L. (1995), « Les temps changent... les enfants aussi.Quand les conditions sociales influent sur la vie des enfants », *Prisme*, 5 (1), 18-28.

FRÉCHETTE, L. (1996a), « Redonner à la prévention son caractère social : un enjeu en voie d'actualisation », *Nouvelles Pratiques sociales*, 9 (2), 17-32.

FRÉCHETTE, L. (1996b), « Une intervention préventive dirigée vers la famille : le programme Ensemble maître de soi », dans Alary, J. et L. Ethier (dir.), *Comprendre la famille*, Sainte-Foy, Presses de l'Université du Québec, p. 141-162.

FRÉCHETTE, L. (1997), *Les tabliers en folie. Une cuisine collective bien ancrée dans son milieu*, Cahier du GÉRIS, série Pratiques sociales, n° 8, Hull, UQAH/GÉRIS.

GELLER, E. (1986), « Prevention of environmental problems », dans Edelstein, B. et L. Michelson (dir.), *Handbook of prevention*, New York, Plenum Press, p. 361-379.

GREENBERG, P. (1990), « Head Start-Part of a multi-pronged anti-poverty effort for children and their families », *Young Children*, 45 (6), 40-52.

GUAY, J. (1984), *L'intervenant professionnel face à l'aide naturelle*, Montréal, Gaëtan Morin éditeur.

GUAY, J. (1996), « L'approche proactive : rapprocher nos services des citoyens », *Nouvelles Pratiques sociales*, 9 (2), 33-48.

GUAY, J. (1987), *Manuel québécois de psychologie communautaire*, Boucherville, Gaëtan Morin éditeur.

GUAY, J. (1998), *L'intervention clinique communautaire*, Montréal, Presses de l'Université de Montréal.

GULLOTTA, T.P. (1997), «Operationalizing Albee's incidence formula», dans Albee, G.W. et T.P. Gullotta (dir.), *Primary prevention works*, Thousand Oaks, CA, Sage publications, p. 23-37.

HAMILTON, N. et T. BHATTI (1996), *Promotion de la santé de la population. Modèle d'intégration de la santé de la population et de la promotion de la santé*, Division du développement et de la promotion de la santé, Ottawa, Santé Canada.

KATZ, A.H. et J. HERMALIN (1986), «Self-help and prevention», dans Hermalin, J. et J.A. Morell (dir.), *Prevention planing in mental health*, Newbury Park, CA, Sage, p. 151-190.

LAFORTUNE, D. et M. KIELY (1994), «Historique des pratiques préventives en santé mentale ou comment passer de la rhétorique à la prose?», *Revue québécoise de psychologie*, 15 (2), 67-89.

LARSON, J. (1994), «Violence prevention in the schools: A review of selected programs and procedures», *School Psychology Review*, 23, 151-164.

LAVOIE, F. (1989), «L'évaluation des groupes d'entraide», dans Romerder, J.M. (dir.), *Les groupes d'entraide et la santé: nouvelles solidarités*, Ottawa, Conseil canadien de développement social, p. 77-99.

LE BOSSÉ, Y. (1999), *Intervention professionnelle et développement du pouvoir d'agir (*empowerment*): un aperçu des défis qui se posent à l'intervenant*, Actes du colloque international «Travail social et *empowerment* à l'aube du XXIe siècle», Hull (sous presse).

LE BOSSÉ, Y. et M. LAVALLÉE (1993), «*Empowerment* et psychologie communautaire. Aperçu historique et perspectives d'avenir», *Cahiers internationaux de psychologie sociale*, 18, 7-20.

LINDSAY, J. (1993), «Tableau Stratégies de prévention», dans Guberman, N., J. Broué, J. Lindsay et L. Spector (dir.), *Le défi de l'égalité des hommes et des femmes*, Montréal, Gaëtan Morin éditeur, p. 118.

LORD, J. et F. DUFORT (dir.) (1996), «Le pouvoir, l'oppression et la santé mentale», Numéro spécial de la *Revue canadienne de santé mentale communautaire*, 15 (2), 5-11.

MSSSQ (1992), *Politique de la santé et du bien-être*, Québec, gouvernement du Québec.

Organisation mondiale de la santé, Santé et Bien-Être social Canada et Association canadienne de santé publique (1986), *Charte d'Ottawa pour la promotion de la santé*, Association canadienne de santé publique, Ottawa.

ORFORD, J. (1993), *Community Psychology. Theory and Practice*, Chichester, J. Wiley and sons.

OYEMADE, U.J. et V. WASHINGTON (1989), « The relationship between Head Start parental involvement and the economic and social self sufficiency of Head Start families », *Journal of Negroeducation*, 58 (1), 5-15.

PERREAULT, D., D. GRONDIN et C. FOREST (1996), « Participation sociale des aînés pour soutenir les jeunes familles avec enfants de 0 à 5 ans. Premier bilan d'une expérience novatrice en prévention familiale », dans Alary, J. et L. Ethier (dir.), *Comprendre la famille*, Sainte-Foy, Presses de l'Université du Québec, p. 131-139.

PRANSKY, J. (1991), *Prevention. The critical need*, Springfield, MO, Burelle Foundation.

PRILLELTENSKY, I. (1996), « Human, moral and political values for an emancipatory psychology », *Humanistic Psychology*, 24 (3), 307-324.

PRILLELTENSKY, I. et M.C. LAURENDEAU (1994), « La prévention et l'intérêt public », *Revue canadienne de santé mentale communautaire*, 13 (2), 11-16.

PRILLELTENSKY, I. et G. NELSON (1997), « Community psychology : reclaiming social justice », dans Fox, D. et I. Prilleltensky (dir.), *Critical psychology : an introductory handbook*, London, Sage, p. 166-184.

RAPPAPORT, J. (1987), « Terms of *empowerment*/exemplars of prevention : toward a theory for community psychology », *American Journal of Community Psychology*, 15 (5), 121-148.

RAPPAPORT, J. (1981), « In praise of paradox : A social policy of *empowerment* over prevention », *American Journal of Community Psychology*, 9 (1), 1-25.

RAYMOND, S. (1990), « Programmes de prévention en milieu scolaire », dans *Le suicide à travers les âges*, Troisième colloque provincial, Association québécoise de suicidologie, Montréal, p. 350-379.

ROBICHAUD, J.B., L. GAGNON, C. COLLIN et M. POTHIER (1994), *Les liens entre la pauvreté et la santé mentale. De l'exclusion à l'équité*, Montréal, Gaëtan Morin éditeur.

ROYER, N. et M. PROVOST (1995), « La notion de résistance et ses rapports avec l'intervention préventive et promotionnelle auprès des enfants », *Revue canadienne de santé mentale communautaire*, 14 (1), 15-27.

SCHWEINHART, L.J., H.V. BARNES et D.P. WEIKART (1993), *Significant benefit : The High/Scope Perry Preschool Study through age 27*, Ypsilanti, MI, High/Scope Press.

SHAH, C.P., S. SUNIL, R.R. SHAH et L.J. MARILYN (1995), *Médecine préventive et santé publique au Canada*, Sainte-Foy, Presses de l'Université Laval.

SPIEGEL, D. (1992), « Self-help and Mutual-support Groups : a synthesis of the recent literature », dans Biegel, D.E. et A.J. Naparstek (dir.), *Community Support Systems and Mental Health*, New York, Springer, p. 98-120.

SUDERMANN, M. et P.G. JAFFE (1998), « Prévenir la violence : stratégies en milieux scolaire et communautaire », dans *La santé au Canada : un héritage à faire fructifier*, vol. 3 : *Le cadre et les enjeux*, Sainte-Foy, Éditions Multimondes, p. 283-322.

SYLVESTRE, J.C., S.M. PANCER, K. BROPHY et G. CAMERON (1994), « The planning and implementation of Government-sponsored community-based primary prevention : a case study », *Revue canadienne de santé mentale communautaire*, 13 (2), 189-195.

TOUSIGNANT, M. (1989), « La pauvreté : cause ou espace des problèmes de santé mentale », *Santé mentale au Québec*, 14 (2), 91-103.

WEIKART, D.P. et L.J. SCHWEINHART (1997), « High/Scope Perry Preschool Program », dans Albee, G.E. et T.P. Gullotta (dir.), *Primary prevention works*, Thousand Oaks, Sage, p. 146-166.

L'INTERVENTION DE RÉSEAU ET L'APPROCHE MILIEU

Jérôme Guay
Université Laval

ÊME si la psychologie communautaire s'est d'abord définie surtout comme une sous-discipline académique,
c'est-à-dire centrée sur la recherche et le développement
des connaissances, elle donne maintenant naissance à plusieurs
formes d'applications. Ce sont les programmes de prévention et
de promotion, traités dans le chapitre 7 de ce livre, qui ont traditionnellement été associés à la psychologie communautaire appliquée. Les programmes de prévention mettent en pratique trois
des grands principes qui définissent la psychologie communautaire, soit cibler plus souvent l'environnement et la collectivité
que l'individu, viser la prévention plutôt que la cure et mettre en
évidence les compétences plutôt que les pathologies. Plus récemment se sont développées d'autres formes d'interventions qui se
fondent sur les mêmes principes et qui concernent les personnes
en difficulté et leur entourage. Ce chapitre présente deux d'entre
elles, soit l'intervention de réseau et l'approche milieu.

Comme les termes l'indiquent, les interventions de réseau
ciblent les personnes qui font partie de l'environnement social de
la personne en difficulté, en les engageant activement dans la résolution des difficultés à toutes les étapes d'un cheminement critique. Le cheminement critique définit le processus d'aggravation
des comportements problématiques qui amène la personne en difficulté à rechercher de l'aide, d'abord auprès de ses proches, et qui
se termine par une demande d'aide professionnelle. À la différence de l'approche réseau, l'approche milieu ne cible pas directement les personnes en difficulté mais les personnes qui partagent
le même milieu de vie dans les communautés locales. Elle vise à
intervenir avant que la situation ne soit trop détériorée, de façon à
pouvoir recourir aux compétences des personnes et des proches.

La définition des composantes de l'environnement social permet de comprendre comment ces deux formes d'interventions se distinguent.

1. LES COMPOSANTES DE L'ENVIRONNEMENT SOCIAL

On a souvent tendance à restreindre le réseau de soutien social à la famille ou encore à le considérer de façon globale et indifférenciée. Or, ainsi que l'illustre la figure 1, le réseau social est très hétérogène, les diverses personnes qui le composent ont leurs particularités et il est essentiel de tenir compte de la spécificité de leurs contributions respectives. Il faut d'abord faire une distinction entre les personnes **intimes**, comme la famille, la parenté et les amis, et celles qui **ne sont pas intimes**, comme les compagnons de travail et de loisir et les membres de la communauté (voisins, associations, etc.). Dans le premier cas, le type de rapport est très significatif, durable et profond et les types de soutien incluent la confidence et l'aide émotive. Dans le deuxième cas, la confidence est exclue et les types de soutien sont plutôt de nature instrumentale et concrète.

Dans la sphère des **intimes**, il faut faire la différence entre le *noyau familial* et les personnes qui font partie du *réseau extra-familial*, comme la parenté et les amis. C'est évidemment au sein du *noyau familial* (parents et enfants) que les relations, étant les plus fortes et les plus significatives, vont avoir l'effet le plus profond et le plus durable, que ce soit dans un sens négatif ou positif. Habituellement tous les types de soutien sont fournis par les membres du noyau familial, autant affectif, matériel que cognitif et normatif. Les dangers et les limites de l'aide apportée sont liés au surinvestissement de la part des parents (en particulier la personne-soutien) et la trop grande proximité affective entre les personnes. La personne-soutien est la personne (souvent la mère ou l'épouse) dont les énergies sont accaparées par les soins que nécessite la condition du proche (conjoint malade, enfant handicapé). La trop grande proximité affective peut avoir pour effet de diminuer l'efficacité de l'aide apportée parce que les personnes vont être parfois trop touchées et bouleversées elles-mêmes pour pouvoir être utiles.

Le réseau des personnes intimes, qui sont à *l'extérieur du noyau familial*, est composé de la parenté et des amis. L'éloignement géographique va parfois avoir pour conséquence de rendre les relations irrégulières et moins fréquentes. Le type de soutien qu'elles vont apporter s'avère souvent efficace, en cas de crise, car les relations sont très significatives tout en conservant une distance suffisante. Les limites du soutien sont liées à son caractère très souvent ponctuel, ce qui crée des problèmes de constance et de régularité ; les personnes vont se mobiliser au moment des premières difficultés puis vont se désinvestir graduellement.

Dans la sphère des personnes **non intimes**, il est important de distinguer celles qui sont des connaissances ou qui appartiennent au monde du travail et du loisir, de celles qui font partie de la communauté. Dans les deux cas, l'aide est surtout d'ordre matériel ou cognitif, puisqu'elle exclut par définition les confidences, à l'exception des relations d'entraide dont nous reparlerons plus bas. En milieu urbain, il arrive souvent que les relations soient assez spécialisées avec les compagnons de loisir ou de travail, en ce sens que l'aide apportée est assez spécifique et dénuée de la polyvalence typique du noyau familial.

Il existe aussi le réseau des liens faibles et potentiels, c'est-à-dire constitué des personnes qui composent les réseaux sociaux élargis. On définit les liens avec ces personnes comme faibles ou potentiels parce qu'il s'agit ou bien de personnes avec lesquelles les contacts sont peu fréquents et peu significatifs, ou bien de personnes que l'on pourrait connaître. C'est un immense réseau social virtuel qui, même si les potentialités en sont inexploitées, serait très important parce qu'il servirait de réservoir de relations à partir duquel se créer une place en société, sur le plan occupationnel par exemple.

En ce qui concerne le soutien provenant des personnes qui font partie de la communauté, c'est la proximité géographique qui en détermine la pertinence, c'est-à-dire que la nature des besoins exige une intervention qui soit disponible le plus près possible du domicile. C'est aux deux extrémités du cycle de vie, jeunes familles et personnes âgées, que le soutien est le plus efficace ; on parle d'information et d'orientation précoce vers les services de maintien à domicile et de réintégration sociale. Cette aide peut être informelle ou plus formalisée ; dans le premier cas, deux types de citoyens ont été ciblés, soit les personnes-pivot et les aidants. Les personnes-pivot sont des personnes dont le type de travail les met en contact avec de nombreux citoyens (marchands, serveurs, préposés de lavoir, etc.) ; elles sont les yeux et les oreilles d'une communauté et nous aident à mieux en connaître les réseaux. Les aidants sont des personnes qui aiment beaucoup aider les autres, dans leurs activités quotidiennes, sans faire partie d'un organisme. Elles n'ont reçu aucune formation mais possèdent naturellement des aptitudes d'aide, c'est pourquoi on les nomme souvent des aidants « naturels ».

L'aide communautaire plus formalisée est offerte par l'entremise des associations ou organismes communautaires, souvent grâce à des bénévoles. Certaines associations sont modelées sur les services publics en ce sens que leur rôle se limite à procurer des services, alors que d'autres pourraient être définies comme une alternative. L'alternative a pour objectif non seulement de donner un service mais de changer la société, tel un collectif de personnes militant pour une même cause (ex. : maisons d'hébergement pour femmes violentées d'orientation féministe). Enfin, il y a les groupes d'entraide dont la nature des rapports se fonde, non pas sur l'appartenance au réseau familial ou amical ou le partage d'un même territoire géographique, mais sur les principes de l'affinité et de la mutualité. Les diverses composantes du réseau social sont illustrées à la figure 1.

Figure 1
Composantes du réseau social

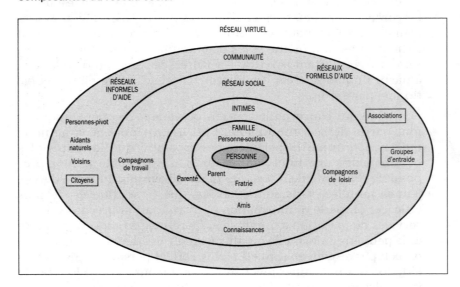

2. LE PROCESSUS D'ISOLEMENT SOCIAL DES PERSONNES EN DIFFICULTÉ ET DE LEUR ENTOURAGE

Ainsi que l'illustre la figure 2 plus bas, le processus d'aggravation des symptômes que peut connaître une personne en difficulté, et qui aboutit à une demande d'aide professionnelle, est toujours accompagné par un processus parallèle d'isolement social de la personne en difficulté et de ses proches par rapport à l'environnement social. Même si la parenté et les amis se mobilisent lors de l'apparition des premières difficultés, ce soutien tend à s'amenuiser à mesure que les problèmes s'aggravent, de telle sorte que le noyau familial s'insularise en réduisant graduellement ses contacts avec la parenté et les amis. En bout de ligne, c'est la personne-soutien qui se retrouve seule avec toute la prise en charge.

Ce processus de rupture des liens avec l'environnement social extra-familial prend des formes très variées. Ainsi on a noté que plus les comportements ou handicaps d'un enfant accaparent les énergies de la famille, surtout de la mère ou de la conjointe, plus la famille a tendance à se retirer et à couper ses liens avec l'environnement social. Par ailleurs, il arrive que les comportements d'un membre de la famille sont tellement excessifs, comme dans le cas de la délinquance, qu'ils provoquent non seulement énormément de stress à l'intérieur de la famille mais aussi le rejet de la part de l'entourage, accentuant ainsi le repli sur soi. D'autres situations, en plus d'être accaparantes, sont telles que la marginalisation des personnes fait presque partie intégrante de leur caractère. Il existe alors une sorte de phénomène de ghettoïsation quasi irréversible qui alourdit considérablement la tâche du psychologue ; on pense ici aux personnes qui souffrent de schizophrénie. Un autre contexte est celui des familles abusives qui sont isolées et vivent en marge de la société, ou qui en sont rejetées à cause de leurs comportements. Ainsi elles se sentent aliénées face à la société et se sont souvent insularisées, surtout lorsqu'elles vivent dans une situation de privation économique. Cette insularisation s'amplifie lorsque leurs comportements ont entraîné la sanction sociale parce qu'elles ont enfreint la loi (ex. : violence, abus), et que le recours aux services professionnels prend la forme d'une mesure judiciaire.

Figure 2
Processus d'isolement social

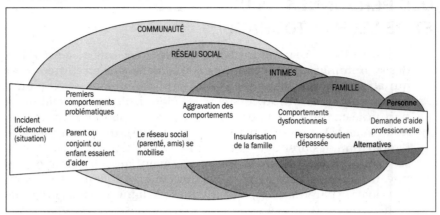

Ainsi que l'illustre la figure 3 plus loin et qui constitue un résumé du reste du chapitre, le psychologue va essayer de renverser ce processus d'isolement social des personnes et d'insularisation des familles. D'abord par l'intervention de réseau, en apportant son soutien aux personnes surchargées, ou en réactivant les liens qui se sont rompus, ou en créant un réseau lorsque celui-ci est absent ou inadéquat. Si la personne en difficulté fait preuve d'incompétence sociale et que ses comportements symptomatiques sont très aigus, le psychologue procure des services d'accompagnement dans le milieu de vie de la personne. Il va apporter du soutien, servir de médiateur et essayer de rehausser les compétences sociales et personnelles de la personne. Quant à l'approche milieu, elle consiste en une forme d'intervention où le praticien se rend visible et accessible dans une communauté locale de manière à pouvoir intervenir avant que la situation soit complètement détériorée. Cette présence dans le milieu va lui permettre d'acquérir une bonne connaissance des réseaux informels d'aide et d'entrer ainsi en contact avec des aidants avec qui collaborer et des associations avec lesquelles établir un partenariat.

Figure 3
Intervention de réseau et approche milieu

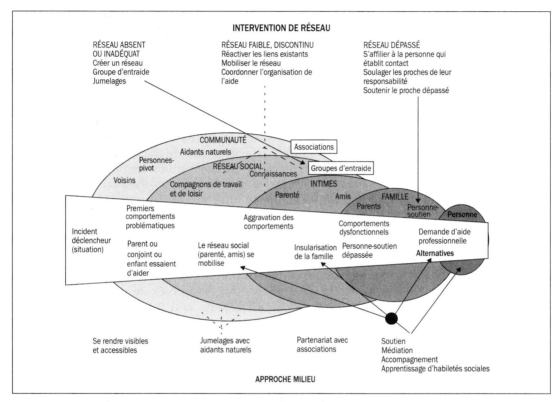

3. L'INTERVENTION DE RÉSEAU

Au Québec, l'intérêt pour un modèle d'intervention basé sur les réseaux sociaux s'est manifesté au début des années 1980 (Blanchet, Cossette, Dauphinais, Desmarais, Kasma, Lavigueur, Mayer et Roy, 1982 ; Brodeur et Rousseau, 1984 ; Guay, 1984), en même temps qu'aux États-Unis (Collins et Pancoast, 1976 ; Maguire, 1983). Dans ce volume-ci les stratégies d'intervention de réseau seront présentées sous forme d'une catégorisation générale de stratégies qui ont été expérimentées dans un contexte de pratique clinique de soins de première ligne (Guay, 1992) et de soins de deuxième ligne (Guay, 1998).

Ces interventions sont précédées et orientées par une évaluation qui couvre les points suivants : l'état du réseau, les types de soutien disponibles, les attitudes par rapport à ce soutien, la source de la demande d'aide et le degré de motivation des personnes.

3.1 Évaluation de l'état du réseau

En procédant, avec les usagers et leurs proches, à l'analyse de leur cheminement critique, il est possible de faire une première évaluation quant à l'état général du réseau social. Ainsi que l'illustre la figure 3 plus haut, le réseau peut être soit insatisfaisant, parce qu'il est inadéquat, ou faible et discontinu ; soit dépassé, parce que la prise en charge est trop lourde pour le réseau ou la personne-soutien ; soit absent, parce que les personnes sont isolées, ou qu'elles font preuve d'incompétence sociale, n'ayant pas appris comment utiliser les ressources du réseau social. Cette première analyse sommaire fournit des indications sur l'orientation générale des stratégies d'intervention de réseau : soit accorder du soutien au réseau et à la personne-soutien, soit essayer de réactiver les contacts qui se sont rompus, soit créer de nouveaux contacts lorsque le réseau social est absent, soit fournir un accompagnement lorsque les personnes n'ont pas les habiletés pour exploiter les ressources de leur réseau social.

3.2 Types de soutien disponibles

Il est également important de retracer les divers types de soutien et d'aide susceptibles de répondre aux besoins précis, non seulement de la personne en difficulté mais aussi de la personne-soutien et des autres personnes qui font partie du réseau social. Des recherches avaient permis de déterminer certaines grandes catégories générales de soutien, comme le soutien affectif, le soutien matériel, le soutien cognitif. Cependant quelques chercheurs, dont Barrera (1986), ont remis en question la valeur d'un concept global de soutien social. En effet, les types de soutien étant souvent trop généraux pour être pertinents dans la pratique, House et Kahn (1985) avaient suggéré de les tailler sur mesure selon les besoins. De façon générale, on recommande maintenant aux intervenants de retenir des types de soutien appropriés aux personnes en difficulté avec lesquelles ils ont une expertise, à partir des besoins qui leur sont propres.

3.3 Attitudes par rapport à l'aide disponible

On ne peut faire une évaluation pertinente du réseau social sans prendre en compte les attitudes et les conceptions des personnes, car elles permettent de comprendre les raisons de leur degré d'ouverture ou de fermeture face à l'aide disponible hors de la famille immédiate ou des services professionnels. Les recherches avaient déjà mis en évidence que l'effet-tampon ou direct du réseau de soutien social était dû beaucoup plus à la perception que les gens se faisaient du soutien potentiel de leur réseau qu'à la réalité du soutien effectivement disponible (Guay, 1984). Il faut connaître les attentes des personnes face au soutien, de même que les raisons pour lesquelles, selon elles, l'aide est disponible ou non, de même que leurs conceptions quant au rôle de la famille et du bénévolat. Ainsi, plusieurs croient que c'est la famille immédiate qui doit prendre charge de tout et refusent d'engager d'autres personnes ou ont peur de surcharger leurs proches. Plusieurs se méfient de l'aide qui pourrait provenir du réseau social élargi ou des systèmes informels d'aide de la communauté, ou encore la connaissent mal. Le constat général est le suivant: l'aide disponible est largement sous-utilisée. Il est clair qu'un des objectifs généraux de l'intervention de réseau est de tisser ou de retisser les liens des personnes et des familles avec l'environnement social.

3.4 Source de la demande d'aide et degré de motivation

Enfin, il est important de vérifier qui a fait la demande d'aide en même temps que l'on mesure le degré de motivation des personnes du réseau social. La situation classique, propre au cabinet privé, est celle de la personne en besoin qui fait elle-même la demande d'aide et qui est motivée à recevoir un service de nature individuelle, sans engager son réseau social. Dans cette situation, le psychologue, tout en acquiesçant à la demande d'aide individuelle, essaie d'amener la personne à s'ouvrir sur son réseau. Si la personne est ouverte à l'idée d'engager son réseau, les stratégies d'intervention, définies plus bas, peuvent alors s'appliquer.

Lorsque la demande d'aide provient des proches d'une personne en difficulté qui n'est pas elle-même motivée à recevoir de l'aide, ces proches deviennent alors les cibles du psychologue, en ce sens qu'ils sont ses clients au sens propre du terme. La personne qui a les comportements symptomatiques est considérée comme une cliente future potentielle selon son éventuel degré de motivation. Lorsque la personne en difficulté a des comportements abusifs et est non volontaire, le psychologue doit d'abord veiller à répondre au besoin de soutien des proches en les soulageant de leur prise en charge. En même temps, il a recours à la mobilisation du réseau extra-familial, qui sera définie plus bas, et élabore des stratégies pour susciter le besoin de changement chez la personne qui a les comportements symptomatiques. Il faut aider les proches significatifs à faire pression, parfois à faire face à cette personne. Si la demande provient d'un citoyen ou d'une association, il faut repérer qui peut le mieux aborder la personne qui a les comportements symptomatiques et sa famille dans un esprit de partenariat et faire appel, le cas échéant, à quelqu'un qui a déjà vécu le problème. Enfin, lorsque la demande provient d'un professionnel appartenant à une autre composante des services publics, il ne faut pas accepter qu'elle prenne la forme d'une prescription, c'est-à-dire une demande d'exécuter une intervention. Il faut reformuler la demande de manière à établir une concertation en vue d'élaborer des stratégies communes.

3.5 Stratégies d'intervention de réseau

Le processus d'intervention de réseau commence dès les premiers contacts téléphoniques. Ces contacts permettent d'établir les bases du lien tout en fournissant des éléments pour comprendre la famille et le réseau. Les interventions de soutien visent d'abord à accorder du répit aux proches afin de soulager le poids de leur prise en charge et d'alléger leurs angoisses et préoccupations, pour ensuite pouvoir considérer leurs propres besoins. Les interventions consistent soit à s'affilier à la personne qui établit le premier contact, soit à soutenir les proches dépassés, soit à les mobiliser afin de faire pression sur la personne en difficulté pour qu'elle ressente un besoin de changement.

3.5.1 S'affilier à la personne qui établit le contact

Le psychologue est souvent contacté par une personne qui demande son intervention auprès d'un proche dont la situation s'est soudainement détériorée. Il doit répondre au besoin de soutien de la personne qui ne se sent pas capable d'affronter seule la situation, tout en s'engageant dans l'intervention. Il accepte alors d'intervenir afin de soulager les personnes mais refuse de le faire seul et exige la participation du proche. Il lui indique qu'il interviendra en sa compagnie car elle est une personne significative, ce qui va faciliter la prise de contact, et qu'ils vont ensemble essayer de trouver les moyens de solutionner le problème.

Ce sont souvent des membres de la famille proche (sœur ou frère, cousin, etc.) qui sont vraiment motivés à ce que des changements se produisent. Ces proches demandent l'aide du professionnel en ayant comme réflexe de décharger sur lui toute la responsabilité.

Par exemple, une femme, dépassée par les événements, appelle et demande une intervention rapide du professionnel : « J'aimerais que vous alliez voir mon frère, ça fait plusieurs jours qu'il ne dort pas, il délire, entend des voix et est en train de tout briser dans sa chambre ». L'intervention professionnelle risquerait d'être problématique et peu efficace si elle se réduisait à une exécution de la « prescription », c'est-à-dire si le psychologue se rendait seul à la chambre du frère. Le professionnel offre d'y aller à la condition que la sœur l'accompagne ; ainsi, la prise de contact sera plus facile.

Il s'agit d'une forme d'intervention conjointe dans laquelle le psychologue donne son soutien tout en procurant son expertise et en faisant participer les proches. Il a la distance nécessaire qui le rend capable de soutenir la charge émotive sans en être bouleversé. Ce que le proche apporte, quant à lui, c'est un lien significatif qui permet d'établir un contact qui serait autrement impossible, ce qui a l'avantage de faire baisser la méfiance et même d'éviter les agressions en certaines occasions.

3.5.2 Soulager les proches de leur responsabilité

Lors de ces interventions, il est souvent nécessaire de soulager les proches de leurs lourdes responsabilités. Le psychologue doit souvent s'employer à donner une rétroaction positive sur les comportements d'aide adoptés par les proches, les rassurer sur le fait qu'ils ont fait tout ce qu'ils pouvaient. Il s'agit en quelque sorte de valider le fait qu'ils se sentent dépassés et de leur donner raison de vouloir se décharger de leurs responsabilités.

Par exemple, un premier contact avait été fait par une femme inquiète au sujet de son frère qui avait des idées et comportements suicidaires persistants. Elle avait peur pour lui, se sentait dépassée par la situation et ne savait plus comment faire pour lui venir en aide ; elle disait avoir tout essayé pour chasser ses idées suicidaires, mais sans succès ; son frère exprimait toujours le désir de mourir et avait avalé un produit toxique. Le psychologue organise alors une rencontre avec elle, son frère et une autre de ses sœurs et les encourage à exprimer leur malaise et leurs craintes, ce qui a pour effet de faire réaliser au frère à quel point il est important pour ses sœurs. Le psychologue les soutient afin qu'elles abandonnent leur attitude protectrice sans s'en sentir coupables car il leur confirme qu'elles ont fait tout ce qu'elles pouvaient. Leur désinvestissement n'est pas vécu comme un rejet par le frère qui sent à quel point son sort leur tient à cœur. Le rôle de victime tenu par le frère se transforme même en un rôle de protecteur puisqu'il est touché par leur détresse et veut en amoindrir les effets négatifs. Le psychologue exprime également au frère qu'il sera disponible pour lui lorsqu'il sera motivé à se faire aider.

3.5.3 Soutenir le proche dépassé

Une des formes les plus fréquentes d'intervention consiste à apporter du soutien aux proches ; toutes sortes de stratégies peuvent être utilisées. Les proches sont souvent ce qu'on appelle des personnes-soutien, c'est-à-dire les mères ou les épouses dont toutes les énergies sont accaparées par les soins à prodiguer à un conjoint ou à un enfant malade. Il est donc indispensable que le professionnel leur procure du répit et même des services directs, sinon l'entreprise professionnelle risque d'être beaucoup trop lourde.

3.5.3.1 Le soutien aux personnes-soutien

Les proches qui souffrent ou qui sont dérangés par les comportements symptomatiques d'une personne ont une motivation à ce que la situation change. Ces proches et les personnes-soutien, qui deviennent les premières cibles du professionnel, doivent être accueillis, soulagés de leurs angoisses et compris dans leurs besoins de soutien. Toutes les méthodes d'intervention sont pertinentes dans la mesure où elles ont pour objectif de transférer une partie de la tâche et de la responsabilité de la prise en charge à d'autres personnes. Ainsi, le simple fait de procurer un service à la personne, dont elles s'occupent, a déjà pour effet de soulager leur prise en charge. Dans le cas de personnes qui souffrent de problèmes mentaux sévères, par exemple, les services d'un *case manager* (suivi communautaire) qui accompagne le psychiatrisé dans ses tentatives de réintégration communautaire constituent un moyen privilégié pour soulager la personne-soutien. De façon générale, on peut dire que toute amélioration dans l'accessibilité des services professionnels, qui peuvent être facilement et rapidement disponibles, contribue énormément à soulager la charge de la personne-soutien.

Cependant, il ne s'agit là que d'une solution partielle car le répit ne constitue qu'une mesure indirecte qui survient comme conséquence du service direct procuré à la personne en difficulté. Dans les situations de surcharge sévère, cela a pour effet de modifier la nature même du service direct à la personne en difficulté. En effet, à défaut de mieux, la personne-soutien utilise l'intervention professionnelle, destinée à la personne en difficulté, comme répit pour elle-même. Ainsi, il n'est pas rare que, dans les cas d'une mère qui prend soin d'un enfant lourdement handicapé, celle-ci profite des moments libérés par les services professionnels pour faire des emplettes ou s'adonner à des activités de loisir. Dans l'approche réseau, la personne-soutien est une cible directe du professionnel, de telle sorte que ce sont ses besoins propres qui sont évalués afin d'y répondre directement. Ainsi, la lourdeur de la prise en charge est évaluée de même que les conséquences sur le développement personnel de l'aidant.

Les services de soutien et de répit sont alors taillés sur mesure. Une prise en charge d'appoint par une institution, tels des hébergements de fin de semaine, permettra à la personne-soutien de profiter d'un peu de répit. On peut également faire appel aux autres membres de la famille, qui ne font pas partie de la triade parents-enfants, à des amis, à des aidants du voisinage ou à des bénévoles. Le fait de joindre des groupes d'entraide permet aux personnes-soutien de partager leurs émotions avec d'autres personnes-soutien et même de faire des demandes collectives pour obtenir des services plus appropriés. Enfin, il peut s'avérer nécessaire de planifier des rencontres-réseau qui visent à coordonner l'allocation de services professionnels et non professionnels, à cause de la lourdeur de la situation et des problèmes multiples.

3.5.3.2 Soutenir le réseau

Il arrive que ce soient toutes les personnes faisant partie de l'entourage social de la personne en difficulté qui ont besoin d'être soulagées parce qu'elles vivent beaucoup de frustrations à cause des demandes d'aide incessantes de la part de leur proche insatiable et perpétuellement insatisfait. Le premier effet qu'a sur ces personnes le fait de les réunir, c'est de se rendre compte qu'elles vivent toutes la même frustration et de l'exprimer ensemble devant un tiers. Cela conduit tout naturellement à une modification dans la façon de demander et de recevoir l'aide, de sorte que le processus devienne gratifiant pour tout le monde. Il n'est pas rare que le psychologue obtienne lors de ces rencontres de réseau des informations qu'il lui prendrait des mois à connaître en entrevue individuelle.

Les rencontres peuvent également avoir pour objet d'aider un réseau de voisinage à affronter le stress que peuvent occasionner les comportements d'un patient psychiatrique. Ces interventions ponctuelles d'urgence visent d'abord à offrir un soutien et à soulager lorsque les comportements des personnes sont vécus comme dérangeants ou apeurants.

3.5.4 Réactiver les liens existants

Les interventions pour réactiver le réseau visent à renverser le processus de désengagement de la part des proches. En redonnant vie aux liens qui se sont rompus, le psychologue assure alors un rôle de catalyseur ou de médiateur.

L'exemple classique est celui de la mère chef de famille monoparentale qui n'a ni l'énergie ni la motivation pour réagir de façon appropriée aux comportements délinquants de son fils adolescent. Une rencontre de réseau pourra avoir pour effet d'inciter un beau-frère ou un oncle à prendre l'adolescent en charge durant les fins de semaine et la période estivale et à lui fournir l'encadrement dont il a besoin.

La stratégie de réactivation des liens nécessite souvent de mobiliser d'abord le réseau car les proches se sont désengagés et ont perdu tout intérêt à cause de l'inutilité des efforts qu'ils ont faits pour essayer d'améliorer la situation. Les personnes ont perdu leur motivation à s'investir de nouveau ; il faut alors faire renaître le goût de s'engager.

3.5.5 Mobiliser le réseau

Les rencontres de réseau, dont l'objectif est la mobilisation, peuvent s'avérer très utiles dans les situations de personnes ayant des comportements qui font souffrir leurs proches, sans qu'elles-mêmes ressentent le besoin de changer ces comportements.

Par exemple, une dame avait été amenée en consultation par une de ses filles parce qu'elle était continuellement déprimée depuis le décès de son mari survenu il y a de nombreuses années. Les filles avaient tenté à tour de rôle de sortir leur mère de son état dépressif puis s'étaient découragées ; seules les deux plus jeunes cohabitaient encore avec elle et « subissaient », en quelque sorte, les symptômes dépressifs de leur mère. Une rencontre à domicile, regroupant la plupart des enfants, avait permis à tous et à toutes d'exprimer leurs frustrations et d'amener la mère à se prendre en mains. Les jeunes sœurs ont reçu du soutien de la part des plus âgées, de même que la permission de ne plus accepter d'être les « otages » des peurs et de l'agoraphobie de la mère. Elles ont établi une entente selon laquelle elles ne lui tiendraient plus compagnie lors de ses moments d'angoisse, mais l'obligeraient à prendre contact avec une voisine qui avait toujours voulu établir une relation amicale avec elle.

Pour arriver à mobiliser le réseau, il faut d'abord permettre aux proches et aux amis d'exprimer ensemble leur insatisfaction face aux comportements désagréables qui les ont amenés à rompre les liens. Il s'agit d'une stratégie particulièrement pertinente lorsque les personnes souffrent de ce qu'on appelle des troubles de personnalité car leurs comportements rendent impossible aux proches d'apporter aide et soutien. Le désir d'aider qu'avaient les proches a été remplacé par de la frustration, de l'hostilité et même du rejet. La rencontre de réseau peut constituer une stratégie utile pour atteindre cet objectif, mais l'animation de telles rencontres demande beaucoup d'expérience et de doigté car elles risquent d'empirer la situation au lieu de l'améliorer. L'objectif visé est d'organiser ce qu'on pourrait appeler une confrontation soutenante, c'est-à-dire un lieu où d'abord exprimer les frustrations face aux comportements pour ensuite offrir aide et soutien.

Il est facile d'imaginer à quel point est grand le danger qu'une telle rencontre soit l'occasion pour les personnes de se défouler contre la personne qui, de son côté, peut y trouver l'occasion rêvée de faire la démonstration éclatante de son rôle de victime. Inutile de dire que mieux cette rencontre sera préparée, par des rencontres préalables avec des personnes clés, plus grandes seront les chances de succès. Une fois qu'elles ont pu exprimer leurs réactions négatives, lorsque la situation n'est pas irrémédiablement compromise, il devient possible pour certaines d'entre elles de démontrer qu'elles prennent à cœur ce qui arrive à la personne.

Cette forme de pratique fait éclater la notion de client identifié car les personnes qui établissent le premier contact sont en fait les cibles du psychologue. Elles ont une motivation pour que la situation change et ont besoin de son soutien. Le praticien qui s'engage auprès des proches, qui sont ses cibles immédiates dans une première étape, doit souvent attendre longtemps avant que la personne responsable des comportements problématiques soit prête à s'engager dans une démarche de changement personnel. La tâche du psychologue consiste alors à définir clairement les conditions d'une rencontre future au cours de laquelle tous seront engagés.

3.5.6 Coordonner l'organisation de l'aide

La réactivation des liens peut avoir pour conséquence qu'il faille procéder à la coordination des ressources d'aide formelles et informelles, dans les situations où les besoins sont nombreux et importants. Les rencontres de réseau regroupent alors la personne au sujet de laquelle on fait une demande de service, la personne-soutien, tous les autres membres de la famille qu'il est possible de rejoindre, des amis et des voisins intéressés, ainsi que tous les intervenants professionnels susceptibles d'intervenir, de même que des intervenants appartenant à des groupes communautaires. Elles ont pour fonction de soulager la personne-soutien, de mobiliser des ressources inactives, d'en créer sur mesure au besoin et de coordonner les actions de toutes les personnes. L'objectif de ces réunions est d'en venir à une entente quant à la répartition des tâches après un inventaire approfondi des besoins et des ressources disponibles.

Ces rencontres de réseau se distinguent de ce qu'on appelle les rencontres de «Plan de services individualisés» (PSI) qui ne regroupent que des professionnels, appartenant souvent à des établissements différents, et qui cherchent à coordonner leurs actions, afin qu'elles ne se recoupent pas l'une l'autre et soient en complémentarité. Elles s'en distinguent parce que la fonction de coordination et de liaison ne se limite pas aux services professionnels mais se fait entre les réseaux informels d'aide (proches et voisins qui apportent du soutien) et les professionnels. Mais le défi principal de cette tâche de coordination réside dans la capacité de savoir effectuer l'arrimage entre les ressources professionnelles et les ressources naturelles, d'une part, et de procurer du soutien régulier afin que le système d'aide mis en place ait une certaine stabilité et soit satisfaisant pour tous, d'autre part. Il faut pouvoir assurer la régularité dans le plus grand respect des façons de faire des aidants, qui, au contraire, sont souvent ponctuelles et irrégulières.

Par exemple, une personne âgée en perte d'autonomie a habituellement des besoins multiples auxquels il faut répondre concurremment :

- Soutien instrumental lourd et récurrent : hygiène corporelle, soins personnels
- Soutien instrumental léger et récurrent : entretien domestique, repas
- Isolement social et sécurité : accident, blessure, maladie soudaine
- Soutien ponctuel et occasionnel : travaux saisonniers, pelleter la neige
- Mobilité, transport : épicerie, rendez-vous
- Adaptation communautaire : budget, formulaires à remplir
- Soins professionnels : santé physique, aide domestique
- Soutien à la personne-soutien : soutien moral, aide matérielle

Ainsi, en ce qui concerne les soins personnels, comme donner le bain, les personnes âgées acceptent rarement que cette tâche soit accomplie par d'autres personnes que le personnel professionnel rémunéré. Les membres de la famille ou les associations, comme les popotes roulantes par exemple, sont les plus appropriées pour le soutien instrumental léger qui doit être prodigué sur une base continue. Quant au problème d'isolement social, les vérifications téléphoniques et les rondes peuvent être effectuées par des voisins lorsque les membres de la famille ne peuvent le faire. En somme, des bénévoles ou des voisins peuvent compenser, en l'absence de la famille, pour la plupart des besoins. Il arrive que toute la communauté se mobilise lorsque des situations de marginalisation extrêmes rendent les problèmes de salubrité très aigus ; des familles peuvent alors accepter de parrainer la personne âgée. Les groupes d'entraide sont de plus en plus utilisés pour apporter du soutien à la personne-soutien. Enfin, en ce qui concerne l'expression des compétences des personnes âgées, il est intéressant de valoriser la contribution des aînés à travers des activités de bénévolat adaptées à leur condition, par exemple un travail d'administration ou de correspondance à domicile lorsque leur mobilité est réduite. Ce service rendu à une association communautaire leur permet ainsi de s'inscrire dans un rapport de réciprocité. Il existe des programmes où les enfants d'une école primaire s'occupent des repas des personnes âgées en échange d'une aide pour faire les devoirs scolaires, en après-midi, lorsque les parents sont encore au travail.

3.5.7 Créer un réseau

Lorsqu'une personne n'a pas vraiment de réseau social ou lorsque ce dernier est inadéquat, le psychologue doit créer de nouveaux liens entre les personnes. Dans les situations où le lien familial est inadéquat ou nocif, il peut être nécessaire d'effectuer des interventions familiales afin d'opérer ce qu'on appelle des ruptures constructives ; on pense à des situations d'abus, de négligence intergénérationnelle, de surprotection excessive, etc. Les ruptures sont définies comme constructives parce qu'elles sont effectuées de manière à préserver l'estime des personnes concernées ; par exemple, elles ne sont pas vécues comme un échec par la personne-soutien. On parle ici de ruptures psychologiques qui visent à rompre le lien de dépendance et à accroître l'autonomie des personnes.

3.5.8 Jumelages entraidants

Le jumelage entraidant fait appel à un mécanisme très puissant de changement psychologique car il met en évidence les compétences et les aspects positifs des personnes en difficulté. On sait que le processus de changement psychologique est toujours accompagné d'une hausse de l'estime de soi. Le psychologue qui choisit d'avoir recours à la stratégie des jumelages entraidants doit être animé par la croyance que toute personne qui souffre de problèmes sérieux a les capacités d'aider quelqu'un qui souffre de problèmes analogues. Il doit aussi être capable d'accepter de ne pas être le seul à assumer la prise en charge. Il s'agit d'une stratégie d'intervention de réseau qui prend de plus en plus d'importance car le psychologue est très bien placé pour effectuer ces jumelages entraidants, puisque sa propre clientèle (*caseload*, dans le jargon professionnel) devient une sorte de banque personnalisée d'aidants. Il connaît très bien les affinités des uns et des autres et peut ainsi effectuer des jumelages appropriés entre ses clients. De plus, il peut tenir compte des besoins d'aide individuelle de la personne en difficulté de telle sorte qu'il peut choisir le moment le plus approprié. Par exemple, il est en mesure de juger si la personne a suffisamment repris de forces pour être capable d'en aider une autre.

Ainsi, on peut opérer des jumelages entraidants entre des mères et les enfants d'autres mères. Ces jumelages permettent aux premières de vivre des expériences de compétence alors que leurs méthodes éducatives n'aboutissaient qu'à des conséquences négatives avec leurs propres enfants. Par exemple, on peut favoriser le jumelage entre des mères trop autoritaires auprès de leurs propres enfants, avec des mères dont les enfants ont souffert d'un manque d'encadrement (Guay, 1992).

Comme exemple de jumelage entraidant, un psychologue avait organisé des jumelages entre plusieurs de ses clientes qui étaient des jeunes femmes ayant subi l'inceste. Celles-ci étaient venues consulter à cause des problèmes qui surgissaient de ces expériences de l'enfance qui remontaient à la surface; le psychologue leur procurait l'aide professionnelle en même temps qu'il les faisait profiter de l'expérience d'entraide.

Cependant, la pratique de l'intervention de réseau ne peut faire abstraction des qualités personnelles des individus en difficulté en matière de compétence sociale. En effet, le psychologue doit moduler son intervention selon le degré d'initiative des personnes en difficulté.

- Si la personne en difficulté est suffisamment débrouillarde et si elle possède les habiletés sociales requises, le praticien se contente de l'encourager et de la stimuler pour qu'elle effectue les démarches nécessaires auprès des personnes-ressources appropriées.
- Lorsque la personne en difficulté souffre de gêne ou de timidité, le praticien sert d'«entremetteur», c'est-à-dire qu'il offre à la personne en difficulté de lui présenter une ou des personnes, ou encore de faire les premiers contacts.

- Lorsque la personne en difficulté est très maladroite socialement, le praticien l'aide à développer des habiletés sociales
  au moyen d'interventions éducatives (Guay, 1992).
- Si la personne en difficulté a besoin de beaucoup de soutien, le praticien va offrir de l'accompagner pour une première rencontre ou lors de démarches qu'elle a à effectuer.
  Lorsque ce besoin de soutien est plus profond, l'accompagnement peut prendre la forme de *case management* (suivi
  communautaire).

4. L'APPROCHE MILIEU

L'approche milieu est un modèle d'intervention qui se caractérise
par une importante décentralisation des services vers les petites
communautés locales (ou quartiers). Elle entraîne une grande
proximité entre les intervenants professionnels et les citoyens et
une collaboration étroite avec les systèmes informels d'aide.
L'approche milieu (expression inventée par les intervenants)
s'appelle aussi l'approche proactive, c'est-à-dire un mode d'intervention qui survient avant qu'il y ait une demande formelle de
services, au moment où les difficultés de la personne n'en sont
encore qu'au début et où les proches sont disponibles et capables
de collaborer à la prise en charge.

Le développement de l'approche milieu ou proactive a été rendu
nécessaire à cause de l'impasse où en sont rendus nos services
publics surchargés et débordés. L'essoufflement du personnel des
services publics est principalement dû au caractère réactif de la
pratique traditionnelle, par opposition au caractère proactif de
l'approche milieu. L'approche réactive se définit par des services
individuels qui sont fournis au moment où la situation est très
détériorée et où les ressources d'aide dans le milieu sont ou bien
absentes ou bien dépassées. En même temps que s'aggravent les
comportements symptomatiques, les ressources d'aide s'épuisent
et se raréfient. Le professionnel n'a d'autre choix que de « réagir »
en dernière extrémité et de procurer un traitement intensif, souvent en retirant de son milieu la personne en difficulté. Le professionnel doit alors assumer entièrement la responsabilité de la
prise en charge puisqu'il ne peut compter sur l'aide du milieu. Les
proches sont tellement dépassés qu'ils sont très contents de
remettre le problème entre les mains d'un professionnel.

Deux mots résument la pratique professionnelle de l'approche milieu ou proactive : visibilité et accessibilité. Puisque le lieu de travail du praticien devient la communauté, le psychologue doit se rendre visible et accessible afin de très bien connaître ce qu'on appelle les systèmes informels d'entraide de voisinage pour pouvoir établir par la suite des rapports de collaboration. Le rôle particulier du psychologue communautaire, comme c'est le cas pour l'auteur de ce chapitre, est de concevoir, d'implanter et d'évaluer ce mode de pratique. Des projets-démonstration ont permis d'expérimenter l'approche et de la documenter ; un de ces projets sera résumé plus bas. Le bagage de connaissances qu'a accumulées le psychologue communautaire sur l'entraide de voisinage devient alors très pertinent et utile pour orienter les interventions.

4.1 L'entraide de voisinage

L'entraide de voisinage se manifeste souvent à travers de petits gestes quotidiens, tel le traditionnel prêt de la tasse de sucre ; ces gestes peuvent paraître triviaux de l'extérieur mais sont très importants pour les personnes. Ainsi, par exemple, si un voisin déneige régulièrement les marches d'escalier pour une personne âgée, ce petit geste revêt une importance capitale parce que cela permet à cette dernière de sortir de l'isolement hivernal. Le type de soutien et d'aide qui est ainsi fourni est plus souvent qu'autrement de type matériel et concret, se situant donc en dehors de la sphère d'intimité propre aux réseaux primaires. En effet, l'entraide de voisinage est surtout d'ordre matériel et exclut par définition les rapports affectifs intimes propres aux relations familiales et amicales. En fait, l'entraide de voisinage ne peut se développer que si l'on est sûr que la zone d'intimité n'est pas menacée. Plus les gens sentent que leur zone d'intimité est protégée, plus l'entraide de voisinage va se répandre. Le contraire est également vrai : moins l'intimité est protégée, moins l'entraide est susceptible de s'étendre.

Même si ces échanges n'incluent pas de partage d'information de nature confidentielle ou d'échange émotif, cela ne signifie pas pour autant qu'ils ne puissent être définis comme du soutien émotif à cause de la chaleur humaine qui se transmet à travers ce type d'aide. Une autre caractéristique de ces réseaux d'entraide est qu'ils sont souvent virtuels, c'est-à-dire qu'ils existent à l'état de potentialité en ce sens qu'ils ne s'actualisent qu'en cas de besoin. L'exemple classique est celui de la mère qui empêche l'enfant de la voisine de se faire happer par une auto. Bien que n'étant disponible que de façon potentielle, cette aide est extrêmement importante même si elle ne se matérialise jamais, comme l'ont démontré des recherches américaines et québécoises portant sur les familles abusives (Garbarino et Sherman, 1980 ; Bouchard, Chamberland et Beaudry, 1987). Elle procure un sentiment de sécurité à cause de la certitude quant à la disponibilité de l'aide en cas de besoin. Nulle part le caractère potentiel de l'entraide n'est-il plus évident que lors des situations de crise car la proximité physique permet une rapidité de réaction très importante dans ces situations (Naparstek, Biegel et Spiro, 1982). La plupart du temps, le voisin va intervenir pour désamorcer la crise pour ensuite orienter la personne en difficulté vers les ressources formelles. Cette fonction d'orientation a d'ailleurs été définie comme très typique de l'entraide de voisinage (Warren, 1981). Ce type d'aide est donc essentiellement ponctuel, à la différence de la longévité et de la permanence qui caractérisent les liens du réseau primaire. Les psychologues communautaires s'appliquent donc à favoriser la cohésion à l'intérieur des quartiers où ils travaillent.

4.2 Facteurs qui facilitent la cohésion dans un quartier

Un quartier peut être défini comme un réseau de réseaux ; ces réseaux peuvent exister en parallèle ou s'intégrer les uns aux autres.

Dans certains quartiers, le parallélisme des réseaux sociaux est assez frappant. Ainsi dans un quartier de la haute-ville de Québec, il semble exister deux types de réseaux qui se côtoient sans jamais entrer en interrelations. D'une part, il y a les familles qui demeurent depuis toujours dans le quartier et dont les parents résidaient dans le quartier. Elles sont pour la plupart composées de cols bleus avec une mentalité plutôt conservatrice. D'autre part, il y a des professionnels, ou des étudiants universitaires qui ont délibérément choisi de ne pas s'embourgeoiser et d'éviter la banlieue ; leurs valeurs sont directement issues de la *flower generation* des années 1970. Ces deux réseaux ne fréquentent pas les mêmes institutions (garderies, écoles, bingo, etc.) et les seuls endroits où ils se rencontrent, à part se croiser dans la rue, c'est au dépanneur, à l'épicerie.

Les types d'interrelations qui peuvent exister dans un quartier se situent sur le continuum suivant : le pôle négatif se caractérise par l'anonymat, la méfiance et l'isolement tandis que le pôle positif se définit par l'entraide et la participation communautaire. Entre ces deux pôles, les gens peuvent s'en tenir à un type de relations assez superficielles où l'on se reconnaît dans la rue ou encore on se rend de petits services. Le maintien de bonnes relations de voisinage est fondé sur l'équilibre délicat entre l'intimité du monde privé de la maison, que l'on veut protéger, et le désir de s'engager dans la communauté environnante constituée par le territoire géographique que l'on partage avec ses voisins. C'est surtout le désir de protéger cette intimité qui empêche l'établissement de relations plus profondes. En effet, beaucoup de gêne et d'embarras pourraient résulter d'une relation d'entraide impliquant des problèmes délicats ou qui ont un certain caractère de déviance ou de marginalité. Il semble donc exister une relation inverse entre la proximité de résidence et l'intimité des relations.

Plusieurs autres facteurs peuvent contribuer à influencer la vie sociale de quartier :

- la sous-culture liée à la classe sociale ou à l'ethnie ;
- l'enracinement, c'est-à-dire la durée de résidence de sa famille et de ses parents ;
- la proximité du lieu de travail car cela favorise les interrelations entre les personnes qui font partie de la sphère familiale et celles qui font partie du monde du travail ;
- l'engagement dans le quartier : lorsque les deux conjoints travaillent, ou encore lorsqu'ils s'engagent dans des activités extérieures (ex. : syndicat, parti politique), le temps passé dans le quartier se limite souvent aux activités familiales ;
- l'accaparement par les tâches familiales : les femmes qui doivent prendre soin d'un enfant handicapé ou d'un malade sont tellement accaparées qu'elles n'ont ni l'énergie ni le temps d'investir dans le quartier ;
- le type de résidences et leurs caractéristiques architecturales : les quartiers de maisons unifamiliales en banlieue n'ont évidemment pas la même vie de quartier que les quartiers de maisons de chambres des centres-villes. En banlieue, il semble que la vie de quartier est à toutes fins utiles inexistante car les liens se retrouvent principalement au sein de réseaux sociaux personnels déterritorialisés et habituellement assez riches. Dans les centres-villes on parle de multiples réseaux (Fortin, 1987) juxtaposés, avec harmonie parfois en parallèle ;

- l'anonymat et la méfiance qui caractérisent les interrelations des résidants des habitations à loyer modique (HLM) seraient dus, selon certaines recherches, à l'absence d'espaces semi-privés qui serviraient de tampons entre les espaces privés (intérieur des logements) et les espaces publics (parcs);
- l'adéquation entre le quartier personnel et le quartier fonctionnel: cela revient au fait que les institutions qui répondent aux besoins de base sont incluses géographiquement dans le quartier personnel (voir les notions de quartier dans l'encadré).

Notions de quartier

DÉFINITION CLASSIQUE DU QUARTIER. Le district scolaire et la paroisse constituent les fondements du quartier, c'est-à-dire que le quartier serait un espace géographique familier pour ceux qui y habitent, assez petit pour qu'on puisse en parcourir toute l'étendue à pied sans trop d'effort et qui constitue une structure sociale ayant une signification dans la vie des gens qui en font partie. Le nombre d'habitants d'un quartier peut varier énormément. Au Québec, la paroisse, considérée comme l'entité naturelle pouvant encore constituer un petit système, peut être le point de départ pour délimiter un quartier. Il est plutôt rare que, dans nos grandes métropoles, les résidants aient cette notion de quartier, la plupart s'identifient à un micro-quartier que l'on appelle le quartier personnel.

QUARTIER PERSONNEL. Pour la plupart des gens la notion de quartier est beaucoup plus réduite, c'est-à-dire se limite soit au complexe d'appartements où l'on habite, soit aux maisons qui sont situées autour de la résidence, et s'étend parfois aux quelques rues avoisinantes. C'est ce qu'on appelle le quartier personnel qui est en fait un micro-quartier qui constitue l'entité sociale et géographique qui a le plus de sens dans la vie des gens (ex.: des maisons unifamiliales habitées par des couples assez âgés et des immeubles d'habitation où résident de jeunes couples ou personnes seules en transition). À ce micro-quartier s'ajoutent souvent les itinéraires familiers (que les anglophones appellent les *beaten paths*), par exemple le chemin qu'empruntent les enfants pour se rendre à l'école ou celui des parents qui vont faire des courses.

QUARTIER FONCTIONNEL. Le quartier fonctionnel est constitué de l'ensemble des institutions qui servent à satisfaire l'ensemble des besoins fondamentaux, c'est-à-dire les divers commerces, la banque, les centres récréatifs et de loisir, l'église, les centres communautaires, les services publics pour la santé, etc.
La vie de quartier est considérablement améliorée lorsqu'un bon nombre de ces institutions se regroupent dans une même rue commerciale qui n'est pas trop grosse afin de desservir surtout les résidants du quartier sans attirer trop d'étrangers.

En somme, les relations d'entraide de voisinage sont informelles parce qu'elles sont fluides, changeantes et non organisées. Par voie de conséquence, elles demeurent invisibles pour le praticien des services publics. Par ailleurs, il arrive qu'elles se formalisent un peu sous forme de petites associations bénévoles ou de groupes d'entraide. Ces petites associations de quartier représentent ce que la société a de mieux à offrir car elles sont le lieu où s'exprime le mieux la solidarité dans le milieu de vie des gens, sans oublier qu'elles sont souvent la source d'innovations sociales.

Il va de soi que le professionnel qui veut dynamiser ou encourager l'actualisation de cette entraide potentielle ou encore lui assurer une certaine stabilité ou une forme de formalisation doit le faire dans une attitude de très grand respect. Ces systèmes informels existent dans une sorte d'écologie sociale qui peut être facilement perturbée par l'intervention professionnelle. Ce respect se fonde évidemment sur une bonne connaissance de ces systèmes informels d'aide qui prennent la couleur des communautés locales et en reflètent les valeurs. Ainsi, ils prennent des formes radicalement différentes selon que l'on parle de la banlieue, du centre-ville ou du village rural. Le quartier urbain contemporain n'a plus l'importance que la petite communauté locale avait autrefois dans la vie des gens ; il a cessé d'être le lieu principal de sociabilité. Le village rural d'autrefois regroupait sur le même territoire des gens qui non seulement partageaient les mêmes occupations (une communauté d'intérêt) mais surtout qui y retrouvaient un sentiment d'appartenance. Il semble subsister encore de ces petites communautés homogènes et intégrées même dans notre univers urbain contemporain. Certains quartiers ethniques de nos grandes villes, surtout si leurs résidants travaillent dans les mêmes manufactures à proximité du quartier, en sont de bons exemples. Cependant, dans la majorité des cas, le quartier urbain contemporain ne constitue plus le lieu important du domaine de la socialisation qui se joue maintenant sur le plan des regroupements formels comme les groupes d'entraide, qui sont peut-être la réponse moderne à la disparition des réseaux de parenté.

Il y a surtout trois raisons pour lesquelles le professionnel cherche à établir une collaboration avec les systèmes informels d'aide. D'abord, les systèmes informels d'aide de voisinage peuvent contribuer à maintenir des personnes dans leur milieu de vie et c'est principalement dans cette optique que l'on y a recours jusqu'à maintenant. On parle ici surtout de personnes qui se situent aux deux extrémités du cycle de vie, c'est-à-dire les personnes âgées et les familles avec de très jeunes enfants. Les réseaux d'entraide de voisinage peuvent en effet apporter une contribution très précieuse, sinon indispensable, car ils rendent disponibles, à proximité, des types de soutien concrets et matériels tels le transport, le magasinage, la surveillance, etc. Les *patchwork schemes* britanniques, s'inspirant de la tradition de bon voisinage qui leur est propre, constituent sans doute le plus beau modèle de ce type de collaboration entre l'intervention professionnelle et les systèmes informels d'entraide (Hadley et McGrath, 1984 ; Hadley, Cooper, Dale et Stacy, 1987). Il s'agit de petites agences de services sociaux, travaillant auprès des personnes âgées et des jeunes familles, qui ont été décentralisées dans des quartiers et des villages. Le recours aux réseaux informels d'entraide de voisinage pourrait également s'avérer approprié lorsque l'on a pour objectif l'intégration ou la réintégration communautaire de personnes marginalisées ou déviantes, qu'il s'agisse d'ex-patients psychiatriques, d'adolescents délinquants, ou de familles abusives. Mais il est beaucoup plus rare que l'on s'appuie sur les réseaux de voisinage dans les programmes de réinsertion sociale ; pourtant, le citoyen pourrait jouer un rôle capital car c'est lui qui doit côtoyer quotidiennement les personnes désinstitutionnalisées ou déviantes. C'est ce que nous avons tenté de faire dans le projet qui est brièvement présenté plus bas. Le troisième objectif, qui est parfois visé par les services publics, est d'être plus proactif dans ses interventions, c'est-à-dire de rejoindre les personnes lors des premières difficultés avant que leur situation ne soit complètement détériorée et qu'elles en viennent à faire une demande formelle de services en dernière extrémité. Ces interventions plus précoces permettent de rejoindre les personnes en difficulté et celles à risque, c'est-à-dire les personnes qui auraient besoin de services mais qui n'en demandent pas.

4.3 Projets-démonstration

L'apparition de l'approche milieu, ou proactive, au Québec est très récente. On peut la considérer comme un troisième courant qui vient compléter deux autres courants importants, soit l'organisation communautaire et l'approche communautaire. La pratique communautaire existe au Québec sous des formes variées depuis les années 1960 (Lamoureux, Mayer et Panet-Raymond,

1984), mais c'est surtout la profession d'organisateur communautaire qui a marqué les services publics et en particulier les centres locaux de services communautaires (CLSC) (Doucet et Favreau, 1991). Les organisateurs communautaires étaient ceux à qui on avait confié le rôle de réaliser la mission communautaire des CLSC, ce qui leur a souvent créé des conflits de loyauté car ils se sentaient plus solidaires des organismes communautaires que de leur CLSC. Par ailleurs, plus leur action était efficace, moins les CLSC devenaient communautaires puisque les interventions de ces spécialistes du communautaire permettaient au reste du personnel de continuer à se confiner dans une pratique individuelle. La Fédération des CLSC, consciente que l'image communautaire des CLSC correspondait peu à la réalité des pratiques, a organisé une formation à l'approche communautaire pour l'ensemble de son personnel (ministère de la Santé et des Services sociaux, 1991). Dorénavant le communautaire ne serait plus l'apanage exclusif des organisateurs communautaires mais ferait partie intégrante de la pratique clinique de tous les intervenants puisque la formation visait à transformer les services individuels, qui ne s'adressent qu'à la personne en difficulté, en services qui feraient appel aux ressources du réseau social. Le point de départ de l'approche communautaire n'est pas la communauté, comme c'est le cas pour l'organisation communautaire, mais la personne en difficulté à partir de laquelle on élargit la perspective en s'ouvrant sur son environnement social.

L'approche milieu se situe à cheval entre ces deux courants. D'une part, elle cible la communauté mais selon une perspective de services individuels. En effet, comme son nom l'indique, cette forme de pratique cible le milieu ; Hadley *et al.* (1987) parlent de *community-centered practice* par opposition à la pratique traditionnelle qu'ils appellent *client-centered practice*. C'est donc dire qu'au lieu de cibler des usagers individuels la pratique professionnelle cible la communauté locale. À la différence de l'organisation communautaire, l'approche milieu n'a pas un objectif de développement communautaire, mais plutôt de connaissance des réseaux sociaux afin de pouvoir intervenir auprès des usagers avant qu'ils ne fassent une demande formelle d'aide.

Tableau 1

Comparaison des types de pratiques communautaires

	Organisation communautaire	Approche communautaire	Approche milieu
Objectifs	Regrouper, mobiliser pour redistribuer le pouvoir et organiser de nouveaux services Conscientiser, collectiviser	Mobiliser l'entourage, animer, revitaliser les réseaux de soutien	Partager la responsabilité professionnelle avec les ressources informelles d'entraide, intervenir tôt, rejoindre les clientèles à risque
Cibles	Regroupements formels, associations	Client identifié et son réseau primaire	Les personnes de l'entourage, en particulier le citoyen, le voisin, la personne-pivot, l'aidant naturel en plus du client identifié et de son réseau primaire
Approches	Action sociale, développement local, planning social	Intervention de réseau	Visibilité, accessibilité, collaboration avec personnes-pivot et aidants
Valeurs	Combattre les inégalités sociales, augmenter le pouvoir des plus démunis	Engager le réseau social dans l'intervention	Rapprocher les services des citoyens, combler le fossé entre les services et les communautés locales
Points marquants	Cibler la communauté mais non pas dans une perspective de services Regroupements formels	Cibler le client identifié et son réseau	Cibler la communauté mais dans une perspective de services

4.3.1 Projet-démonstration « Entraide de quartier »

L'expérience du projet « Entraide de quartier », réalisée sur le territoire du CLSC Haute-ville, a été amorcée à partir d'un prêt de service du CLSC et d'une subvention du ministère de la Santé et du Bien-Être social Canada (Guay et Chabot, 1992). Ce projet-démonstration, d'une durée de deux années et demie, a permis de développer un modèle d'intervention basé sur une collaboration avec les réseaux informels d'aide pour les personnes présentant des troubles mentaux graves et persistants. Deux intervenants ont été engagés pour mettre en application l'approche milieu proactive et un professionnel de recherche pour en documenter l'expérimentation. L'objectif principal du projet-démonstration était d'expérimenter cette approche proactive en mettant au point une méthode d'intervention qui offrait du soutien aux citoyens d'une communauté afin qu'ils collaborent au processus de réinsertion de personnes souffrant de problèmes mentaux sérieux.

Afin d'opérationnaliser le principe de visibilité et d'accessibilité, le quartier à couvrir doit être relativement peu étendu ; dans ce cas-ci, la paroisse Saint-Jean-Baptiste dans la ville de Québec a constitué le lieu principal d'intervention. Il faut noter que, dans le projet, nous avons adopté une définition fonctionnelle du quartier, c'est-à-dire une notion qui, en plus des frontières géographiques, inclut les lieux et institutions qui sont fréquentés et utilisés par les résidants du quartier. Les intervenants ont effectué des tournées quotidiennes dans le quartier afin d'amorcer une prise de contact avec le milieu, en se rendant visibles et en s'identifiant comme des personnes facilement accessibles en cas de nécessité (Guay et Chabot, 1992 ; Guay, 1995). Les intervenants ont établi des contacts avec des citoyens, en particulier les personnes-pivot, c'est-à-dire les citoyens dont la fonction les met en relation avec les autres citoyens (propriétaires de petites épiceries, concierges, serveurs, préposés du lavoir, etc.) et ont discuté avec elles afin d'obtenir le pouls du quartier, en particulier en ce qui concerne les ex-patients psychiatriques.

La visibilité et l'accessibilité ont donné lieu à toute une gamme d'interventions dont la première a consisté en des interventions de crise. Les premières demandes d'aide qui nous ont été adressées consistaient en des interventions d'urgence auprès d'individus qui se comportaient de façon menaçante et provoquaient l'inquiétude chez les citoyens avec lesquels nous avions établi contact. Il va de soi que, pour pouvoir gagner et conserver la confiance des citoyens, ces interventions de crise devenaient inévitables pour les agents de quartier. Les agents de quartier ont profité de ces interventions de crise pour atteindre les objectifs du projet, par exemple en jouant un rôle de conciliateurs entre des propriétaires ou des concierges et les psychiatrisés. Ils se sont servi de l'intervention de crise pour conscientiser les psychiatrisés quant à l'impression négative qu'avaient créée certains de leurs comportements marginaux et dérangeants tout en présentant une image plus positive des psychiatrisés aux citoyens. L'intervention de crise a aussi été utilisée comme prétexte pour pénétrer un milieu et en dynamiser les capacités d'entraide qui y existaient.

Les intervenants sont entrés en contact avec plusieurs aidants du milieu, c'est-à-dire des personnes qui ont beaucoup d'habiletés naturelles en psychologie et qui ont le goût de s'investir personnellement auprès de personnes qui souffrent de problèmes sérieux en santé mentale. L'expertise de ces aidants provient de leur propre expérience de la psychiatrie, de la criminalité, de la toxicomanie ou de l'itinérance.

Vers la fin du projet, nous avons recruté quatre de ces aidants dont la tâche était d'assurer un suivi régulier auprès d'un certain nombre de personnes. Ceux-ci avaient pour rôle d'accompagner et de soutenir l'aidé dans ses démarches de réintégration et de soutenir son réseau social, c'est-à-dire les proches et la famille. Ils étaient des résidants du quartier et avaient d'abord été engagés comme aidants naturels au Café, ouvert grâce au projet. C'étaient des personnes dans la trentaine qui avaient connu des expériences de vie difficiles. Ayant une expérience de vie marginale, elles étaient tolérantes et en mesure de comprendre les personnes en difficulté et de les accepter.

Les accompagnateurs intervenaient, soit à la suite d'une demande d'aide venant d'une personne-pivot, soit à travers leurs activités régulières de suivi. Lorsqu'une personne en difficulté manifestait des comportements dérangeants, un citoyen comme une personne-pivot (ex. : dépanneur du coin, préposée au lavoir, concierge de l'immeuble, etc.) contactait l'équipe. Les personnes-pivot connaissaient assez bien les personnes pour savoir reconnaître les signes avant-coureurs de difficultés à venir. Ainsi, elles savaient que, lorsque Bob leur faisait de longs discours sur la politique internationale, c'est qu'il avait cessé de prendre sa médication. Elles savaient aussi que si on laissait aller les choses sans intervenir, les comportements de Bob s'aggraveraient et qu'il pourrait devenir très agressif car il en venait à se prendre pour le Soleil et à percevoir le reste de l'humanité comme des lézards. L'hospitalisation devenait alors inévitable. Si un aidant du milieu était présent il pouvait intervenir pour dédramatiser la situation jusqu'à ce qu'un accompagnateur arrive. En fait, les aidants intervenaient toujours de façon ponctuelle, c'est-à-dire lorsque la situation l'exigeait et s'ils étaient présents au moment opportun. Lorsque l'accompagnateur intervenait, il prenait la situation en main et fournissait une aide à Bob alors que la situation n'était pas encore très détériorée, empêchant ainsi les réhospitalisations répétées qui avaient caractérisé sa «carrière de psychiatrisé» jusqu'à maintenant, ainsi que l'illustre la figure 4. Quant aux professionnels, ils intervenaient uniquement lorsque l'hospitalisation devenait inévitable. Ils apportaient de la crédibilité dans les démarches auprès des institutions, surtout pour les cas d'ordonnance de cour. Ils supervisaient le travail des accompagnateurs, les soutenaient et fournissaient une expertise clinique.

Figure 4

L'approche milieu

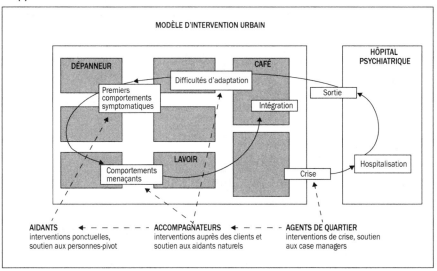

Enfin, nous avons aussi amorcé une forme d'intervention qui visait à transformer le rôle de personne en difficulté chronique (malade mental, toxicomane, délinquant) en celui d'aidant. Le projet-démonstration nous a permis de retracer les modalités que peuvent prendre les rôles de personne en difficulté et d'aidant. Les résultats obtenus et la méthodologie de recherche sont décrits plus en détail dans Guay (1991) de même que dans Guay et Chabot (1992).

Cependant, le caractère trop marginalisé de la clientèle à multiples problèmes typique des centres-villes (itinérants, toxicomanes, délinquants, ayant des problèmes de santé mentale, etc.) a fait en sorte que le modèle d'intervention n'a pu être intégré au

CLSC Haute-ville. Il a été chapeauté par un groupe communautaire, lequel a été soutenu par le CLSC, entre autres au moyen d'un prêt de service.

Nous avons voulu ensuite expérimenter l'approche proactive dans un contexte totalement différent, soit dans un milieu rural auprès d'une clientèle variée couvrant tous les types de problématiques dans un service de première ligne. Ce premier projet urbain a donc été jumelé à un deuxième en milieu rural, sur le territoire du CLSC des Appalaches à l'aide de deux subventions, l'une provenant du ministère de la Santé et des Services sociaux et l'autre de la Régie régionale de la santé et des services sociaux de Québec. Ce projet est décrit dans Chabot, Mercier et Guay (1994).

Un CLSC s'est inspiré de ces deux projets pour adopter l'approche proactive de façon intégrale et la développer encore plus que ne l'avaient fait les deux projets-démonstration : il s'agit du CLSC des Pays-d'en-Haut qui est devenu le point de mire de cette approche au Québec.

4.3.2 CLSC des Pays-d'en-Haut

L'expérimentation du CLSC des Pays-d'en-Haut s'est réalisée sans aucun ajout de ressources additionnelles sauf en ce qui concerne l'aide d'un chercheur. Elle s'est cependant beaucoup inspirée des projets décrits plus haut. La base du modèle organisationnel mis au point s'est axée elle aussi sur un fonctionnement par équipes milieu. Ce sont des équipes de base qui regroupent les intervenants au sein d'une équipe multidisciplinaire organisée en fonction des villages desservis qui deviennent la porte d'entrée du CLSC pour la communauté. Après un cheminement amorcé par une démarche étudiée en 1988, le CLSC des Pays-d'en-Haut a pris un virage dans l'organisation de ses services en août 1992. Six équipes milieu ont remplacé les équipes programme et elles desservent plus de 22 000 habitants. Ces équipes se réunissent hebdomadairement afin d'étudier les nouvelles demandes, de discuter de problèmes particuliers, de réviser les prises en charge et d'assurer la supervision de groupe : elles ont su développer un fort esprit d'équipe.

Ce qui caractérise l'expérience du CLSC des Pays-d'en-Haut, comme le montre la figure 5, qui est allée beaucoup plus loin que les deux autres expériences, c'est la qualité du soutien que le CLSC procure aux aidantes. Il en a recruté certaines afin qu'elles se joignent à ces équipes milieu en tant qu'agentes de réseau comme elles se sont définies elles-mêmes. Ces personnes, toujours très actives dans leur communauté, connaissent tout le monde, font partie intégrante de chaque équipe. Leur rôle spécifique consiste à faire le lien entre le professionnel et les réseaux sociaux de ces communautés et à donner un soutien constant et suivi aux personnes dans le besoin, en collaboration étroite avec les professionnels.

Figure 5
CLSC des Pays-d'en-Haut

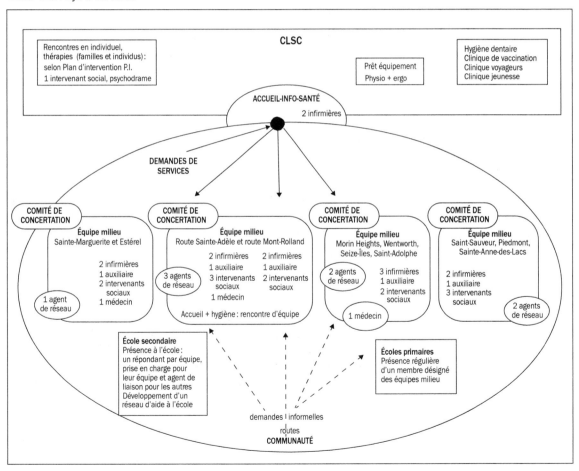

De plus, voulant se rapprocher davantage des instances locales, tout en permettant une forme d'évaluation des services offerts par le CLSC, le directeur général du CLSC et un organisateur communautaire ont travaillé à mettre en place plusieurs comités de concertation (un par village), avec la participation du conseil d'administration. Ces comités sont formés de citoyens choisis après une consultation avec les instances locales, les maires et les curés ayant aidé à repérer les personnes-pivot des municipalités desservies par chacune des six équipes. Le mandat de ces comités est d'alimenter le travail des équipes de mieux saisir la spécificité et les problématiques des milieux desservis et d'avoir une rétroaction sur la qualité des services qui y sont offerts. De plus, un des objectifs importants du mandat de ces comités est d'en arriver à une forme d'évaluation des services par des membres de la communauté. Cette expérience, dont l'évaluation vient à peine d'être terminée (Chabot, 1996), a donné lieu à des résultats très riches qui servent d'inspiration à plusieurs autres CLSC. Quelques-uns de ces résultats sont repris dans la définition des caractéristiques de l'approche présentées plus bas.

4.4 Caractéristiques de l'approche milieu

La principale caractéristique de l'approche milieu est que sa cible est constituée, non pas du client identifié, mais des personnes du réseau social. Une des conséquences est donc l'élargissement de la notion de client.

4.4.1 Éclatement de la notion de client identifié

L'éclatement de la notion de client identifié remet profondément en question toute l'organisation actuelle des services, qui se structure autour du client identifié à qui l'on procure des services. De plus, la pratique en services publics nous a habitués à reconnaître comme client la personne qui fait la demande de service. Dans un modèle proactif, il arrive souvent que la personne qui est en besoin d'aide ne fait pas de demande de service; ce sont les gens du voisinage, la famille, les amis, qui vont rencontrer l'intervenant plus présent dans la communauté. C'est donc tout le processus d'évaluation de la demande qui change. Les intervenants modifient leur façon d'analyser la demande afin de tenir compte du contexte de l'intervention. L'analyse du problème est forcément plus globale et amène l'intervenant à adopter une perspective communautaire.

Les premières cibles des interventions professionnelles deviennent donc les personnes qui font partie de l'environnement social du client identifié. Mais, plus encore, une bonne proportion des activités de prise en charge professionnelle est remplacée par des activités de soutien auprès des personnes du réseau social. Les clients identifiés changent en cours d'intervention ; les personnes motivées au changement ne seront plus les mêmes qu'au début ; les actions posées sont influencées par les membres du réseau social et influencent aussi les leurs. Dans cette optique, l'individualisme des pratiques doit faire place à une vision globale et systémique des problèmes humains.

En somme, ainsi que l'illustre la figure 6, au lieu d'un processus graduel d'adaptation du client identifié à nos services, l'approche proactive consiste en une offre ouverte, qui n'est pas prédéterminée, faite aux proches plutôt qu'au client identifié. La prise en charge est assumée conjointement au lieu d'être endossée totalement par un professionnel spécialiste dont l'action se pratique en abstraction du milieu.

4.4.2 Polyvalence et flexibilité

L'approche proactive est fondamentalement généraliste autant en ce qui concerne les types d'interventions que les clientèles rejointes. C'est la communauté, plutôt que les programmes du CLSC, qui détermine la place et l'importance des interventions spécialisées. Lorsque des praticiens deviennent plus visibles et accessibles dans la communauté, les gens ont tendance à s'adresser à eux sur une base informelle et souvent pour des types de problèmes qui ne correspondent pas aux services particuliers et spécialisés qui sont offerts dans les services publics. Une des conséquences de l'approche proactive est donc une diminution de la spécialisation au profit de la polyvalence.

Cette polyvalence est le reflet de la réalité quotidienne des gens. En effet, les problèmes que vivent les gens sont indissociables de leurs conditions de vie et leurs difficultés sont toutes interreliées ; la santé physique, la santé mentale, l'économie, les conditions de logement, etc., ont toutes un effet les unes sur les autres. Les réseaux sociaux sont interconnectés, la population n'est pas divisée en groupes d'âge, comme le sont souvent nos programmes, ce qui implique qu'il faut pouvoir être capable de s'adresser à tous les usagers, quels que soient leur âge ou leur problème. La polyvalence ne se vit pas pour chaque praticien, mais pour l'équipe tout entière.

4.4.3 Intervention précoce et rapide

L'avantage le plus évident est sans contredit la rapidité de l'intervention, c'est-à-dire que le délai de réaction à la demande permet de résoudre une situation de façon précoce, avant que la situation ne soit trop détériorée ou le réseau social du client surchargé. Cet avantage accroît la capacité à rejoindre les clientèles à risque.

4.4.4 Clientèles à risque

La dimension proactive de l'approche milieu permet aux praticiens de rejoindre des personnes avant qu'elles en soient rendues à faire une demande formelle de service. Elle offre donc une réelle possibilité d'entrer en contact avec les clientèles à risque, c'est-à-dire les personnes qui auraient besoin de services mais qui ne le demandent pas. L'approche milieu peut donc apporter une réponse à cette préoccupation chronique qui frustre praticiens et gestionnaires car elle illustre en quelque sorte l'existence de ce fossé entre le CLSC et la communauté locale qui empêche les CLSC de remplir leur mission d'accessibilité. Plusieurs projets ont clairement mis en évidence cette capacité de l'approche milieu : les familles à risque d'abus et de négligence, les clientèles dites « multiproblématiques », résistantes au traitement. Le projet en milieu rural a aussi permis de rejoindre une clientèle à risque qui ne recevait pas de services du CLSC avant le démarrage du projet (Chabot, Mercier et Guay, 1994). Ce dernier projet a permis de distinguer deux types de clientèles à risque : les personnes qui vivent des situations de crise que les intervenants ont qualifiées de primaires, principalement reliées à des cycles de vie ou à des situations transitoires, et les situations de crises récurrentes, qui se répètent car les moyens pour réagir à ces situations sont inadaptés et le réseau épuisé ou inexistant. Ces situations sont souvent reliées à des problèmes de toxicomanie, de violence, d'abus. La recherche évaluative sur le CLSC des Pays-d'en-Haut, qui vient d'être terminée, laisse entrevoir des résultats similaires (Chabot, 1996).

Figure 6
Offre de services au réseau plutôt qu'adaptation au programme de services

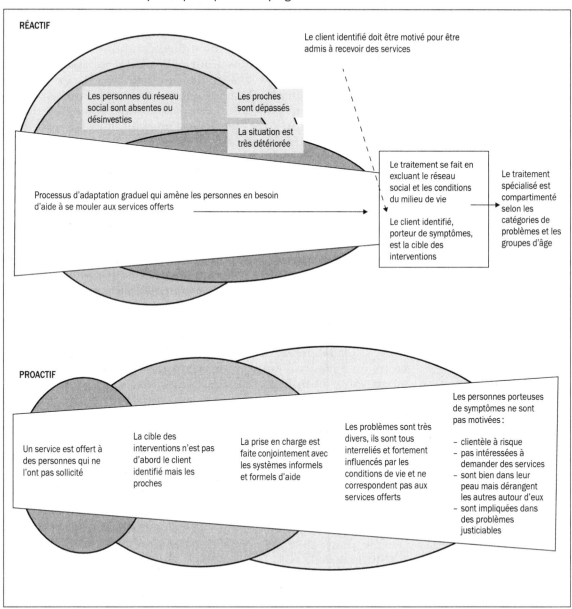

4.4.5 Baisse des demandes de services curactifs

En principe l'approche milieu, ou proactive, devrait conduire à moyen terme vers une baisse des demandes de services de deuxième et de troisième ligne. Ce que certains projets-démonstration ont mis en évidence, c'est que l'approche milieu conduit en fait au début à une hausse de demandes informelles dont certaines se traduisent par une hausse des demandes formelles. Cette hausse, qui se produit dans la première étape, est normalement suivie d'un plafonnement puis enfin d'une baisse après 18 à 24 mois de fonctionnement. Au CLSC des Pays-d'en-Haut, les résultats préliminaires démontrent une baisse importante dans les demandes de services auprès de la Direction de la protection de la jeunesse, telles les demandes de placement d'enfants (Chabot, 1996).

4.4.6 Accroissement de l'imputabilité face aux communautés locales

Le modèle de l'approche milieu prédit théoriquement un accroissement de l'imputabilité parce qu'il rend l'intervenant plus sensible aux besoins de ses clients par une meilleure connaissance de leurs réseaux sociaux et de leur dynamique et par une prise de conscience des ressources d'un milieu qu'il ne considérera plus de façon passive. Si le praticien est plus visible, donc plus accessible, et collabore avec les systèmes informels d'aide, on peut croire qu'il n'aura d'autre choix que de mieux adapter ses services aux besoins du milieu et aux particularités locales. Car le milieu va lui-même exercer une pression constante pour que les services soient véritablement adaptés, pression qui peut s'avérer complémentaire de celle que la population pourra éventuellement exercer grâce à sa représentation aux instances formelles du réseau.

Le développement de l'imputabilité informelle devrait éventuellement renforcer l'imputabilité formelle, comme cela se passe dans les comités de concertation au CLSC des Pays-d'en-Haut. Théoriquement, on peut donc faire l'hypothèse que l'approche proactive est complémentaire à la réforme institutionnelle récente, dans la mesure où cette réforme souhaite rapprocher les institutions de la population.

4.5 Les nouveaux paradigmes de l'intervention

L'approche milieu nous amène à changer les paradigmes d'intervention, c'est-à-dire les lunettes, perceptuelles et cognitives, au travers desquelles nous percevons et conceptualisons nos services et nos programmes :

- Remplacer le paradigme « programme » par le paradigme « client dans son milieu de vie ».
- Remplacer le paradigme « prise en charge professionnelle » par le paradigme « partage de responsabilités avec le client et ses proches ».
- Remplacer le paradigme « la solution professionnelle au moyen du service » par le paradigme « la solution qui se construit au moyen de l'entraide ».

4.5.1 Remplacer la perspective « programme » par la perspective « client et milieu de vie »

« Le client est au centre » : cette valeur est plus souvent qu'autrement un vœu pieux, car ce sont bien davantage nos programmes qui sont au centre. Certaines recherches démontrent que le cheminement critique des usagers et de leurs proches se caractérise par un processus d'adaptation graduelle de leurs besoins aux services offerts, à mesure qu'approche l'étape de demande de service. On a constaté, lorsqu'on fait une analyse rétrospective du processus qui mène à une demande d'aide, que plus on recule dans le temps, plus les besoins sont divers et variés. Par contre, il y a un rétrécissement graduel des besoins : à mesure qu'on se rapproche de la demande d'aide, ils se conforment au service prédéfini qui est la seule porte d'entrée pour recevoir de l'aide.

Les intervenants aussi rapprochent les clients de nos services au lieu de se centrer sur leurs besoins. L'approche par programmes fait en sorte que les clients et leurs problématiques sont considérés comme homogènes, ce qui ne facilite pas la prise en compte de la diversité. L'implantation d'équipes milieu en remplacement des équipes programme remplace la logique programme par la logique territoire et milieu de vie. À la différence du paradigme programme, le paradigme milieu de vie n'est pas divisé par groupes d'âge ou par types de problématiques ; toutes les sphères de la vie sont interreliées : l'économie, la santé mentale, l'éducation des enfants, les relations conjugales, etc. À mesure que les conditions de vie des familles deviennent les influences prédominantes sur la pratique, la polyvalence s'installe de même que la flexibilité et l'adaptabilité des programmes où l'on diminue les règles, les procédures et les exigences administratives.

4.5.2 Remplacer le paradigme « prise en charge professionnelle » par le paradigme « partage de responsabilités avec les familles et leurs proches »

L'intervenant a souvent le réflexe de prendre sur ses épaules la responsabilité de résoudre les difficultés vécues par les personnes et les familles avant qu'elles n'y soient prêtes elles-mêmes. De plus, il arrive souvent que l'intervenant veut plus que le client, surtout lorsqu'il y a une préoccupation pour le bien-être des personnes démunies et des enfants. En fait, sans un changement d'attitude par rapport à la prise en charge, le virage milieu pourrait avoir pour conséquence de conduire les intervenants vers l'épuisement psychologique, à cause de leur plus grande accessibilité.

Le partage de la responsabilité se traduit par une exigence de la part du professionnel à ce que le client participe très activement au processus de traitement ou de réinsertion. Cela suppose que l'intervention soit centrée sur les capacités et les compétences plutôt que sur les incompétences et les pathologies et que le client soit le maître d'œuvre de son traitement. Ce principe est basé sur la conviction que les aidants et les membres du réseau social ont un potentiel d'aide et de soutien qui peut être plus utile à la personne en difficulté que l'aide et le soutien offerts par des professionnels.

4.5.3 Paradigme de l'entraide

La mise en application du paradigme de l'entraide (illustré dans l'encadré plus bas) exige un changement fondamental d'attitude de la part de l'intervenant ; en effet, il lui est beaucoup plus facile et rapide de faire lui-même que de soutenir les clients pour qu'ils apprennent à s'entraider.

Paradigme de service

Exemple : soutien en situation de crise. Un centre de crise a été mis sur pied et les personnes appellent pour recevoir de l'aide en tant que clients.

Exemple : le besoin d'emploi en milieu soutenant. Le personnel met sur pied et dirige un service d'aide à l'emploi où les personnes sont traitées en tant que clientes et non en tant qu'employées.

Paradigme d'entraide

Exemple : soutien en situation de crise. Les membres se réunissent et traitent de sujets importants pour eux. Ils explorent les façons de s'entraider en situation de crise. Ils mettent sur pied un groupe d'entraide, échangent les numéros de téléphone, se rencontrent seul à seul. Les professionnels s'occupent non pas de fournir des services, mais de faciliter le processus. Les membres reconnaissent que leur expérience leur permet d'aider les autres.

Exemple : le besoin d'emploi en milieu soutenant. Les personnes se rencontrent en tant que partenaires et décident de créer une entreprise. Elles peuvent rechercher l'aide de personnes ayant de l'expérience en affaires, comme conseillers ou comme membres du conseil d'administration. Si un membre assume un rôle de gestion, il est responsable devant les autres membres. Personne n'est traité comme un client ou un cas, tous sont des collègues de travail. Tous travaillent ensemble afin que l'entreprise ait du succès, et chacun a son mot à dire.

Tiré de Trainor, Sheperd, Boydell, Leff et Crawford, 1997.

Le processus d'entraide est long, ponctué d'arrêts et de reculs et avec des résultats qui prennent du temps à se manifester. Pourtant, il s'agit d'une démarche qui donne d'excellents résultats à moyen terme, comme le démontrent les recherches qui ont évalué les programmes d'interventions. L'intervenant doit donc avoir la foi et faire preuve de patience et de détermination.

Remplir le rôle d'aidant fait en sorte que le client se sent moins dépendant. Ainsi, il se sent mieux parce qu'il a quelque chose à donner et se sent donc utile. Le rôle d'aidant face à une personne qui souffre de difficultés semblables constitue un outil puissant de changement personnel pour le client puisqu'il se corrige lui-même en aidant quelqu'un d'autre à se corriger. Les jumelages entraidants, définis plus haut, peuvent briser le cycle d'incompétence dans lequel sont enfermés les usagers, en procurant des expériences concrètes de compétence. Enfin, les expériences de compétence, vécues dans un rôle d'aidants, peuvent amener les personnes à prendre leur vie en main et à dénouer leurs situations d'impuissance et d'aliénation. En effet, l'expérience de l'entraide peut conduire à développer un pouvoir d'agir parce qu'elle procure un sentiment de contrôle et l'assurance qu'on est capable de faire quelque chose pour corriger la situation.

5. CONCLUSION : OBSTACLES ET DÉFIS

La collaboration avec les réseaux d'entraide de voisinage pose évidemment des défis particuliers au mode de pratique professionnelle.

Le principal danger est évidemment celui de l'exploitation des ressources d'aide naturelle. Si on utilise la métaphore écologique, on pourrait comparer un CLSC à une usine qui exploite les ressources naturelles jusqu'à épuisement. La pratique des intervenants, qui veulent se rapprocher des citoyens, sera fortement déterminée par le type de rapports qu'entretient l'institution avec la communauté en ce qui a trait aux ressources formelles autant qu'informelles.

En ce qui a trait aux ressources formelles, les rapports de partenariat entre les groupes communautaires et les services publics sont loin d'être aisés. Le véritable partage respectueux des responsabilités est relativement rare ; plus souvent qu'autrement on assiste à des tentatives de contrôle, de récupération, qui contraignent les intervenants du milieu communautaire à développer ce que nous avons appelé la « collaboration vigilante », c'est-à-dire une forme de collaboration qui oblige à être constamment sur ses gardes pour éviter la cooption.

En ce qui concerne les ressources informelles d'aide, on a souvent constaté que les intervenants en viennent à épuiser et à « brûler » les aidants. Souvent, ils déversent le trop-plein de leur charge de cas en les associant trop rapidement dans une collaboration hâtive qui ne respecte pas leur réalité parce qu'ils n'ont pas pris le temps de bien connaître ces ressources informelles. Le chevauchement ou la récupération des réseaux naturels d'entraide est quasi inévitable à moins que ne soient instaurées des conditions exceptionnelles qui renversent les paramètres habituels. Il est à craindre que l'accroissement des compressions budgétaires ne fasse qu'empirer la situation, portant les institutions à considérer les systèmes informels d'entraide comme un réservoir potentiel d'aide, pouvant compenser leur manque de ressources humaines.

L'autre obstacle principal est celui du fonctionnement par programmes selon un mode bureaucratique et centralisé. Les institutions qui ont un fonctionnement formalisé, bureaucratique et dont le style de leadership est directif, produisent des conditions très peu favorables à ce type de pratique. À l'inverse, la gestion de type participant et collégial, avec des modes de fonctionnement souples et flexibles, favorise un climat d'entraide et de soutien entre les praticiens, lequel constitue une condition indispensable au développement de ce type de pratique. D'autres facteurs organisationnels favorables ont également paru importants, comme la gestion de type entrepreneur qui donne les grandes orientations, se centre sur l'usager et crée un climat de travail synergique. Une étude récente, effectuée dans les CLSC par Favreau et Hurtubise, a démontré que le soutien de l'organisateur communautaire peut s'avérer un facteur facilitant important, dans la mesure où il s'intègre au travail d'une équipe pluridisciplinaire. Les résultats au CLSC des Pays-d'en-Haut démontrent clairement que le changement de pratique doit s'accompagner d'un changement organisationnel analogue et parallèle.

De plus, le fonctionnement par programmes crée une imputabilité à direction verticale à l'endroit des régies régionales et du ministère de la Santé et des Services sociaux, car c'est à eux que l'on doit rendre des comptes plutôt qu'à la population. Les institutions de services publics, plus particulièrement les CLSC, ne sont pas imputables face aux communautés locales qu'elles desservent puisqu'elles sont redevables au Ministère et aux régies régionales. Les praticiens se sentent redevables aux gestionnaires et ne se sentent aucune imputabilité face aux citoyens, à moins qu'ils ne soient des usagers de leurs services. Il est assez difficile, pour ne pas dire impossible, pour le praticien qui travaille dans un tel contexte, d'aborder les réseaux d'entraide avec tout le respect de ceux que l'on considère comme de véritables partenaires, puisqu'ils font partie d'une communauté face à laquelle il n'a aucun compte à rendre.

L'approche milieu exige du praticien qu'il soit beaucoup plus près des usagers, de leurs proches et des citoyens de la communauté locale. Cette plus grande proximité des praticiens les expose à une plus grande familiarité et à un risque d'envahissement de leur vie privée. Cette situation les oblige à définir la frontière qu'ils veulent maintenir entre leur vie professionnelle et leur vie privée et à faire la différence entre l'amitié et la compassion qui fait partie de l'intervention professionnelle.

La confidentialité est souvent évoquée par les professionnels comme un obstacle de taille à la pratique des interventions de réseau. Les intervenants doivent apprendre à « négocier » la confidentialité, à partager les zones de confidences pour orienter le plan d'intervention avec le client et son réseau de soutien. Toute la question d'ouverture vers le réseau doit être expliquée avec transparence. Travailler avec les forces et les compétences des personnes, c'est croire en leur capacité de comprendre les stratégies d'intervention.

Les réseaux d'entraide présentent des caractéristiques radicalement différentes selon les communautés. La prise de contact avec les communautés amène inévitablement un choc de sous-cultures ; les aidants transportent avec eux les valeurs issues de leur milieu d'appartenance et de leur expérience de vie. Par exemple, les aidants naturels ex-détenus ont parfois des façons de voir la vie qui sont contraires à celles des intervenants. Leur attitude face à certains comportements criminels est très dérangeante pour des professionnels qui ont un mandat judiciaire ; ils sont souvent incapables, au moment d'aider quelqu'un, de faire abstraction de leurs propres valeurs.

Les valeurs des aidants font partie intégrante d'eux. Nulle part ce phénomène n'est-il plus évident qu'en milieu rural où tout le monde se connaît, créant ainsi une certaine pression normative. La pression normalisante de réseaux sociaux plus serrés peut exercer un contrôle social stigmatisant. C'est surtout pour les personnes marginales que ce contrôle social peut s'avérer un facteur de détérioration du réseau de soutien et créer des situations à risque, sur le plan de la santé mentale. En ce sens, les « placotages » constituent un mode de communication de l'information qui véhicule les valeurs de la communauté, dont les préjugés entretenus sur certains citoyens marginalisés ; ils expriment les malaises que les citoyens ressentent (Chabot, Mercier et Guay, 1994). Le professionnel n'a d'autre choix que d'accepter telles quelles les personnes et leurs valeurs, sans essayer de les changer.

L'approche proactive exige donc que le praticien passe par un processus de remise en question des valeurs liées à sa classe sociale afin de pouvoir parvenir à une acceptation et un respect mutuels. La collaboration avec les réseaux informels d'aide s'appuie également sur une croyance profonde dans les compétences spécifiques des aidants.

En conclusion, les institutions et les professionnels qui veulent dynamiser ou encourager l'actualisation de cette entraide potentielle, ou encore lui assurer une certaine stabilité ou une sorte de formalisation, doivent le faire dans une attitude de très grand respect. En effet, ces systèmes informels existent dans une sorte d'écologie sociale qui peut être facilement perturbée par l'intervention professionnelle. Le soutien professionnel face à l'aide naturelle se doit d'être très respectueux des façons de faire des personnes, en ce sens qu'il est non intrusif et ne cherche pas à les changer ou à les influencer dans le sens des valeurs professionnelles. À mesure qu'ils apprennent à partager la responsabilité de la prise en charge, les aidants deviennent les cibles prioritaires du professionnel qui les soutient activement afin d'éviter l'épuisement psychologique. Comme le démontre l'expérience des Pays-d'en-Haut, le soutien actif et entier de gestionnaires profondément convaincus de la valeur des ressources d'entraide de la communauté s'avère une dimension essentielle pour modifier la perspective souvent trop utilitariste des praticiens. Les gestionnaires doivent soutenir les praticiens qui se retrouvent dans un rôle de personnes-ressources qui aident les aidants sans essayer de modifier leur façons d'intervenir.

RÉFÉRENCES

BARRERA, M. (1986), «Distinctions between social support concepts, measures and models», *American Journal of Community Psychology*, 14 (4), 413-445.

BLANCHET, L., D. COSSETTE, R. DAUPHINAIS, D. DESMARAIS, J. KASMA, H. LAVIGUEUR, P. MAYER et C. ROY (1982), *Réseau primaire et santé mentale: une expérience de recherche-action*, Unité de recherche psychosociale, Centre hospitalier Douglas.

BOUCHARD, C., C. CHAMBERLAND et J. BEAUDRY (1987), «Les mauvais traitements envers les enfants: une étude des facteurs macro et micro socio-économiques», dans Guay, J. (dir.), *Manuel québécois de psychologie communautaire*, Chicoutimi, Gaëtan Morin éditeur, p. 243-270.

BRODEUR, C. et R. ROUSSEAU (1984), *L'intervention de réseaux, une pratique nouvelle*, Montréal, Éditions France-Amérique.

CHABOT, D., C. MERCIER et J. GUAY (1994), « L'approche milieu : une approche proactive d'intervention communautaire en milieu rural », *Revue canadienne de santé mentale communautaire*, 12 (1), 177-198.

CHABOT, D. (1996), *Rapport d'évaluation du processus d'implantation d'une pratique proactive sur le territoire du CLSC des Pays-d'en-Haut*, Rapport de recherche disponible au CLSC des Pays-d'en-Haut.

COLLINS, A. et D. PANCOAST (1976), *Natural Helping networks*, National Association of Social Workers, Washington, DC.

DOUCET L. et L. FAVREAU (1991), *Théorie et pratiques en organisation communautaire*, Sillery, Québec, Presses de l'Université du Québec.

FORTIN, A. (1987), *Histoires de familles et de réseaux*, Montréal, Éditions Saint-Martin.

GARBARINO, J. et D. SHERMAN (1980), « High-Risk Neighbourhoods and High-Risks Families : the Human Ecology of Child Maltreatment », *Child Development*, 51, 188-198.

GUAY, J. (1984), *L'intervenant professionnel face à l'aide naturelle*, Chicoutimi, Gaëtan Morin éditeur.

GUAY, J. (1991), « L'approche proactive et l'intervention de crise », *Santé mentale au Québec*, 16 (2), 139-154.

GUAY, J. (1992), *Thérapie brève et interventions de réseau : une approche intégrée*, Montréal, Presses de l'Université de Montréal.

GUAY, J. (1995), « L'entraide comme complément à l'intervention professionnelle », *Revue canadienne de santé mentale communautaire*, 14 (2).

GUAY, J. (1998), *L'intervention clinique communautaire : les familles en détresse*, Montréal, Presses de l'Université de Montréal.

GUAY, J. et D. CHABOT (1992), *Parrainage social et entraide de quartier : Rapport final*, Ottawa, Santé et Bien-Être Social Canada.

HADLEY, R. et M. McGRATH (1984), *The Normanton Experience*, George Alleyn and Unwin, London.

HADLEY, R., M. COOPER, P. DALE et G. STACY (1987), *A Community social worker's handbook*, Londres, Tavistock Publications.

HOUSE, J.S. et R.L. KAHN (1985), « Measures and concepts of social support », dans Cohen, S. et L.S. Syme (dir.), *Social Support and Health*, New York, Academic Press.

LAMOUREUX, H., R. MAYER et J. PANET-RAYMOND (1984), *L'intervention communautaire*, Montréal, Éditions Saint-Martin.

MAGUIRE, L. (1983), *Understanding social networks*, Beverly Hills, Sage Publications.

Ministère de la Santé et des Services sociaux (1991), *Le traitement en première ligne des demandes individuelles en CLSC selon une approche communautaire*, gouvernement du Québec.

NAPARSTEK, A.J., D.E. BIEGEL et SPIRO H.R. (1982), *Neighborhood networks for human mental health care*, New York, Plenum.

TRAINOR, J., M. SHEPERD, K.M. BOYDELL, A. LEFF et E. CRAWFORD (1997), « Beyond the services paradigm, the impact and implication of consumers/survivor initiatives », *Psychiatric Rehabilitation Journal*, 21 (2), 132-140.

WARREN, D.I. (1981), *Helping networks*, Indiana, University of Notre Dame Press.

LA CONTRIBUTION DU PSYCHOLOGUE COMMUNAUTAIRE AUX INITIATIVES DE DÉVELOPPEMENT ÉCONOMIQUE COMMUNAUTAIRE

chapitre 9

Danielle Papineau
North Shore Health Region, Colombie Britannique

Mireille Landry
Université Concordia

EN décrivant l'apport possible du psychologue communautaire à la théorie, à la recherche et à l'action afin de promouvoir le changement social et une distribution plus équitable des ressources, Rappaport (1990) suggère aux psychologues de s'engager dans des environnements qui soutiennent les individus dans leurs tentatives d'amélioration de leurs conditions de vie. En effet, la psychologie communautaire privilégie certaines finalités, telle la justice sociale, devant mener à un partage plus équitable des ressources de notre société ainsi qu'à l'autodétermination, c'est-à-dire la possibilité pour les individus et les collectivités de faire des choix et de poser des gestes qui leur permettent de jouer un rôle actif dans la démarche d'amélioration de leur qualité de vie. Plusieurs mouvements et initiatives communautaires ont pour cible ces mêmes enjeux, constituant ainsi des environnements dont les caractéristiques s'apparentent aux critères énoncés par Rappaport. C'est le cas, notamment, du mouvement de développement économique communautaire (DEC), lancé par les résidants de communautés appauvries, sans pouvoir politique, afin de promouvoir leur indépendance économique en vue du bénéfice collectif de leurs membres (Sanyiaka, 1988).

La recherche a démontré l'importance pour les membres des communautés appauvries de se donner les moyens d'exercer un contrôle accru sur leurs conditions de vie, en établissant un lien entre le chômage, les emplois précaires et peu rémunérés et certains effets délétères pour la santé mentale, physique et sociale (Association canadienne de santé publique, 1997). En effet, les enfants dont les parents sont sans emploi, qui n'ont pas accès à une saine alimentation, à des vêtements convenables et à un logement adéquat, risquent davantage de souffrir de dépression, de problèmes de comportement, de problèmes de santé physique, ainsi que de difficultés d'adaptation à l'école. Quant aux adultes sans emploi, ils se décrivent généralement comme plus anxieux, plus déprimés que ceux qui détiennent un emploi et disent éprouver un niveau plus élevé de détresse psychologique. Le fait d'être sans abri ou d'habiter un logement insalubre a aussi été relié à la détresse psychologique due au manque d'intimité, à la peur d'être victime d'un acte criminel ou d'autres menaces à la sécurité physique, à l'inconfort physique et au caractère sordide des lieux.

Levine et Perkins (1997) indiquent qu'un des buts de la psychologie communautaire est de réduire la psychopathologie dans la population en général et, plus spécifiquement, de soutenir dans leur démarche, pour générer des changements, les sous-groupes les plus affectés par des conditions de vie difficiles (pauvreté, sous-emploi et problèmes sociaux). Leurs affirmations selon lesquelles la psychopathologie est le résultat d'interactions complexes entre le milieu de vie (ex. : le soutien matériel et social) et les caractéristiques d'un individu (valeurs, habiletés d'adaptation, facteurs biologiques) sont basées sur le modèle de Dohrenwend (1978). Selon ce modèle, il est possible de prévenir des problèmes de santé mentale, ou d'y remédier, en utilisant non seulement les techniques traditionnellement employées par les psychologues, telles l'intervention de crise et la thérapie, mais aussi d'autres types d'interventions, tant celles individuelles qui visent à parfaire l'éducation générale et sociale ainsi que les habiletés de travail et de communication, que celles communautaires qui privilégient l'action politique, de même que le développement communautaire et organisationnel. Cette même distinction entre les perspectives de l'intervention clinique traditionnelle et les perspectives communautaires est aussi faite par Landry et Guay (1987) qui précisent que :

> La psychologie clinique [...] se centre sur les caractéristiques individuelles et sur la correction des déficiences, ou sur l'élimination des symptômes. Les approches communautaires, pour leur part, se préoccupent davantage des événements stressants ayant provoqué le symptôme, de même que des facteurs environnementaux qui facilitent ou empêchent l'adaptation ; elles favorisent des interventions qui ont pour but de développer les habiletés et les compétences des individus (p. 18).

Dans le présent chapitre, nous définissons d'abord la nature, les buts et les objectifs du mouvement de développement économique communautaire (DEC) au Québec ; nous en faisons ensuite un bref historique, en mentionnant notamment ses assises dans un courant issu des États-Unis, puis nous examinons les enjeux propres au Québec et les approches s'y sont développées dans les milieux urbains et ruraux. Cette mise en contexte permettra ensuite de décrire le rôle et les apports possibles du psychologue communautaire désirant mettre à profit ses connaissances et habiletés afin de contribuer à l'avancement du mouvement du DEC. Nous dressons enfin un portrait des apprentissages et autres acquis dont le psychologue communautaire peut bénéficier grâce à son engagement dans le DEC. Le chapitre se termine par des suggestions de recherche de l'environnement dynamique du mouvement du DEC.

1. LE DÉVELOPPEMENT ÉCONOMIQUE COMMUNAUTAIRE, UNE DÉFINITION

Depuis plus de dix ans, les chercheurs et les praticiens du développement économique communautaire ont tenté d'en donner une définition qui contienne les éléments essentiels de cette stratégie d'intervention et qui, à la fois, reflète la multiplicité des types de projets qui s'insèrent dans le DEC. Pour Ninacs (1997) :

> Le DEC est un processus démocratique visant à créer des institutions par lesquelles les collectivités marginalisées acquièrent un contrôle des ressources requises pour assurer le bien-être de tous leurs membres ainsi que leur épanouissement individuel et collectif. Cet objectif repose sur la prémisse voulant que les communautés s'appauvrissent et déclinent parce qu'elles n'exercent pas un contrôle sur leurs ressources [...] Le DEC est donc essentiellement un processus d'*empowerment* d'une communauté qui prend en main les instruments économiques lui permettant d'assurer le mieux-être de l'ensemble de ses membres (p. 1).

On retrouve dans cette définition plusieurs des éléments qui participent à faire du DEC un outil de changement social et une alternative. En effet, le DEC entend s'inscrire dans une tout autre logique que celle du marché. D'abord, il propose une intervention par l'économique mais qui a avant tout un objectif de développement social, car il s'est avéré que le seul développement économique n'atteignait pas les populations les plus exclues. Deuxièmement, il s'agit d'une stratégie collective qui vient de la base, qui prend origine dans les préoccupations des gens qui vivent la pauvreté et qui les inclut directement. Touchant une communauté dans son entier, le plus souvent circonscrite à un territoire donné, la stratégie du DEC vise l'*empowerment* et le pouvoir d'action non seulement des individus, mais de la collectivité dans son ensemble (Shragge, 1993). Les tenants du DEC le considèrent aussi comme une approche globale car c'est uniquement en alliant les dimensions sociales, culturelles, politiques et environnementales qu'on peut véritablement, à leur avis, contrer les inégalités économiques.

En troisième lieu, les communautés économiquement marginalisées n'ayant le plus souvent aucun contrôle sur les terrains, les habitations, les capitaux et les autres ressources présentes sur leur territoire, le DEC vise donc aussi l'accession à des moyens durables qui permettent aux citoyens d'une communauté de contrôler leurs ressources et, ainsi, d'orienter le devenir de leur collectivité, ce qui n'est possible qu'en se donnant des institutions efficaces.

Les moyens utilisés pour servir les objectifs du DEC sont multiples mais plusieurs auteurs soulignent l'importance d'accéder à des ressources extérieures qui puissent être canalisées vers la communauté. Si la force de l'intervention doit venir de l'intérieur et de la connaissance qu'ont les membres de leur milieu, l'apport de ressources financières et humaines extérieures s'avère souvent essentiel. C'est pourquoi plusieurs définitions du DEC voient comme une composante essentielle les partenariats avec les organismes, institutions, administrations municipales ou autres qui peuvent appuyer le développement d'une collectivité.

2. L'ORIGINE DU DÉVELOPPEMENT ÉCONOMIQUE COMMUNAUTAIRE, UNE CONJONCTURE

Le début des années 1980 a vu au Québec se cristalliser une conjoncture qui a poussé plusieurs organisations communautaires à changer leur stratégie et à s'engager dans le développement économique communautaire. La crise de l'emploi qui sévissait alors s'avérait un phénomène systémique profond et durable, aux répercussions catastrophiques : pauvreté permanente, travail précaire et exclusion sociale grandissante. (Favreau et Ninacs, 1993). La restructuration de l'économie se traduisait par le passage d'un marché basé sur la production de biens durables, où les travailleurs ayant peu d'éducation formelle subvenaient aux besoins de leurs familles en occupant des emplois surtout dans le secteur manufacturier, à un marché axé sur les services et la gestion de l'information qui laissait peu de possibilités d'emploi de qualité aux personnes ayant une formation restreinte (Levine et Perkins, 1997). Dans les villes et leurs quartiers, les populations les plus démunies constituaient dorénavant des îlots de pauvreté et on observait un affaiblissement du tissu social, de l'appartenance et de la citoyenneté. Par ailleurs, l'État réduisait ses services et ses programmes sociaux et transférait de plus en plus ses responsabilités vers les institutions locales et les organismes communautaires. Face à la multiplicité des facteurs ayant dorénavant une influence sur l'accès au travail, les organismes des milieux ont dû envisager de se donner des modes d'intervention intégrés.

2.1 Inspiration et influences

Au Québec comme dans le reste du Canada, les organismes communautaires ont trouvé aux États-Unis leur première source d'inspiration. En effet, longue de plus de cinquante ans, une tradition d'organisation dans les communautés locales et de mouvement urbain axé sur les quartiers pauvres des villes avait déjà donné naissance au développement économique communautaire. Les Community Development Corporations, actuellement au nombre de plus de 2 000 et dont certaines remontent aux années 1960, sont les structures que ce mouvement s'était données pour favoriser la revitalisation des quartiers, soutenir des projets de logement et favoriser l'insertion sociale par l'économique, en particulier dans les quartiers défavorisés des grandes villes (Favreau, 1994).

Plusieurs de ces organismes sont nés dans les années 1970 à la faveur de conditions de financement favorables et se sont consacrés en priorité à l'habitation. Le mouvement du DEC au Québec et au Canada reste tributaire de plusieurs composantes de l'intervention à l'américaine : une approche multiforme combinant vision pragmatique et diversité d'outils, une action dirigée vers un territoire précis, l'utilisation de larges coalitions et des principes d'organisation communautaire favorisant le pouvoir d'agir (*empowerment*) des communautés.

Au Québec, le DEC prend aussi sa source dans les mobilisations des années 1970, alors que lors de l'Opération dignité, des comités de citoyens ruraux de l'est du Québec luttaient contre la fermeture de leurs villages et mettaient sur pied des initiatives de revitalisation économique. Les interventions de DEC sont certainement aussi tributaires de toute l'évolution des organisations communautaires et populaires depuis les années 1960. Ninacs (1990) décrit certaines des valeurs qui ont guidé le développement des initiatives économiques dans la région des Bois-Francs au Québec: souci d'égalitarisme, vision globale de ce que sont la santé et le bien-être de la communauté, recherche de réponses collectives aux besoins des moins nantis et importance de l'engagement militant, valeurs qui se sont traduites directement dans la structuration et le fonctionnement des entreprises communautaires et des coopératives créées dans cette région. Il écrit:

> Lorsque le communautaire intervient dans le domaine économique, son action revit les mêmes particularités que celles pratiquées dans le domaine social et son intervention au niveau pédagogique, appelée éducation populaire, possède les mêmes caractéristiques aussi [...] Le communautaire est porteur de valeurs dans lesquelles la prise en charge et l'autonomie (individuelle et collective) prennent une place prépondérante (p. 79-80).

Certaines des premières initiatives de DEC, empreintes de la philosophie et des méthodologies du mouvement communautaire, ont été l'œuvre d'organismes réunis pour se donner ensemble des moyens d'intervenir sur l'économique. La section qui suit se penche sur le rôle qu'ont joué certaines de ces coalitions d'organisations.

2.2 Le rôle des coalitions d'organismes dans le développement du DEC

Les corporations de développement économique communautaire (CDEC), au nombre de huit actuellement à Montréal, sont réparties sur le territoire de cette ville. Leur origine remonte à 1984 lorsqu'une dizaine d'organismes populaires et communautaires de Pointe-Saint-Charles, dans le sud-ouest de Montréal, ont produit un portrait de la situation catastrophique de ce quartier industriel en déclin pour ensuite faire pression sur le ministère québécois de la Sécurité du revenu. À l'aide du financement obtenu, la corporation a entrepris de se donner des moyens d'action inspirés du développement économique communautaire américain, en cours d'exploration aussi dans d'autres provinces canadiennes. Élargissant son territoire à tout le sud-ouest de Montréal, le Programme économique de Pointe-Saint-Charles est devenu le Regroupement pour la relance économique et sociale du sud-ouest (RESO) et s'est orienté vers une démarche en partenariat en s'adjoignant d'autres acteurs sociaux privés et publics. À la suite de la naissance de cette première CDEC, ses voisines des quartiers Centre-Sud et Hochelaga-Maisonneuve sont aussi nées de l'initiative de groupes d'organismes locaux. Au sein de leurs conseils d'administration, la participation de la communauté s'y est structurée : deux sièges ont été réservés aux organismes communautaires, aux côtés des représentants des syndicats et de l'entreprise (Bélanger, Boucher et Lévesque, 1994).

Pendant ce temps, dans la région des Bois-Francs au Québec, une solidarité intersectorielle s'est tissée depuis les années 1960, entre les organismes du milieu — groupes de femmes, de personnes handicapées, de solidarité internationale, écologistes et autres — à partir de valeurs communes et d'une volonté de développement social. Alors qu'ailleurs le secteur des coopératives d'habitation et d'alimentation a peu de liens avec celui des groupes communautaires, ici tous se perçoivent comme coparticipants au bien-être collectif de la région. Les besoins sont déterminés collectivement à la base et l'on crée des coopératives de travail ou des entreprises communautaires destinées à profiter à toute la communauté. En 1984, on se dote d'une corporation de développement communautaire, la CDC des Bois-Francs, une structure d'aide technique, de concertation et de services, destinée à apporter un soutien direct aux entreprises communautaires et à la communauté en général. Première du genre, la CDC des Bois-Francs servira d'exemple à plus d'une quinzaine d'autres régions, qui se donneront une structure similaire dans le but de permettre une participation active des secteurs du mouvement populaire et communautaire au développement socio-économique de leur milieu.

À la fin de 1989, 80 entreprises communautaires (coopératives ou compagnies à but non lucratif) sont actives dans la région des Bois-Francs. Elles procurent à leur collectivité des services divers : santé, emploi, alimentation, garderies, récupération, recyclage, services aux jeunes, aux femmes et aux personnes handicapées. Trente-cinq d'entre elles partagent des locaux à Place Rita-Saint-Pierre, à Victoriaville ; 531 personnes siègent aux conseils d'administration, dont 55 % de femmes (Ninacs, 1990).

Une autre expérience, urbaine celle-là, s'est déroulée dans le quartier du Grand Plateau Mont-Royal à Montréal, à la fin des années 1980. Là, des organismes qui regroupent des femmes chef de famille monoparentale, des immigrants d'arrivée récente, des jeunes sans emploi et des assistés sociaux, partent des réalités concrètes de la vie de leurs membres pour dégager des objectifs communs et examiner les modèles qui peuvent permettre de répondre aux besoins sociaux de leur communauté. Le quartier est en pleine rénovation urbaine et le logement à prix abordable est insuffisant.

À la suite de la démarche menée ensemble, les participants se posent désormais en « experts » du développement de leur quartier et entendent assumer un contrôle sur les outils qu'ils mettront en place. Ils se rendent compte que, quels que soient les projets envisagés, ils auront besoin d'un capital accessible aux groupes avec lesquels ils travaillent, sans quoi leurs efforts seront vains. Avec l'aide de l'Institute for Community Economics du Massachusetts aux États-Unis, un organisme ressource pour la mise sur pied des fonds communautaires d'emprunt, lui-même gestionnaire d'un fonds de 12 millions de dollars, les groupes du Grand Plateau créent l'Association communautaire d'emprunt de Montréal (ACEM), un organisme à but non lucratif qui financera des projets de création d'entreprises et de logement. Les 40 bénévoles de son conseil et de ses comités de travail continuent d'assurer le lien avec les besoins sociaux et économiques de la communauté et d'assurer l'assistance technique nécessaire à la mise sur pied et à la survie des projets (Evoy et Mendell, 1993).

2.3 Les populations visées par le DEC

Tel que nous l'avons mentionné précédemment, une des particularités du DEC est son ancrage dans un territoire défini auquel il s'agit de redonner le contrôle de ses ressources et de son développement économique par la concertation et la coordination des acteurs. Cependant, les initiatives de DEC diffèrent quant à la manière dont elles définissent la cible de leur intervention.

Pour les CDEC, l'action a pour objet la communauté prise dans son ensemble. Les corporations de développement communautaire (CDC), pour leur part, sont nées des besoins des organismes communautaires dont elles sont aussi constituées. Elles cultivent donc par leur intermédiaire un lien direct avec les différents segments de la population — femmes, jeunes, personnes handicapées, chômeurs, etc. — dont elles entendent améliorer les conditions de vie, dans une optique de développement social de la communauté dans son ensemble.

Par ailleurs, certaines initiatives dirigent leur action spécifiquement vers des groupes de leur milieu qui sont particulièrement touchés par l'exclusion. C'est le cas de l'Association communautaire d'emprunt de Montréal (ACEM) qui dès son origine indique que les jeunes, les immigrants et les réfugiés d'arrivée récente, les assistés sociaux et les femmes chef de famille vivent des difficultés d'insertion et d'accès à l'emploi particulièrement aiguës. Il en va de même pour d'autres structures de DEC, aussi créées expressément pour répondre aux besoins de groupes particuliers : ex-psychiatrisés, chômeurs de longue durée et autres. Plusieurs entreprises d'insertion mises sur pied au Canada de même qu'en France (Laville, 1992) font partie de cette catégorie.

Dans la section qui suit, nous nous penchons sur les différentes structures de développement économique communautaire, sur leurs objectifs ainsi que sur les stratégies qu'elles adoptent.

3. LES STRUCTURES D'AIDE AU DEC

La création d'entreprises ou d'autres projets de DEC nécessite l'appui de structures d'aide dont le rôle consiste à promouvoir les projets et à réunir les ressources nécessaires à leur mise en place. Les CDEC, les CDC et l'ACEM, dont l'origine a été décrite précédemment, sont des exemples de ces structures d'aide. Certains de ces organismes sont multifonctionnels — on les appelle les organismes intermédiaires. D'autres offrent aux membres des communautés menant des projets de DEC une aide plus spécialisée (capital, formation, aide technique, etc.); ils prennent alors le nom d'organismes d'appui spécialisés (Ninacs, 1995 et 1997). On décrira ici les caractéristiques et les champs de pratique de ces deux catégories d'organismes.

3.1 Les organismes intermédiaires

Les organismes intermédiaires sont des structures locales à but non lucratif, dotées d'un fonctionnement démocratique, qui réunissent différents acteurs sociaux (milieux d'affaires, syndicats, organismes communautaires et gouvernements) pour planifier et coordonner les activités de développement de leur communauté. Ces organismes visent à créer une synergie entre les acteurs et à donner une vitalité au marché local, mais à partir de la production de biens et de services qui sont nécessaires à la communauté.

Par exemple, les CDEC montréalaises, dont le modèle a maintenant été adopté dans la région de l'Outaouais et dans celle de la ville de Québec, interviennent autour de différents axes, telle l'amélioration de l'employabilité des personnes exclues du marché du travail, par des activités de formation, d'aide à la recherche d'emploi ou de stages dans des initiatives d'insertion sociale par l'économique. Les CDEC visent aussi à augmenter le bassin d'emplois en soutenant les entreprises locales ou en stimulant la création de nouvelles entreprises, notamment par des personnes qui n'ont pas accès aux bailleurs de fonds traditionnels, telles les banques et les caisses populaires, car elles ne peuvent offrir de garanties suffisantes pour obtenir un prêt. Elles cherchent également à attirer des ressources financières vers la communauté, ainsi qu'à favoriser l'amélioration de l'environnement physique et la reconstitution du tissu social local.

Les corporations de développement communautaire (CDC) de même que les sociétés d'aide au développement des collectivités (SADC), répandues un peu partout au Canada, comptent aussi au nombre des organismes intermédiaires qui sont actifs sur de multiples fronts en vue de favoriser le développement social et économique de leur milieu.

3.2 Les organismes d'appui spécialisés

D'autres organismes apportent aussi un appui aux initiatives de DEC, mais sous une forme plus spécialisée. Certaines initiatives, par exemple, visent spécifiquement la question du logement, tels les fiducies foncières communautaires et les fonds communautaires destinés au logement, en cours de création dans plusieurs grandes villes canadiennes.

Par ailleurs, devant la nécessité de réunir des capitaux utilisables à des fins sociales, d'autres organismes d'appui spécialisés concentrent leur action sur l'accès au capital. Ils se dotent de structures qui se veulent plus flexibles que celles des institutions financières traditionnelles. Ils favorisent également la création locale d'emplois. C'est le cas de l'Association communautaire d'emprunt de Montréal, qui s'est inspirée du modèle américain des Community Development Loan Funds et dont l'origine a été décrite précédemment.

L'Association communautaire d'emprunt de Montréal

Depuis 1990, l'Association communautaire d'emprunt de Montréal travaille à engager les différents segments de la communauté en vue de donner lieu à des réponses aux problèmes socio-économiques. Elle finance la création d'entreprises d'utilité sociale, mises de l'avant par les jeunes sans emploi, les femmes chef de famille monoparentale, les membres des communautés culturelles et les assistés sociaux, des groupes qui ont généralement peu accès au financement des banques.

L'ACEM procure aussi la possibilité aux investisseurs, des individus, des entreprises, des institutions ou des fondations, de connaître et de soutenir ces entreprises prometteuses nées de la communauté. Par sa démarche, l'ACEM redéfinit les relations entre ceux qui ont du capital, ceux qui ont l'expertise pour soutenir de nouvelles entreprises et ceux qui ont des projets mais qui n'ont pas accès au crédit nécessaire pour les réaliser. Depuis sa mise sur pied, l'association a accordé 72 prêts totalisant 705 000 $. Grâce à un soutien technique assidu, elle assure le succès des projets financés.

Premier fonds du genre au Canada, l'ACEM soutient la création d'autres initiatives semblables par de la formation ; elle a aussi mis sur pied un réseau pancanadien de fonds communautaires en vue d'assurer un échange d'expertises et de ressources entre ces derniers. Par la concertation, le réseau entend également exercer une influence en vue de changements aux politiques des banques et d'une plus grande accessibilité du capital aux communautés défavorisées.

Enfin, certaines structures d'aide s'intéressent particulièrement à la formation. Par exemple, certains organismes sont spécialisés dans la formation à la création de coopératives, tandis que d'autres se consacrent plus largement à la recherche, à l'évaluation des initiatives et à la formation des intervenants. Devant la croissance qu'a connue le DEC en tant que champ de pratique au cours des dernières années, de multiples habiletés sont nécessaires aux intervenants pour l'analyse et la planification stratégique, la capacité de formation, le développement d'entreprises et l'aménagement du territoire. Des outils adéquats sont aussi nécessaires afin d'évaluer de façon globale et non fragmentée les interventions inscrites à la fois dans le social et l'économique. L'Institut de développement communautaire de l'Université Concordia est un de ces lieux de formation.

L'Institut de développement communautaire

L'Institut de développement communautaire fait partie du Centre de l'éducation permanente de l'Université Concordia. Il est né en 1993 à l'initiative d'un groupe de personnes actives dans leurs communautés depuis de nombreuses années.

L'Institut entend faire le lien entre les ressources de l'université et celles de la communauté et constituer un espace où les gens qui luttent contre la pauvreté et les autres inégalités sociales peuvent venir se perfectionner, réfléchir, échanger sur leurs pratiques, explorer de nouvelles avenues et apprendre des modèles développés ailleurs. L'Institut considère que les populations marginalisées doivent être engagées directement dans la mise sur pied des initiatives visant l'amélioration de leurs conditions de vie ; c'est pourquoi il offre la possibilité aux intervenants en développement économique communautaire d'acquérir les habiletés nécessaires pour travailler étroitement avec leurs collectivités et réfléchir sur les conditions nécessaires au changement social.

Dans cette optique, l'Institut organise chaque année une semaine de formation en développement communautaire qui accueille 750 intervenants et militants communautaires d'un peu partout en Amérique du Nord. Tous y partagent leurs connaissances en recherche de financement et en gestion des organisations, réfléchissent sur leurs pratiques et se familiarisent avec les modèles en développement économique communautaire et en logement qui peuvent être utiles dans leurs milieux.

L'Institut lancera aussi sous peu un diplôme de deuxième cycle en développement économique communautaire, en collaboration avec l'École des affaires publiques et communautaires, à l'intention des personnes engagées dans ce domaine. Ce diplôme leur permettra de lier la théorie et la pratique, d'avoir accès au soutien technique et à de multiples ressources, grâce au mentorat et aux stages. Il permettra également d'explorer de nouvelles réponses aux dilemmes rencontrés sur le terrain. Par ses programmes issus des préoccupations de la communauté, l'Institut s'affaire constamment à stimuler l'innovation et à faire progresser la pratique communautaire.

3.3 Les entreprises de développement économique communautaire

Les entreprises de DEC, dont les structures varient, sont cependant toutes nées dans un esprit de création d'alternative ou de réponse à un besoin social non pris en compte par la société. En effet, si elles créent de l'emploi, c'est pour inclure des groupes qui sont exclus ou dont l'accès au travail est difficile. Si elles produisent des biens ou des services, c'est à partir des ressources et des besoins locaux, plutôt que dans l'esprit de consommation illimitée qui caractérise l'économie de marché. Enfin les structures de fonctionnement qu'elles se donnent favorisent souvent la collaboration démocratique et un fonctionnement collectif, ou tout au moins fondé sur la participation (Ninacs, 1997)

3.3.1 Les coopératives et les entreprises communautaires

Au Québec, le modèle des coopératives a été mis de l'avant par les organismes communautaires, dans les années 1960 et 1970, pour améliorer les conditions de vie. Un vaste réseau de coopératives d'habitation, de consommation et de travail a donc établi l'utilisation de ce type d'entreprise qui se caractérise par sa structure légale et le fonctionnement interne collectif qui en découle. La région des Bois-Francs au Québec a été l'une des premières à utiliser le modèle coopératif pour répondre aux besoins de ses habitants. Elle a continué à en faire usage dans des domaines aussi variés que l'entretien d'édifices, les services funéraires, l'alimentation, le théâtre, la réparation de fauteuils roulants, etc.

Les entreprises communautaires ont un caractère à la fois économique et social. Elles peuvent être à but lucratif ou non, et adopter différents types de fonctionnement interne. Souvent mises de l'avant par le secteur associatif, elles ont une incidence sociale : services de maintien à domicile, services de garde, comptoirs de vêtements usagers, domaine culturel, secteurs de la récupération et du recyclage. Il peut s'agir d'entreprises collectives, d'entreprises appartenant aux travailleurs et travailleuses, ou d'organismes communautaires offrant des services d'utilité sociale, un secteur dont on a vu le développement s'accélérer ces dernières années sous le vocable d'économie sociale.

Le théâtre Parminou

Le théâtre Parminou de Victoriaville est né en 1973. Il s'est donné pour mission de créer un théâtre populaire engagé dans les problématiques sociales de son époque. Théâtre parmi les gens, comme son nom l'indique, le Parminou se définit comme une troupe de tournée qui s'est installée en région pour mieux rayonner et être accessible à toutes sortes de publics.

Parce qu'elle croyait qu'il était possible et légitime pour des artistes de vivre à temps plein de leur métier, la troupe s'est donné en 1977 le statut de coopérative de travail à fins sociales autogérée par ses membres. Au fil des ans, la Coopérative des travailleuses et travailleurs de théâtre des Bois-Francs, de son nom légal, s'est épanouie, avec l'engagement de plus de 300 professionnels des arts de la scène qui ont contribué à près de 300 productions originales, rejoignant près d'un million et demi de spectateurs. Ses productions traitent de thèmes sociaux variés : alphabétisation, décrochage scolaire, pauvreté, solidarité, racisme, environnement, mondialisation des marchés et, récemment, abus sexuels et solidarité internationale.

Des tournées ont amené le théâtre en Europe, en Afrique, aux États-Unis et partout au Québec et au Canada. En 1989, le théâtre Parminou a inauguré ses nouveaux locaux dans ce qui constitue le premier centre de création théâtrale du Québec. La coopérative a reçu de nombreux prix et mentions honorifiques. Elle compte maintenant 24 membres et 14 employés.

3.3.2 Les entreprises d'insertion par l'économique

La création des entreprises d'insertion a fait suite à la prise de conscience que certains groupes de la population avaient des difficultés particulières à s'insérer sur le marché du travail et à s'y maintenir. Celles-ci s'adressent donc le plus souvent à des groupes particuliers : chômeurs de longue durée, jeunes, femmes, ex-psychiatrisés, immigrants et réfugiés, handicapés physiques ou mentaux, ex-détenus, ex-toxicomanes. Le type d'entreprise d'insertion qu'on rencontre le plus fréquemment est celui qui vise à préparer des stagiaires à s'insérer sur le marché du travail. Les personnes séjournent dans l'entreprise pendant 6 à 18 mois, reçoivent un salaire et de la formation dans le domaine choisi. Le cadre de l'entreprise imite l'entreprise privée traditionnelle et permet de faire l'expérience de conditions réelles d'emploi, tandis qu'on y procure de l'appui pour faire un bilan de ses habiletés au travail et préparer sa recherche d'emploi. Plusieurs de ces entreprises d'insertion offrent aussi des services utiles à la communauté environnante comme Resto Plateau de Montréal qui sert, à un coût minime, les repas préparés par ses stagiaires à la population appauvrie et isolée du Plateau Mont-Royal. Les coopératives jeunesse de services, bien que de structure coopérative, constituent aussi une sorte de plateau de travail pour les adolescents en leur procurant un emploi d'été, une formation et une expérience de gestion collective de leur coopérative.

Le deuxième type d'entreprise d'insertion se distingue du premier du fait qu'il procure des emplois à caractère permanent à des groupes qui ont très peu accès au marché du travail. Ces entreprises tendent à créer des milieux de travail parallèles où sont pris en considération les besoins des personnes et qui visent à pousser la société à assumer et à reconnaître la contribution de certains groupes parmi ses membres qui sont généralement exclus. C'est le cas d'un réseau d'entreprises mises sur pied à l'intention des « survivants du système psychiatrique », appellation choisie par les ex-psychiatrisés eux-mêmes. Dans ces entreprises, le but visé est le pouvoir d'agir des personnes et le travail s'adapte aux travailleurs.

Les entreprises d'insertion pour ex-psychiatrisés en Ontario

Depuis les années 1960, des politiques de désinstitutionnalisation ont entraîné la fermeture de la moitié des lits disponibles en psychiatrie, dans la province de l'Ontario. Elles ont ainsi repoussé les psychiatrisés vers les communautés sans que celles-ci aient pour autant la capacité de les aider. Souhaitant répondre au fait que 85 % des ex-psychiatrisés se retrouvaient ainsi sans emploi, pauvres et isolés, des organismes ont fait pression auprès du gouvernement ontarien pour qu'il finance la mise sur pied d'initiatives qui font appel directement à la participation des personnes et leur permettent de développer leurs habiletés.

Ainsi sont nées une dizaine d'entreprises communautaires qui emploient des survivants du système psychiatrique et qui sont gérées en grande partie par eux. Celles-ci sont regroupées à l'intérieur de l'Ontario Council of Alternative Businesses (OCAB) qui fait la promotion de ce type d'entreprises auprès des groupes désireux d'en mettre sur pied. A-way Express, ABEL Enterprises, Fresh Start Cleaning, Inspirations, Quick Bite Catering et Cambridge Active Self

Help, ces noms évoquent des services de messagerie, de traiteur, d'entretien d'édifices, de productions artisanales et d'incubateur de petits ateliers de production. Elles emploient maintenant plus de 400 « survivants ».

Dans ces entreprises, les travailleurs et travailleuses trouvent non seulement un milieu de vie respectueux et accueillant, mais aussi un lieu d'appartenance où ils peuvent prendre des responsabilités à leur rythme. Ils apportent leurs suggestions dans les réunions de personnel, siègent parfois au conseil d'administration et se posent progressivement comme acteurs dans la production et la gestion de l'entreprise. Ils reçoivent aussi un salaire qu'ils ont fièrement gagné, dans des conditions réelles d'emploi dont ils ont à surmonter les apprentissages et les défis, et qui vient soit remplacer les prestations d'aide sociale, soit compléter un revenu insuffisant. Les entreprises sont conçues pour que les personnes puissent travailler pendant un nombre plus ou moins grand d'heures suivant leurs besoins et leurs capacités ainsi que recevoir, dans les périodes difficiles, le soutien de gens qui ont vécu des situations semblables. Cela leur permet de retrouver leur confiance en elles-mêmes tout en accroissant leurs habiletés.

Ces initiatives ont des répercussions certaines sur la vie de leurs travailleurs, mais leurs effets se font sentir aussi sur les coûts de santé par une nette diminution des séjours hospitaliers et de l'utilisation des services de crise. Une évaluation réalisée en 1992 confirme que la durée des séjours à l'hôpital a chuté annuellement en moyenne de 45 à moins de 5 jours, chez les travailleurs de ces entreprises communautaires. Comme le dit un travailleur, ces entreprises ne visent pas à avoir du succès, mais plutôt à reconstruire des vies humaines. Les « survivants » utilisent l'économie à cette fin, plutôt que d'utiliser des gens pour construire l'économie.

3.3.3 Les groupes d'entraide économique

Enfin, les groupes d'entraide sont destinés à promouvoir le soutien mutuel entre les membres du groupe, autour des questions à incidence économique. Les cuisines collectives et les cercles d'emprunt en sont des exemples qui peuvent être dirigés vers des groupes particuliers, mères de famille monoparentale, jeunes ou personnes handicapées. Ces modèles entendent ouvrir la porte à une participation économique plus active, comme dans le cas des cercles d'emprunt dont les prêts peuvent permettre la création ou la consolidation de micro-entreprises. Les membres du cercle empruntent de petites sommes d'argent (500 $ à 5 000 $) qui leur permettent de s'outiller ou d'acheter le matériel nécessaire à la production de leur petite entreprise de biens ou de services. Les membres du cercle assument collectivement la responsabilité des prêts contractés par chacun des autres et se soutiennent mutuellement au cours des étapes du développement de leur projet.

À la suite de ce survol du DEC, des types d'initiatives créés dans ce contexte et de ce qu'elles apportent aux individus et aux collectivités, nous discuterons, dans la prochaine section, de la pertinence de l'intervention du psychologue communautaire dans le DEC.

4. L'APPORT DU PSYCHOLOGUE COMMUNAUTAIRE AU DEC

Le milieu du DEC suscite l'intérêt de personnes-ressources, d'intervenants, de participants et de bénévoles provenant de divers milieux, ce qui amène des interactions riches entre les personnes engagées. Dans cette section, nous décrivons la formation et les expériences de travail des groupes de personnes engagées, ainsi que les fonctions qu'elles ont tendance à occuper dans le DEC.

4.1 Les personnes en situation de pauvreté

Celles qui s'engagent dans le DEC le font pour des périodes plus ou moins longues selon leurs intérêts, leurs priorités et leurs valeurs. Certaines y voient un moyen de parfaire rapidement leur formation dans un contexte d'éducation populaire adaptée aux besoins des adultes, tout en acquérant des habiletés de travail dans un milieu réceptif aux obstacles générés par les conditions de vie précaires des individus et des familles qui connaissent la pauvreté. D'autres utilisent l'assistance technique et le financement offerts par les organismes intermédiaires de DEC afin de planifier la création d'une entreprise individuelle ou collective, voyant là un moyen d'exercer une maîtrise accrue sur leur environnement de travail, d'obtenir plus d'autonomie, ou de laisser libre cours à leur créativité. Finalement, comme il est décrit dans l'encadré sur les entreprises d'insertion gérées par des « ex-psychiatrisés », le mouvement du DEC permet à des personnes qui ont de la difficulté à s'intégrer au marché du travail de se créer un environnement de travail qui leur convient et dont les politiques internes correspondent aux besoins des membres ou des employés.

4.2 Les intervenants du milieu communautaire

Ces intervenants ont habituellement une formation en sciences sociales et ont travaillé à bâtir des organismes communautaires intervenant dans les domaines de l'organisation communautaire, de l'éducation populaire, de la lutte à la pauvreté ou contre l'oppression, par le soutien des familles en recherche de solutions permettant de satisfaire leurs besoins de base. À travers leurs expériences quotidiennes au contact des membres de la communauté vivant dans la pauvreté, ces intervenants ont pris conscience des barrières systémiques avec lesquelles plusieurs sont aux prises, ainsi que des besoins des populations en ce qui a trait à l'accès à des emplois stables et à une formation adaptée. En s'engageant dans le DEC, ces intervenants acquièrent de nouvelles connaissances et de nouvelles habiletés de travail dans le domaine économique, par exemple dans la gestion d'entreprises à but lucratif ou de coopératives de travail, tout en faisant appel à leur expérience en gestion d'organismes communautaires et en campagne de financement.

4.3 Les personnes-ressources

Comme nous l'avons déjà mentionné, le DEC s'est développé grâce à l'établissement de partenariats multiples avec des intervenants issus de milieux très variés : les universités, le domaine des affaires (entrepreneurs et gestionnaires désireux de partager leurs connaissances, banques et autres bailleurs de fonds), les services de santé tels les CLSC, les municipalités, les communautés religieuses, les fondations et autres organismes subventionnaires, ainsi que des consultants dans divers domaines tels l'évaluation de programmes, les communications, la comptabilité ou le droit d'entreprise et fiscal. Les psychologues communautaires qui s'engagent dans le DEC s'apparentent habituellement soit au groupe des consultants, soit à celui des universitaires, qu'il s'agisse de professeurs ou d'étudiants de deuxième et de troisième cycle.

Dans le *Manuel québécois de psychologie communautaire* (Guay, 1987), deux chapitres sont consacrés à la description des modèles d'intervention auxquels se réfèrent les psychologues communautaires travaillant dans le domaine du DEC. À propos du premier de ces modèles, celui de la consultation communautaire, Payette (1987 ; voir aussi le chapitre sur la consultation dans ce volume) précise que « la consultation est une réelle intervention communautaire parce qu'elle a comme objectif de faciliter le changement et le développement de la communauté ». Rappaport (1977) soutient pour sa part que la consultation est un rôle de premier plan du psychologue communautaire. Pour lui, ce rôle est tout à fait conforme au changement de paradigme sur lequel repose toute la psychologie communautaire (p. 287). Chavis (1993) donne un exemple concret de ce modèle de pratique en décrivant son expérience personnelle en tant que psychologue communautaire engagé dans la création de liens entre les institutions traditionnelles et le secteur communautaire au New Jersey. Quant au second modèle, il met l'accent sur l'évaluation dans le processus d'intervention communautaire (Dumont et Kiely, 1987 ; voir aussi le chapitre sur la recherche dans le présent ouvrage). En pratique, il y a un recoupement entre ces modèles puisque le contenu des consultations communautaires peut se situer dans le champ de l'évaluation de programmes. Le nombre de demandes de consultation centrées sur l'évaluation s'accroît d'ailleurs depuis quelques années à cause des changements de politiques des bailleurs de fonds qui s'assurent maintenant qu'on rend compte des résultats des interventions communautaires, par exemple en quantifiant les effets positifs et négatifs pour les participants.

Les cibles des consultations offertes par le psychologue communautaire dans le contexte du DEC sont donc multiples. Cependant, la majorité des interventions utilisent un processus éducatif et participant plutôt que thérapeutique. Un premier type d'aide, utilisant des techniques d'éducation populaire, peut être offert aux entrepreneurs, tant individuels que collectifs, ainsi qu'aux intervenants actifs au sein des organismes intermédiaires de DEC. Comme le démontre Goleman (1998) dans son livre sur l'intelligence émotionnelle au travail, ce ne sont pas tant les habiletés techniques qui distinguent ceux qui excellent dans leur métier ou profession, mais plutôt leur capacité à gérer leurs émotions, ainsi qu'à utiliser leurs connaissances émotionnelles pour comprendre et percevoir les émotions des autres (Gauthier, 1999). Le psychologue communautaire offre donc des consultations qui visent à améliorer la qualité des communications entre les membres de collectifs, de coopératives de travail ou de logement, de cercles d'emprunts, dans le contexte d'un plateau de travail géré par un organisme communautaire, ou encore entre partenaires dans une entreprise de DEC. L'intervention peut avoir un aspect préventif et éducatif : soit pour promouvoir l'acquisition d'habiletés sociales et d'écoute, de leadership ou d'animation, généralement nécessaires à la bonne entente au sein de l'équipe de travail ; soit pour faciliter le perfectionnement d'habiletés dans des domaines plus précis tels que la négociation, la prise de décision par consensus, l'analyse et la résolution de problèmes, etc.

D'autre part, le groupe peut faire appel au psychologue lors d'une situation de crise où les membres n'arrivent pas à s'entendre, par exemple dans un contexte où les politiques et règlements adoptés par le groupe ne sont pas assez précis et ne lui permettent pas de se mettre d'accord sur la marche à suivre. Il s'agira alors pour le psychologue d'utiliser des techniques de médiation pour aider les membres du groupe à trouver une ou des solutions viables, ainsi que des techniques éducatives favorisant la transmission des notions théoriques et pratiques, de façon à permettre de prévenir ou de régler d'autres différends dans le futur.

Un deuxième type de consultation est surtout utilisé pour les interactions du psychologue communautaire avec les intervenants, les bénévoles et les autres membres de la communauté, qui s'engagent intensivement pendant une période prolongée dans le but de bâtir une série de projets de DEC comme des coopératives d'habitation, des plateaux de travail, etc. Il s'agit alors d'offrir l'assistance technique pour accompagner les intervenants et les autres participants dans leur démarche ayant pour buts : 1) d'étudier les atouts et les problèmes d'un quartier, de planifier ou de mieux cibler les actions collectives de DEC à entreprendre ainsi que les groupes à rejoindre ; 2) d'améliorer la qualité et l'effet de leurs interventions dans le contexte du DEC ; 3) d'aider à conceptualiser les modèles d'intervention sur lesquels ils se basent.

Le premier de ces trois volets repose surtout sur le modèle de la recherche-action et de l'analyse de besoins. Il s'agit de soutenir le groupe dans ses apprentissages pour repérer les questions à poser, les informations à aller chercher, les ressources humaines et instrumentales dont il aura besoin, pour maîtriser les méthodes de collecte de données, etc. (Argyris et Schon, 1991 ; Whyte, 1991). Le deuxième volet implique un appui dans l'apprentissage des techniques d'évaluation ; dans la grande majorité des cas, ce sont les méthodes d'évaluation participante (Cousins et Whitmore, 1998 ; Julian, Skeels, Burke, Toomey, Bronson et McCarthy, 1998) qui seront suggérées, puisque les valeurs véhiculées par ces méthodes sont connexes aux valeurs qui soustendent le DEC. Quant au troisième volet de consultation, il devient possible lorsqu'un processus de réflexion collective s'engage, soit de manière plutôt informelle et brève, par exemple dans le cas où le psychologue communautaire est invité à animer une discussion lors d'une révision annuelle des programmes, soit de façon plus prolongée et approfondie, par exemple à l'intérieur d'un processus de planification stratégique faisant suite à une évaluation des conséquences. Ce processus de réflexion profonde peut s'exercer auprès d'un groupe en particulier, ou de regroupements d'organismes de DEC fonctionnant en système. La conceptualisation du modèle d'intervention peut donner lieu à une meilleure élaboration de politiques communes en réponse à des problèmes systémiques, à la préparation de nouvelles interventions communautaires afin de combler certains trous dans le réseau de soutien, ou à faire des modifications à des programmes existants, par exemple en adaptant des modèles mis en place dans un autre environnement.

5. LES APPRENTISSAGES DU PSYCHOLOGUE COMMUNAUTAIRE DANS SA PARTICIPATION AU DEC

Les apprentissages du psychologue communautaire participant au DEC sont nombreux : une meilleure compréhension du phénomène de la pauvreté, l'acquisition et le perfectionnement d'outils de travail, l'acquisition d'un vocabulaire technique et d'habiletés en gestion ainsi que l'acquisition d'habiletés à la mobilisation.

5.1 Une meilleure compréhension du phénomène de la pauvreté

En s'engageant dans le DEC, le psychologue communautaire améliore d'abord ses connaissances des causes de la pauvreté, des facteurs systémiques qui la perpétuent et qui empêchent de modifier les conditions économiques tant sur le plan individuel, que familial ou communautaire. Cet apprentissage se fait non seulement par la consultation des documents produits par les organismes de DEC ou d'exposés des faits véhiculés par les intervenants, mais aussi, et surtout, en écoutant le récit des expériences vécues par les participants et par les membres qui vivent la pauvreté, ainsi que le témoignage de leurs efforts pour surmonter les obstacles rencontrés quotidiennement. Le livre écrit par Pat Capponi (1997), qui décrit au jour le jour sa lutte personnelle contre la pauvreté, en est un exemple éloquent semblable à ceux des membres de la communauté qui voient dans le mouvement du DEC une réponse à leur recherche de solutions, d'aide et de solidarité.

5.2 L'acquisition et le perfectionnement d'outils de travail

En travaillant en développement économique communautaire, le psychologue fait aussi l'apprentissage de techniques utilisées par les intervenants qu'il côtoie. Il s'agit notamment de se constituer une boîte à outils d'éducation populaire (Fernandez, 1988) comprenant diverses techniques d'animation et de planification. Celles-ci permettent de concevoir des ateliers intéressants qui respectent les capacités des participants et y font appel, au moyen d'activités où l'ensemble du groupe s'engage ou encore travaille en sous-groupes plus restreints. Un autre aspect important que les intervenants se chargent de signaler au psychologue est celui du vocabulaire à utiliser dans les communications aussi bien écrites que verbales, qui se doit d'être adapté au niveau d'éducation et de connaissances des personnes que l'on côtoie.

En travaillant avec les intervenants, en tant que formateur et animateur dont le rôle consiste à rendre accessibles des méthodologies, telles que celles de la recherche-action ou de l'évaluation participante, le psychologue apprend aussi à clarifier les peurs et les attentes, tout en mettant les autres membres du groupe à contribution pour trouver des réponses. Le psychologue développe sa capacité d'écoute des préoccupations des intervenants et des participants et s'applique à gagner leur confiance en respectant leurs habiletés et leurs connaissances, ainsi qu'en démontrant que la relation avec le psychologue est une relation de partenariat et d'échange de connaissances, plutôt qu'une relation à sens unique où celui-ci fait figure d'expert. En effet, alors que les intervenants font l'apprentissage de techniques et de méthodologies de recherche, le psychologue fait l'apprentissage d'un milieu de vie dans un quartier donné, des modes d'intervention mis au point par le DEC, d'un vocabulaire et d'outils propres aux domaines de l'économie et de la finance. Il apprend à miser sur la connaissance que les intervenants et les membres ont de leur milieu, de même que sur leur expérience de l'organisation communautaire, qui sont essentielles pour rejoindre les participants, les engager et leur communiquer de l'enthousiasme pour le DEC.

Il pourra aussi s'agir dans certains milieux pluriethniques qui interviennent en DEC, d'apprendre à travailler avec des personnes issues de cultures diverses. Il faudra alors s'entraîner à comprendre le contexte de vie d'individus et de groupes qui souvent sont victimes d'oppression ou de discrimination systémique. En incitant les membres de ces groupes à partager leurs riches connaissances, le psychologue communautaire apprend à mieux comprendre leur vécu, leurs griefs, leurs réussites et à faire des liens avec son expérience de vie personnelle.

5.3 L'acquisition d'un vocabulaire technique et d'habiletés en gestion

Le psychologue apprend aussi à connaître les termes utilisés dans le domaine de l'entrepreneuriat et acquiert des connaissances pratiques qui pourront lui servir pour la gestion d'un bureau privé : par exemple, comment bâtir un plan d'affaires, le détail de ce qu'il faut y mettre, comment et où recueillir les informations à inclure dans le plan, etc.

5.4 L'acquisition d'habiletés à la mobilisation

Enfin, lorsque les résultats de recherche-action ou d'évaluations participantes sont disponibles, le psychologue est à même de perfectionner ses habiletés à rassembler le groupe et à susciter l'enthousiasme, en se servant des données recueillies comme catalyseur pour amener les différents groupes concernés, entrepreneurs, prêteurs et intervenants, à réfléchir ensemble afin : 1) de mieux conceptualiser les besoins exprimés par les populations cibles, ou les modèles d'intervention du DEC ; 2) de définir les améliorations à apporter aux interventions ; 3) de bâtir ensemble des ajouts à des programmes existants, ou de nouveaux projets, qui répondent aux nouveaux besoins décelés.

6. EN CONCLUSION, DES SUGGESTIONS DE RECHERCHES ET D'ACTIONS FUTURES

Afin de démontrer le succès du mouvement du DEC, de comprendre comment améliorer et mieux cibler les interventions de DEC, de faire pression pour changer certaines politiques gouvernementales et de partager leurs expertises avec d'autres, les multiples groupes engagés en DEC travaillent depuis plusieurs années à bâtir des réseaux d'échange à travers les États-Unis et le Canada. Une avenue de recherche qui s'annonce primordiale pour ces réseaux est celle de la création d'outils d'évaluation, notamment d'indicateurs d'impact et de processus qui pourront être utilisés lors d'évaluations des bénéfices du DEC sur les plans individuel, familial, organisationnel et communautaire. Par sa formation, le psychologue communautaire pourra contribuer à ce type de projet qui vise à démontrer aux individus, aux organismes et aux institutions susceptibles de prêter des fonds, aux participants de la base, aux intervenants sociaux, ainsi qu'au grand public, les bienfaits du mouvement du DEC, en tant que stratégie permettant de faire valoir la justice sociale et de venir en aide aux personnes en situation de pauvreté, non seulement par l'accroissement de leur revenu, mais aussi par l'accession à un plus grand contrôle sur leurs conditions de vie et sur leur communauté.

RÉFÉRENCES
RÉFÉRENCES

ARGYRIS, C. et D.A. SCHON (1991), «Participatory action research and action science», dans Whyte, W.F. (dir.), *Participatory Action Reseach*, Thousand Oaks, CA, Sage, p. 85-96.

Association canadienne de santé publique (1997), *Health impacts of social and economic conditions : Implications for public policy*, Board of directors discussion paper, Ottawa, Ontario.

BÉLANGER, P.R., J. BOUCHER et B. LÉVESQUE (1994), «L'économie solidaire au Québec : la question du modèle de développement», dans Laville, J.L. (dir.), *L'économie solidaire : une perspective internationale*, Paris, Desclée de Brouwer, p. 139-175.

CAPPONI, P. (1997), *Dispatches from the poverty line*, Toronto, Penguin Canada.

CHAVIS, D.M. (1993), «A future for community psychology practice», *American Journal of Community Psychology*, 21, 171-183.

COUSINS, J.B. et E. WHITMORE (1998), «Framing participatory evaluation», dans Whitmore, E. (dir.), *Understanding and Practicing Participatory Evaluation*, San Francisco, CA, Jossey-Bass Publishers, p. 5-24.

DOHRENWEND, B.S. (1978), «Social stress and community psychology», *American Journal of Community Psychology*, 6, 1-14.

DUMONT, M. et M.C. KIELY (1987), «L'évaluation dans le processus d'intervention communautaire», dans Guay, J. (dir.), *Manuel québécois de psychologie communautaire*, Chicoutimi, Gaëtan Morin éditeur, p. 213-242.

EVOY, L. et M. MENDELL (1993), «Democratizing Capital : Alternative Investment Strategies», dans Shragge, E. (dir.), *Community Economic Development : In Search of Empowerment*, Montréal, Black Rose Books, p. 110-129.

FAVREAU, L. (1994), «L'économie solidaire à l'américaine : le développement économique communautaire», dans Laville, J.L. (dir.), *L'économie solidaire : une perspective internationale*, Paris, Desclée de Brouwer, p. 92-135.

FAVREAU, L. et W.A. NINACS (1993), *Pratiques de développement économique communautaire au Québec : de l'expérimentation sociale à l'émergence d'une économie solidaire*, Rapport abrégé, Montréal, Institut de formation en développement économique communautaire.

FERNANDEZ, J. (1988), *La boîte à outils des formateurs*, Montréal, Éditions Saint-Martin.

GAUTHIER, J. (1999), «L'intelligence émotionnelle», *Interface*, 20 (1), 28-35.

GOLEMAN, D. (1998), *Working with emotional intelligence*, New York, Bantam.

Guay, J. (1987), *Manuel québécois de psychologie communautaire*, Chicoutimi, Gaëtan Morin éditeur.

Julian, D., J. Skeels, C. Burke, B. Toomey, D. Bronson et M. McCarthy (1998), « Empowerment based outcome evaluation training for service providers », *The Community Psychologist*, 31, 23-25.

Landry, M. et J. Guay (1987), « La perspective communautaire », dans Guay, J. (dir.), *Manuel québécois de psychologie communautaire*, Chicoutimi, Gaëtan Morin éditeur, p. 3-48.

Laville, J.L. (1992), *Les services de proximité en Europe*, Paris, Syros/Alternatives.

Levine, M. et D.V. Perkins (1997), *Principles of community psychology : Perspectives and applications (deuxième édition)*, New York, Oxford University Press.

Ninacs, W.A. (1990), « L'intervention communautaire : une alternative à l'intervention sociale », *Revue canadienne de santé mentale*, 9, 75-93.

Ninacs, W.A. (1995), « Initiatives de développement économique communautaire au Québec : typologie et pratiques », dans Mercier, C., C. Gendreau, J.-A. Dostie et L. Fontaine (dir.), *Au cœur des changements sociaux : les communautés et leur pouvoir*, Sherbrooke, Regroupement québécois des intervenants et intervenantes en action communautaire en CLSC et en centre de santé, p. 55-77.

Ninacs, W.A. (1997), *Diplôme de deuxième cycle en développement économique communautaire. Présentation et vue d'ensemble*, Montréal, Institut de développement communautaire, Université Concordia.

Payette, M. (1987), « La consultation communautaire », dans Guay, Jérôme (dir.), *Manuel québécois de psychologie communautaire*, Chicoutimi, Gaëtan Morin éditeur, p. 287-316.

Rappaport, J. (1977), *Community psychology : Values, research and action*, New York, Holt, Rinehart and Winston.

Rappaport, J. (1990), « Research methods and the empowerment social agenda », dans Tolan, P., C. Keys, F. Chertok et L. Jason (dir.), *Researching community psychology*, Washington, DC, American Psychological Association, p. 51-63.

Sanyiaka, M.K. (1988), *Program description for the certificate in community economic development studies*, Berkeley, CA, National Economic Development and Law Center.

Shragge, E. (1993), *Community Economic Development : In Search of Empowerment*, Montréal, Black Rose Books.

Whyte, W.F. (1991), *Participatory Action Reseach*, Thousand Oaks, CA, Sage.

LES DÉFIS DE L'INTERVENTION DANS UN CONTEXTE MULTIETHNIQUE

Guitté Hartog et Francine Dufort
Université Laval

chapitre
10

> Mon pays d'origine ce n'est pas un pays, c'est la misère.
> Mon pays d'accueil ce n'est pas un pays, c'est l'hiver !
>
> *Guitté Hartog*

> Mon pays, ce n'est pas le pays de mes ancêtres ni même
> le village de mon enfance.
> Mon pays c'est là où mes enfants seront heureux.
>
> *Dounia Farhoud*

L'OBJECTIF principal de ce chapitre est de sensibiliser les lecteurs et lectrices aux nombreux défis que soulève l'intervention communautaire dans un contexte de plus en plus multiethnique. Plusieurs angles de la question multiethnique seront étudiés. Dans une première étape, il sera d'abord question de se sensibiliser au caractère pluraliste de la population québécoise, caractère qui ne date pas d'hier et qui interpelle les intervenants sociaux dans leur pratique. Par la suite, nous aborderons le processus d'acculturation auquel doivent faire face les personnes « étrangères » en quête d'identité, de continuité et d'intégration. Puis, quelques éléments susceptibles de favoriser de meilleures interventions entre aidants et aidés d'univers culturels différents seront présentés. Cela permettra d'aborder plus en profondeur la pertinence de prendre en compte les causes historiques et culturelles des difficultés d'intégration et de retrouver certains aspects culturels positifs qui permettent de revigorer la vie communautaire afin de favoriser un plus grand pouvoir d'agir des personnes et des communautés quant aux difficultés vécues relativement à leur intégration. Enfin, nous arriverons à montrer comment l'harmonie entre les personnes et les groupes provenant d'univers culturels différents ne va pas de soi et de quelles façons, dans une optique de prévention des conflits interethniques, il est possible, sans nier les difficultés d'une société de plus en plus multiethnique, de créer des environnements exempts de racisme.

1. L'AMÉRIQUE, TERRE D'IMMIGRATION

L'Amérique du Nord est une terre d'immigration depuis toujours (Sévigny et Tremblay, 1999). Bien avant l'arrivée des colons européens, plusieurs nations autochtones se partageaient déjà le territoire (Hurons, Innus, Micmacs, Mohawks, Inuits, etc.). Le caractère multiethnique du Québec n'est donc pas récent. Aujourd'hui, devant la venue croissante de réfugiés et d'immigrants provenant d'Asie, d'Orient, d'Amérique latine, d'Afrique, des Antilles et du Proche-Orient (Rogel, 1989 ; Vincent, 1994), l'intégration des nouveaux arrivants se pose de façon plus accrue. À cet effet, il est intéressant de savoir que la politique canadienne et québécoise en matière d'immigration est une politique de multiculturalisme, c'est-à-dire qu'elle tend à promouvoir la diversité culturelle tout en favorisant la participation pleine et entière des minorités ethniques à la société d'accueil (ministère des Communautés culturelles et de l'Immigration, 1990).

Les deux impulsions profondes de la dynamique sociale d'une société qui se veut multiculturelle sont la sauvegarde de l'identité ethnique et l'intégration des membres des minorités culturelles à un ensemble social plus vaste. D'une part, la diversité culturelle est perçue comme une source d'enrichissement pour la société et elle doit être préservée. D'autre part, l'intégration des minorités culturelles à la société est envisagée à la fois comme un droit et une obligation des individus à faire partie pour le meilleur et pour le pire de la société canadienne puis québécoise. Ce qui n'est pas sans transmettre un double message aux individus en quête d'intégration. L'idéal promulgué est de garder le meilleur de chacune des cultures. Cette idée de *melting pot* implique cependant trois tâches relativement complexes pour les individus des minorités culturelles : conserver seulement les bons côtés de leur culture d'origine, c'est-à-dire ceux qui enrichissent la société québécoise, rejeter les aspects qui nuisent à leur intégration et, enfin, acquérir les aptitudes supplémentaires nécessaires à leur intégration.

Il va sans dire que plus la distance culturelle est grande entre la société d'origine de l'individu et la société d'accueil, plus les risques d'anomie sociale sont élevés ; c'est-à-dire que la personne immigrante perçoit plus de divergence et d'incompatibilité entre sa culture d'origine et la culture de sa société d'accueil. La quête d'une nouvelle identité devient alors difficile. « Ici, c'est simple, on dirait que je n'existe pas ! » affirme Leila, une immigrante tunisienne, paroles qui illustrent bien l'impression de vide identitaire (Vatz-Laaroussy, Lessard, Montejo et Viana, 1999). Dans les prochaines lignes, nous aborderons plus en profondeur le concept d'acculturation qui permet de mieux saisir à la fois les difficultés que peuvent vivre les immigrants quant à leur intégration à la société majoritaire et celles des personnes du groupe majoritaire qui doivent intégrer les nouveaux arrivants comme faisant partie des leurs.

2. L'ACCULTURATION

De façon générale, l'acculturation se définit comme un processus d'accommodation et d'adaptation, de la part des membres d'une minorité ou d'une culture ethnique, aux valeurs culturelles dominantes de la culture du groupe majoritaire. Berry (1999), quant à lui, décrit l'acculturation comme un processus de changement culturel se produisant lorsque deux groupes culturels ou plus entrent en contact les uns avec les autres. Ce changement est observé dans les deux groupes, mais habituellement les membres du groupe dominant changent moins que les membres de l'autre groupe. En clair, les individus du groupe majoritaire s'acculturent moins que ceux des minorités culturelles qui doivent s'intégrer à la société d'accueil.

La compréhension de ce processus de changement et des enjeux qu'il suscite lorsqu'une personne ou un groupe d'individus passent d'une société à une autre est essentielle pour saisir les réalités vécues par les personnes issues des groupes minoritaires. Comme l'explique Laplantine (1988), ce n'est pas le changement en lui-même qui doit être considéré comme la difficulté principale, mais l'épreuve créée par des discontinuités culturelles trop importantes et par des ruptures entre le passé et le présent, entre des valeurs, des univers et des proches.

Les nouveaux arrivants ne forment pas un tout homogène. En effet, les aspirations et les difficultés d'adaptation à la société d'accueil varient énormément selon les groupes et les personnes. Tous ne vivront pas le processus d'acculturation de la même façon. Il est clair que cette reconstruction d'une identité et d'une existence engendre différentes formes de stress qui varient selon les individus et les minorités ethniques. En effet, certains immigrants ont choisi de venir vivre au Québec et réalisent ainsi de vieux rêves personnels, ce qui contraste fortement avec le cas des réfugiés qui ont souvent été forcés de quitter leur pays en catastrophe sous la menace de représailles pour eux et leur famille. Tous ont cependant en commun d'avoir à se trouver une place dans la société pour se refaire une vie (Vincent, 1994).

Sayegh et Lasry (1993) présentent une adaptation intéressante du modèle de Berry (1980) quant aux formes d'acculturation des minorités culturelles. Le modèle à deux dimensions permet de faire ressortir quatre formes de gestion de l'identification à la culture d'origine par rapport à l'identification à la culture d'accueil. Le modèle présenté à la figure 1 montre que, lorsque les personnes s'identifient fortement à la société majoritaire et très peu à leur société d'origine, nous parlons d'assimilation. Si les individus s'identifient fortement aux deux sociétés, ils seront classés sous la bannière de l'intégration. La politique de multiculturalisme canadienne préconise chez les nouveaux arrivants l'intégration, plutôt que l'assimilation (Berry, 1999); c'est-à-dire qu'il est perçu comme souhaitable, par exemple, qu'un Vietnamien garde sa culture vietnamienne tout en devenant un véritable Québécois. Lorsque les individus ne valorisent que les aspects de leur culture d'origine, il sera question d'ethnocentrisme. Enfin, la marginalisation est caractérisée par une non-identification des personnes à leur société d'origine comme à la société d'accueil. Cette dernière forme d'acculturation se produit notamment lorsque deux cultures entrecroisent deux séries de stimulations contradictoires. La personne est littéralement prise en étau de tous les côtés; elle refuse sa propre société sans pour autant arriver à intérioriser les valeurs de l'autre société (Laplantine, 1988).

Figure 1
Styles d'acculturation

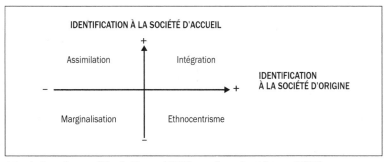

Adaptation du modèle de Berry (1980) par Sayegh et Lasry (1993).

Le stress lié à l'acculturation, s'il se vit chez tous les groupes culturels y compris celui qui est majoritaire et qui se trouve face à d'autres univers culturels, nous l'aurons compris, varie fortement selon les individus, les groupes d'appartenance et, plus particulièrement, selon les types d'acculturation. La situation des réfugiés mérite, quant à elle, qu'on s'y attarde de façon particulière en ce qu'elle diffère sous certains aspects de la situation des immigrants.

La guerre n'est pas un fait du passé. Au contraire, depuis la Deuxième Guerre mondiale, un nombre imposant de conflits et de bouleversements politiques et économiques continuent d'alimenter le flot imposant de réfugiés qui, au-delà des chocs culturels, sont aux prises avec un nombre considérable de séparations (Rousseau, 1995). D'ailleurs, selon Moro (1997), tout porte à croire que dans le futur les mouvements migratoires massifs et souvent violents vont s'accroître de façon importante. Ces réfugiés qui proviennent de diverses cultures et milieux sociaux ont en commun d'avoir quitté leur maison et leur pays de façon souvent involontaire et dans un climat de violence (Fugazzi, 1991). La plupart ont séjourné et transité pendant une assez longue période, souvent durant plusieurs années, dans un ou plusieurs camps de réfugiés avant d'arriver au pays (Jacob, 1993 ; Cohen-Émérique, 1997). À la pauvreté s'ajoute souvent une perte du statut et de pouvoir qui est parfois vécue comme une source d'aliénation. Cependant, comme le rappelle Dompierre (1998), le drame d'un bon nombre des personnes réfugiées est souvent celui de leur infantilisation de la part des intervenants, c'est-à-dire de la non-reconnaissance de leur expérience et de leur débrouillardise acquise avant et pendant le processus de migration.

Le deuil et le stress post-traumatique constituent deux aspects importants des difficultés que peuvent vivre les personnes réfugiées. Selon le pays d'origine des réfugiés, des pertes sont déjà vécues pendant la période prémigratoire : déplacement, appauvrissement dû à la famine et à la guerre, perte de liberté par les travaux forcés, sans compter les pertes relationnelles dans le processus de guerre. Nombre de réfugiés vivent une anxiété chronique liée à la perte ou au manque de renseignements concernant le sort des êtres chers. L'attachement au passé, l'idéalisation du paradis perdu et la « fixation nostalgique » demeurent des éléments fort présents dans la vie de nombreuses personnes réfugiées (Rousseau, 1995). Les traumatismes vécus par les réfugiés varient considérablement d'un individu à l'autre. L'exposition à des scènes violentes, à la torture, à la peur, au viol constitue le propre (lire le sale) des guerres. Il va sans dire que de tels événements fragilisent les individus dans leur épanouissement et que la recherche d'un milieu sécurisant prend ici tout son sens.

Dans les prochaines lignes, il sera plus précisément question de l'adaptation des services sociaux à cette nouvelle clientèle multiethnique. Ce qui ne va pas sans exiger une certaine « acculturation » chez les intervenants dans leur pratique quotidienne.

3. QUELQUES ÉLÉMENTS POUR DES INTERVENTIONS EN CONTEXTE MULTIETHNIQUE

L'émergence de cette nouvelle réalité d'immigration de personnes venues des pays en développement au sein de la société est indéniablement à la fois source d'enrichissement et de nouvelles problématiques pour les services sociaux (Savard, dans Vincent, 1994). En effet, prendre en compte la réalité multiculturelle de la population se pose de façon pragmatique pour les intervenants et intervenantes lorsque nous savons que les services de santé et les services sociaux du réseau public sont sous-utilisés par les minorités ethniques alors que leur accessibilité à tous est garantie par la loi et par des principes d'équité (ministère des Affaires internationales, de l'Immigration et des Communautés culturelles, 1990 ; Boucher, 1988).

Les services de santé et les services sociaux doivent être accordés sans distinction ou préférence fondée sur la race, la couleur, le sexe, la religion, la langue, l'ascendance nationale, l'origine sociale, les mœurs ou les convictions politiques de la personne qui les demande ou des membres de sa famille (article 5, Loi sur la santé et les services sociaux).

Cette volonté d'adapter les services sociaux en fonction des différences ethnoculturelles a pour objectif principal de favoriser la participation dite «pleine et entière» des communautés culturelles à la société québécoise (McAll, Tremblay et Le Goff, 1997; Bibeau, Chan-Yip, Lock, Rousseau, Sterlin et Fleury, 1992).

L'étude de McAll, Tremblay et Le Goff (1997) portant sur les défis de communication entre les intervenants et la clientèle multiethnique en CLSC dans la région de Montréal a montré le rôle important que peut jouer un interprète lors d'un échange entre une personne qui consulte et un intervenant et les biais qui risquent de se glisser dans la communication. Cependant, cette même étude a montré clairement qu'au-delà des barrières linguistiques et «ethnoculturelles» qui peuvent différencier les personnes, les conditions de vie sont plus déterminantes dans la distance entre les intervenants et les membres de la communauté. En effet, les conditions de logement, les inégalités de revenus, les problèmes de santé, le vieillissement, l'isolement, la monoparentalité et le désespoir à se retrouver en dehors du marché de l'emploi sont autant de facteurs d'exclusion sociale qui transcendent les différences culturelles et qui témoignent bien du fait que la marginalisation est plus une question d'iniquité sociale qu'une problématique ethnique. À cet effet, la visite à domicile chez des personnes requérant un service permet un contact privilégié entre les individus et donne accès aux intervenants à l'univers dans lequel les aidés évoluent. Lorsque des barrières linguistiques peuvent interférer dans la relation entre un aidant et un aidé, une image vaut plus de mille mots pour comprendre les difficultés d'intégration, de santé physique et mentale que peuvent vivre des immigrants. De plus, il ressort que, pour une intervention adéquate, la qualité de la relation, l'empathie et la compétence professionnelle priment sur les difficultés d'ordre linguistique ou ethnoculturel. Dans les lignes qui suivent, les lecteurs se familiariseront davantage avec différents éléments susceptibles d'enrichir la relation d'aide entre personnes de différentes cultures.

Tout d'abord, comme Cohen-Émérique (1993) le rappelle, «tout processus d'aide auprès de ces (de toutes) populations se fonde sur le respect de la personne, de sa vision du monde, de son système de valeurs et de ses besoins. Une écoute compréhensive, un climat d'acceptation et de confiance sont les attitudes essentielles à cette relation ».

Devant les barrières qui peuvent s'ériger dans la relation de soin entre acteurs de milieux culturels différents, Boucher (1998) soutient, quant à elle, que les contacts interculturels ne sont constructifs que s'il y a un échange de savoir-faire : « Le donateur transmet son savoir-faire technique et le donataire lui procure un savoir-faire culturel sur le contexte dans lequel le savoir-faire technique doit être appliqué ». Il s'agit d'une rencontre entre un professionnel dans un domaine précis d'intervention et un spécialiste des aspects culturels, leur expertise réciproque constituant la base de leur respect mutuel. En guise d'illustration, si une femme originaire du Mali consulte pour obtenir de l'information sur les méthodes de contraception, le médecin pourra lui expliquer les méthodes disponibles et la femme pourra informer le médecin que, dans une optique traditionnelle, l'espacement des naissances de deux à trois ans est fortement recommandé pour ne pas compromettre la santé du nouveau-né et de la mère, mais que la limitation des naissances est fortement proscrite par le Coran, puisque c'est Dieu qui donne les enfants. Cet échange constructif entre le savoir-faire du médecin et le savoir culturel de la femme en consultation permet d'arriver à une entente qui respecte la véritable demande de soin. Par cette démarche, l'intervenant est encouragé à sortir quelque peu de son rôle d'expert pour devenir celui qui apprend de la personne en demande de service.

Cohen-Émérique (1993) suggère trois démarches suivant un ordre didactique pour permettre de contourner les sources de distorsion, de malentendus, d'incompréhension, voire de tension et d'échec dans le processus d'aide. Tout d'abord, il y a la décentration, pour mieux cerner sa propre identité socioculturelle ; ensuite il faut pénétrer le système de référence de l'autre et, enfin, il faut entamer une forme de négociation/médiation. Une description de ces trois démarches nous amène, au cours des lignes qui suivent, au cœur de la complexité des relations multiethniques. Il est à noter que ces trois démarches s'imbriquent les unes dans les autres, même si, pour des besoins didactiques, elles sont présentées de façon séparée. Ces trois démarches permettent aussi de mettre en perspective différents aspects qui concernent nos conceptions « culturelles » par rapport à celles des autres dans la manière d'envisager la santé physique et mentale.

La décentration, qui permet de prendre ses distances par rapport à son propre modèle d'intervention, est habituellement possible lorsque se produit une forme de choc culturel ou de dépaysement face à d'autres façons d'envisager la réalité. L'étrangeté et le choquant agissent comme des révélateurs de nos propres cadres de référence. Par exemple, devant une femme voilée ne pouvant s'exprimer qu'en arabe et qu'en baragouinant quelques mots maladroits d'anglais, émergent nos modèles de valeurs concernant les rôles masculins et féminins, la place (ou l'absence) de la religion et du sacré dans notre existence, nos valeurs de liberté et notre conception de la façon dont devraient s'intégrer les nouveaux arrivants. Les luttes passées et toujours actuelles pour une plus grande équité entre les hommes et les femmes, pour se détacher d'un certain pouvoir religieux et pour défendre l'identité québécoise, se voient ainsi heurtées par cette seule femme en demande d'un service. Par ce simple voile et sa force symbolique, se dévoile une partie de nous, de ce que Cohen-Émérique appelle le retour du refoulé.

Le processus de décentration exige de l'intervenant de bien comprendre son propre modèle d'intervention. Pour ce faire, il importe de garder à l'idée que les modèles d'intervention dans le domaine de la santé physique et mentale reposent sur des conceptions construites culturellement et qui, de ce fait, varient selon les contextes sociaux et les époques. Cette prise en compte du marquage culturel, historique et social de nos pratiques en matière de santé ne devient apparente que lorsqu'on se retrouve devant des pratiques différentes. En effet, les contacts avec différentes cultures ont permis de mettre en évidence certains présupposés occidentaux dans le domaine de la santé (Laplantine, 1988; Cohen-Émérique, 1993; Bibeau *et al.*, 1992). Remettre en cause ces a priori évite d'une certaine façon de ne voir du culturel que chez l'autre, de sortir de la tentation ethnocentrique qui peut empêcher de saisir les véritables demandes des utilisateurs des services sociaux. En remettant en question notre propre système de valeurs, il est possible dans une seconde démarche de pénétrer dans le système de référence de l'autre. Afin de mieux illustrer ce passage, quelques exemples de constructions culturelles sur lesquelles se basent certaines interventions sont apportés dans les prochaines lignes.

Une première tendance occidentale est celle d'accorder la priorité au processus de quête d'autonomie des personnes par rapport à leur environnement social, alors que dans plusieurs univers culturels de type dit plus collectiviste, la personne n'existe qu'en ce qu'elle est reliée aux autres membres de sa communauté. Le cas des problèmes vécus par les jeunes autochtones et Métis en quête d'identité sociale constitue un bon exemple de demandes souvent mal satisfaites par les services sociaux (Morrissette et Patrick, 1991). Les plans d'intervention pour ces jeunes sont souvent axés sur des objectifs précis afin qu'ils développent leur propre sens des responsabilités, voire qu'ils se détachent de leur milieu familial considéré comme inadéquat, alors que la demande se situe plus souvent dans la reconstruction des liens familiaux et de cette identité sociale. Les concepts d'anonymat, de projets personnels et de prise en charge de sa propre existence ont souvent bien peu de sens pour ces personnes s'ils ne permettent d'améliorer le sort des leurs, ce qui les définit comme individus.

La notion de famille est un concept central pour comprendre l'univers d'un individu qui varie d'une culture à l'autre. Par exemple, il est surprenant de constater à quel point des immigrants sénégalais opposent même la notion de famille québécoise dite nucléaire, à celle de la famille sénégalaise dite élargie (Ndoye, 1998). Pour eux, il s'agit clairement de deux concepts différents ; une vraie famille sénégalaise ne saurait se réduire au père, à la mère et à leurs enfants, il s'agit d'un tout beaucoup plus grand. Et ce, sans compter le concept de polygamie et de remariages multiples qui contribue à l'élargissement du nombre des membres de la famille et du concept en lui-même. La notion de famille plus étendue et de solidarité qu'elle sous-tend est souvent une source d'incompréhension pour les intervenants, comme lorsqu'une personne est malade et que toute sa communauté ou presque se déplace pour venir la visiter à l'hôpital (Chiasson, 1998).

Lorsqu'il est temps, lors d'un entretien, de mieux saisir le système familial et les personnes qui ont une influence significative sur la vie de la personne aidée, il faut parfois s'attendre, par exemple, à ce qu'une grand-tante restée au pays d'origine constitue plus la figure maternelle que la véritable mère biologique qui est devant vous avec la personne qui vous consulte. Comme l'ont constaté Vatz-Laaroussy, Lessard, Montejo et Viana (1999) dans leur étude, en ce qui concerne les réseaux sociaux, la distance géographique et temporelle chez des femmes immigrantes n'empêche pas la proximité socio-affective avec des parentes qui ne se sont pas vues depuis des années. L'utilisation du génogramme peut s'avérer fort utile pour comprendre les liens familiaux des immigrants. D'une part, le génogramme permet de mieux identifier les personnes qui sont restées dans le pays d'origine, et celles qui ont immigré et, d'autre part, de distinguer celles qui sont vivantes de celles qui sont décédées au cours de la guerre (Cohen-Émérique, 1997). Cette démarche efficace et relativement rapide permet d'identifier, sous une forme d'arbre généalogique, les membres de la famille, les liens qui les unissent et de situer rapidement les événements qui ont marqué cette famille. Cet outil principalement utilisé pour étudier les dynamiques familiales s'avère fort efficace avec des personnes de culture plus collectiviste en demande d'aide. Retrouver sa place parmi les siens et redonner du sens aux événements qui ont créé des discontinuités dans les liens avec la terre natale et les proches constituent souvent la clé d'un mieux-être et la quête d'une identité solide.

Le relativisme culturel qui consiste à respecter les différences telles qu'elles sont dans leur intégrité, différences relatives aux contextes écologiques, économiques et sociaux des groupes humains qui les ont créées (Cohen-Émérique, 1993), n'est pas toujours conciliable avec la vie en communauté et les contraintes administratives des institutions. La négociation et la médiation deviennent alors des processus incontournables. Pour réussir cette étape, il importe de reconnaître qu'il s'agit d'un conflit de valeurs entre deux groupes culturels et non des comportements aberrants, anormaux, à modifier ou à inhiber. De plus, il faut considérer l'autre et parfois sa famille comme faisant partie intégrante de la solution (Vatz-Laaroussy, 1993). Et, enfin, comme dernier préalable, il faut retenir l'idée que le rapprochement ne peut se faire que dans les deux sens. Ce qui nécessite une certaine flexibilité de la part des intervenants sociaux et des institutions qu'ils représentent. L'étude de Legault et Lafrenière rapportée par McAll *et al.* (1997) nous éclaire sur les principaux chocs vécus par les intervenantes sociales qui œuvrent auprès des femmes immigrées. Ces chocs portent sur la notion de famille, les modèles d'éducation des enfants, les rapports inégalitaires entre les hommes et les femmes, la conception de la santé physique et mentale.

Comme l'expliquent McAll *et al.* (1997), la méconnaissance des croyances, valeurs et représentations populaires représente un handicap d'autant plus lourd que la distance culturelle est grande entre intervenants et aidés. Le défi de l'adaptation des services est de pallier ce handicap en portant une attention particulière à l'expérience et à la compétence des personnes immigrantes. Par exemple, il peut être particulièrement important de mieux saisir comment est perçue ou intégrée une personne ayant une déficience intellectuelle dans la culture de la famille qui consulte pour un de ses membres, avant de faire toutes propositions de soutien, afin que ces dernières ne soient pas perçues comme complètement insensées par les personnes concernées. Une intervention ne tenant pas compte des perceptions pourrait compromettre sérieusement le lien de confiance de la famille face aux services sociaux et empêcher cette dernière de recevoir de l'aide comme en aurait bénéficié toute autre famille québécoise.

L'étude de Battaglini, Fortin, Heneman, Laurendeau et Tousignant (1997), qui avait pour objectif de recenser les services offerts en matière de soutien parental et de stimulation infantile en contexte pluriethnique au Québec, soulève clairement le danger de sentiment d'ingérence dans la sphère privée que peuvent sentir certaines personnes des minorités ethniques, plus particulièrement quand les conseils proposés entrent fortement en conflit avec leurs propres valeurs. C'est notamment le cas pour les pratiques éducatives en ce qui concerne les enfants, qui se veulent souvent plus correctives que dans la société d'accueil, et qui peuvent inclure des châtiments physiques. Comme l'expliquent les auteurs, plusieurs parents des communautés ethniques sentent pourtant un véritable besoin de briser leur isolement et d'entrer en contact plus étroit avec des personnes de la société d'accueil. Par contre, si sortir de cet isolement implique pour eux d'être placés dans des situations insécurisantes, d'être confrontés à des valeurs qui les dérangent ou qui sont aux antipodes des leurs, cela ne peut que les encourager à s'enfoncer davantage dans leur solitude et à percevoir les services sociaux comme des menaces plutôt que comme des services de soutien et d'appui. Ces réticences empêchent ces parents et ces enfants de bénéficier des services sociaux au même titre que les Québécois d'origine alors qu'ils en ont peut-être plus besoin que les autres. D'où l'importance d'adapter les interventions en permettant des zones d'échanges entre les intervenants et les bénéficiaires des services.

Si cette meilleure connaissance du bagage culturel des personnes est utile pour rendre plus constructifs les échanges entre les intervenants et les personnes en demande de services, elle peut aussi servir de base pour permettre aux individus et aux groupes minoritaires de retrouver leur propre identité et un certain pouvoir d'agir sur les difficultés qu'ils doivent affronter.

4. RETROUVER SES RACINES ET CONSOLIDER LE NOYAU FAMILIAL POUR MIEUX S'INTÉGRER

Que ce soit pour les autochtones, les immigrants, les réfugiés, les anglophones ou les francophones «pure laine», retrouver ses racines (sa véritable fibre pour les «pure laine») est presque toujours l'occasion de mieux se connaître, de mieux comprendre les blessures du passé mais aussi de retrouver une certaine fierté. Nous donnerons dans les prochaines lignes un exemple d'intervention simple qui permet de voir comment une revalorisation de certains aspects de la culture traditionnelle, jumelée à une meilleure compréhension des événements et du soutien familial et communautaire, peut aider des personnes à retrouver leur place dans la société tout en redonnant un certain sens à leur existence.

À l'aide de l'histoire d'un jeune immigrant, nous illustrerons l'importance d'aborder une problématique individuelle selon une approche plus communautaire. Le court récit qui suit montre comment une intervention peut permettre à un individu de s'intégrer à un milieu tout en permettant à ce milieu de l'accueillir. Il s'agit d'un bon exemple d'acculturation dans les deux sens, c'est-à-dire à la fois pour «l'étranger» et la société d'accueil. L'histoire de Pablo, racontée par Bibeau *et al.* (1992), montre en effet comment l'intégration d'un enfant a été possible par la légitimation sociale de son histoire prémigratoire et des liens qu'il entretient toujours avec son pays d'origine.

Pablo est un enfant guatémaltèque, intégré en première année régulière parce qu'il parle bien le français, ayant fréquenté la maternelle au Québec. Le comportement de Pablo le fait vite considérer comme un enfant difficile, voire un cas problème : Pablo est agressif, frappe les autres enfants, crie et, par moments, se retire et s'isole. Le professeur rencontre les parents et comprend que Pablo, en ce moment, puisse être très préoccupé par ce qui s'est passé avant l'arrivée de la famille au Canada. Il pose beaucoup de questions à ses parents sur le Guatemala, et ceux-ci sont d'ailleurs particulièrement inquiets depuis quelques mois au sujet de leur famille restée là-bas, à cause d'une détérioration de la situation politique. Finalement le professeur, de concert avec les parents, propose que Pablo présente à sa classe son pays et ce qui s'y passe. Pablo fait sa présentation avec l'aide de l'enseignant et les autres enfants l'écoutent avec beaucoup d'attention. Dans les semaines qui suivent, le comportement de Pablo en classe s'améliore considérablement, ainsi que ses relations avec les autres enfants.

Toujours selon les mêmes auteurs, un argument pour privilégier une intervention de type communautaire plutôt que centrée exclusivement sur la personne est de reconnaître que la montée de l'individualisme que connaît l'Occident serait beaucoup moins forte chez les personnes issues des autres communautés. De plus, il paraît important de souligner qu'une difficulté vécue par les immigrants, et peut-être de façon encore plus marquante par les immigrantes, consiste en la perte de leur réseau de soutien familial, notamment en ce qui touche l'éducation des enfants (Vatz-Laaroussy *et al.*, 1999). En effet, le sentiment d'identité de l'individu demeure assez fortement lié à son inscription dans son réseau social. La famille élargie, c'est à la fois la banque, le dépanneur, le consultant en santé, le service social et bien d'autres choses encore. Il va sans dire qu'une approche de type communautaire est souvent à privilégier en ce qu'elle permet à un individu, quel qu'il soit, d'échapper à certaines formes d'isolement social et de marginalisation susceptibles d'entraîner de la détresse psychologique. De plus, une approche qui prend en compte le réseau social s'appuyant sur des bases culturelles solides peut avoir un effet bénéfique en permettant aux personnes de cultures plus « collectivistes » de retrouver leurs véritables racines.

Si la valorisation de la culture d'origine et d'un certain pouvoir d'agir des minorités culturelles peut agir comme un facteur de protection et de prévention pour les personnes provenant de ces groupes, cela n'est pas nécessairement le cas pour la majorité « pure laine », qui elle aussi se sent menacée à certains égards et qui veut continuer de se sentir chez elle. Quand une identité en menace une autre, quand le chômage sévit, quand le système scolaire de même que les services de santé et les services sociaux sont déjà débordés, les défis d'une société multiculturelle se font véritablement sentir.

Dans la prochaine section, il sera plus précisément question des difficultés que soulève une cohabitation harmonieuse entre les personnes provenant de différentes cultures. Pour que « multiculturel » ne rime pas nécessairement avec multiplication des problèmes entre les individus de différentes cultures, des mesures de rapprochement sont souhaitables, voire nécessaires. Jusqu'à maintenant, les difficultés d'intégration ont été davantage décrites du point de vue des nouveaux arrivants, mais dans la section qui suit elles sont envisagées du point de vue de la communauté d'accueil. Un peu comme de la visite qu'on accueille (ou qui s'impose) dans sa maison, bien qu'on ait le désir d'offrir une certaine hospitalité, la situation peut facilement devenir pesante et s'envenimer pour les hôtes, alors qu'au début ceux-ci pouvaient même attendre les visiteurs avec impatience sur le pas de la porte. Quand la visite ne s'en va pas, se sent chez soi et commence à imposer ses propres règles, il va sans dire que le sentiment d'envahissement n'est jamais très loin, surtout quand certains visiteurs osent dire qu'ils sont mal servis et même accusent leurs hôtes de racisme.

5. PRÉVENTION, MULTICULTURALISME ET RACISME

Les défis de la cohabitation dans une optique multiculturelle sont nombreux. L'acculturation de la société dominante au contact d'autres groupes ethniques, sans y perdre son identité, ne va pas de soi. Ne pas se comprendre, lorsque nous parlons des langues différentes et que nous avons des systèmes de valeurs et des façons de faire et de penser qui divergent, semble en quelque sorte tout à fait naturel. La tolérance n'est pas innée; l'intolérance en tant que facteur de protection l'est probablement davantage. Comme l'explique Crépeau (1997), le simple contact entre personnes de cultures différentes ne suffit pas à réduire les préjugés envers les minorités, au contraire il peut contribuer à les confirmer et même permettre l'occasion d'en créer d'autres. Devant les conflits ethniques et leurs lots de terreur, Lektorsky (1998) va même jusqu'à dire que la tolérance n'est pas qu'un idéal philosophique abstrait, mais qu'il s'agit plutôt au sens strict d'une question bien pratique de survie. Si le fait de faire de plus en plus face à une clientèle diversifiée pose des problèmes évidents aux intervenants sociaux, l'ethnicisation ou la négation des problèmes ethniques peuvent quant à elles couvrir des feux brûlants.

L'enjeu vital de la construction de relations interethniques harmonieuses, tant pour la société que pour les individus qui s'y côtoient, mérite attention. L'intégration des minorités ethniques dans le monde scolaire, le monde du travail et la vie de quartier provoque certains bouleversements où la bonne volonté et l'ouverture d'esprit ne suffisent pas toujours à créer des ponts par-dessus les fossés qui creusent les différences. En effet, comme l'explique Quallenberg (1993), le racisme est un «virus» qui s'enracine profondément et qui, une fois installé, résiste farouchement à toute intervention.

Les travaux de Laperrière (1993) montrent bien comment, dans une école secondaire de Montréal, les relations entre les jeunes d'origines haïtienne et québécoise en viennent à s'envenimer, alors qu'à leur entrée au secondaire le climat semblait ouvert à la création de liens d'amitié de part et d'autre. En première secondaire, les jeunes d'origine haïtienne ayant souvent déjà vécu du racisme par l'entremise de leurs parents en ce qui concerne le logement et le monde du travail sont déjà un peu méfiants envers les jeunes d'origine franco-québécoise qui se montrent en général ouverts à des amitiés interethniques, mais peu sensibilisés aux difficultés que vivent les immigrants.

Cette susceptibilité et le fait qu'en général les jeunes d'origine haïtienne perçoivent les Blancs comme plus individualistes amènent dès le départ une certaine distanciation qui n'est cependant pas encore vécue comme très problématique entre les deux groupes et qui permet tout de même le développement de certains liens d'amitié. Par contre, le tableau s'assombrit en troisième secondaire par la création de « gangs de rue » haïtiens qui œuvrent à la répression du racisme ouvert mais qui ont l'effet pervers de propager la peur chez les Blancs, ce qui rend les amitiés plus difficiles et renforce le stéréotype du Noir violent. À la fin du secondaire, seule une minorité de Blancs et de Noirs, un peu à part des autres, réussiront à maintenir des relations d'amitié entre eux. Les analyses de leur discours permettent de voir que les jeunes Haïtiens dénoncent le caractère individualiste et l'indifférence de la majorité des jeunes Blancs aux blessures du racisme, alors que les jeunes Blancs ne se reconnaissent pas comme racistes, ne voient pas la nécessité de faire un effort pour les intégrer à leur cercle d'amis et ont tendance, parfois avec raison, à éprouver de la peur et du ressentiment pour ces « gangs de rues » d'Haïtiens bien organisés.

Ici, il est clair que sur le plan préventif des initiatives de rapprochement sont souhaitables ; les jeunes réclament d'ailleurs l'intervention du personnel bien avant les éclats de violence. L'omission d'intervention, si elle n'est pas raciste en soi, contribue certainement à laisser se miner le terrain des relations interethniques qui, sans être toujours faciles, pourraient s'avérer enrichissantes de part et d'autre. Comme le rappelle Villefranche (1993), « [...] il est vrai que l'insertion dans la société d'accueil se fait avec tous les heurts et les souffrances qui accompagnent le choc migratoire des parents et la quête d'une identité et d'une culture pour les enfants ». L'échange, le partage, le plaisir de mieux se connaître, l'histoire de ses immigrants qui devient un peu la nôtre et notre histoire un peu la leur, constituent quelques pistes de solutions pour traverser le mur de l'altérité et envisager un futur commun.

6. CONCLUSION

L'Amérique est depuis toujours une terre d'immigration et son paysage multiculturel fait désormais partie intégrante de son identité. Si les nouveaux arrivants doivent développer un certain nombre d'habiletés pour s'intégrer à leur communauté d'accueil, ils ne sont pas les seuls. Pour les intervenants sociaux qui ont pour mandat de desservir ces nouvelles populations afin de faciliter leur intégration, des parallèles doivent être établis afin de mieux comprendre les facteurs qui peuvent différencier ou rapprocher, sur les plans culturel et social, les demandes d'aide des nouveaux arrivants et les services que peut offrir la communauté d'accueil. En ce qui concerne la convivialité entre les Québécois « pure laine » et ceux de diverses origines ethniques, la tolérance exige la construction de ponts permettant de relier des univers culturels différents. Les trois démarches décrites par Cohen-Émérique (1993), de décentration pour mieux cerner sa propre identité socioculturelle, de pénétration du système de l'autre pour mieux saisir son univers culturel, et de négociation/médiation pour arriver à des accords communs, demeurent utiles pour parvenir à des échanges véritablement constructifs tant sur le plan de la relation d'aide que sur celui de la cohabitation au quotidien entre personnes provenant de différentes cultures.

D'ailleurs, selon Berry et Laponce (dans Chiasson, 1998) « [...] l'ethnicité sera au vingt et unième siècle ce que les classes sociales ont été au vingtième », c'est-à-dire une source intarissable de tension sociale et politique, mais aussi de création et de diversification toujours renouvelée sur le plan des rapports humains.

En terminant, rappelons que, pour mieux intervenir en contexte multiethnique, plusieurs dimensions doivent être prises en considération et les défis à relever sont nombreux. Tenir compte dans les services sociaux de la réalité multiculturelle permet d'enrichir la pratique et devient tout aussi nécessaire que ce l'était et l'est encore d'ailleurs de mieux comprendre et connaître la réalité des femmes, des enfants, des personnes pauvres, etc. Sans « ethniciser » les problèmes des personnes ou sans les « ghettoïser », la reconnaissance de certains besoins particuliers amène une meilleure compréhension des réalités humaines, telle qu'elle est préconisée en intervention communautaire. Comme le soulignent Trickett *et al.* (1994), l'incorporation de la culture et du contexte social dans le cadre conceptuel et dans les activités d'intervention permet, d'une part, de revenir à la vision originelle de la psychologie communautaire et, d'autre part, de créer des objectifs stimulants en ce qui a trait au futur de la discipline.

RÉFÉRENCES
RÉFÉRENCES

BATTAGLINI, A., S. FORTIN, B. HENEMAN, M.C. LAURENDEAU et M. TOUSIGNANT (1997), *Bilan des interventions en soutien parental et en stimulation infantile auprès de clientèles pluriethniques*, Régie régionale de la santé et des services sociaux de Montréal-Centre, Direction de la santé publique. En collaboration avec le Centre de formation du CLSC Côte-des-Neiges et le LAREHS de l'UQAM.

BERRY, J.W. (1980), « Acculturation as varieties of adaptation », dans Padilla, A.M. (dir.), *Acculturation : theory, models and some new findings*, Colorado, Westview Press, p. 9-25.

BERRY, J.W. (1999), « Intercultural relations in plural societies », *Canadian Psychology / Psychologie canadienne*, 40 (1), 2-21.

BIBEAU, G., A.M. CHAN-YIP, M. LOCK, C. ROUSSEAU, C. STERLIN et H. FLEURY (1992), *La santé mentale et ses visages, un Québec pluriethnique au quotidien*, Le Comité de la santé mentale du Québec, Gaëtan Morin éditeur.

BOUCHER, N. (1998), « Y a-t-il une différence entre intervention interculturelle et intervention en contexte interculturel ? », Collectif interculturel, *La revue de l'Institut de recherche et de formation interculturelles de Québec*, 4 (1), 233-236.

BOUCHER, N. (1988), « L'accessibilité des services aux communautés culturelles : un principe ou une réalité ? », *Service social*, 37 (3), 455-462.

CHIASSON, N. (1998), « Le soutien à l'intégration et la formation aux compétences interculturelles », *Revue québécoise de psychologie*, 19 (3), 251-269.

COHEN-ÉMÉRIQUE, M. (1993), « L'approche interculturelle dans le processus d'aide », *Santé mentale au Québec*, 18 (1), 69-90.

COHEN-ÉMÉRIQUE, M. (1997), *L'intervention auprès des immigrants et des réfugiés*, Notes de cours, Formation offerte par le Centre multiethnique de Québec.

CRÉPEAU, M. (1997), « Comment le consultant en relations humaines peut-il réduire les préjugés des membres de la société d'accueil à l'égard des membres de groupes ethniques minoritaires ? », *Interactions*, 1 (2), 188-213.

DOMPIERRE, S. (1998), « La bonne volonté ne suffit pas... », Collectif interculturel, *La revue de l'Institut de recherche et de formation interculturelles de Québec*, 4 (1), 221-225.

FUGAZZI, B. (1991), *L'école québécoise et les communautés culturelles*, Québec, ministère de l'Éducation.

JACOB, A. (1993), *Le racisme commande des stratégies d'intervention globale. Racisme et santé mentale : enjeux, impacts et perspectives*, Actes du colloque de l'Association canadienne pour la santé mentale, filiale de Montréal, p. 31-40.

LAPERRIÈRE, A. (1993), *Construire ou défaire le racisme à l'école secondaire : stratégies de jeunes d'origine haïtienne et québécoise-française. Racisme et santé mentale : enjeux, impacts et perspectives*, Actes du colloque de l'Association canadienne pour la santé mentale, filiale de Montréal, p. 41-66.

LAPERRIÈRE, A. (1993), *De l'indifférenciation à l'évitement. Les stratégies relationnelles de jeunes adolescents dans un quartier multiethnique de Montréal. Pluriethnicité, éducation et société. Construire un espace commun*, Institut québécois de recherche sur la culture, p. 543-562.

LAPLANTINE, F. (1988), *L'ethnopsychiatrie*, Paris, Collection « Que sais-je ? », Presses universitaires de France.

LEKTORSKY, V. (1998), « On tolerance, pluralism and criticism », *Social Sciences. A Quarterly Journal of the Russian Academy of Sciences*, 29 (3), 3-12.

MCALL, C., L. TREMBLAY et F. LE GOFF (1997), *Proximité et distance. Les défis de communication entre intervenants et clientèle multiethnique en CLSC*, Montréal, Les Éditions Saint-Martin.

Ministère des Communautés culturelles et de l'Immigration (1990), *Au Québec pour bâtir ensemble : énoncé de politique en matière d'immigration et d'intégration*, Québec, ministère des Communautés culturelles et de l'Immigration.

MORO, M.R. (1997), « Penser l'altérité. De l'éthique à la clinique », *Champ psychosomatique*, 11-12, 9-12.

MORRISSETTE, J. et J. PATRICK (1991), « Therapeutic Dilemma with Canadian Native Youth in Residential Care », *Child and Adolescent Social Work*, 8 (2), 89-99.

NDOYE, A. (1998), « Essai d'interprétation des modèles d'identification d'un immigrant d'origine sénégalaise au Québec. Les forces sociale et morale de l'interdépendance ou le voilement des difficultés d'adaptation », Collectif interculturel, *La revue de l'Institut de recherche et de formation interculturelles de Québec*, 4 (1), 155-183.

QUALLENBERG, J. (1993), *Interventions en santé mentale dans les communautés ethnoculturelles : un point de vue. Racisme et santé : enjeux, impacts et perspectives*, Actes du colloque de l'Association canadienne pour la santé mentale, filiale de Montréal, p. 11-20.

ROGEL, J.P. (1989), *Le défi de l'immigration*, Québec, Institut québécois de recherche sur la culture.

ROUSSEAU, C. (1995), « The mental health of refugee children », *Transcultural Psychiatric Research Review*, 32, 299-330.

SANTIAGO-RIVERA, L.A., G.S. MORSE et A. HUNT (1998), « Building a community based research partership : Lessons from the Mohawk nation of Akwesnane », *Journal of Community Psychology*, 26 (2), 163-174.

SAYEGH, L. et J.C. LASRY (1993), « Acculturation, stress et santé mentale chez des immigrants libanais de Montréal », *Santé mentale au Québec*, 18 (1), 23-52.

SÉVIGNY, R. et L. TREMBLAY (1999), « L'adaptation des services de santé et des services sociaux au contexte pluriethnique », dans Bégin, C., P. Bergeron, P.G. Forest et V. Lemieux (dir.), *Le système de santé québécois. Un modèle en transformation*, Montréal, Les Presses de l'Université de Montréal, p. 77-99.

TRICKETT, E.J., R.J. WATTS et D. BIRMAN (1994), « Toward an overaching framework for diversity », dans Trickett, E.J. et R.J. Watts (dir.), *Human diversity : Perspectives on people in context*, San Franscisco, CA, Jossey-Bass, p. 7-26.

VATZ-LAAROUSSY, V. (1993), « Intervention et stratégies familiales en intercuturel », *Service social*, 42 (1), 49-62.

VATZ-LAAROUSSY, V.M., D. LESSARD, M.E. MONTEJO et M. VIANA (1999), « Quand la recherche féministe s'intéresse aux femmes immigrantes », dans Dagenais, H. (dir.), *Pluralité et convergences, la recherche féministe dans la francophonie*, Montréal, Les Éditions du remue-ménage, p. 335-357.

VILLEFRANCHE, M. (1993), *Trente ans de pratique d'intervention dans la communauté haïtienne. Racisme et santé mentale : enjeux, impacts et perspectives*, Actes du colloque de l'Association canadienne pour la santé mentale, filiale de Montréal, p. 11-20.

VINCENT, P. (1994), *Immigration : phénomène souhaitable et inévitable*, Montréal, Éditions Québec/Amérique.

INSPIRER, SOUTENIR ET RÉNOVER LES POLITIQUES SOCIALES

chapitre
11

Camil Bouchard
Université du Québec à Montréal

1. POURQUOI LES CHERCHEURS DEVRAIENT-ILS CONTRIBUER À L'ÉLABORATION DES POLITIQUES SOCIALES ?

COMMENTANT ce qui aurait pu inciter les chercheurs de sa génération à « quitter le cocon protecteur du laboratoire pour se confronter aux problèmes du "vrai monde" » (Cohen, 1970, p. 649, dans Zigler, 1998), Zigler mentionne trois facteurs précipitant ce mouvement : 1) la proposition écologique de Bronfenbrenner (1974, 1979) ; 2) les enfants, leurs problèmes et la dette des chercheurs envers de si précieux « collaborateurs » ; 3) les nouvelles exigences des pourvoyeurs de fonds gouvernementaux en matière de rendement sur l'investissement en recherche. Ces trois facteurs, sans qu'ils en constituent une liste complète, illustrent la dynamique complexe des raisons qui les inciteraient désormais à consacrer davantage de leur temps et de leurs ressources à la recherche « appliquée » aux politiques sociales.

Le premier facteur tient à la présence de l'approche écologique qui ouvre grand le champ de l'exploration des comportements et du développement humain. Cette approche pose comme postulat fondamental que le développement des personnes est sous l'influence de systèmes éloignés (les valeurs, les lois, les institutions) par l'entremise de systèmes plus rapprochés de la personne (les organisations qu'elle fréquente, son entourage, sa famille). À la limite, l'approche renvoie à ce que Zigler appelle « l'ultime aboutissement (*the extreme*) du travail de recherche appliquée », c'est-à-dire les politiques sociales, éléments systémiques mais omniprésents dans la vie des personnes. Le second facteur témoigne de la présence de certaines valeurs éthiques fondamentales dans ce choix d'une contribution de la recherche à l'identification de solutions aux difficultés vécues par les enfants (dans ce cas-ci), valeurs que l'on pourrait nommer «reconnaissance», «compassion», «équité». Le troisième élément, plus prosaïque et opportuniste, a trait à des contingences externes du financement de la recherche, financement de plus en plus lié à son utilité reconnue par le public et les décideurs. Les récents avis du Conseil de la science et de la technologie du Québec (CST) illustrent éloquemment cette tendance; on y associe désormais le développement de la recherche à l'innovation, c'est-à-dire à sa capacité d'aboutir à la création d'un nouveau «produit» utilisable (CST, 1999).

Aucun de ces facteurs n'influence à lui seul la décision des chercheurs de contribuer aux changements sociaux ou à l'amélioration des institutions et des politiques sociales. C'est la présence simultanée d'intérêts professionnels, d'éléments organisationnels, de valeurs personnelles et d'un cadre théorique pertinent qui permet un rapprochement entre les chercheurs et le domaine des politiques sociales. Celles et ceux qui parmi les chercheurs optent pour une telle contribution partagent une même valeur selon laquelle le but ultime de la recherche est de servir les intérêts de la société, le bien-être et le développement des communautés et de ses citoyens (McCall, 1996).

2. FREINS À LA CONTRIBUTION DES CHERCHEURS

Cette valeur est loin de recevoir l'adhésion de tous les membres de la communauté des chercheurs en psychologie. Ce n'est que tout récemment, par exemple, que la très influente revue *Child Development* acceptait d'ouvrir ses pages à des articles traitant de politiques sociales (Zigler, 1998). De très nombreux chercheurs sont plutôt d'avis que leur rôle devrait s'arrêter à produire de nouvelles connaissances, solides, reconnues par les pairs et dont la crédibilité et la légitimité ne seraient pas entachées par des manœuvres associées au monde de la politique ou de la gestion sociale. Cette position s'exprime encore avec force dans les milieux académiques et oriente lourdement la formation des étudiants en psychologie et la carrière de leurs professeurs (Schneider, 1996).

D'autres chercheurs se montrent moins viscéralement contre cette fonction de relais entre la recherche et les politiques sociales, mais expriment leur pessimisme quant à la possibilité réelle d'influencer ces politiques. Ce pessimisme prend la forme de quatre raisonnements distincts (Bogenschneider, Olson et Linney, 1999). Le premier voudrait que la sous-utilisation des données de la recherche par les décideurs et les gestionnaires des politiques publiques dépend de la nature même du processus de mise en œuvre des politiques publiques. Ce processus se déroulerait dans un contexte d'influences et de pressions et selon les intérêts propres aux décideurs, caractéristiques incompatibles avec la démarche des sciences sociales qui serait (selon les chercheurs...) plus indépendante et plus rationnelle. Le second raisonnement a trait à la réserve et à la prudence que les scientifiques eux-mêmes manifesteraient vis-à-vis de la transmission d'informations forcément incomplètes, vu l'évolution de nos connaissances, et qui risqueraient d'aiguiller des politiques publiques dans une direction erronée. La troisième argumentation tient davantage au manque d'un lieu de pouvoir où les meilleures connaissances produites pourraient être d'autorité adoptées par les décideurs comme cela peut être le cas dans une culture politique très fortement centralisée. Bogenschneider et ses collègues citent à cet égard les pays nordiques en exemple ; le gouvernement et ses partenaires traditionnels des affaires et des syndicats y tiennent un rôle central et intégré dans l'élaboration et la mise en œuvre de politiques sociales. Cela se présente très différemment dans des champs de compétence très fortement décentralisés et encore moins, comme c'est le cas aux États-Unis, dans une culture très individualiste et méfiante de l'État.

La quatrième analyse veut que la traduction des connaissances en politiques sociales devienne laborieuse du fait de la présence d'un fossé de communication entre chercheurs et décideurs politiques. Ce fossé tiendrait à ce que ces acteurs appartiennent à des communautés dont les objectifs, les valeurs, les systèmes de promotion et le langage présentent de très importantes différences. C'est sans doute l'analyse la moins pessimiste partagée par Booth (1988), Lomas (1997) et McCall (1996) selon laquelle les problèmes rencontrés s'apparentent surtout à des difficultés stratégiques de communication et d'organisation des contextes de travail, difficultés que l'on pourrait techniquement aplanir (DeLeon, O'Keefe, Vandenbos et Kraut, 1996).

On me permettra ici de faire référence à une expérience personnelle où je me voyais confier, en 1990, la présidence du Groupe de travail pour les jeunes. Ce groupe allait, un an plus tard, présenter au ministre de la Santé et des Services sociaux du Québec un rapport concernant l'état des problèmes vécus par les enfants et les jeunes Québécois et proposant des stratégies propres à favoriser la prévention de difficultés graves d'adaptation chez ces deux groupes (*Un Québec fou de ses enfants*, ministère de la Santé et des Services sociaux, Direction des communications, 1991). Ce rapport s'est finalement avéré une étape (ou un morceau) dans ce qui devait être un long processus (ou un immense casse-tête) qui a mené à l'adoption de nombreuses politiques sociales, notamment dans les domaines des services de garde, des allocations familiales, des prestations automatiques des pensions alimentaires, de l'allocation des ressources, de plans d'action et de politiques sur les plans national, régional et local en matière de prévention. Ce rapport aura sans doute aussi rehaussé la sensibilité des communautés à l'égard des besoins des enfants, des jeunes, mais surtout des tout-petits.

Cette expérience permet d'illustrer le bien-fondé des quatre analyses citées plus haut. Ainsi, la quatrième analyse avance que les difficultés rencontrées par les chercheurs dans leur volonté de mettre leurs connaissances à contribution dans l'élaboration des politiques tient surtout à la présence d'un fossé de communication. À cet égard, les membres du Groupe de travail pour les jeunes ont voulu publier un rapport très soigné en ce qui a trait à sa forme (qui s'apparente à celle d'un magazine populaire) et à l'appariement du langage aux groupes ciblés par le rapport. Ils ont opté pour un document où les références scientifiques figurent en bas de page et n'encombrent pas la lecture. Ils ont parsemé le rapport de photos d'enfants sains en pleine activité et d'exemples concrets d'application des connaissances. Ils ont fait état de programmes efficaces ou prometteurs et des conditions nécessaires à la réussite de leur implantation. Le rapport fait état des connaissances scientifiques mais se présente aussi sous forme de *cookbook* pour qui serait intéressé à des interventions immédiates. De plus, le rapport est construit de façon que chacun des courts chapitres puisse être lu et utilisé sans que les autres soient absolument nécessaires. Enfin, le titre même du rapport résume en quelques mots percutants l'essentiel du message. Cette stratégie a porté fruit : plus de 30 000 exemplaires du rapport ont été distribués.

Par ailleurs, la place prépondérante accordée à l'État dans la culture québécoise a sans doute permis une considération plus directe et plus marquée des recommandations par un gouvernement qui se sent légitimé d'influencer lourdement la mise en place de politiques sociales. Cela illustre la validité du troisième argument voulant que les contributions scientifiques à la décision politique seraient facilitées par l'exercice d'un gouvernement central fort.

Par ailleurs, la thématique même du rapport suscitait une sympathie de la population à l'égard des propositions qu'on y retrouvait [pour citer Zigler, 1998 : « […] qui parmi nous pourrait à la fois constater l'effet des services de garde de mauvaise qualité sur le développement des enfants et décider de ne pas proposer de changements en faveur de l'amélioration de ces services ? » (p. 535)]. Cette sympathie a rapidement été syntonisée par les décideurs, ce qui allait, en partie du moins, déterminer leurs intérêts en faveur de l'adoption des grandes lignes du rapport. Leurs intérêts rencontraient alors ceux des chercheurs ; le ministre de la Santé et des Services sociaux faisait d'ailleurs rapidement état des grandes orientations de son ministère quatre mois seulement suivant la publication du rapport (ministère de la Santé et des Services sociaux, 1992). Toutefois, les propositions à caractère plus économique concernant la lutte à la pauvreté, par exemple, ont pris du temps à trouver preneur. Ce n'est que tout récemment que le gouvernement québécois décidait de se préoccuper en priorité du soutien financier aux familles les plus démunies dans ses politiques de transfert (Secrétariat du comité des priorités du conseil exécutif, 1997). Cette dernière avancée n'est pas étrangère à un contexte de lutte au déficit et à la recherche de moyens plus économiques pour éviter que les familles ne viennent mettre plus de pression sur les budgets de l'aide sociale. Cette dernière illustration vient renforcer le bien-fondé de la première proposition à l'égard du cheminement chaotique et imprévisible que peut suivre l'adoption des politiques gouvernementales. Le chercheur doit alors montrer de la constance, de la ténacité et de la tolérance vis-à-vis de ce qui peut lui paraître irrationnel, incohérent ou irresponsable.

3. LE PROCESSUS D'ÉLABORATION DES POLITIQUES SOCIALES : CONTRIBUTION DES CHERCHEURS

Selon Anderson (1990, dans Monroe, 1995), le processus de construction d'une politique gouvernementale comprendrait cinq étapes : la mise à l'ordre du jour, la formulation d'alternatives au problème, la prise de décision ou l'adoption d'une alternative, la mise en œuvre de la solution choisie et l'évaluation de la politique (graphique 1). Les chercheurs peuvent contribuer de leurs connaissances à chacune de ces étapes. Toutefois, les étapes de la prise de décision comme telle et, dans une moindre mesure, de la mise en œuvre, risquent, comme on le verra, de leur échapper davantage.

Graphique 1
Étapes d'élaboration des politiques gouvernementales

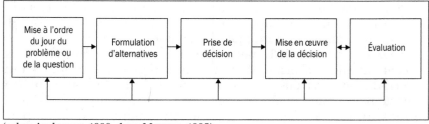

(selon Anderson, 1990, dans Monroe, 1995)

Lors de la première étape, le problème est constaté et reconnu par les décideurs comme représentant une priorité : il figure à l'ordre du jour du gouvernement. Comment, par quels processus, une situation ou un problème est-il retenu alors qu'un autre demeure une question ouverte pour les observateurs de l'élaboration des politiques (Monroe, 1995) ? Le processus est difficile à cerner, encore mal compris bien que l'on connaisse certains éléments qui influencent l'ordre des priorités : l'opinion publique, la pression des médias, une crise, une solution et des ressources à portée de main, la crédibilité et la diversité des groupes d'intérêt (Monroe, 1995).

Les chercheurs peuvent jouer un rôle très actif lors de cette première étape, au point où il leur arrive non seulement de contribuer à insérer une thématique à l'ordre du jour politique, mais aussi à en définir la nature même. La capacité qu'ils ont de développer des modèles et des théories, de nommer les choses et d'en présenter les éléments déterminants les place dans une position de grande influence en début du processus. Les recherches de *type descriptif*, comme les études épidémiologiques portant, par exemple, sur les taux de mauvais traitements envers les enfants, et celles, plus explicatives, examinant les facteurs associés à ce problème (tels les états de détresse psychologique des parents, le manque de soutien social, le taux de pauvreté dans les voisinages : voir à ce sujet Garbarino, 1990 ; Chamberland, Bouchard et Beaudry, 1986) ont joué un rôle important dans la création du Groupe de travail pour les jeunes au Québec. Les recherches de *type explicatif ou étiologique* capables de repérer les éléments en jeu dans le développement du problème seraient plus appréciées des décideurs (Susman-Stillman, Brown, Adam, Blair, Gaines, Gordon, White et Wynn, 1996). Par exemple, les études de Belsky (1993) et de Garbarino et Sherman (1980) ont contribué à modifier la vision que se faisaient le public et les décideurs nord-américains du phénomène des mauvais traitements envers les enfants. Les législateurs sont passés d'une explication fondée sur les seules incompétences parentales (qui commandait des stratégies de placement des enfants ou d'éducation parentale) à une explication multifactorielle où les solutions devaient prendre davantage la forme de politiques de soutien financier, de construction des environnements sociaux des parents et de leurs enfants, d'intervention précoce de soutien dans l'exercice de leur rôle (Zigler, 1983). De la même façon, les recherches évaluatives des programmes d'intervention précoce auprès des tout-petits de milieux défavorisés (Schweinhart, Barnes et Weikart, 1993 ; St-Pierre et Layzer, 1998) et les études du développement neurobiologique des nouveau-nés (Johnson, 1994) ont contribué à remettre récemment à l'ordre du jour le manque d'un programme étendu de services de garde et de stimulation infantile au Québec.

La seconde étape (*formulation d'alternatives*) permet aux chercheurs de faire connaître les avenues de solutions les mieux appuyées par la littérature scientifique. À cet égard, les recensions de la littérature, mais surtout leurs synthèses communiquées directement aux décideurs ou encore par l'entremise des médias, sous une forme concise et bien organisée, représentent des stratégies efficaces et peu onéreuses. La capacité des chercheurs d'exploiter les connaissances acquises à travers les recherches évaluatives de programmes pilotes, ou de services, de programmes, de politiques mis en place ailleurs mais dans des circonstances analogues, d'en communiquer les résultats, d'en inventorier les atouts et les limites, d'en faire connaître les modes de fonctionnement essentiels et de les illustrer clairement en fait des acteurs très pertinents à ce moment.

C'est essentiellement ce à quoi se sont employés les membres du Groupe de travail pour les jeunes: présenter des alternatives préventives en remplacement d'approches curatives aux problèmes vécus par les enfants et les jeunes en s'appuyant sur des pratiques éprouvées (*best practices*) (ministère de la Santé et des Services sociaux, 1991). Les exemples de telles contributions sont nombreux. Ainsi, en 1991, un groupe dirigé par le sénateur Rockefeller et principalement composé de chercheurs de réputation internationale déposait un rapport intitulé *Beyond rhetoric: A new American agenda for children and families* (National Commission on Children, 1991). Ce rapport illustre éloquemment comment les chercheurs peuvent contribuer au débat public lors de cette deuxième étape. Le document fait état des problèmes vécus par les enfants et leurs familles, passe en revue l'ensemble des stratégies économiques et sociales propres à réduire et à prévenir leur détresse et propose des solutions aux politiques existantes. De même, mais plus modestement, le ministère des Communautés et des Services sociaux de l'Ontario fait abondamment référence aux recherches qui soutiennent l'adoption d'une approche préventive et précoce, visant des groupes précis d'enfants et dirigée en priorité vers des communautés ou des voisinages où sévit la pauvreté (Ministry of Community and Social Services, 1997). Le rapport présente en séquence le rationnel qui appuie ces choix, mentionne les possibilités qui s'offrent aux décideurs en termes de programmes et de services et les caractéristiques essentielles pour une implantation réussie de ces programmes. Le document est court, écrit simplement et fait référence constamment aux études les plus importantes du domaine. Signe des temps, des expressions telles « ...la recherche démontre », « ...les études indiquent », « ...les données soutiennent », « ...la littérature scientifique suggère » figurent 14 fois dans une section de 11 pages! Signe de l'état de nos connaissances, les mentions les plus fréquentes paraissent dans les paragraphes décrivant les problèmes et les éléments qui leur sont associés (9 fois), tandis que, dans ceux consacrés aux programmes éprouvés, on ne retrouve que quatre mentions.

La *prise de décision ou l'adoption d'une alternative* (troisième étape) appartient quasi exclusivement aux élus (pouvoir législatif). Informés, sensibilisés et quelquefois assiégés, les décideurs battent alors en retraite et doivent se former un jugement à la lumière des connaissances acquises mais aussi dans un contexte où le *real politics*, c'est-à-dire les contingences budgétaires, la diversité des besoins, l'échéancier électoral ou administratif, les obligations partisanes, les préférences idéologiques, l'interaction entre les nouvelles politiques et les autres déjà en vigueur, la conciliation d'intérêts divergents de groupes sociaux distincts viennent contribuer à la prise de décision.

C'est sans doute l'étape la plus pénible pour les chercheurs, et cela pour deux raisons. La première tient au fait qu'ils sont littéralement mis à l'écart du processus, comme tous les autres acteurs étrangers à la structure officielle de décision. La seconde a davantage trait à ce que Lomas (1997) attribue à une confusion chez les chercheurs qui admettent difficilement qu'une décision peut être *raisonnable* sans être *rationnelle*. Les chercheurs, formés et encouragés à la vérification systématique d'hypothèses et à une approche rationnelle dans l'explication des phénomènes, admettent difficilement que d'autres vecteurs décisionnels puissent influencer la prise de décision de façon prépondérante. Ils s'en trouvent vexés et peuvent se montrer alors cyniques à l'égard des décideurs. Une telle attitude est révélatrice d'un manque de préparation à consentir aux exigences qu'impose la démocratie, telle qu'elle agit dans la communauté des élus. C'est aussi mal apprécier le fait que les études et les recherches considérées dans la prise de décision auront sans doute exercé une certaine influence et que le processus décisionnel poursuit une boucle sans fin qui ramène tôt ou tard ces informations et ces expertises au premier plan, lors des étapes ultérieures, notamment à la cinquième étape (évaluation des politiques).

À titre d'exemple, alors qu'*Un Québec fou de ses enfants* préconisait une approche préventive face aux difficultés graves vécues par les enfants et les jeunes, le ministre de la Santé et des Services sociaux adoptait une politique jeunesse où la prévention habitait clairement la rhétorique mais où les investissements allaient d'abord au système de rééducation, de protection et de réinsertion pour les jeunes en difficulté (ministère de la Santé et des Services sociaux, 1992). Le ministre avait tranché pour le plus urgent, mais indiquait par ailleurs l'intérêt du gouvernement d'amorcer une série de mesures préventives en direction des plus jeunes enfants et allouait quelques budgets à cet effet. Ce n'est que sept ans plus tard, sous un autre gouvernement, mais à l'intérieur de l'horizon de dix ans qu'avait fixé le Groupe de travail pour les jeunes, que sont apparues les politiques sociales plus clairement préventives, comme les *Nouvelles dispositions en matière de politiques familiales* (Secrétariat du comité des priorités du conseil exécutif, 1997) annonçant les orientations et les investissements gouvernementaux dans le domaine des services de garde à la petite enfance, des congés parentaux et des allocations intégrées pour enfant. Ce dénouement vient ébranler le mythe selon lequel les décideurs ne seraient guidés que par leur propre objectif politique cadenassé sur une seule période électorale et qu'ils ne seraient à l'écoute que des initiatives d'un seul groupe politique : le leur.

Dans les quatrième et cinquième étapes (*mise en œuvre de la solution, évaluation*), les chercheurs peuvent jouer trois rôles importants : assurer le suivi de la mise en œuvre au moyen de recherches portant sur l'implantation, rappeler les éléments indispensables au succès de cette mise en œuvre et suggérer, sinon poursuivre, des études évaluatives de conséquences des solutions telles qu'elles sont retenues et appliquées. Ces rôles sont parfois prévus dans la législation même ou font partie intégrante du nouveau programme, mais le plus souvent c'est à leur propre initiative que revient aux chercheurs la responsabilité de s'exprimer sur ces questions. Ainsi, à la suite de la réforme des services de garde et de la création du nouveau régime des centres de la petite enfance du Québec, plusieurs chercheurs ont exprimé, par la voie des quotidiens dont les pages sont avidement lues par les décideurs, leurs réserves sur les modalités d'implantation de ces services. Ces chercheurs se montraient unanimes à reconnaître le bien-fondé de la mesure, mais s'inquiétaient publiquement de ce que l'objectif du développement des enfants ne soit jamais atteint si les ressources nécessaires n'étaient pas consenties dans les centres situés en milieux défavorisés. Ils se préoccupaient de ce que l'écart entre les enfants pauvres et les autres enfants s'accentue du fait de l'accès à des environnements de garde plus adéquatement pourvus de ressources pour ces derniers.

Les chercheurs peuvent aussi acheminer des propositions de recherche aux organismes subventionnaires dans le but d'évaluer certaines conséquences ou profiter de ce que des ministères ou des organismes subventionnaires mettent sur pied des programmes dans le but d'évaluer les retombées de certaines politiques. Cela est le cas notamment dans le dossier de la transformation des services sociaux au Québec où le ministère de la Santé et des Services sociaux et le Conseil québécois de la recherche sociale offrent cette possibilité aux chercheurs (Conseil québécois de la recherche sociale, 1998).

La description séquentielle de ces cinq étapes pourrait laisser croire que les chercheurs en suivent le déroulement de façon linéaire comme on peut suivre un long fleuve tranquille; cela est rarement le cas. D'abord, la construction même des politiques ne se fait pas de façon linéaire; elle suit des parcours sinueux, peut se perdre dans plusieurs directions, être laissée pour morte à certaines étapes, ressusciter au moment opportun, modifier ses objectifs en cours de route (Bernier, 1998). Ce fut le cas lors de la dernière réforme de la sécurité du revenu, entreprise sous la direction d'une ministre, terminée sous la responsabilité d'une autre ministre et sous une nouvelle administration qui avait adopté une ligne d'austérité et de déficit zéro (voir à ce sujet Bouchard, 1996; Bouchard, Labrie et Noël, 1996). Les objectifs de réduction de la pauvreté et de prévention de la stigmatisation des personnes inscrites à l'aide sociale, de prioritaires qu'ils étaient lors de l'énoncé du mandat confié aux membres du groupe d'experts, sont devenus, sous la nouvelle administration, secondaires à des objectifs de rationalisation budgétaire, d'atteinte du déficit zéro et de contrôle de la « dépendance » à l'aide de dernier recours.

C'est cependant à la faveur des travaux entourant cette réforme de la sécurité du revenu que l'intention gouvernementale de revoir les allocations familiales en faveur des familles les plus démunies et de créer les centres de la petite enfance s'est manifestée le plus vivement, le gouvernement y voyant des moyens de faciliter aux mères un retour sur le marché du travail ou une inscription dans un parcours de formation. Le gouvernement leur assurait, en contrepartie de telles démarches, des services gratuits de garde aux enfants et un soutien financier qui ne ferait désormais plus partie de l'aide de dernier recours et qu'elles ne perdraient pas lors du passage du programme d'assistance à l'occupation d'un emploi. C'est ce que Kingdon (1995) appelle une « fenêtre d'opportunité », manière d'exprimer que l'adoption d'une politique (troisième étape) doit souvent attendre que les conditions optimales soient réunies. Ces conditions sont souvent apparentées à la nature des problèmes auxquels doivent faire face les législateurs, à la disponibilité de ressources ou à la faisabilité d'une solution envisagée et au contexte de la vie politique, elle-même soumise à de très nombreuses influences dont celles de l'opinion publique, des engagements électoraux, des nouvelles priorités.

Ensuite, il serait erroné de définir la contribution des chercheurs à partir du seul scénario où le même chercheur est mis à contribution lors de toutes les étapes conduisant à la mise en œuvre d'une même politique. D'abord, les décideurs préfèrent se donner l'occasion d'entendre plusieurs avis. Ensuite, les chercheurs élaborent rarement leur programmation de recherche en fonction ou en vue de l'élaboration d'une politique. Ils sont en ce sens aussi opportunistes que peuvent l'être les décideurs politiques et profitent de ce que ces derniers entreprennent l'élaboration d'une nouvelle politique pour mettre à contribution les connaissances et l'expertise déjà acquises dans un champ donné. Certains seront alors mieux préparés à s'insérer dans la première étape et à s'y confiner. D'autres, plus près de l'intervention que de la description épidémiologique, inscriront leurs travaux en deuxième ou quatrième étape et se placeront en position d'une contribution synchrone aux besoins du législateur alors que celui-ci s'interrogera sur les retombées de ses politiques. De plus, les chercheurs s'identifient davantage à des champs disciplinaires ou sectoriels qu'à des champs thématiques multisectoriels, ce qui est rarement le cas des questions examinées dans le contexte d'une politique sociale. Certains seront donc plus compétents à intervenir en fonction de politiques ou d'angles de politiques qui auraient des liens avec la famille, d'autres avec l'enfance, d'autres encore avec le développement local, le développement régional, l'organisation des services. La contribution des chercheurs à l'élaboration des politiques se joue donc très souvent selon leur disponibilité mais aussi selon un ensemble de facteurs qu'ils contrôlent peu ou qu'ils ne contrôlent pas. Cette contribution se fait aussi, comme nous l'avons souligné, dans un contexte où le processus décisionnel est soumis à de très nombreuses influences. C'est ce contexte que nous examinons plus en détail dans les prochains paragraphes.

4. ACTEURS ET ZONES D'INFLUENCE DANS LE PROCESSUS D'ÉLABORATION DES POLITIQUES PUBLIQUES

Lomas (1997) propose une présentation schématique des influences contextuelles s'exerçant sur le processus décisionnel en matière d'adoption d'une politique (graphique 2). Cet univers dans lequel les politiques sont élaborées met en interaction de très nombreux acteurs autour de deux sources importantes d'influence : l'information et les valeurs.

Graphique 2

Univers dans lequel les politiques sont élaborées

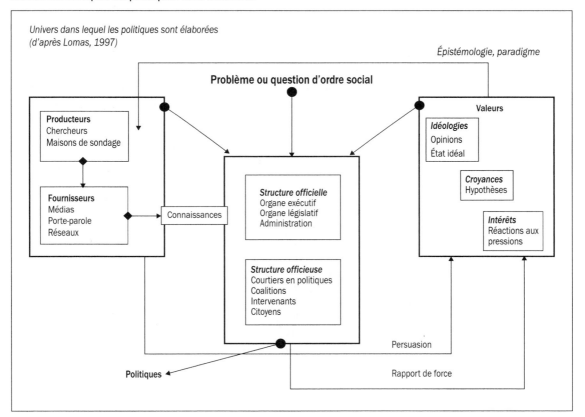

Univers dans lequel les politiques sont élaborées
(d'après Lomas, 1997)

Épistémologie, paradigme

Problème ou question d'ordre social

Producteurs
Chercheurs
Maisons de sondage

Fournisseurs
Médias
Porte-parole
Réseaux

Connaissances

Structure officielle
Organe exécutif
Organe législatif
Administration

Structure officieuse
Courtiers en politiques
Coalitions
Intervenants
Citoyens

Valeurs

Idéologies
Opinions
État idéal

Croyances
Hypothèses

Intérêts
Réactions aux pressions

Politiques

Persuasion

Rapport de force

L'information est générée et transmise par plusieurs acteurs, parmi lesquels on retrouve les chercheurs. Cette information constitue une somme de connaissances qui vont alimenter les idéologies, les croyances ou les intérêts des décideurs. Alors que les idéologies (représentations d'un monde idéal) et les intérêts de carrière sont des éléments extrêmement importants dans la prise de décision, ils demeurent très difficiles à modifier. C'est sur le plan des *croyances* que les chercheurs peuvent arriver à alimenter la réflexion de l'ensemble des acteurs. C'est à cet égard que l'expertise scientifique peut le mieux servir, portée qu'elle est par la mission de vérifier les propositions au moyen de méthodes rigoureuses et approuvées par la communauté des chercheurs. C'est à ce titre, et à ce titre seulement, que les chercheurs peuvent faire une différence et ébranler, modifier ou renforcer les croyances des acteurs et contribuer à leur prise de décision. St-Pierre et Layzer (1998) fournissent un excellent exemple de cette capacité des chercheurs à informer rigoureusement les décideurs de l'état des connaissances dans un domaine comme celui des interventions destinées à améliorer le sort et le développement des enfants vivant dans des familles démunies. Ils passent en revue les théories et les postulats qui ont guidé les diverses formes d'intervention et font l'analyse de l'ensemble des travaux évaluatifs complétés à ce jour. Comparant les modèles d'intervention directe auprès des enfants, d'intervention auprès des parents dans leurs capacités parentales, de soutien aux parents dans leur insertion à l'emploi et les programmes touchant à la fois les parents et les enfants (double génération), ils concluent que seules les interventions directes aux enfants ont fait la preuve d'effets significatifs dans leur vie. Cette conclusion les amène à proposer de nouvelles voies aux planificateurs de programmes, notamment celles du développement de modèles plus rigoureux en ce qui a trait aux voisinages et aux communautés et à un investissement plus adéquat dans les services offerts aux enfants dans les programmes à deux générations. D'autres exemples percutants du rôle des chercheurs à cette première phase de l'élaboration des politiques ont fait l'objet d'un numéro complet de l'*American Psychologist* de février 1998 et de la revue *Child Development* en 1994. La Society for Research in Child Development publie aussi un bulletin consacré entièrement à la contribution des chercheurs en développement des enfants aux politiques sociales, le *Social Policy Report*.

Les travaux de ces chercheurs font alors partie d'un processus en boucle où l'information scientifique sert tantôt à mieux définir le problème, tantôt à mieux en évaluer l'ampleur ou la portée, tantôt à mieux inventorier les éléments possibles de réponses aux questions ou de solutions aux problèmes. La diversité des acteurs en cause dans le processus les oblige à faire des choix quant aux cibles les plus appropriées, mais le « grand public » demeurant, en démocratie, le groupe le plus influent auprès des décideurs, les chercheurs n'ont pas vraiment d'autre choix que de l'informer adéquatement. Les recherches ont d'ailleurs montré l'importance

d'intégrer les citoyens dans les décisions concernant les programmes ou politiques qui risquent de les affecter, faute de quoi
la réussite des programmes pourrait être compromise (Valdiserri,
Aultman et Curran, 1995). Cela s'imposerait encore plus pour les
psychologues communautaires particulièrement sensibles aux
enjeux de pouvoir et de répartition équitable des ressources (Serrano-
Garcia, 1994). La transmission des informations et des connaissances au grand public et aux groupes de pression devrait permettre
de corriger en partie l'asymétrie des relations entre les décideurs
et la population. C'est en tous les cas la décision que les membres
du Groupe de travail pour les jeunes avait prise en optant pour un
rapport éducatif, destiné davantage à informer le grand public
qu'à le convaincre. Ils se montraient également disponibles pour
rencontrer les groupes de citoyens désireux de s'informer ou de
réagir au rapport, ce qui ne manqua pas de se produire à près de
150 occasions[1]. Ils estimaient par ailleurs, comme le souligne
Lomas (1997), que les décideurs politiques ne sont pas des spécialistes des questions auxquelles ils doivent faire face, et qu'à ce titre
on pouvait les considérer comme des lecteurs «grand public».
Cette analyse s'est avérée judicieuse.

Mais les décideurs responsables du cheminement législatif
d'une politique sociale (ministres, députés, attachés politiques et
membres des cabinets) et le grand public ne forment pas les seuls
groupes institutionnels auxquels le chercheur doit s'adresser
(Holtgrave, Doll et Harrison, 1997). Ils ont aussi tout intérêt à
informer les membres de la fonction publique et de l'appareil
administratif; ceux-ci représentent des acteurs clefs aux deuxième
et quatrième étapes de l'élaboration des politiques. À la deuxième
étape du processus d'adoption des politiques, ces acteurs sont fréquemment appelés à écrire des mémoires destinés aux ministres;
ils font notamment état des données de recherche dont ils sont
informés. À la quatrième (mise en œuvre), ils sont appelés à opérationnaliser les décisions retenues par les acteurs législatifs. La
communication avec ces acteurs demande une approche plus spécialisée, plus technique, plus détaillée portant sur les éléments
actifs et indispensables aux résultats souhaités. L'univers de ces
professionnels présente beaucoup de similitudes avec celui des
chercheurs, ce qu'ils sont parfois dans leur fonction à l'intérieur

---

1. Cela illustre bien le choix que doit faire le chercheur entre une carrière académique internationale au moyen d'articles dans les revues spécialisées et la participation à des colloques internationaux ou la maximisation des retombées locales
ou nationales.

de l'appareil gouvernemental. Ils apprécient la rigueur et la précision des informations. C'est pourquoi *Un Québec fou de ses enfants* fait état de nombreuses références scientifiques, que ces administrateurs pourront consulter, ou présente des insertions plus techniques et davantage resserrées autour des modalités d'implantation des diverses stratégies ou recommandations proposées. Ces insertions offrent le double avantage de s'allier des acteurs stratégiques dans la mise en œuvre des politiques mais aussi d'établir des critères d'implantation qui deviendront également des points d'ancrage alors que les chercheurs auront terminé leur mandat et n'auront plus un accès statutaire aux décideurs politiques et administratifs. L'expérience nous aura appris aussi qu'une telle approche présentait un troisième avantage : celui d'informer simultanément les intervenants locaux chargés de livrer les politiques sous forme de services ou de programmes et qui peuvent à la fois s'y référer comme outil aux fins de leur propre travail, mais aussi s'en servir dans leurs démarches de pression en vue d'améliorer les services ou les ressources qu'ils sont chargés de donner.

5. LE DILEMME : INFORMER OU FAIRE PRESSION ?

Cette dernière observation amène la question suivante : les chercheurs doivent-ils lors de leurs interventions informer les décideurs ou faire pression sur eux (« to inform or to shape policy ») (Zigler, 1998) ? Par exemple, devraient-ils prendre position sur l'universalité des services (allocation de soutien financier pour toutes les familles), sur leur sélectivité (allocation pour les familles démunies seulement) ? Devraient-ils se prononcer pour ou contre l'imposition d'une punition pour les jeunes inscrits à l'aide sociale et qui ne voudraient pas s'inscrire dans un parcours conduisant à un emploi ? Devraient-ils prendre parti pour l'adoption d'un revenu minimum garanti, ou pour un salaire de la mère au foyer ? Devraient-ils se prononcer sur la régionalisation et la décentralisation de l'administration publique ? Devraient-ils faire pression pour l'équité salariale ? Devraient-ils prendre position pour ou contre l'avortement ? Autrement dit, devraient-ils prescrire une orientation aux politiques sociales ? Devraient-ils, par exemple, prendre parti entre une approche social-démocrate et une approche néolibérale concernant l'aide de dernier recours offerte aux personnes démunies ?

On observe deux positions bien campées à ce sujet. Celle des chercheurs qui, se réclamant d'une approche en psychologie communautaire, y trouvent des valeurs qu'ils identifient à leur appartenance à ce groupe et dont ils doivent, selon leur conscience, faire la promotion dans leurs activités professionnelles de chercheurs et dans leurs représentations auprès du pouvoir public (Monroe, 1995 ; Prilleltensky, 1994a ; Serrano-Garcia, 1994). Ces chercheurs mettent bien haut dans leur liste des valeurs telles l'autodétermination, la justice sociale, la collaboration, la participation sociale. Ils affirment que la science n'est pas neutre ni dans sa façon de poser les questions ni dans sa façon d'y répondre, que la psychologie représente en soi une force morale et politique et que la duperie serait de prétendre à son objectivité, de passer outre et de taire les valeurs qui nous habitent (Prilleltensky, 1994b). À ce compte, la contribution des chercheurs serait une participation d'activistes dans le sens où ils interpellent les décideurs sur ce qui est préférable ou moins préférable en fonction de ces valeurs premières et tentent de les persuader de décider dans une direction compatible avec ces valeurs.

L'autre position prétend que c'est un mythe que d'attendre de la recherche qu'elle puisse guider nos choix éthiques et faire la relation entre ce qui *devrait être* (*les valeurs, l'idéal*) et ce qui *est* (*les faits, l'observé*) (Kendler, 1993). Les chercheurs, selon cette position, peuvent alimenter la réflexion des décideurs et les accompagner dans leurs choix éthiques, en documentant les conséquences, les effets, les répercussions des politiques choisies, des décisions prises et des programmes mis en œuvre. Mais ils ne peuvent se prononcer sur ce qui serait souhaitable sur le plan de l'éthique, le danger étant grand, ce faisant, d'usurper à partir de leur statut de chercheurs un pouvoir auquel leurs méthodologies ne permettent pas de prétendre. Selon Kendler (1993), la science du comportement « ne peut valider les impératifs moraux et par conséquent ne peut soutenir les politiques publiques sur la base de leurs fondements éthiques » (p. 1050). En le faisant, elle affaiblit la confiance que le public peut avoir envers les chercheurs qui adoptent alors une position politique. Kendler (1994) ajoutera « qu'une psychologie fondée sur un empirisme défini de façon objective produit des connaissances importantes à la résolution des conflits politiques dans une société qui a fait le choix éthique de la démocratie » (p. 971).

Dans les faits, la distinction entre un rôle d'information et de pression est souvent difficile à faire. Ainsi, de très nombreuses études font la démonstration que la pauvreté engendre des conditions qui rendent difficile l'exercice du rôle parental et augmente les risques de mauvais traitements envers les enfants (Belsky, 1980, 1993), augmente les risques de maladies et d'infection et de mortalité précoce chez les enfants (Starfield, 1991), engendre des retards de développement cognitif important (Brooks-Gunn et Duncan, 1997). Ces résultats empiriques demandent, en soi, que l'on se préoccupe de cette question et qu'on y trouve des solutions. Il paraît légitime qu'un chercheur puisse contribuer, du fait des connaissances qu'il a des effets négatifs de la pauvreté sur le bien-être des personnes, à faire pression pour que cette question figure à l'ordre du jour politique. Réduire la pauvreté des familles de jeunes enfants paraît une avenue raisonnable : les études montrent que l'intensité et la durée de la pauvreté ont un effet sur la gravité des séquelles. De même, créer et offrir des programmes de stimulation précoce et des services de soutien aux parents semblent aussi représenter des stratégies intéressantes vu les résultats obtenus dans les programmes expérimentaux. Cependant, cette démarche ne doit pas détourner le psychologue communautaire et chercheur de sa fonction première qui lui demande de témoigner à partir de connaissances acquises avec rigueur. Dans une question comme celle de l'effet de la pauvreté sur la marginalisation et la victimisation des enfants, la relation de causalité entre ces deux variables n'est pas facile à établir et le chercheur doit constamment faire la distinction entre ce que l'on en sait et ce que l'on aimerait en savoir, entre la démonstration de l'effet et l'hypothèse de l'effet.

L'appui que le chercheur doit rechercher et trouver sur des bases de données empiriques rigoureusement contrôlées se présente ici comme une norme nécessaire guidant le choix du chercheur d'intervenir ou de s'abstenir (Monroe, 1995). De fait, dans la plupart des dossiers, les chercheurs arrivent sans doute assez rapidement à constater que les données dont ils disposent ne leur permettent pas de répondre aux questions souvent très pointues que les décideurs peuvent leur acheminer. Ainsi, les chercheurs seraient sans doute mal en point de statuer sur le mode de paiement des services de garde et ses effets sur le rôle parental et le développement des enfants selon que le montant de subvention est versé directement au centre de la petite enfance ou aux parents. Le domaine semble peu étudié. Sans données, certains chercheurs seraient tentés, s'ils privilégient les valeurs d'autodétermination, de se prononcer en faveur d'un versement aux parents. D'autres, plus près d'une valeur d'efficience, seront portés à se prononcer en faveur d'un versement à l'institution. Dans les deux cas, de tels avis placent les chercheurs dans un rôle politique plutôt que de consultants scientifiques.

Un autre débat éthique concerne le rôle que les chercheurs jouent (ou ne jouent pas) dans la définition même des problèmes ou des questions portées à l'ordre du jour des politiques sociales. Commentant l'évolution des subventions de recherche accordées durant les années de l'administration Bush-Reagan, Humphreys et Rappaport (1993) retracent le glissement des investissements de la santé mentale communautaire vers la lutte à la toxicomanie. Ce changement de priorités dans les allocations budgétaires s'est fait, selon les auteurs, avec la complaisance des chercheurs : « [...] le gouvernement ayant besoin des scientifiques pour valider sa définition des problèmes et les scientifiques ayant besoin des ressources gouvernementales pour conduire leurs études » (p. 899). Les auteurs rapportent avoir fait le dépouillement de la banque de données la plus utilisée en psychologie (PSYLIT) des années 1981 à 1992 à partir de laquelle ils ont constaté que, pour 170 références à des études portant sur « toxicomanie et personnalité », on y retrouvait trois études portant sur « toxicomanie et pauvreté ». Le paradigme se dessine assez nettement : l'abus de drogues est considéré comme une déficience de la personnalité, un problème causé par des traits individuels. Il y a là clairement un choix de paradigme qui repose sur des valeurs spécifiques et qui risque d'introduire dans le champ des connaissances une distorsion ou à tout le moins un déséquilibre dans ce que pourront témoigner les chercheurs à propos des causes ou des facteurs associés à la toxicomanie et, par voie de conséquence, à propos des solutions à ces problèmes.

Que faire ? Humphreys et Rappaport (1993) proposent que les chercheurs, conscients de ce déséquilibre, adoptent une approche dialectique selon laquelle ils avancent un autre type d'explication et le documentent, de manière à établir un débat dans la population. Ils suggèrent aussi de procéder à des recherches phénoménologiques intensives auprès des toxicomanes mêmes et de leurs familles afin d'inventorier, de première main et auprès des populations les plus pauvres, l'ensemble des facteurs complexes qui ont pu contribuer au développement de leur problème. Leadbeater (1999) fait état d'une telle démarche longue de six ans auprès de jeunes mères adolescentes inscrites à l'aide de dernier recours. Elle fait état de leurs multiples tentatives perdantes à s'insérer sur le marché du travail et de l'hétérogénéité de ces groupes de mères qui sont loin de former un bloc monolithique de mères jeunes, sans conjoint, sans avenir, présentant des problèmes de santé mentale, sous-scolarisées et non motivées à retourner sur le marché du travail, comme le laisse penser la rhétorique de la dernière réforme américaine à leur sujet. Enfin, les auteurs mettent l'accent sur l'importance pour les chercheurs de demeurer alertes et de se poser les questions suivantes avant d'entreprendre une recherche susceptible de contribuer très rapidement au processus de décision : « Pour qui cette recherche est-elle effectuée ? Quelles sont les approches que je risque de valider ? Qui en tirera profit ? Comment la méthodologie vient-elle renforcer une position ou une autre ? Quelle définition du problème suis-je en train d'entériner ? » C'est un choix vraiment éthique et qui n'engage que le seul chercheur que de décider de procéder ou de ne pas procéder à la recherche, suivant les réponses à ces questions.

6. CONTRIBUTION DE LA PSYCHOLOGIE COMMUNAUTAIRE AUX POLITIQUES SOCIALES

Ce sont, en majorité, des arguments empruntés à la psychologie de l'apprentissage, ou à celle de la psychologie du développement ou de l'éducation qui ont été mis à contribution dans les dernières années lorsque les gouvernements québécois (ministère de la Santé et des Services sociaux, Direction des communications, 1991) et ontarien (Ministry of Community and Social Services, 1997) ont amorcé et implanté d'importantes réformes concernant les politiques familiales, celles de l'intervention sociale auprès des enfants et de leurs familles et celles concernant la sécurité du revenu. Les recherches, les données empiriques ou les modèles explicatifs qui auraient émané du champ de la psychologie communautaire ont peu contribué au débat, bien que plus récemment les travaux en matière de violence interpersonnelle dans les relations amoureuses de jeunes adolescents aient été mis à contribution dans une campagne de prévention nationale.

Plusieurs facteurs peuvent expliquer la discrétion de la psychologie communautaire dans les processus de construction des politiques sociales. Nous en soulignons quelques-uns ici sous forme de propositions. La première voudrait que la psychologie communautaire ne soit en définitive qu'une branche parasitaire d'autres champs spécialisés de la discipline. Elle s'appuierait sur des connaissances développées par ces autres champs et ne ferait qu'y ajouter des modes de fonctionnement dans les communautés. Le simple survol des revues spécialisées en psychologie communautaire nous convainc que cela n'est pas le cas. La psychologie communautaire a créé ses propres phénomènes d'intérêt : l'organisation communautaire, le développement local, le développement régional, l'influence du voisinage et des réseaux sociaux sur la vie et le développement des individus, les types de voisinage et leur dynamique, les milieux de vie urbains, de banlieue et ruraux, la cohésion et le capital social, la pauvreté, l'exclusion et la marginalisation, l'adaptation à de nouveaux environnements culturels et géographiques, la participation des citoyens à leur milieu de vie, les sentiments d'appartenance à la communauté, de contrôle et de pouvoir d'agir, la vie démocratique, le bénévolat, le développement social, la résolution collective des conflits, la résilience communautaire et l'urbanisme, l'intégration des minorités, l'insertion sociale des jeunes, la citoyenneté active et responsable, l'aide sociale, l'habitation sociale, l'intégration sociale et communautaire des personnes déficientes et des personnes présentant un trouble mental, le soutien aux personnes itinérantes, la prévention de la violence dans les communautés et les institutions, l'équité hommes-femmes, la discrimination. Ces secteurs sont tous, sans exception, des domaines d'une grande pertinence pour les décideurs, les administrateurs et les intervenants sur le plan tant local que national.

Une deuxième hypothèse tient au manque de reconnaissance de ce champ de recherche et d'intervention par la communauté des acteurs engagés dans l'élaboration des politiques sociales. La psychologie communautaire devrait encore établir sa crédibilité et sa notoriété. Il s'agirait alors « d'attendre et de voir », de laisser à la communauté des communautaires le temps de se construire et de s'établir plus fortement. Cette proposition ne rend pas compte du fait que, si la psychologie communautaire, dans toutes ses formes, demeure un domaine de recherche et d'activité relativement jeune, elle s'est très rapidement établie dans le créneau de la recherche appliquée à des problèmes réels et pour lesquels des politiques sociales sont en continuelle émergence. À cet égard, elle détient un formidable atout. La psychologie communautaire prend également appui sur un modèle écologique ; les psychologues communautaires ont particulièrement emprunté à cette approche durant les trente dernières années (Catalano, 1979 ; Levine et Perkins, 1987). Elle est à proximité des politiques sociales, notamment de par l'intérêt que manifestent ses chercheurs pour l'étude des facteurs exo et macrosystémiques comme déterminants du bien-être. Ses méthodes de recherche éclectiques (qualitatives, quantitatives, descriptives, explicatives, *experiment in nature*), la formation de ses chercheurs en évaluation de programmes, leur connaissance approfondie des acteurs du communautaire représentent également de sérieux atouts pour une participation accrue à l'élaboration des politiques sociales.

Si la maturité est à mettre en cause, ce n'est sans doute pas tant du côté de la notoriété ou de la pertinence qu'il faut regarder que du côté de son organisation. En effet, la Division 27 de l'APA, qui regroupe des membres de psychologie communautaire, est relativement modeste, de même que la Society for Community Research and Action dont le nombre de membres ne dépasse pas 250 en Amérique du Nord. La masse critique de chercheurs et d'études capables de répondre en temps et lieux opportuns à l'élaboration de politiques sociales est peut-être à mettre en cause. Cette situation explique peut-être aussi le manque de ressources nécessaires capables d'offrir aux chercheurs des outils de familiarisation et de formation aux politiques sociales tels que s'en sont donnés les membres de la Society for Research in Child Development dont, notamment, les Summer Institute on Child Development and Social Policies.

Une autre hypothèse vient aussi à l'esprit : celle de l'assujettissement d'une grande partie des travaux des chercheurs en psychologie communautaire aux besoins des groupes opprimés, exclus, sans pouvoir. Ce choix est fondé sur des valeurs de justice sociale, d'équité, d'autodétermination. Il éloignerait les chercheurs du cercle des décideurs pour les amener à fréquenter et à alimenter plus discrètement des groupes minoritaires en quête de pouvoir et de contrôle sur leur propre vie. Si cela était le cas (il y a là un sujet de mémoire intéressant...), ce choix n'écarterait pas les psychologues communautaires de l'élaboration des politiques sociales, mais les situerait autrement sur cette scène. Il nous faudrait étudier ce choix et en mesurer les conséquences.

RÉFÉRENCES
RÉFÉRENCES

BELSKY, J. (1980), « Child Maltreatment : An ecological integration », *American Psychologist*, 35, 320-335.

BELSKY, J. (1993), « Etiology of child maltreatment : A developmental-ecological Analysis », *Psychological Bulletin*, 114 (3), 413-434.

BERNIER, L. (mai 1998), *Les cheminements des politiques sociales dans les méandres gouvernementaux*, Conférence présentée lors du colloque « La recherche et le développement (R & D) et les politiques sociales », Conseil québécois de la recherche sociale (CQRS), Congrès de l'ACFAS, Québec.

BOGENSCHNEIDER, K., J.R. OLSON et K.D. LINNEY (avril 1999), *Injecting research into the policy making process : Lessons learned from family impact seminars for policy makers*, Communication présentée au congrès de la Society for Research on Child Development, Albuquerque, Nouveau-Mexique.

BOOTH, T. (1988), *Developing policy research*, Brookfield, VT, Gower.

BOUCHARD, C. (1996), « La réforme de l'aide sociale. Enjeux et propositions concernant la lutte à la pauvreté », *Service social*, 44, 115-144.

BOUCHARD, C. (avril 1999), *Les politiques sociales peuvent-elles réduire les inégalités entre les groupes sociaux ?*, Conférence prononcée lors du Colloque « Promotion de la santé et inégalités sociales », Laboratoire de recherche en écologie humaine et sociale et Direction de la santé publique de Montréal-Centre, Montréal.

BOUCHARD, C., V. LABRIE et A. NOËL (mars 1996), *Chacun sa part*, Rapport du Groupe (majoritaire) externe d'experts sur la réforme de la sécurité du revenu, manuscrit inédit, Montréal.

BRONFENBRENNER, U. (1974), « Developmental research, public policy, and the ecology of childhood », *Child Development*, 45, 1-5.

BRONFENBRENNER, U. (1979), *The ecology of child development. Experiments by nature and design*, New York, Harvard University Press.

BROOKS-GUNN, J. et G.J. DUNCAN (1997), « The effects of poverty on children », *The Future of Children*, 7, 55-71.

CATALANO, R. (1979), *Health, behavior and the community. An ecological perspective*, New York, Pergamon General.

CHAMBERLAND, C., C. BOUCHARD et J. BEAUDRY (1986), « Les mauvais traitements envers les enfants : réalités canadienne et américaine », *Revue canadienne des sciences du comportement*, 18, 391-412.

Conseil de la science et de la technologie (1999), *Intensifier l'innovation : les orientations prioritaires*, Québec, gouvernement du Québec.

Conseil québécois de la recherche sociale (1998), *Programmes de subventions et bourses de carrière, 1999-2000*, Québec, gouvernement du Québec, ministère de la Santé et des Services sociaux.

DeLeon, P.H., A.M. O'Keefe, G.R. Vandenbos et A.G. Kraut (1996), «How to influence public policy: A blueprint for activism», dans Lorion, R.P., I. Iscoe, P.H. DeLeon et G.R. VandenBos (dir.), *Psychology and public policy: Balancing public service and professional need*, Washington, DC, American Psychological Association.

Garbarino, J. et D. Sherman (1980), «High-Risk Neighborhoods and High Risk Families: The Human Ecology of Child Maltreatment», *Child Development*, 51, 188-198.

Garbarino, J. (1990), «The human ecology of early risk», dans Meisels, S.M. et J.P. Shonkoff (dir.), *Handbook of Early Childhood Intervention*, New York, Cambridge University Press, p. 78-96.

Holtgrave, D.R., L.S. Doll et J. Harrison (1997), «Influence of behavioral and social science on public health policymaking», *American Psychologist*, 52, 167-173.

Humphreys, K. et J. Rappaport (1993), «From the community mental health movement to the war on drugs. A study in the definition of social problems», *American Psychologist*, 48, 892-901.

Johnson, M.H. (1994), «Brain and cognitive development in infancy», *Current Opinion in Neurobiology*, 4, 218-225.

Kendler, H.H. (1993), «Psychology and the ethics of social policy», *American Psychologist*, 48, 1046-1053.

Kendler, H.H. (1994), «Can psychology reveal the ultimate values of humankind?», *American Psychologist*, 49, 970-971.

Kingdon, J.W. (1995), *Agendas, alternatives, and public policies*, New York, Harper Collins.

Leadbeater, B.J. (1999), «The goals of the welfare reform reconsidered: Supporting the transition to work for inner-city adolescent mothers», *Children's Services: Social Policy, Research, and Practice*, 2, 23-44.

Levine, M. et D.V. Perkins (1987), *Principles of community psychology. Perspectives and applications*, New York, Oxford University Press.

Lomas, J. (1997), *Pour améliorer la diffusion et l'utilisation des résultats de la recherche dans le secteur de la santé. La fin des dialogues de sourds*, Rapport inédit du Symposium sur la diffusion et l'utilisation des résultats de recherche organisé par le Comité consultatif des services de santé et le Conseil de la recherche en sciences humaines, Toronto.

McCall, R.B. (1996), «The concept and practice of education, research, and public service in university psychology departement», *American Psychologist*, 51, 379-388.

Ministère de la Santé et des Services sociaux (1991), *Un Québec fou de ses enfants*, Rapport du Groupe de travail pour les jeunes, Direction des communications, Québec, gouvernement du Québec.

Ministère de la Santé et des Services sociaux (1992), *Maintenant et pour l'avenir... la jeunesse*, Direction des communications, Québec, gouvernement du Québec.

Ministry of Community and Social Services (1997), *Reinvestment strategy for children and youth*, Toronto, Queen's Printer for Ontario.

MONROE, P.A. (1995), « Family policy advocacy. Putting knowledge to work », *Family Relations*, 44, 425-437.

National Commission on Children (1991), *Beyond rhetoric: A new American agenda for children and families* (Final report), Washington, DC, Author.

PELLEGRIN, K.L. et B.C. FRUEH (1994), « Why psychologists don't think like philosophers », *American Psychologist*, 49, 970.

PRILLELTENSKY, I. (1994a), « Psychology and social ethics », *American Psychologist*, 49, 966-967.

PRILLELTENSKY, I. (1994b), *The morals and politics of psychology: Psychological discourse and the statu quo*, Albany, State University of New York Press.

SCHNEIDER, S.F. (1996), « Random thoughts on leaving the fray », *American Psychologist*, 34, 1007-1008.

SCHWEINHART, L.J., H.V. BARNES et D.P. WEIKART (1993), *Significant benefits: The High/Scope Perry Preschool Study through age 27* (Monograph 10), Ypsilanti, MI, High/Scope Educational Research Foundation.

Secrétariat du comité des priorités du conseil exécutif (1997), *Nouvelles dispositions de la politique familiale. Les enfants au cœur de nos choix*, Sainte-Foy, Les publications du Québec.

ST-PIERRE, R.G. et J.I. LAYZER (1998), « Improving the life chances of children in poverty: Assumptions and what we have learned », *Social Policy Report*, 12, 4.

SERRANO-GARCIA, I. (1994), « The ethics of the powerful and the power of ethics », *American Journal of Community Psychology*, 22, 1-21.

STARFIELD, B. (1991), « Child morbidity: Comparisons, clusters, and trends », *Pediatrics*, 88, 519-526.

SUSMAN-STILLMAN, A.R., J.L. BROWN, E.K. ADAM, C. BLAIR, R. GAINES, R.A. GORDON, A.M. WHITE et S.R. WYNN (1996), « Building research and policy connections: Training in career options for developmental scientists », *Social Policy Report*, 10 (4).

VALDISERRI, R.O., T.V. AULTMAN et J.W. CURRAN (1995), « Community planning: A national strategy to improve HIV prevention programs », *Journal of Community Health*, 20, 87-100.

ZIGLER, E.F. (1983), «Understanding child abuse: A dilemma for policy development», dans Zigler, E.F., S.L. Kagan et E. Klugman (dir.), *Children, families, and government: Perspectives on American social policy*, Cambridge, Cambridge University Press, p. 188-222.

ZIGLER, E.F. (1998), «A place of value for applied and policy studies», *Child Development*, 69, 532-542.

LA RECHERCHE EN PSYCHOLOGIE COMMUNAUTAIRE: LA CONSTRUCTION DES CONNAISSANCES À TRAVERS L'ACTION

chapitre 12

Francine Dufort et Yann Le Bossé
Université Laval

Danielle Papineau
North Shore Health Region, Colombie Britannique

OURQUOI consacrer un chapitre entier aux finalités et aux méthodes de la recherche en psychologie communautaire? *A priori*, un tel choix peut paraître étonnant. La progression des connaissances n'est-elle pas la finalité principale de la recherche, quelle que soit la discipline concernée? Les méthodes de recherche peuvent-elles différer d'un champ disciplinaire à l'autre? La fonction de la recherche d'un champ dépend essentiellement du type de connaissances que l'on souhaite approfondir. La recherche scientifique se caractérise en bonne partie par l'observation systématique de faits directement ou indirectement accessibles au sens (Gauthier, 1987). Dans le contexte de la recherche en sciences sociales, la plupart des phénomènes d'intérêt des différentes disciplines comportent à la fois une dimension relative aux valeurs morales, une dimension relative à la formation des compétences et une dimension relative à la compréhension des faits.

Dans le cas de la psychologie communautaire, la question de la fonction de la recherche dans le développement des connaissances se pose avec beaucoup d'acuité. Comme nous l'avons vu, ce champ disciplinaire s'appuie sur une conception du monde qui repose sur un choix explicite quant aux valeurs morales à privilégier (voir le chapitre 2 sur l'épistémologie). Comment peut-on concilier la prise de position morale de la psychologie communautaire avec l'apparente neutralité scientifique propre aux processus de recherche? Quelle place doit-on accorder aux connaissances fondamentales au regard des démarches de recherche de solutions concrètes ou aux questions d'intervention? Quels sont les objets de recherche et les méthodes à privilégier pour augmenter la compréhension des phénomènes d'intérêt de la psychologie communautaire? C'est à ces questions que le présent chapitre tente de répondre. Pour ce faire, nous examinons systématiquement les implications concrètes de l'option morale de la psychologie communautaire aux différentes étapes du processus de recherche. Par la suite, nous illustrons à travers les étapes d'une recherche évaluative comment les psychologues communautaires peuvent faciliter le pouvoir d'agir des personnes et des communautés.

1. DÉVELOPPEMENT SCIENTIFIQUE DE LA CONNAISSANCE ET CHANGEMENT SOCIAL

Depuis sa fondation il y a déjà plus de trente ans (Bennett, Anderson, Cooper, Hassol, Klein et Rosenblum, 1966), la psychologie communautaire a clairement mis de l'avant son souci de contribuer au changement social tout en prétendant à la validité scientifique de sa démarche de développement des connaissances. Concepteurs engagés en faveur des populations minoritaires et défavorisées (Trickett, 1989), les chercheurs en psychologie communautaire sont également destinés à agir comme agents de changement dans leur milieu (Wolff, 1987). Le défi de la psychologie communautaire consiste donc ici à répondre de façon constructive et créative aux impératifs de la construction rigoureuse des connaissances et à ceux associés aux conditions de réalisation du changement social (Tolan, Keys, Chertok et Jason, 1990). Dans ce contexte, la recherche et l'action sociale sont conçues comme des processus simultanés, inséparables du changement et indispensables à celui-ci (Serrano-Garcia, 1990). En agissant, les êtres humains construisent et changent leur environnement en même temps qu'ils en acquièrent une connaissance plus approfondie. Le développement systématique de cette connaissance est indissociable de l'action, car, au moment même où les personnes découvrent leurs manières de comprendre et de construire leur réalité, elles les modifient, les transforment.

Les psychologues communautaires se distinguent donc du scientifique plus traditionnel, en ce qu'ils conçoivent en priorité la recherche comme un outil de changement social (Prilleltensky, 1994). Si le développement des connaissances est en soi un objectif louable, il ne paraît pleinement justifiable que dans la mesure où il contribue au progrès de la société. Toute la question consiste donc à savoir si les chercheurs doivent se cantonner au seul rôle de producteur de connaissances ou s'ils doivent également s'assurer de leur contribution au changement social effectif (Seidman et Rappaport, 1986). Les psychologues communautaires privilégient clairement la seconde option (Tolan *et al.*, 1990). La nécessaire cohérence avec les valeurs d'autodétermination, de respect de la diversité et de justice sociale animant la psychologie communautaire, implique que la recherche dans ce champ disciplinaire vise explicitement le changement social et plus précisément tout ce qui concourt à un partage plus équitable des ressources. Conséquemment, elle doit en priorité se mettre au service des communautés, partir de leurs préoccupations pour formuler son objet, mettre l'accent sur les compétences des personnes et des communautés et se dérouler le plus souvent possible dans le milieu de vie des personnes concernées.

De telles options n'enlèvent toutefois rien à la nécessité de répondre aux exigences de la construction rigoureuse des connaissances. La démarche de recherche menée par les psychologues communautaires doit donc être effectuée de manière systématique en tenant compte de l'état actuel des connaissances disponibles. Concrètement, cela signifie que les questions de recherche, le choix des méthodes ainsi que la façon dont les données sont recueillies, analysées et diffusées doivent satisfaire des standards de rigueur et de précision compatibles avec le développement d'une connaissance scientifique (Tolan *et al.*, 1990).

Les problèmes engendrés par l'intégration d'une perspective morale dans une démarche de développement scientifique résident principalement dans le fait qu'ils se manifestent d'une manière implicite (Piaget et Garcia, 1983). La préoccupation vis-à-vis de l'objectivité des méthodes scientifiques n'existe que pour contrer la subjectivité éventuelle du chercheur qui ne figure jamais explicitement dans le compte rendu de ses travaux. Tant que les valeurs qui conduisent la démarche des chercheurs demeurent implicites, il est extrêmement difficile de distinguer la partie des résultats produits, qui reflètent l'état de la réalité à l'étude, de la partie qui reflète les convictions, préférences ou préjugés des chercheurs (Tolan *et al.*, 1990). Si l'on reconnaît qu'elle est inévitable, cette subjectivité est donc beaucoup moins une source de confusion lorsqu'elle est explicite et que les utilisateurs des résultats présentés savent dès le départ quelles sont les options morales privilégiées par le chercheur. Bien sûr, il n'est pas toujours aisé d'anticiper toutes les implications concrètes de ces options morales sur la recherche. Raison de plus pour qu'elles soient formellement explicitées dès le départ afin de permettre à l'ensemble des acteurs (chercheur, participants, utilisateurs, etc.) de la recherche d'exercer un regard critique constant vis-à-vis de cette dimension de l'étude. Une fois spécifiée la place des valeurs dans la démarche du chercheur et la façon dont elles sont prises en compte dans le processus de recherche, les utilisateurs sont en mesure d'apprécier la pertinence des conclusions proposées en connaissance de cause. Dans cette perspective, le fait que la communauté des psychologues communautaires oriente explicitement ses priorités en matière de recherche en fonction des valeurs qu'elle privilégie ne constitue aucunement une menace à la qualité scientifique de ses travaux. Par contre, une telle orientation lui donne la responsabilité de formuler clairement la manière dont elle compte conjuguer options morales et rigueur scientifique (Tolan *et al.*, 1990). Concrètement, les concepteurs-participants que sont les psychologues communautaires doivent indiquer explicitement de quelle manière ils comptent remplir leurs fonctions d'agent de changement et de chercheur. De façon succincte, il est possible de préciser ces modalités à partir des composantes d'une recherche que l'on retrouve de manière caractéristique dans toute étude scientifique : le cadre de référence conceptuel, le choix de l'objet de la recherche et sa définition, la conduite du processus de recherche, le choix des méthodes de recherche, les stratégies d'analyse des données et de diffusion des résultats.

2. L'INFLUENCE DES VALEURS SUR LES DIVERSES COMPOSANTES DE LA RECHERCHE

2.1 La sélection du cadre de référence conceptuel

Aux chercheurs voulant effectuer de la recherche respectant les prémisses de la psychologie communautaire, Rappaport rappelle d'adopter un cadre de référence écologique où la transaction entre les personnes et leur environnement est au cœur des conceptualisations. Sur le plan méthodologique, cela suppose de mettre au point des outils pouvant rendre simultanément compte des caractéristiques individuelles et environnementales en vue d'acquérir une compréhension globale de la réalité à l'étude. Ce type de compréhension est plus susceptible de conduire à des actions menant à des changements de second niveau (modifier les facteurs individuels et environnementaux en cause) plutôt qu'à des changements de premier niveau (amener les individus à s'adapter à des environnements contraignants). Pour faire contrepoids à la tendance dominante en psychologie consistant à faire une lecture plutôt individualisante des phénomènes sociaux (ex.: les gens sont pauvres parce qu'ils ne sont pas motivés à travailler), Rappaport (1990) propose que, dans les années à venir, les chercheurs en psychologie communautaire s'intéressent plus particulièrement aux caractéristiques environnementales susceptibles d'encourager le pouvoir d'agir (*empowerment*) des personnes et des communautés.

2.2 Le choix de l'objet de recherche et sa définition

Comme nous l'avons vu dans le chapitre 2 sur l'épistémologie, les psychologues communautaires privilégient une conception transactionnelle des problèmes sociaux selon laquelle les aspects sociaux, culturels et individuels de la réalité s'influencent mutuellement (Altman, 1987). Ils abordent donc l'étude des problèmes sociaux d'une manière qui respecte leur complexité afin d'optimiser les possibilités de les résoudre (Kingry-Westergaard et Kelly, 1990). De ce point de vue, si tous les thèmes de recherche sont potentiellement pertinents, ils n'ont pas tous la même valeur. Prenons l'exemple du développement de l'insertion à l'emploi des personnes prestataires de l'aide de dernier recours. Nous pouvons nous intéresser à cette question de bien des façons. Cela peut consister à étudier la meilleure façon d'amener les prestataires à retourner sur le marché du travail (Evans, 1995; Mead, 1990). Nous pouvons également choisir d'aborder cette question en s'intéressant à l'influence de la nature, de la disponibilité et de l'accessibilité actuelle des services offerts aux prestataires sur leurs capacités à réintégrer le marché du travail (Hardina, 1994; Miller, 1989; Ozawa, 1994; Vinokur, Price et Schul, 1995). Pour les psychologues communautaires, ces options ne sont pas équivalentes. La première contribue à alimenter une compréhension essentiellement individuelle des déterminants de la réintégration professionnelle alors que la deuxième s'adresse plus directement aux éléments structurels qui contribuent à réduire l'accès au marché du travail.

Notons toutefois que cette démarche qui consiste à privilégier certains thèmes de recherche en cohérence avec le cadre paradigmatique de la psychologie communautaire n'est pas toujours facile à appliquer dans les faits (Trickett, 1989). Depuis trente ans, plusieurs voix se sont élevées dans les rangs des chercheurs en psychologie communautaire pour souligner l'absence de cohérence de beaucoup d'auteurs à cet égard. Ainsi, plusieurs études ont été menées dans le but d'évaluer quelles tendances la recherche en psychologie communautaire avait prises au fil des ans (Elias, Dalton et Howe, 1981, 1986 ; Lieberman et Dunlap, 1979 ; Lounsbury, Cook, Leader, Rubeiz et Meares, 1979 ; Trickett, 1989). Ces études ont montré que, malgré les prétentions théoriques et idéologiques animant ce champ, plusieurs des recherches publiées dans les revues de psychologie communautaire endossaient des visions individualisantes des phénomènes sociaux et reflétaient peu les diverses réalités culturelles (Kelly, 1986). Il reste que la présence de ce type de débat au sein des revues spécialisées en psychologie communautaire illustre la préoccupation constante des membres de ce champ vis-à-vis de l'arrimage entre les valeurs qu'ils prônent et les recherches qu'ils mènent.

Ce débat explicite permet également de mettre en évidence les enjeux relatifs à cette question. L'exemple rapporté par Humphreys et Rappaport (1993) à propos des recherches en toxicomanie constitue une bonne illustration de l'influence du choix des thèmes de recherche sur le progrès social. Ces auteurs montrent comment l'arrivée d'un gouvernement conservateur aux États-Unis a progressivement conduit à privilégier les projets de recherche qui adoptaient une conception de la toxicomanie fondée sur la prédominance des causes individuelles. Au cours de la décennie 1980-1990 (années de présidence de Reagan et Bush), les fonds de recherche plus orientés vers une conception socio-environnementale de la toxicomanie ont été peu financés alors que ceux qui étaient orientés vers des mesures de modification et de contrôle du comportement du toxicomane ont vu leurs sources de financement augmenter. Ce financement sélectif a pour conséquence directe de créer un déséquilibre important dans les connaissances disponibles sur la toxicomanie. Sans contester le rôle potentiel que jouent les facteurs individuels dans la genèse et le maintien de l'usage de drogues, on peut aisément comprendre que la rareté des connaissances disponibles sur les autres dimensions qui contribuent à ce problème risque d'offrir un portrait tronqué des déterminants de la toxicomanie. En alimentant une conception stigmatisante de la toxicomanie, cette politique sélective de financement de la recherche contribue donc directement à l'aliénation des personnes toxicomanes. Du point de vue de la psychologie communautaire, ce type de procédé entre en contradiction avec les valeurs qui caractérisent sa mission. Dans ce cas précis, on peut s'attendre à ce que les psychologues communautaires invoquent ces valeurs pour expliquer leur choix d'approfondir les domaines de connaissances délaissés par les priorités gouvernementales.

En dernier ressort, il faut souligner l'importance pour les psychologues communautaires de concentrer en priorité leurs efforts de recherche sur les préoccupations des membres de la communauté envers laquelle ils sont engagés. Qu'il s'agisse des minorités culturelles (Gutiérrez, 1990 ; Gutiérrez et Ortega, 1991), des personnes vivant avec un handicap (Fawcett *et al.*, 1994), des jeunes mères monoparentales (Simoni, 1993), ou des sans-abri (Cox, 1991), l'enjeu principal des chercheurs consiste à développer une connaissance scientifique susceptible de faciliter leur pouvoir d'agir. Comme nous le verrons maintenant, un tel objectif comporte de nombreuses implications sur l'ensemble du processus de recherche.

2.3 La conduite d'une recherche

La conduite d'une recherche offre de nombreuses occasions de manifester concrètement son adhésion à un certain nombre de valeurs fondamentales. Cela peut se traduire dans la conception des statuts respectifs des chercheurs et des participants, dans le caractère plus ou moins négocié des questions de recherche qui seront finalement à l'étude, ou encore dans la façon dont on s'assure que les participants tireront un bénéfice direct de leur contribution au processus de recherche.

2.3.1 Les statuts respectifs du chercheur et des participants

La distinction entre la connaissance scientifique et la connaissance populaire repose sur le mode d'élaboration de cette connaissance et non sur son origine (Granger, 1986). Si la connaissance produite par le chercheur peut être qualifiée de scientifique, c'est parce qu'elle respecte des critères de rigueur et de précision et non parce qu'elle est élaborée par des universitaires. Cette distinction entre la nature de la connaissance et ceux qui la produisent permet d'avancer qu'il est possible de produire des connaissances scientifiques à l'extérieur des universités et même sans la contribution directe des universitaires. Soucieux de faciliter le pouvoir des personnes concernées de définir elles-mêmes leurs réalités, la psychologie communautaire préconise une collaboration étroite entre les chercheurs et les participants (Bond, 1990).

La collaboration entre les personnes concernées par une question (ex. : qualité de vie du quartier) ou par un problème (ex. : décrochage scolaire) et le chercheur est essentielle à la création d'une démarche de recherche favorisant le pouvoir d'agir. La collaboration offre des avantages et pose cependant des défis. Pour Rappaport (1990), collaborer de manière véritable, c'est s'engager dans un processus d'influence réciproque, écouter les autres et intégrer l'information de bonne foi, réévaluer son propre point de vue à la lumière du point de vue des autres. Comme le souligne Fawcett (1991), le chercheur est vu comme un apprenant au même titre que les autres participants. Il apprend notamment de la communauté quelles sont ses préoccupations, quelles questions sont importantes pour elle, quelle signification les différents membres donnent à une situation, à un problème donné, quelles sont les façons appropriées d'étudier, d'analyser un problème et, éventuellement, d'intervenir.

Cette façon de faire demande une bonne dose d'ouverture et de modestie auxquelles les chercheurs sont rarement préparés (Mason et Boutilier, 1996). Kelly (1998) soutient néanmoins que la collaboration est primordiale car elle influence la qualité d'une démarche de recherche de façons variées. La collaboration améliore la fiabilité et la validité des données recueillies. Elle rehausse la qualité de l'interprétation des résultats obtenus et favorise l'obtention de renseignements utiles aux recherches futures. Enfin, elle peut accroître l'intérêt des participants à utiliser les résultats. L'expérience de Chris Argyris rapportée dans l'encadré qui suit illustre bien comment la valeur d'une démarche de recherche est largement influencée par la qualité de la collaboration entre le chercheur et les autres participants. Dans cette veine, Rappaport (1990) soutient qu'il est faux de prétendre que d'établir une distance entre le chercheur et les autres participants à la recherche est toujours la meilleure façon d'agir. Si la démarche de recherche ne fournit pas d'occasions aux personnes concernées de s'exprimer librement, le processus ne pourra favoriser le pouvoir d'agir de ces personnes. Si la démarche de recherche n'est pas perçue comme potentiellement utile, le renforcement du pouvoir d'agir des participants risque d'être fortement compromis.

Argyris (1985), un chercheur qui promeut depuis plusieurs années la recherche dans l'action, a entrepris sa toute première étude dans une banque. Avec l'accord du président de la banque, accord qu'il avait obtenu grâce à une connaissance commune, il interviewa 50 employés sur leur travail dans l'institution bancaire. Il analysa ces données et soumit un compte rendu de sa recherche à une revue scientifique prestigieuse qui accepta de le publier. Argyris, en bon chercheur, retourna présenter les résultats de son étude aux représentants de la banque. Ceux-ci lui dirent : « nous aimons ce que vous nous présentez, pouvez-vous faire une autre étude, mais cette fois sur l'ensemble de la banque ? ». Très content, Argyris s'est exécuté, mais a obtenu des résultats contraires à ceux qu'il avait recueillis la première fois, même s'il avait interviewé 25 des personnes rencontrées lors de sa première étude. Surpris et même fâché, il exposa la situation au président de la banque qui lui dit spontanément que cela n'était pas son problème, mais bien celui du chercheur. Chris Argyris, lors d'une rencontre de groupe, discuta des résultats contradictoires avec 19 des personnes qui avaient participé à sa recherche. Celles-ci lui expliquèrent qu'il n'y avait rien de bien sorcier à comprendre. La première fois qu'Argyris s'est présenté comme chercheur, ils se sont dit : c'est la semaine « Be-kind-to-Chris » ; plusieurs ont donc répondu aux questions du chercheur avec l'intention de lui faire plaisir. La deuxième fois, quand Argyris est venu à titre de chercheur-consultant, certains participants ont été effrayés et ont déformé l'information, alors que d'autres ont cru que l'étude pouvait les aider et ont dit la vérité, du moins leur perception de la réalité. Argyris a donc appris « à la dure » que la tournure prise lors d'une démarche de recherche et la validité des données d'une étude dépendent en bonne partie de la relation qui s'établit entre le chercheur et les personnes concernées par l'étude.

La collaboration offre la possibilité de comprendre notre travail de chercheur en profondeur, de comprendre ce que la recherche signifie pour les autres participants, de voir comment les autres nous perçoivent, de saisir les facteurs qui influencent la recherche, mais également l'action, le pouvoir d'agir des personnes. Kelly (1998) mentionne que la valeur de la collaboration peut être évaluée à partir de cinq dimensions qu'il regroupe sous la notion de confiance. Il faut bien comprendre que toutes les collaborations ne sont pas entièrement satisfaisantes et fécondes ; l'idée est de faire son possible pour qu'elles soient maximales. Les critères d'évaluation de la confiance proposés par Kelly (1998) sont les suivants :

- la fiabilité : chacun fait ce qu'il s'est proposé de faire ;
- la crédibilité : chacun informe honnêtement l'autre de ses buts, de ses attentes ;
- l'intégrité : aucune des parties ne dévoile d'information pouvant nuire aux autres, du moins jusqu'à ce qu'il y ait eu discussion entre les parties concernées ;
- la réceptivité : chacun écoute les suggestions, les craintes, les préoccupations de l'autre sans être sur la défensive ;
- la réciprocité : chacun développe une compréhension des besoins et des espoirs des autres et en fait des objectifs communs lorsque vient le temps de définir des activités.

La collaboration pose des défis à l'ensemble des participants, défis qu'ils essaient de surmonter en répondant notamment aux questions suivantes. Comment favoriser le réel engagement des participants ? Sur quelle base doit-on choisir ceux qui participeront étroitement à la recherche ? Comment favoriser une collaboration sur une base d'équilibre des pouvoirs ? Le chercheur encourage de diverses manières l'engagement individuel et collectif des participants ; il crée des occasions pour que ces deux formes d'engagement se produisent aux différentes étapes de la recherche.

En ce qui a trait au choix des participants, certains chercheurs travaillent uniquement avec les personnes directement concernées par un problème (ex. : familles monoparentales) alors que d'autres travaillent avec les représentants des différents groupes d'intérêt (ex. : personnes directement concernées, praticiens offrant un service, concepteurs d'un programme, bailleurs de fonds, etc.) (Whitmore, 1998). Chacune des situations possède des avantages et soulève des défis. Lorsque l'équipe est composée exclusivement des personnes directement concernées par le problème à l'étude, celles-ci sont plus susceptibles d'exprimer leurs valeurs, leurs systèmes de croyances, leur construction de la réalité plus librement que si elles étaient en présence de personnes détenant des pouvoirs formels (ex. : les praticiens leur offrant des services). Par contre, cette situation est moins propice à ce que les personnes aux prises avec le problème se fassent entendre par ceux qui contrôlent les processus de décision. C'est pourquoi certains chercheurs choisissent systématiquement d'intégrer des représentants des divers groupes d'intérêt dans la démarche de recherche. L'un des objectifs est alors de renforcer l'habileté à la communication et à la résolution de problèmes en donnant notamment l'occasion à chacun des groupes d'intérêt, d'une part, d'exposer, d'expliquer ses positions et, d'autre part, de connaître les positions des autres groupes, de comprendre leur construction de la réalité (Goeppinger et Baglioni, 1985). La communication doit être ouverte, conduite avec doigté, menée de façon telle que les divers groupes ont le même pouvoir d'exposer leur point de vue. Un équilibre des pouvoirs entre les diverses parties doit être visé. Dans une telle démarche de recherche, le chercheur est d'emblée dans l'action, il est notamment appelé à jouer un rôle très actif dans le fonctionnement du groupe. Cet aspect est important à considérer, nous y reviendrons dans la section illustrant une démarche d'évaluation de programme.

2.3.2 La négociation des questions de recherche

L'un des premiers enjeux de cette collaboration concerne la question de recherche. D'une certaine manière, l'étape de formulation de la question de recherche correspond à la phase où l'on définit la nature de la réalité que l'on étudie. Si l'on souhaite que cette définition corresponde aux préoccupations des personnes concernées, il devient indispensable que celles-ci participent au processus de définition (Lincoln et Guba, 1989). En psychologie communautaire, le choix d'effectuer une recherche en collaboration, que ce soit avec les personnes aux prises avec un problème ou avec les représentants des divers groupes intéressés, repose sur la conviction qu'une telle entreprise contribue au renforcement du pouvoir d'agir des personnes concernées. Comme le souligne Rappaport (1990), une des façons de contribuer à cet objectif consiste à axer la recherche sur les compétences des personnes, des communautés.

Le fait de formuler la question de recherche à partir des forces des communautés et de leurs membres implique que les chercheurs acquièrent une connaissance minimale du milieu de vie des personnes aux prises avec la réalité qu'ils étudient. Tabler sur les forces de la communauté exige donc généralement d'effectuer la recherche dans le milieu de vie des personnes concernées (Rappaport, 1990). Dans certains cas, il peut être intéressant d'interroger ou d'observer les personnes à l'extérieur de leur communauté, mais il faut que ce soit pour des raisons autres que celle de faciliter le travail du chercheur. Par ailleurs, même si chacune de ces personnes possède des compétences, celles-ci ne sont pas toujours en mesure de les reconnaître aisément. Certaines personnes sont tellement convaincues qu'elles ne sont « bonnes à rien », qu'elles réussissent parfois à en persuader tout le monde autour d'elles. Il incombe ici au chercheur de prendre le temps et les moyens de favoriser la formulation de ces forces pour pouvoir les prendre en compte dans la définition des questions de recherche.

Nous voyons donc que la seule étape de formulation de la question de recherche peut nécessiter des efforts importants de la part du chercheur s'il souhaite véritablement que l'étude contribue au pouvoir d'agir des personnes. Une recherche axée sur les forces de la communauté ne peut se faire sans s'assurer que les personnes concernées par une situation, par un problème, en particulier celles qui sont habituellement silencieuses ou isolées, aient la possibilité de prendre la parole, d'être entendues. Il s'agit là d'une exigence parfois difficile à satisfaire parce qu'elle nécessite du temps et une bonne capacité d'ouverture personnelle (Mason et Boutilier, 1996). Pour y parvenir, le chercheur est appelé à reconnaître et à respecter la connaissance tirée de l'expérience, à la considérer au moins aussi valable que la connaissance produite par la recherche scientifique. En tant que concepteurs-participants, les psychologues communautaires sont donc porteurs d'un message clair et constant à l'endroit des personnes concernées. Tout au long de la recherche et spécialement à l'étape de la définition du problème, il leur faut les traiter comme des personnes dont le point de vue est tout aussi valable que celui de n'importe qui d'autre. Procéder ainsi leur permet de disposer d'une ou de plusieurs questions de recherche qui reflètent les préoccupations et les intérêts réels des personnes avec qui ils collaborent. Il faut ensuite choisir le type de recherche le plus approprié pour répondre aux questions posées et le plus compatible avec la culture, les conditions et le mode de vie des personnes concernées.

2.4 La finalité de la recherche

Indépendamment de la discipline dans laquelle elles se développent, toutes les démarches de recherche n'ont pas la même finalité. Nous pouvons vouloir développer nos connaissances dans l'unique but de mieux comprendre un phénomène précis. Nous nous situons alors dans un contexte de « recherches fondamentales ». Nous pouvons plutôt vouloir trouver des solutions à un problème pratique. Dans ce cas de figure, nous nous situons de préférence dans un contexte de «recherches appliquées» (Tremblay, 1968). Enfin, nous pouvons chercher à apprécier précisément l'effet de nos actions sur la réalité. Ce type de préoccupation conduit alors à entreprendre des «recherches évaluatives[1]».

Tout en étant complémentaires, ces objectifs conduisent souvent les chercheurs à adopter des priorités différentes. Ainsi, si nous nous intéressons à approfondir un sujet d'un point de vue fondamental, nous nous préoccuperons beaucoup de la question de l'universalité des observations que nous serons amenés à faire. Les conclusions que nous pourrons tirer de l'analyse de nos résultats seront-elles applicables partout? Par exemple, si nous découvrons que le soutien social contribue à diminuer le risque de rechute après une cure de désintoxication, pourrons-nous prétendre que cela s'applique dans tous les cas et pour tous les types de toxicomanie? Ce genre de question, si importante du point de vue fondamental, devient par contre moins prioritaire pour des chercheurs qui tentent de répondre à la question «Comment éviter le décrochage important dans les programmes de désintoxication?». Ces derniers travailleront en priorité sur la mise au point de solutions pratiques et applicables à court terme. Cette préoccupation pourra être suffisamment importante pour les amener à délaisser provisoirement certains résultats plus «fondamentaux» pour se concentrer sur d'autres plus susceptibles de contribuer à la création, à court terme, de solutions. Dans un troisième cas de figure, des chercheurs pourront être intéressés à apprécier l'efficacité d'un programme et à concentrer leurs efforts à répondre à une question comme «Le programme de désintoxication mis en place permet-il d'augmenter le réseau de soutien social des personnes?». Clairement inscrits dans une perspective de recherche évaluative, ces chercheurs seront plus préoccupés par l'évaluation de l'efficacité d'un programme précis que par l'universalité de leurs conclusions.

Ces différences pourraient n'avoir qu'un intérêt très secondaire si elles n'entraînaient pas un grand nombre de conséquences sur l'ensemble de la démarche de recherche. Le désir de trouver des réponses «universelles», «pratiques» ou de statuer sur le caractère «efficace» d'un programme entraîne un grand nombre

---

1. Cette dernière catégorie n'est pas toujours considérée comme un type spécifique de recherche. Pour une discussion sur cette question, voir B. Gauthier (1987), *Recherche sociale: de la problématique à la collecte de données*, Presses de l'Université du Québec, Montréal.

d'implications quant aux méthodes de recherche que nous allons privilégier, aux résultats que nous allons obtenir et surtout au type de réponse que nous allons fournir. Conséquemment, chaque groupe scientifique constitué en champ disciplinaire autour d'un phénomène d'intérêt commun doit définir clairement la finalité première qu'il attribue à la recherche qu'il privilégie dans sa mission de développement des connaissances. Ce faisant, il sera également amené à statuer sur les méthodes qui lui paraissent compatibles avec cette finalité et sur la nature des réponses qu'il espère produire.

En psychologie communautaire, comme dans la majorité des disciplines, les trois finalités de la recherche (fondamentale, appliquée et évaluative) sont perçues comme étant à la fois pertinentes et complémentaires. Toutefois, l'étude de l'histoire de ce champ disciplinaire (voir chapitre 1 sur l'histoire de la psychologie communautaire) illustre la tension qui existe depuis toujours entre les objectifs de développement des connaissances et ceux de soutien à l'action que vise la recherche en psychologie communautaire (Glenwick, Heller, Linney et Pargament, 1990). On peut dire que le changement de nom de la section « psychologie communautaire » de l'American Psychological Association par « société pour la recherche et l'action communautaire », à l'occasion d'un congrès tenu au cours des années 1980, a définitivement marqué le débat dans le sens d'un enracinement de toutes les initiatives de recherche de ce champ disciplinaire sur la finalité de changement social qu'il se donne.

Cette orientation, qui était en émergence depuis plusieurs années, est le produit d'une réflexion faite par plusieurs psychologues communautaires, dont Dobecki (1982), Kelly (1986), Newbrough (1992), pour ne nommer que ceux-là. Ces auteurs ont formulé des propositions pour renforcer l'interrelation entre les processus d'utilisation et de construction des connaissances afin de favoriser l'intégration de la théorie et de la pratique. Cette préoccupation remonte d'ailleurs à Aristote et au concept de *praxis*. L'idée principale est que la production des connaissances commence et finit dans la pratique à travers le recours systématique à la recherche et à la réflexion tout au long du processus. En psychologie communautaire, les chercheurs font largement référence à deux approches visant la construction des connaissances à travers l'action : la recherche-action et la recherche participante. Ces deux approches ne sont pas les seules façons d'allier recherche et pratique, mais elles reviennent suffisamment souvent dans les écrits et le discours des psychologues communautaires pour les aborder dans ce chapitre. Chesler (1991) et Nelson, Ochocka, Griffin et Lord (1998) ont d'ailleurs récemment proposé le recours à une approche hybride, la recherche-action participante mettant à profit les avantages des deux approches. Mais en quoi la recherche-action et la recherche participante consistent-elles et comment se distinguent-elles l'une de l'autre ?

2.4.1 Le recours à la recherche-action participante

La recherche-action a été introduite en Amérique du Nord au cours des années 1950 par Kurt Lewin. Il soutenait que la meilleure façon d'apprendre au sujet des systèmes sociaux (d'une société donnée) était de tenter de les changer. Selon Chesler (1991), une importante caractéristique de la recherche-action tient au fait que la démarche est organisée en différentes phases, avec des résultats qui informent l'action tout au long du processus. Les chercheurs s'inspirant de cette approche reconnaissent en effet la rétroaction continue comme un outil d'amélioration des pratiques, mais aussi de contribution à l'avancement des connaissances. À travers la recherche-action, les chercheurs s'engagent dans l'action et dans l'amélioration des conditions des êtres humains, composantes intégrantes et nécessaires au processus de construction des connaissances. La recherche-action implique donc un processus cyclique et répété d'analyse, d'action et d'évaluation, un haut degré de coopération et d'engagement de la part du chercheur et des participants, une rétroaction constante et un engagement à solutionner les problèmes sociaux. Très étroitement associée au développement communautaire, la recherche-action aurait été plus fréquemment menée en collaboration avec les dispensateurs de services qu'avec les utilisateurs de ces services (Nelson, Ochocka, Griffin et Lord, 1998).

La recherche participante a pour sa part émergé dans les pays en développement à partir du travail avec les groupes reconnus comme faisant l'objet d'oppression (Yeich, 1996). L'approche partait du postulat suivant : il est souhaitable que les personnes faisant l'objet d'oppression soient engagées au maximum dans le processus de recherche. Elles sont conviées à participer aux processus de développement des questions de recherche, à l'élaboration du devis et des instruments de mesure, à la collecte de données, à l'interprétation des données, cela dans le but de transformer leur compréhension (nous soulignons, celle du chercheur) du problème sous investigation (ex. : les raisons de leur situation économique précaire). S'inscrivant dans la foulée des grands courants sociaux, la recherche participante est conçue comme une façon pour les personnes objets d'oppression et les chercheurs de développer une solidarité afin de prendre des actions collectives, à la fois à court et à long terme, en vue de changements sociaux radicaux. La recherche participante partage plusieurs caractéristiques avec la recherche-action, mais se distingue par la reconnaissance de l'existence de relations de pouvoir et de conflits de classes. Selon Brown et Tandon (1983), les tenants de la recherche-action auraient tendance à faire fi des enjeux de pouvoir et des conflits et à s'allier aux personnes, aux groupes détenant du pouvoir au sein des organisations. Les chercheurs optant pour la recherche participante reconnaîtraient d'emblée les enjeux associés au pouvoir, inhérents à toute démarche de recherche. Alors que les chercheurs en recherche-action partent avec l'idée d'obtenir accord et consensus aux différentes étapes de la démarche de recherche, les chercheurs adoptant l'approche participante entament le processus avec l'idée que ceux qui sont les plus puissants vont résister s'ils voient leur pouvoir menacé. À travers la recherche participante, c'est d'ailleurs la reconnaissance de l'existence de relations de pouvoir qui ressortirait comme caractéristique importante (Nelson, Ochocka, Griffin et Lord, 1998).

C'est à partir de ces observations que Chesler (1991) et, à sa suite, Nelson et ses collègues (1998) ont proposé le recours à la recherche-action participante, une combinaison des deux traditions de recherche. Nelson *et al.* (1998) définissent la recherche-action participante comme un processus de collecte et d'analyse systématique d'information dans le but de prendre action et d'entraîner un changement social. Ils soulignent qu'une démarche visant le pouvoir d'agir des personnes et des communautés devrait encourager la collaboration entre les participants en tenant compte des relations de pouvoir et favoriser l'apprentissage continu menant à la conscientisation et à la mobilisation. Outre la question du type de recherche à choisir en priorité, les psychologues communautaires peuvent également contribuer à soutenir le pouvoir d'agir des participants au moment de la sélection des indicateurs utilisés pour répondre à la question de recherche.

2.5 La sélection des indicateurs utilisés pour répondre à la question de recherche

Généralement, le choix des indicateurs dépend essentiellement de la question posée. Ainsi, la réponse à la question suivante: « Le programme X permet-il aux participants d'améliorer leur capacité d'insertion à l'emploi? » offre plusieurs possibilités de choix d'indicateurs selon la façon dont le chercheur définira la notion d'insertion à l'emploi. Il pourrait par exemple restreindre l'évaluation de cette dimension au nombre de jours travaillés au cours d'une année (Gueron et Pauly, 1991). Il pourrait au contraire considérer que tout ce qui concourt à améliorer les compétences personnelles et professionnelles des participants constitue un élément d'insertion à l'emploi (Miller, 1989). Dans le premier cas, les acquis de formation, les gains dans la clarification du projet professionnel ainsi que les apprentissages en matière de recherche d'emploi ne sont pas pris en compte dans le rendement du programme. Seul compte l'accès à un emploi et la diminution des indemnités versées aux participants (Dechêne, 1994). Une telle conception de l'insertion à l'emploi crée l'obligation d'atteindre un objectif d'intégration qui peut, dans certains cas, s'avérer très peu réaliste (ex.: économie locale moribonde, période de retrait prolongée, etc.) (Leclerc, Comeau et Maranda, 1996). Dans le second cas, les indicateurs retenus permettent de rendre justice au vécu réel des personnes à l'occasion de leur passage dans le programme et permet de mettre de l'avant des gains réels habituellement évacués.

Nous voyons donc que la sélection des indicateurs offre aux chercheurs une occasion de tenir compte des valeurs qu'ils privilégient. Pour les psychologues communautaires, la recherche est conçue non seulement comme un processus d'avancement des connaissances scientifiques, mais également comme un processus d'apprentissage continu, de conscientisation et de mobilisation favorisant le pouvoir d'agir de ceux qui y sont engagés.

2.6 Le choix des méthodes de recherche

Du point de vue du pouvoir d'agir des répondants, toutes les méthodes de recherche n'ont pas les mêmes répercussions (Lather, 1988; Opie, 1992). On comprend aisément que le fait de remplir un questionnaire à choix multiples (dans lequel le répondant est contraint de choisir parmi les options disponibles) offre moins de possibilités d'expression de soi qu'une participation à une entrevue non directive (dans laquelle le guide d'entrevue n'est pas entièrement déterminé au préalable). Or, l'un des premiers pouvoirs d'agir des personnes est le pouvoir de se nommer, de se raconter (Lord et Dufort, 1996). Le simple fait de pouvoir exprimer sa réalité dans ses propres mots constitue une étape importante dans une démarche d'affranchissement personnel et collectif (Lee, 1994; Mullender et Ward, 1994). On peut donc dire que plus les méthodes de recherche permettent aux personnes de nommer leur réalité à leur manière, plus elles sont compatibles avec le développement de leur pouvoir d'agir.

Rappelons tout d'abord que toutes les méthodes de collecte de données comportent des limites car elles procurent une perspective partielle et tronquée de l'objet à l'étude. Ainsi les méthodes strictement quantitatives offrent l'avantage de dégager un portrait global d'une réalité mais ne produisent que des informations fragmentaires et ponctuelles. Si ces méthodes peuvent être utiles pour retracer des tendances générales sur la présence ou l'absence de certains types de résultats, elles renseignent peu sur les processus à l'œuvre (Gauthier, 1987). À l'inverse, les méthodes qualitatives permettent de se faire une idée dynamique et détaillée de la réalité à l'étude mais sont trop singulières pour que l'on puisse étendre leurs résultats à l'ensemble d'une population. L'adoption de l'une ou l'autre de ces méthodes a également pour effet de donner plus de pouvoir à certains groupes d'intérêt. Ainsi, les planificateurs de programmes sociaux sont-ils souvent plus intéressés à connaître le rendement global des initiatives gouvernementales qu'à connaître dans le détail les mécanismes du programme qui contribuent ou font obstacle à l'atteinte des objectifs qu'ils se donnent (Dechêne, 1994; Gueron et Pauly, 1991). À l'opposé, les participants à ces programmes seront potentiellement plus intéressés à repérer les irritants et les forces du programme au regard de leurs objectifs qu'à en connaître le ratio coût/bénéfice pour l'État (Fetterman, Kaftarian et Wandersman, 1996; Ozawa, 1994).

Dans le contexte d'une recherche en psychologie communautaire, l'information privilégiée devrait être, en priorité, celle qui contribue au renforcement du pouvoir d'agir des personnes concernées. Il est donc important de se poser, dès le départ, les questions suivantes : À qui cette recherche, cette méthode de collecte va-t-elle servir? Quelle voix va-t-elle permettre d'amplifier? Quel point de vue sera ainsi privilégié? Dans quelle mesure les résultats permettront-ils aux personnes concernées de mieux comprendre leur réalité et de développer de nouvelles stratégies d'action ?

Un autre élément à prendre en considération concerne l'influence des méthodes de recherche sur les personnes. Comme le souligne Rappaport (1990), les méthodes de collecte et d'analyse des données peuvent plus ou moins révéler un caractère d'intrusion. Imaginons qu'un chercheur en psychologie communautaire entreprend une étude pour mieux connaître la population des sans-abri qui fréquentent les refuges de Montréal. Parmi les stratégies qui s'offrent à lui, il peut avoir à choisir entre la possibilité d'interroger les intervenants qui travaillent dans les refuges ou de passer quelques nuits sur les lieux au milieu des sans-abri. La première méthode provoque moins d'intrusion car elle évite que les personnes concernées fassent l'objet d'une attention qu'elles n'ont pas sollicitée et qu'elles ne souhaitent pas forcément. La seconde produit des informations plus indirectes mais tout de même pertinentes pour la question à l'étude. Le même enjeu est présent lorsque, par exemple, on mène une recherche par questionnaire auprès d'une population analphabète ou encore lorsqu'on fait une étude qualitative auprès des personnes victimes d'inceste.

Par ailleurs, étant donné que la psychologie communautaire adopte une conception transactionnelle (c'est-à-dire les effets n'ont pas une cause unique mais sont produits par plusieurs facteurs concomitants) de la réalité (Altman, 1987), les chercheurs de ce champ disciplinaire sont encouragés à utiliser des méthodes de recherche variées permettant la multiplication des points de vue (Tolan *et al.*, 1990). En plus de minimiser les déformations rattachées à toute méthode, l'utilisation simultanée des méthodes de nature qualitative et quantitative permet en effet d'acquérir une compréhension plus dynamique de la réalité à l'étude. Cette observation est également valable pour les unités d'analyse (personnes, groupes, collectivités, population globale, etc.). Il est intéressant, par exemple, en certaines occasions, d'inclure des méthodes de collecte de données de groupe (*focus group*, groupe de discussion, forum) qui viennent enrichir la compréhension des points de vue plus individuels (ex. : manifestation d'un consensus spontané sur le sens à donner à telle ou telle affirmation d'une personne interrogée dans un autre volet de l'étude) ou des données décrivant l'ensemble d'une population (ex. : priorité de certaines données par rapport à d'autres, etc.).

Enfin, comme nous l'avons vu dans le chapitre sur l'épistémologie, les psychologues communautaires favorisent le développement des connaissances par la mise en commun de points de vue différents sur une même réalité plutôt que par la formulation d'un point de vue majoritaire ou dominant (Tolan *et al.*, 1990). Du point de vue des méthodes de recherche, cela implique que les chercheurs recueillent un portrait exhaustif de tous les points de vue en présence. Pour ce faire, plusieurs chercheurs suggèrent aussi le recours à des sources diverses (informateurs-clés de la communauté, leaders formels et informels, personnes aux prises avec le problème), privilégiant ainsi des perspectives multiples et même divergentes. Pourquoi, par exemple, lors de l'évaluation d'un programme de prévention s'adressant aux adolescents, ne pas rencontrer des jeunes qui abandonnent rapidement le programme? En offrant leurs perceptions du programme, en donnant les raisons pour lesquelles ils le boudent, si tel est le cas, ces interlocuteurs fourniraient sûrement des renseignements très utiles à la compréhension du phénomène (ex.: décrochage) et susceptibles d'améliorer les actions futures.

Cette stratégie permet également de mettre en évidence les contradictions et les paradoxes régulièrement présents dans les réalités complexes mais que l'on évacue souvent au nom de la recherche de convergence (Rappaport, 1990). De plus, le fait de confronter les contradictions et les paradoxes est cohérent avec le développement du pouvoir d'agir qui implique l'expression des raisonnements divergents, la remise en question de normes, de standards uniques pour évaluer les compétences et la présomption de l'existence d'une solution unique à un problème. Par exemple, les critères sur lesquels se fondent les concepteurs d'un programme de promotion de la qualité de vie dans un quartier peuvent être (et sont souvent) différents de ceux des personnes vivant dans cette communauté. Quels critères retenir? Quels critères sont les plus valables? Par ailleurs, certaines procédures statistiques peuvent cacher la présence de raisonnements divergents et empêcher d'entendre le point de vue de certains participants. Par exemple, avoir recours à la moyenne pour comparer des groupes peut masquer les répondants qui donnent des réponses paradoxales et néanmoins intéressantes. Il est donc suggéré que les cas extrêmes, que les données qui paraissent contradictoires ne soient pas négligées. Il est primordial que les chercheurs obtiennent une connaissance très approfondie des données descriptives avant de se lancer dans des tests de comparaison ou de prédiction.

Comme nous le voyons, le choix des méthodes de recherche constitue également une étape importante dans la conduite d'une étude en psychologie communautaire. Il reste néanmoins fort à faire pour que ces principes techniques se transforment en pratiques concrètes. L'analyse des travaux faits par les psychologues communautaires au cours des dernières décennies montre que ceux-ci reprennent largement les méthodes traditionnellement utilisées en psychologie qui sont peu propices à donner la parole à ceux qui ont peu d'occasions de se faire entendre (Elias, Dalton et Howe, 1981, 1986 ; Lieberman et Dunlap, 1979 ; Lounsbury, Cook, Leader, Rubeiz et Meares, 1979 ; Trickett, 1989). Comme dans d'autres champs de la psychologie, les critiques notent également que les résultats des recherches semblent peu utilisés ou peu utilisables (Heller, 1992), donc peu susceptibles de favoriser le pouvoir d'agir des communautés et de mener à un changement social dans le sens d'un partage plus équitable des ressources.

2.7 Les stratégies d'analyse des données

À première vue, il peut paraître étonnant que le cadre de référence moral d'un chercheur influence sa stratégie d'analyse des données de recherche. En fait, lorsque le chercheur arrive à l'étape d'analyser les données recueillies auprès des participants, il lui faut à nouveau prendre différentes décisions. Qui est le mieux placé pour compléter ces analyses ? Doit-on privilégier l'utilisation de stratégies plus coûteuses (en expertise, en temps, en matériel) et plus précises ou faut-il au contraire favoriser une exploitation plus sommaire et plus rapide des données ?

2.7.1 La question de l'expertise dans l'analyse des données

Comme le souligne Serrano-Garcia (1990), il est parfois difficile d'associer les participants à certaines étapes de l'analyse des données en raison des connaissances pointues qu'elles requièrent. Par contre, l'auteure rappelle que l'expertise des participants est indispensable à une compréhension globale des données. Donc, s'il est vrai que la spécificité de l'expertise du chercheur le conduit souvent à réaliser une grande partie des étapes d'analyse des données, cela n'implique pas qu'il en conserve le monopole. Il s'agit ici d'une autre implication concrète de l'adoption du principe du partage des expertises cher aux psychologues communautaires. Bien

sûr, les acteurs engagés dans une démarche de recherche possèdent des expertises différentes et il faut veiller à ne pas confondre
«égalité» des expertises (aucune n'a plus de valeur que les autres)
avec «identité» des expertises (tout le monde a des compétences
identiques). Il reste que, du point de vue du développement des
connaissances en psychologie communautaire, l'analyse collective des données permettant la mise en commun des points de
vue divergents constitue un critère d'excellence explicite qu'il
convient d'atteindre le plus souvent possible (Tolan *et al.*, 1990).
Bien sûr, il est essentiel de faire preuve de discernement dans la
façon dont on fait collaborer les participants. Plusieurs expériences
malheureuses ont été rapportées dans ce domaine parce qu'on
avait tenté d'appliquer ce principe de façon trop dogmatique
(Bond, 1990 ; Plough et Olafson, 1994 ; Schalff, 1991).

2.8 La stratégie de diffusion des résultats

La question de l'élaboration et de la diffusion des résultats de recherche constitue une étape très particulière de la démarche de recherche car le choix des stratégies retenues détermine en bonne partie
l'utilité à court et à moyen terme des travaux réalisés (Serrano-
Garcia, 1990). En psychologie communautaire, la question de la
diffusion des résultats est d'autant plus cruciale qu'elle constitue
une des occasions concrètes de soutien direct au pouvoir d'agir
des personnes concernées (Bond, 1990). Les psychologues communautaires considèrent donc que la diffusion des résultats
devrait viser en priorité le soutien à l'action des personnes concernées (Serrano-Garcia, 1990). Toutefois, les modalités de ce soutien à l'action diffèrent grandement selon la finalité de la
recherche. Plus les informations produites par la recherche sont
abstraites, globales et s'appliquent à une large population
(comme c'est souvent le cas dans une recherche de type fondamental), moins elles sont directement exploitables par les personnes concernées (Wandersman, 1990). Pour éviter de limiter la
diffusion de ce type de résultats aux seules revues scientifiques
spécialisées, les chercheurs peuvent utiliser toute une série de
stratégies susceptibles de faciliter la dissémination des résultats
auprès de la population à l'étude (Bond, 1990 ; Robinson, 1990).
Même si cela ne va pas sans difficultés (notamment parce que la
culture universitaire soutient peu ce genre d'initiative), il s'agit là
d'une démarche qui marque clairement la cohérence des cher-

cheurs en psychologie communautaire avec le cadre paradigmatique de son champ disciplinaire (Trickett, 1989, 1990).

Dans le cas des recherches plus appliquées, les possibilités de contribuer au développement du pouvoir d'agir des personnes concernées sont plus directes (Wandersman, 1990). La tenue de séances de travail, la conception et la réalisation de courtes synthèses présentées de manière attrayante et dépouillées de tout jargon inutile, la participation à des rencontres en grand groupe sont autant de moyens d'outiller les acteurs du changement à l'aide des résultats de recherche. À ce titre, la recherche évaluative constitue un cas de figure particulièrement pertinent en raison de l'expertise qui s'y développe en matière d'appropriation des données de recherche des participants (Fetterman *et al.*, 1996 ; Lincoln et Guba, 1989 ; Shadish, 1990). L'étude plus détaillée de ce type de recherche constitue donc une excellente façon d'illustrer concrètement les modalités d'intégration des valeurs mises de l'avant par la psychologie communautaire dans une démarche de recherche.

3. LA RECHERCHE ÉVALUATIVE : OUTIL DE DÉVELOPPEMENT DU POUVOIR D'AGIR

Il y a plusieurs façons pour les psychologues communautaires de faciliter le pouvoir d'agir des personnes et des communautés. Nous avons choisi d'illustrer comment cela peut se faire dans le contexte d'une recherche évaluative. Nous avons retenu l'évaluation d'un programme car, de plus en plus, les acteurs de la communauté, ceux qui travaillent pour les organismes communautaires ou dans le secteur public (services sociaux, de santé, d'éducation, d'assistance à l'emploi) sont appelés à évaluer leurs initiatives ou leurs services. Les psychologues communautaires peuvent faciliter ce processus. L'une des facettes importantes de leur rôle est d'aider à la systématisation de la démarche. Une évaluation rigoureuse doit respecter diverses étapes, étroitement imbriquées les unes dans les autres. La présente section fournit une définition générale de l'évaluation de programmes, énumère les raisons pour lesquelles les évaluations sont habituellement effectuées, souligne la tendance actuelle dans le domaine de l'évaluation de programmes et illustre les étapes et les résultats de l'évaluation d'une initiative de développement économique communautaire (Papineau et Kiely, 1994, 1996a et 1996b).

3.1 Définition et raisons de l'évaluation

Le terme « évaluation » peut être utilisé de manière très large pour inclure tout effort en vue d'augmenter l'efficacité des actions humaines dans une enquête fondée sur des données. Lorsque cette démarche est effectuée de manière empirique et systématique, lorsqu'elle comporte la collecte et l'analyse approfondie de données, nous parlons alors de recherche évaluative (Patton, 1990). Une évaluation est habituellement menée soit afin d'obtenir de l'information qui permettra d'améliorer un programme ou une initiative, soit pour répondre aux exigences des bailleurs de fonds, soit pour les deux raisons. En psychologie communautaire, l'évaluation devrait également favoriser le pouvoir d'agir des personnes et des communautés concernées.

La tendance actuelle en évaluation de programmes, notamment en psychologie communautaire, est de concevoir la démarche de telle sorte qu'elle réponde aux besoins des divers groupes engagés dans le programme et qu'elle cadre avec les valeurs véhiculées dans l'organisation où elle se déroule (Rossi et Freeman, 1993). En effet, les évaluateurs et leur clientèle délaissent de plus en plus les devis expérimentaux qui visent à démontrer l'efficacité ou le résultat (évaluation sommative) d'interventions précises dans le but de les adapter par la suite à d'autres environnements (Patton, 1986). De fait, plusieurs résultats de recherche indiquent que les programmes sociaux sont, en règle générale, implantés différemment dans divers milieux et évoluent dans des directions variées avec le temps, selon les besoins des personnes, selon l'expérience et l'expertise du personnel responsable de leur réalisation. Au fil des dernières années, les évaluateurs et leurs clients se sont également aperçus que peu d'évaluations de rendement menaient à des changements significatifs des programmes ou à l'abandon de programmes inefficaces. Cette situation s'explique en partie par le fait que de telles prises de décision sont imbriquées dans un processus politique influencé par un large ensemble de facteurs. Rossi et Freeman (1993) suggèrent donc que les évaluations se fassent plus sur une base formative, qu'elles respectent l'écologie sociale du milieu dans lequel elles se déroulent, qu'elles soient centrées sur les préoccupations des divers groupes intéressés par le programme, sur les problèmes qu'ils soulèvent. Ce type d'évaluation exige des évaluateurs qu'ils soient familiers avec un large éventail de méthodes de recherche, qu'ils connaissent les principes qui régissent le fonctionnement en groupe. Enfin, les évaluateurs doivent être motivés à contribuer au changement social. C'est dans cet esprit que Danielle Papineau a fait l'évaluation de trois programmes d'une organisation communautaire pour son doctorat en psychologie. Les psychologues disent souvent qu'ils ne peuvent faire grand-chose contre les facteurs tels que la pauvreté, le chômage, la précarité en emploi qui ont une influence négative sur le bien-être des personnes, sur la qualité de vie de ceux qui les entourent. Les programmes instaurés par l'organisation de développement économique communautaire montrent le contraire. Plusieurs actions peuvent être en effet menées pour contrer la pauvreté, favoriser l'emploi et, par le fait même, favoriser le pouvoir d'agir, le bien-être des personnes et de leur communauté.

3.2 Une évaluation au sein d'une organisation de développement économique communautaire

La mission de l'organisation faisant l'objet de l'évaluation est de soutenir, dans leur pouvoir d'agir (*empowerment*), les membres qui sont en marge de la communauté, cela en utilisant des stratégies de développement économique communautaire (DEC). Plus spécifiquement, le but de l'organisation est d'établir de nouvelles façons de répondre aux besoins économiques de divers groupes sociaux composant la communauté: immigrants, réfugiés, familles monoparentales, bénéficiaires de l'aide sociale. L'organisation a été mise sur pied par une coalition d'organismes communautaires multiculturels active dans un quartier en voie d'embourgeoisement. Ces organismes fournissent des services aux groupes francophones, anglophones, chinois, latino-américains, portugais et sud-asiatiques. Au sein de l'organisation, les décisions sont prises sur une base collective et le conseil d'administration est composé de bénévoles élus. Au moment de l'évaluation, trois programmes étaient en fonction: le programme de création d'une coalition communautaire, mettant en lien les organismes engagés dans le développement communautaire afin que des initiatives conjointes soient amorcées (cuisines collectives, banques alimentaires, achat de biens en groupe); le programme de formation et d'assistance technique, offrant un soutien aux petites entreprises, individuelles et collectives, visant le développement économique de la communauté ; le programme de fonds d'emprunt, créé en vue d'amasser des capitaux pour financer les petites entreprises communautaires ayant des retombées sociales. L'évaluation a porté sur les trois programmes ; les cinq grandes étapes de la démarche sont décrites dans les paragraphes qui suivent.

3.2.1 Amorce de l'évaluation et repérage des groupes intéressés

Danielle Papineau a agi à titre de facilitatrice de l'évaluation. Après avoir présenté le projet d'évaluation au conseil d'administration (CA) de l'organisation afin d'obtenir l'accord des membres, l'évaluatrice s'est présentée aux comités de travail pour solliciter leur participation à la démarche d'évaluation. Tous les membres des groupes d'intérêt ont été sollicités. En accord avec les valeurs véhiculées dans l'organisation, il n'était en effet pas question d'inclure uniquement un représentant des différents groupes : bénévoles, étudiants (effectuant un stage dans l'organisme), membres du personnel, utilisateurs de services. Les bénévoles pouvaient être membres d'un comité de travail, membres du CA ou représentants d'un organisme fournissant des fonds ou de l'assistance technique (gouvernement municipal, institutions religieuses ou éducatives, association communautaire). Les participants étaient au nombre de 35, 21 femmes et 14 hommes, 23 appartenant à une culture autre que la culture québécoise francophone. Chaque participant ou participante s'engageait selon ses intérêts et sa disponibilité. Cette phase s'est échelonnée sur deux mois.

3.2.2 Sélection des thèmes et des questions d'évaluation

Cette étape visait à cerner les préoccupations de l'ensemble des groupes d'intérêt. La sélection et la formulation des questions d'évaluation ont été effectuées selon un processus de consultation qui a duré six mois. Les membres des divers groupes d'intérêt se sont rencontrés à plusieurs reprises en petits groupes, chacun se centrant sur un service offert par l'organisation. Il s'agissait de retracer les questions importantes à clarifier. Cette façon de faire s'est avérée efficace. L'évaluatrice a assisté chaque groupe dans le développement et la clarification des sujets ou thèmes à aborder et dans la formulation des questions à soulever lors de l'évaluation. Certains des participants, trop occupés pour assister aux réunions de groupe, ont été rencontrés sur une base individuelle afin de recueillir leurs opinions et suggestions. Les questions ont été formulées clairement, regroupées par programmes et colligées dans deux documents rédigés par l'évaluatrice et deux membres du personnel. Deux réunions générales ont été convoquées afin de discuter de ces documents, d'ordonner les questions selon leur priorité du point de vue de leur utilité potentielle et de planifier comment les résultats de l'évaluation seraient utilisés lorsqu'ils seraient disponibles. L'encadré offre un résumé des grandes questions d'évaluation retenues.

Les grandes questions de recherche

Quelles impressions les participants ont-ils du processus d'évaluation et comment ce processus a-t-il favorisé leur pouvoir d'agir (*empowerment*) ?

Est-ce que l'organisation est connue dans la communauté et perçue comme étant crédible, en particulier par les travailleurs de certaines organisations locales ?

Comment les utilisateurs et les bénévoles des services de formation et d'assistance technique perçoivent-ils leur engagement dans ce programme et dans quelle mesure les utilisateurs sont-ils satisfaits de la formation reçue ?

Est-ce que les emprunteurs, les bailleurs de fonds et les bénévoles sont satisfaits du programme de fonds d'emprunt ?

Quelles sont les retombées personnelles et familiales du fait d'être un propriétaire d'entreprise ?

3.2.3 Élaboration des mesures et de la procédure de collecte des données

Des rencontres en petits groupes ont été organisées afin de concevoir les instruments de mesure (protocoles d'entrevue) permettant de répondre aux questions d'évaluation. Ce processus a pris trois mois. Voici quelques exemples des questions portant sur le processus d'évaluation. « Que pensez-vous du processus d'évaluation jusqu'à présent ? Comment le processus d'évaluation vous a-t-il personnellement influencé ? Quels étaient vos buts personnels et vos attentes au sujet de cette évaluation ? Quelles sont vos impressions du processus de groupe?» Les données ont été recueillies par l'évaluatrice et les participants intéressés; ces derniers ont reçu une formation appropriée.

3.2.4 Analyse et diffusion des données

Les participants étaient plus réticents à collaborer à l'analyse des données. Ils ont demandé à l'évaluatrice d'analyser les réponses aux questions élaborées par le groupe de travail sur la coalition communautaire. Ces questions portaient sur les perceptions que certains membres de la communauté ont de l'organisation. Une bénévole et une employée de l'organisation ont néanmoins collaboré à l'analyse des réponses aux questions concernant le programme de formation et d'assistance et le fonds d'emprunt. Les membres du personnel du programme de fonds d'emprunt se sont engagés considérablement dans ce processus. L'analyse des données a été effectuée en petits groupes, l'évaluatrice participant à chacun des groupes. Les résultats ont été consignés dans des rapports qui incluaient également de l'information sur le ou les programmes concernés et des recommandations devant servir à la discussion lors des réunions de planification stratégique. Les rapports devaient être présentés de telle sorte qu'ils puissent servir aux demandes de fonds de l'année suivante. Cette phase a pris approximativement trois mois. Il est très important d'apporter un grand soin à la diffusion des résultats. Les résultats doivent être présentés de telle sorte qu'ils soient bien compris par les auditoires, rapportés de manière dynamique et qu'ils tentent de répondre aux préoccupations de chacun. Camil Bouchard souligne le caractère crucial de cette étape au chapitre précédent.

3.2.5. Planification stratégique

Une évaluation bien menée devrait habituellement conduire à améliorer le ou les programmes. Il est donc également important de prévoir comment les résultats seront utilisés afin de produire les changements souhaités. Dans ce cas-ci, les participants ont profité de la planification stratégique, série d'opérations qui consiste à déterminer quels objectifs l'organisation souhaite atteindre au cours des prochaines années, pour réfléchir aux changements à apporter aux programmes et en discuter. En ce qui a trait au programme de coalition communautaire, l'évaluation n'a pu servir. Une crise financière a amené les programmes à se transformer en trois entités distinctes. Le programme de coalition devait subir une réorganisation en profondeur, il était donc impossible d'effectuer une planification stratégique dans un tel contexte. Par contre, des changements ont été apportés aux deux autres programmes. Puisque les résultats de l'évaluation devaient également améliorer les évaluations futures, les questions de recherche ont été révisées en vue de leur utilisation sur une base continue. L'évaluation a démontré que les employés de l'organisation pourraient se charger de la coordination des futures évaluations.

3.3 Les résultats de l'évaluation

Nous rapportons ici uniquement les résultats s'appliquant à la première question : « Quelles impressions les participants ont-ils du processus d'évaluation et comment ce processus a-t-il favorisé leur pouvoir d'agir ? » Les répondants ont mentionné les avantages et les inconvénients qu'ils percevaient comme étant associés au processus d'évaluation. Par la suite, l'analyse a permis de faire ressortir trois dimensions du pouvoir d'agir : auto-efficacité et contrôle, connaissances et habiletés, actions concrètes sous la forme de l'utilisation des résultats de l'évaluation.

3.3.1 Les avantages et inconvénients perçus du processus d'évaluation

La nature collective et démocratique du processus d'évaluation, la possibilité d'échanges véritables, la participation à toutes les étapes de l'évaluation menant à des prises de décision de groupe mieux informées ont été mentionnées comme les aspects les plus gratifiants du processus. « Un processus comme celui-là, ça dilue l'ego, la personnalisation, ce n'est le bébé de personne. Ça minimise les jeux de pouvoir internes et, dans les comités, ça aide l'organisation à maintenir ses objectifs initiaux[2] » (commentaire d'une employée). « Le processus crée des occasions d'échanges, de discussion et une synergie entre les différents groupes d'intérêt » (une bénévole). « Les utilisateurs des services deviennent plus coopératifs, plus ouverts lors des réunions de groupe. Le processus d'évaluation a eu un effet positif sur la dynamique des groupes à

---

2. Nous avons traduit les citations de l'anglais.

l'intérieur de l'organisation, les membres parlent maintenant plus franchement et il y a un climat de confiance, de cohésion, l'information circulant de manière plus démocratique» (remarque d'un bénévole). Plusieurs répondants ont rapporté que leur participation à l'évaluation a renforcé leur engagement face à l'organisation. Les participants ont également apprécié accomplir de manière structurée des tâches particulières sur une base individuelle et coordonner l'ensemble des tâches en groupe. Ils ont également apprécié obtenir de l'information de tous les groupes engagés au sein de l'organisation plutôt que de se centrer sur les opinions des utilisateurs comme c'est souvent le cas en évaluation de programmes. Cette façon de faire procurait une évaluation plus précise des programmes.

Les rencontres de planification stratégique ont été perçues comme étant particulièrement fécondes et efficaces, centrées sur des objectifs. Ces rencontres permettaient de réfléchir, sous différents angles, collectivement et individuellement, sur le travail effectué et en utilisant de l'information non disponible auparavant. «C'était intéressant de voir comment, globalement, chacun était engagé. Avant, on avait de la difficulté à utiliser l'information. À titre de membre du CA, on recevait un paquet de papier et je n'obtenais jamais réponse à mes questions» (bénévole). L'évaluation a également servi de modèle à d'autres organisations. Des participants bénévoles provenant d'autres organismes communautaires étaient impressionnés par la grande participation des différents groupes et par la qualité des discussions générées par le processus de planification stratégique. Les commentaires sur le rôle de l'évaluatrice font ressortir l'importance de désigner une personne responsable de l'évaluation, capable de faciliter le processus, de coordonner l'ensemble et d'effectuer le suivi des tâches. Les participants ont décrit l'évaluatrice comme étant flexible et attentive à leurs besoins. Elle prenait le temps d'expliquer les notions d'évaluation à l'aide de documents écrits, de graphiques et de présentations orales. «Je crois que ça a été respectueux de l'organisation et des personnes engagées dans le processus. L'évaluatrice a pris le temps qu'il fallait pour expliquer et réexpliquer. C'est devenu clair dans ma tête et dans celle des autres» (bénévole). L'évaluatrice a également permis aux gens d'exprimer leurs craintes face aux processus d'évaluation et elle a répondu à leurs questions.

Les inconvénients concernaient surtout la phase d'élaboration des questions d'évaluation. Les nombreux aspects à considérer à l'intérieur des trois programmes et la diversité des participants rendaient le processus long et complexe. « J'ai trouvé ça long parce qu'il y avait tellement de gens et de groupes concernés. C'est long de coordonner ça ensemble » (membre du personnel). Les participants ont formulé plusieurs suggestions afin d'améliorer le processus d'évaluation, recommandant par exemple d'effectuer plus de demandes aux personnes plutôt que de faire certaines tâches en groupe et de suivre un échéancier plus strict. Certains participants ont également rapporté que le fait qu'ils en étaient à leur première expérience rendait difficile d'imaginer le processus d'évaluation dans son ensemble et de comprendre l'à-propos de certaines questions d'évaluation. Plusieurs participants ont expliqué qu'il leur a fallu beaucoup de temps pour se sentir à l'aise avec le processus d'évaluation, à comprendre l'utilité des résultats. « J'ai trouvé ça très difficile au début de me situer. Ce que j'ai fait jusqu'à présent, c'est de participer à différents groupes. C'est difficile d'évaluer le travail que nous avons fait. Je ne suis pas familière avec ce type de processus. Je n'étais pas sûre de ce que ça entraînait, de ce que ça donnerait à moi et aux autres » (membre du personnel). L'évaluation a permis de faire ressortir que ces inconvénients pourraient être atténués en organisant des ateliers d'initiation au processus d'évaluation. Ces ateliers pourraient offrir une vue d'ensemble du processus. L'évaluatrice pourrait expliquer les utilisations possibles des résultats d'évaluation, donner des exemples, répondre aux questions (Papineau et Kiely, 1996b).

3.3.2 Un processus favorisant le pouvoir d'agir des participants

L'évaluation avait pour objectif principal d'explorer si la participation à ce processus favorisait le pouvoir d'agir des personnes sous l'angle de l'auto-efficacité et du contrôle, de l'acquisition de connaissances et d'habiletés et de l'utilisation des résultats de l'évaluation en vue de mener des actions collectives. Des changements ont été rapportés à tous ces égards. Par exemple, l'évaluation a permis aux membres du CA qui se sentaient marginalisés d'accroître leur sentiment de contrôle et d'efficacité. Le processus leur a fourni des occasions de partager leurs connaissances, d'agir de manière positive. Maintenant, les participants sont plus confiants de pouvoir exécuter et contrôler ce processus d'évaluation en collaboration avec d'autres. Initialement, plusieurs d'entre eux avaient exprimé leurs craintes que l'évaluation prenne des directions qu'ils ne souhaitaient pas. Le fait que l'évaluation confirmait l'efficacité de leur travail, qu'ils atteignaient leurs buts, était valorisant pour les membres du personnel de l'organisation. « J'ai été très impressionnée avec certains résultats. Avec les groupes, nous avons des objectifs, mais c'est si subjectif, sans l'évaluation, nous ne connaissons jamais le résultat. C'est intéressant de voir que les gens utilisent des mots tels que confiance en soi ; c'est ce que nous tentons de faire ; c'est ce que nous encourageons ».

La participation active à différentes étapes de l'évaluation a également permis l'acquisition de diverses connaissances et le développement d'habiletés. Le questionnement permet aux personnes d'inventorier leurs forces de même que leur influence au sein de l'organisation. La participation a notamment démystifié la planification stratégique et comment elle peut se dérouler dans une organisation. Les attitudes des participants à l'égard de l'évaluation ont changé ; ils sont dorénavant plus conscients de son utilité potentielle. Le processus d'évaluation a aidé à mieux comprendre le travail de l'organisation. Par exemple, avoir le point de vue des utilisateurs lors des discussions sur la planification stratégique a permis aux autres groupes de faire le lien entre la théorie et la pratique, de voir la cohérence entre la mission de l'organisation et les activités qui se déroulent réellement. Pour certains, l'évaluation a favorisé une réflexion critique, les a amenés à lire, à explorer certains aspects du programme. Certains ont lu des articles sur l'*empowerment* et en ont discuté par rapport à leur travail. Enfin, plusieurs personnes ont affirmé que leur participation à l'évaluation avait contribué à leur développement personnel. Ils ont énuméré l'acquisition d'habiletés particulières : utilisation de l'ordinateur, habileté à la planification, capacité à tenir compte des aspects humains en respectant, par exemple, le rythme des autres.

Il va de soi qu'une évaluation qui promeut le pouvoir d'agir des personnes devrait conduire à la réalisation d'actions concrètes en relation avec les objectifs des groupes d'intérêt. Ces actions doivent fournir des bénéfices individuels, de groupe et communautaires. L'évaluation doit donc produire de l'information qui permet à la fois d'améliorer le fonctionnement actuel de l'organisation et d'alimenter la réflexion au sujet de sa mission, ses objectifs, cela dans le sens de l'élaboration d'une vision commune. L'évaluation doit aussi contribuer à l'obtention de ressources nécessaires au fonctionnement de l'organisation. Dans le cas présent, l'évaluation a servi à planifier et à concrétiser des changements notables en ce qui a trait au programme du fonds d'emprunt. Premièrement, la mission de ce programme a été revue, les objectifs ont été reformulés de manière plus réaliste. Par exemple, la viabilité économique du programme est devenue un objectif très clair. Dans cette veine, les membres ont prévu effectuer plus de publicité pour mieux faire connaître le programme. Deuxièmement, les politiques et directives internes à propos des conflits d'intérêt ont été clarifiées. L'évaluation avait fait ressortir la possibilité de tels conflits au sein du CA. Troisièmement, le personnel a révisé l'assistance technique fournie aux emprunteurs, tant dans son contenu que dans sa forme. En effet, certains utilisateurs s'étaient plaints des trop longs délais d'attente, des contenus de certaines sessions de formation devant répondre à des besoins spécifiques (ex. : comptabilité) et de la façon dont ces contenus étaient transmis.

Dans l'ensemble, les participants ont maintenant une vision commune plus claire de la mission, des objectifs de l'organisation et des aspects qu'ils peuvent améliorer. Entre autres, les bénévoles possèdent maintenant de l'information sur l'organisation qui ne leur était pas accessible auparavant. L'évaluation laisse entrevoir des avenues de développement. Au début du processus d'évaluation, certains groupes à l'intérieur de l'organisation prévoyaient utiliser les résultats de la démarche afin de recueillir des fonds additionnels. Cet objectif n'a pas été atteint, ce qui se produit d'ailleurs rarement dans le contexte d'une évaluation formative. Cependant, l'évaluation a amené des organismes communautaires conjoints à augmenter leur contribution bénévole en fournissant plus d'assistance technique et en participant à certaines activités, incluant les collectes de fonds.

3.4 Les limites de l'évaluation

Enfin, il est important de souligner que l'évaluation que nous venons de décrire, comme tout autre type d'évaluation d'ailleurs, comporte des limites. Le fait que l'évaluation ait été en grande partie élaborée et réalisée par les membres de l'organisation peut amener certains groupes à promouvoir leurs intérêts. Néanmoins, le fait que divers groupes ayant des intérêts différents ont été engagés dans le processus permet de réduire ce risque. Par ailleurs, le fait que les membres du personnel et les bénévoles de l'organisation aient consacré plus de temps à l'évaluation que les utilisateurs des services a pu amener à mettre l'accent sur leurs préoccupations. Cependant, dans le contexte d'une évaluation formative, l'information recueillie est plus susceptible de servir au personnel et aux bénévoles, c'est-à-dire à ceux qui désirent améliorer les services. Il semble donc intéressant d'explorer leurs préoccupations tout en s'assurant néanmoins que les utilisateurs aient la parole. Il est cependant important de respecter le temps qu'ils veulent consacrer au processus d'évaluation, leur rythme, leurs manières de faire et leurs intérêts; certains peuvent apprécier collaborer à certaines étapes de l'évaluation et non à d'autres. Il faut finalement ajouter que les résultats d'une évaluation interne sont généralement plus susceptibles d'avoir une influence sur les prises de décision organisationnelles que les évaluations externes (Whitmore, 1998). L'important est toutefois de respecter l'écologie de l'organisation. King (1998) mentionne qu'une évaluation participante ne peut se dérouler dans des organisations fonctionnant sur une base hiérarchique. Elle maintient, par exemple, qu'il n'est pas juste que les décisions soient prises collectivement alors qu'au sein de la structure hiérarchique une seule personne (le coordonnateur ou le chef de service) est administrativement responsable des décisions qui sont prises dans son organisme ou dans son service. Mais la raison principale est que les personnes évoluant dans ces structures ne possèdent pas les valeurs nécessaires à ce type d'évaluation, pas plus qu'elles ne possèdent les habiletés requises. Une démarche d'évaluation comme celle que nous venons de décrire doit reposer sur un contrôle partagé de l'ensemble du processus, sur une analyse collective, sur la coordination, la planification, sur le développement d'habiletés dans les processus de prise de décision.

4. CONCLUSION

En conclusion, il est essentiel de souligner que chaque chercheur doit trouver sa façon de faire selon le contexte dans lequel se déroule la recherche qu'il entreprend. Il doit s'interroger continuellement sur les valeurs qui animent les participants et sur ses propres valeurs. Comme nous l'avons vu, ce questionnement doit être présent tout au long du processus de recherche. Chacune des étapes du processus peut être cruciale en ce qui a trait au pouvoir d'agir et de réfléchir des personnes et des communautés. La première question qui devrait être prise au sérieux est la suivante : à qui servira véritablement la démarche de recherche ?

La recherche, du point de vue de la psychologie communautaire, devrait conduire à un changement dans le sens d'une plus grande justice sociale. Les chercheurs devraient également s'interroger, aussi bien sur les bénéfices potentiels à long terme d'une recherche, que sur les bénéfices immédiats que peuvent en tirer les personnes concernées. Il n'est pas toujours facile de prévoir les conséquences à court, à moyen ou à long terme d'une recherche, de même que ses répercussions sur les divers groupes d'intérêt ; néanmoins, le fait d'avoir une perspective historique du phénomène à l'étude et d'en effectuer une analyse écologique peut favoriser ce processus.

RÉFÉRENCES

ALTMAN, I. (1987), « Psychology twenty years later : Still another crisis in psychology ? », *America Journal of Community Psychology*, 15 (5), 613-627.

ARGYSIS, C. (1985), « Making Knowledge more relevant to Practice : Maps for Action », dans Lawer, E.E., A.M. Mohman Jr., S.A. Moham, G.E. Ledford Jr., T.G. Gummings *et al.*, *Doing research that is useful for theory and practice*, San Francisco, Jossey-Bass Publishers.

BENNETT, C.C., L.S. ANDERSON, S. COOPER, L. HASSOL, D.C. KLEIN et G. ROSENBLUM (dir.) (1966), *Community Psychology : A Report of the Boston Conference on the Education of Psychologists for Community Mental Health*, Boston, Boston University Press.

BOND, M.A. (1990), « Criteria of excellence IV : Collaboration and action », dans Tolan, P., C. Keys, F. Chertok et L. Jason (dir.), *Researching Community Psychology : Issues of Theory and Methods*, Washington, DC, American Psychological Association, p. 183-198.

BROWN, L.D. et R. TANDON (1983), « Ideology and political economy in inquiry : Action research and participatory research », *Journal of applied behavioral science*, 19, 277-294.

CHESLER, M.A. (1991), « Participatory action research with self-help groups : An alternative paradigm for inquiry and action », *American Journal of Community Psychology*, 19 (3), 757-768.

Cox, E.O. (1991), «The critical role of social action in empowerment oriented groups», *Social Work with Groups*, 14 (3-4), 77-90.

Dechêne, P. (1994), *Les stratégies d'aide à l'emploi et de développement de l'employabilité des clientèles défavorisées aux États-Unis: bilan de la recherche évaluative*, Québec, ministère de la Sécurité du revenu, Direction de l'évaluation et de la statistique.

Dobecki, P.R. (1982), «On knowing the community of caring persons: A methodological basis for reflective-generative practice of community psychology», *Journal of Community Psychology*, 20, 26-35.

Elias, M.J., J.H. Dalton et G.W. Howe (1981), «Studying community psychology as a community of professionals: An empirical approach», *Professional Psychology*, 12 (3), 363-376.

Elias, M.J., J.H. Dalton et G.W. Howe (1986), «Divergence between community psychologists in academic and nonacademic settings: A closer look at the implications», *American Journal of Community Psychology*, 14 (1), 113-118.

Evans, M.P. (1995), «Linking welfare to jobs: Workfare, canadian style», *Policy Option*, 16 (4), 5-10.

Fawcett, S.B. (1991), «Some values guiding community research and action», *Journal of Applied Behavior Analysis*, 24 (4), 621-636.

Fawcett, S.B., G.W. White, F.E. Balcazar, Y. Suarez-Balcazar, R.M. Mathews, A. Paine-Andrews, T. Seekins et J.F. Smith (1994), «A contextual behavioral model of empowerment: Case studies involving people with physical disabilities», *American Journal of Community Psychology*, 22 (4), 471-497.

Fetterman, D.M., S.J. Kaftarian et A. Wandersman (1996), *Empowerment evaluation: Knowledge and tools for self-assessment and accountability*, Thousand Oaks, CA, Sage Publications Inc.

Gauthier, B. (1987), *Recherche sociale: de la problématique à la collecte des données*, Montréal, Presses de l'Université du Québec.

Glenwick, D.S., K. Heller, J.A. Linney et K.I. Pargament (1990), «Criteria of Excellence I. Models for adventuresome research in community psychology: Commonalities, dilemmas, and future directions», dans Tolan, P., C. Keys, F. Chertok et L. Jason (dir.), *Researching Community Psychology: Issues of Theory and Methods*, Washington, DC, American Psychological Association, p. 76-87.

Goeppinger, J. et A.J. Baglioni (1985), «Community competence: A positive approach to needs assessment», *American Journal of Community Psychology*, 13 (5), 507-523.

Granger, G. (1986), «Pour une épistémologie du travail scientifique», dans Hamburger, J. (dir.), *La philosophie des sciences aujourd'hui*, Synthèse des débats de l'Académie des sciences sous la direction de Jean Hamburger.

GUERON, J.M. et E. PAULY (1991), *From welfare to work*, New York, Russel Sage Foundation.

GUTIÉRREZ, L.M. (1990), « Working with women of color : An empowerment perspective », *Journal of the National Association of Social Workers*, 35 (2), 149-153.

GUTIÉRREZ, L.M. et R. ORTEGA (1991), « Developing methods to empower Latinos : The Importance of groups », *Social Work with Groups*, 14 (2), 23-43.

HARDINA, D. (1994), « Targeting women for participation in work programs : Lessons from the U.S. », *Canadian Review of Social Policy/Revue canadienne de politique sociale*, 33, 1-20.

HELLER, K. (1992), « Ingredients for effective community change : some field observations », *American Journal of Community Psychology*, 20 (2), 143-163.

HUMPHREYS, K. et J. RAPPAPORT (1993), « From the community mental health movement to the war on drugs. A study in the definition of social problems », *American Psychologist*, 48, 892-901.

KELLY, J.G. (1986), « Context and process : An ecological view of the interdependance of practice and research », *American Journal of Community Psychology*, 14 (1), 581-589.

KELLY, J.G. (1998), « "Tain't what you do, it's the way that you do it" : Take two », *Community Psychologist*, 29-31.

KING, J.A. (1998), « Making sense of participatory evaluation practice », dans Whitmore, E. (dir.), *Understanding and practicing participatory evaluation*, San Francisco, Jossey-Bass Publishers, p. 57-68.

KINGRY-WESTERGAARD, C. et J.G. KELLY (1990), « Contextualist Epistemology for Ecological Research », dans Tolan, P., C. Keys, F. Chertok et L. Jason (dir.), *Researching Community Psychology : Issues of Theory and Methods*, Washington, DC, American Psychological Association, p. 23-31.

LATHER, P. (1988), « Feminist perspectives on empowering research methodologies », *Women's Studies International Forum*, 11 (6), 569-581.

LECLERC, C., Y. COMEAU et M.F. MARANDA (1996), « Espoirs et impasses des pratiques de groupe d'insertion à l'emploi », *Cahiers de la recherche en éducation*, 3 (1), 107-132.

LEE, J.A. (1994), *The empowerment approach to social work practice*, New York, Columbia University Press.

LIEBERMAN, L.R. et J.T. DUNLAP (1979), « Community psychology : Boundary problems, psychological perspectives, and an empirical overview of the field », *American Psychologist*, 34 (6), 554-557.

LINCOLN, Y.S. et E.G. GUBA (1989), *Fourth generation evaluation*, Newbury Park, CA, Sage Publications Inc.

LORD, J. et F. DUFORT (1996), « Le pouvoir, l'oppression et la santé mentale », *Canadian Journal of Community Mental Health/ Revue canadienne de santé mentale communautaire*, 15 (2), 17-20.

LOUNSBURY, J.W., M.P. COOK, D.S. LEADER, G. RUBEIZ et E.P. MEARES (1979), « Social planning and social action do involve psychological processes », *American Psychologist*, 34 (6), 557-559.

MASON, R. et M. BOUTILIER (1996), « The Challenge of genuine power sharing in participatory research : The gap between theory and practice », *Canadian Journal of Community Mental Health/ Revue canadienne de santé mentale communautaire*, 15 (2), 145-152.

MEAD, L. (1990), « Should workfare be mandatory ? What research says », *Journal of Policy and Management*, 9 (3), 400-404.

MILLER, C. (1989), « Poor women and work programs : Back to the future », *Affilia*, 4 (1), 9-22.

MULLENDER, A. et D. WARD (1994), « En groupe, l'union fait la force », dans Lindsay, J. (dir.), *Textes de base sur le modèle de groupe autogéré*, Sainte-Foy, École de service social, Faculté des sciences sociales, Université Laval, p. 2-9.

NELSON, G., J. OCHOCKA, K. GRIFFIN et J. LORD (1998), « Nothing about me, without me : Participatory action research with self-help/mutual aid organizations for psychiatric consumer/survivors », *American Journal of Community Psychology*, 26 (6), 881-912.

NEWBROUGH, J.R. (1992), « Community psychology in the postmodern world », *Journal of Community Psychology*, 20 (1), 10-25.

OPIE, A. (1992), « Qualitative research, appropriation of the other and empowerment », *Feminist Review*, 40, 52-69.

OZAWA, M.N. (1994), « Women, children and welfare reform », *Affilia*, 9 (4), 338-359.

PAPINEAU, D. et M. KIELY (1994), « Individual and collective empowerment in a community economic development organization », *Canadian Psychology*, 33 (2a), 367.

PAPINEAU, D. et M. KIELY (1996a), « Participatory evaluation in a community organization : fostering stakeholder empowerment and utilization », *Evaluation and Program Planning*, 19 (1), 79-93.

PAPINEAU, D. et M. KIELY (1996b), « Peer evaluation of an organization involved in community economic development », *Canadian Journal of Community Mental Health* 15 (1), 83-96.

PATTON, Q.M. (1986), *Utilization-focused evaluation*, Beverly Hills, CA, Sage Publications Inc.

PATTON, Q.M. (1990), *Qualitative evaluation and research methods* (2e éd.), Beverly Hills CA, Sage Publications Inc.

PIAGET, J. et R. GARCIA (1983), *Psychogenèse et histoire des sciences*, Paris, Flammarion.

PLOUGH, A. et F. OLAFSON (1994), « Implementing the Boston healthy start initiative : A case study of community empowerment and public health », *Health Education Quarterly*, 21 (2), 221-234.

PRILLELTENSKY, I. (1994), « Empowerment in mainstream psychology : Legitimacy, obstacles and possibilities », *Canadian Psychology/Psychologie canadienne*, 35 (4), 358-376.

RAPPAPORT, J. (1990), « Research methods and the empowerment social agenda », dans Tolan, P., C. Keys, F. Chertok et L. Jason (dir.), *Researching community psychology : Issues of theory and methods*, Washington, DC, American Psychological Association, p. 51-63.

ROBINSON, W.L. (1990), « Data feedback and communication to the host setting », dans Tolan, P., C. Keys, F. Chertok et L. Jason (dir.), *Researching Community Psychology : Issues of Theory and Methods*, Washington, DC, American Psychological Association, p. 193-195.

ROSSI, P.H. et H.E. FREEMAN (1993), *Evaluation : A systematic approach* (5ᵉ éd.), Newbury Park, CA, Sage Publications Inc.

SCHALFF, A. (1991), « Boston's Codman square community partnership for health promotion », *Public Health Report*, 106 (2), 186-191.

SEIDMAN, E. et J. RAPPAPORT (1986), « Framing the issues », dans Seidman, E. et J. Rappaport (dir.), *Redifining Social Problems*, New York et London, Plenum Press, p. 1-10.

SERRANO-GARCIA, I. (1990), « Implementing research : Putting our values to work », dans Tolan, P., C. Keys, F. Chertok et L. Jason (dir.), *Researching Community Psychology : Issues of Theory and Methods*, Washington, DC, American Psychological Association, p. 171-182.

SHADISH, W.R., Jr. (1990), « Defining excellence criteria in community research », dans Tolan, P., C. Keys, F. Chertok et L. Jason (dir.), *Researching Community Psychology : Issues of Theory and Methods*, Washington, DC, American Psychological Association, p. 9-20.

SIMONI, J.M. (1993), « Latina mothers' help seeking at a school-based mutual support group », *Journal of Community Psychology*, 21 (3).

TOLAN, P., C. KEYS, F. CHERTOK et L. JASON (1990), *Researching Community Psychology : Issues of Theory and Methods*, Washington, DC, American Psychological Association.

TREMBLAY, M.A. (1968), *Initiation à la recherche dans les sciences humaines*, Montréal, Mc Graw-Hill.

TRICKETT, E.J. (1989), *Partial Paradigms and professional identity*, Paper presented at the second biennial Conference on Community Research and Action, East Lansing, Michigan.

TRICKETT, E.J. (1990), « Partial paradigms and professional identity : Observations on the state of community psychology research », dans Tolan, P., C. Keys, F. Chertok et L. Jason (dir.), *Researching Community Psychology : Issues of Theory and Methods*, Washington, DC, American Psychological Association, p. 209-213.

VINOKUR, A.D., R.H. PRICE et Y. SCHUL (1995), « Impact of the jobs intervention on unemployed workers varying in risk of depression », *American Journal of Community Psychology*, 23 (1), 10-39.

WANDERSMAN, A. (1990), « Dissemination », dans Tolan, P., C. Keys, F. Chertok et L. Jason (dir.), *Researching Community Psychology : Issues of Theory and Methods*, Washington, DC, American Psychological Association, p. 190-192.

WHITMORE, E. (1998), *Understanding and practicing participatory evaluation*, San Francisco, Jossey-Bass Publishers.

WOLFF, T. (1987), « Community psychology and empowerment : An activist's insights », *American Journal of Community Psychology*, 15 (2), 151-166.

YEICH, S. (1996), « Grassroots organizing with homeless people : A participatory research approach », *Journal of Social Issues*, 52, 111-121.

CONCLUSION

COMME nous avons pu le voir tout au long de ce livre, la pratique de la psychologie communautaire est dynamique, en constante évolution, continuellement en train de s'adapter aux situations et aux circonstances nouvelles. Les préoccupations qui animent ce champ de la psychologie se sont progressivement centrées autour de la connaissance et du renforcement des conditions et du processus à la base du pouvoir d'agir des personnes, des communautés et du développement du soutien social, de l'entraide, du sens communautaire.

La psychologie communautaire exige d'aller au-delà des interventions individuelles, de sortir des façons blâmantes d'analyser les problèmes sociaux. La psychologie communautaire invite plutôt à adopter une perspective écologique par laquelle les interventions sont fondées sur des efforts communautaires intégrés pour, d'une part, composer avec les problèmes psychosociaux les plus criants et, d'autre part, favoriser la qualité de vie dans les communautés.

Des changements véritables et durables ne peuvent être accomplis que si les personnes et les communautés sont en mesure de prendre leur destinée en main, définissant elles-mêmes les changements qu'elles souhaitent réaliser, trouvant leurs propres solutions et établissant leurs propres critères de réussite. Dans cette perspective, les tenants et tenantes de la psychologie communautaire sont là non pas pour fournir des réponses, mais pour favoriser le processus par lequel les personnes et les communautés peuvent trouver leurs propres réponses. Il s'agit d'un rôle complexe et, néanmoins, très stimulant. Ce processus axé sur le pouvoir d'agir peut être encouragé de multiples manières: en développant le leadership, les réseaux de communication, en renforçant les structures médiatrices composant les communautés, en travaillant à une répartition plus équitable des ressources, notamment par le partage d'informations, par l'accès à des tribunes où les personnes peuvent se faire entendre et où leur parole peut être écoutée et validée, etc. En somme, en psychologie communautaire il est question de contribuer à la création de contextes où des solutions aux inégalités sociales peuvent être inventées et mises de l'avant. Comme nous l'avons illustré dans ce livre, il s'agit de faire partie des solutions plutôt que de contribuer à exacerber les problèmes sociaux...

Le présent ouvrage ne se voulait pas, et ne pouvait être, exhaustif. D'autres aspects, telle une réflexion en profondeur sur l'éthique en psychologie communautaire, auraient pu être abordés. Ce livre invite plutôt à l'innovation et à la discussion. Cette discussion devrait toutefois nous sortir des dichotomies habituelles. Pourquoi opposer le rôle d'activiste à celui de chercheur? Pourquoi opposer l'intervention à la recherche? Pourquoi préférer systématiquement la recherche quantitative à la recherche qualitative, ou vice versa? Pourquoi ne pas créer des contextes qui permettraient de concilier ce qui paraît trop souvent comme irréconciliable. Newbrough (1992, 1995), reprenant l'idée de Schneider, propose la création d'un observatoire de la communauté dans lequel se côtoieraient les chercheurs, les praticiens et tous les acteurs engagés dans le soutien aux communautés en démarche de changement. Cette proposition pourrait être reprise au Québec. Ce livre est la preuve qu'il existe au Québec, pour emprunter l'expression d'une des personnes qui a évalué ce livre à la demande de l'éditeur, une communauté d'esprit en ce qui a trait à la psychologie communautaire.

RÉFÉRENCES

NEWBROUGH, J.R. (1992), « Community psychology in the postmodern world », *Journal of Community Psychology*, 20, 10-25.

NEWBROUGH, J.R. (1995), « Toward community : A third position », *American Journal of Community Psychology*, 23 (1), 9-37.